일본국현보선악영이기

日本国現報善悪霊異記

일본국현보선악영이기

A Translated Annotation of "Nihonryoiki"
a Punitive Justice Story of Japan

교 카 이 저

문명재 · 김경희 · 김영호 역주

세창출판사

일본국현보선악영이기 日本国現報善悪霊異記

1판 1쇄 인쇄 2013년 12월 6일
1판 1쇄 발행 2013년 12월 16일

저 자 | 교카이(景戒)
역주자 | 문명재 · 김경희 · 김영호
발행인 | 이방원
발행처 | 세창출판사
주소 | 서울 서대문구 경기대로 88 (냉천동 냉천빌딩 4층)
신고번호 | 제300-1990-63호
전화 | (02) 723-8660 팩스 | (02) 720-4579
http://www.sechangpub.co.kr
e-mail: sc1992@empal.com

ISBN 978-89-8411-442-5 93830

잘못된 책은 구입하신 서점에서 바꾸어 드립니다.
책값은 뒤표지에 있습니다.

이 도서의 국립중앙도서관 출판시도서목록(CIP)은 서지정보유통지원시스템 홈페이지(http://seoji.nl.go.kr)와 국가자료공동목록시스템(http://www.nl.go.kr/kolisnet)에서 이용하실 수 있습니다.(CIP제어번호: CIP2013025856)

머리말

日本国現報善悪霊異記

번역가 쉘리가 "시인의 언어는 그 시에 속하는 유일한 소리의 질서를 갖고 있기 때문에 번역된 시는 용광로에 던져진 제비꽃같이 그 색과 향기를 잃어버리고 만다"라고 끊임없이 절망하면서도 번역의 펜을 꺾지 못했던 것은, 바로 그의 번역 행위가 단순한 언어의 치환행위가 아니라 제비꽃의 색과 향기를 재창조해내기 위한 끊임없는 노력의 창의적 행위였기 때문일 것이다.

이처럼 번역은 완전한 창작에 못지않은 고뇌와 인내를 필요로 한다. 특히 고전문학의 경우는 더욱 그렇다. 이번 『일본영이기』의 번역에 있어서도 9세기 초엽의 작품이어서 여러 가지 어려움이 많았다. 고유명사의 번역은 물론이고 현존하지 않는 것들에 대해 어떻게 표기하고 어떻게 표현할 것인가, 이런 문제에 대해 끊임없이 고민하면서 서로 의논하고 나름대로 합리적인 방법을 찾는 데 노력을 기울였다.

난해한 작업임을 잘 알고 있음에도 불구하고 『일본영이기』의 번역을 결심하게 된 것은, 일본문학뿐만 아니라 한국의 문학과 불교 등 여러 분야의 연구에 있어서 꼭 필요하고 도움이 되는 작품이라고 판단하였기 때문이다. 주지하다시피 불교는 고대 한반도에서 일본에 전해졌고 한일 양국의 문학과 문화 등 여러 면에서 큰 영향을 주었지만, 이후 정착된 불교의 모습에는 서로 다른 부분도 적지 않다. 이런 면에서 『일본영이기』는 불교 본연의 교리뿐만 아니라 일본에 뿌리를 내리고 민중들과 함께 호흡해 왔던 불교의 모습을 살펴보기 위해서 반드시 읽어보아야 할 작품이라고 생각된다.

『일본영이기』의 정식 서명은 『일본국현보선악영이기日本国現報善悪霊異記』로, 일본의 고도 나라奈良에 있는 야쿠시지薬師寺 절의 승려였던 교카이景戒에 의해서 편찬되었다. 상・중・하의 세 권으로 이루어져 있고, 상권 35화, 중권 42화, 하권 39화의 합계 116화를 수록하고 있다. 성립 시기는 대략 9세기 초로 여겨지고 있는데, 일본에 현존하는 작품 중에서는 가장 오래된 불교설화집이라 할 수 있다.

이 설화집의 성립 자체는 헤이안平安 시대 초기이나 수록된 설화의 내용은 대부분 나라 시대를 배경으로 하고 있어, 헤이안 시대에 성립된 다른 고전들과는 성격이 많이 다르다. 교카이가 서문에서 "어리석은 사람들은 망념에 사로잡혀 악인悪因은 악과悪果를 부르고 선인善因은 선과善果를 가져오는 죄복의 진리를 믿지 않지만 지혜가 깊은 자는 불교와 기타 경전을 모두 읽어 인과응보의 가르침을 굳게 믿고 두려워한다"라고 밝히고 있듯이, 수록화의 많은 부분은 선악의 현보, 즉 현세에서 나타나는 선악의 응보가 여실함을 이야기하고 있어, 불교 교화의 목적으로 편찬되었다고 보인다.

이러한 의도는 『일본국현보선악영이기』라고 하는 서명에도 잘 나타나 있는데, 이 외에도 '일본국'이라는 국명을 명시한 것도 다분히 의도적이었다. 즉 서문에 보면, 예전에 중국 당나라에서는 『명보기冥報記』나 『반야험기般若験記』가 만들어졌음을 이야기하고, "어찌 외국에서 전래된 것만을 경외하고 자기 나라의 기이한 일들을 믿고 두려워하지 않을 수 있겠는가"라고 반문하고 있어, 중국에 대한 자국의식이 깃들어 있음을 느낄 수 있다.

한편, 이 설화집에 수록된 이야기는 내용이 다양하고 광범위해서 독자가 어떤 관심을 가지고 이 작품과 마주하느냐에 따라 다방면의 읽을거리를 제공하고 있다. 불교적 색채가 농후한 설화 외에도 일본에서 자생한 민담이나 중국 괴이담의 요소를 엿볼 수 있는 설화도 적지 않게 수록되어 있어, 당시 일본 민중들의 생활과 정신세계를 살피는 데 효과적인 단서를 찾을 수도 있는 것이다.

이와 같이 많은 의미를 지닌 작품이었기에 『일본영이기』는 일본 고전문학을 전공한 역자들의 관심 속에 항상 자리하고 있었는데, 이번에 한국연구재단의 지원으로 번역의 용기를 낼 수 있었다. 공동의 작업이라서 어려움도 있었지만, 서로 의논을 통하여 문제를 해결해 감으로써 객관적이고 합리적인 방향을 찾아가는 이로움이 더 컸다고 생각한다. 출판 과정에서 방대한 원고의 교정과 편집에 많은 수고를 해주신 세창출판사 분들에게도 깊은 감사를 드린다.

2013년 11월

역자 일동

일러두기

日本国現報善悪霊異記

1. 이 책의 저본으로는 中田祝夫1995『新編日本古典文学全集10 日本霊異記』小学館을 사용하였다.
2. 중국과 한국의 작품은 한국어로, 일본의 작품은『일본영이기』를 제외하고 전부 일본어로 표기하였다. 고유명사는 일본어 원음대로 표기하는 것을 원칙으로 하였으나 한국어로 표기하는 것이 의미가 통하는 경우 고유명사라 하더라도 한국어로 표기하였다.

   예) 길상천녀영험담吉祥天女霊験譚, 전등주위伝灯住位
3. 일본어 발음의 한글표기는 국립국어연구원의 한글맞춤법에 의거한 외래어 표기법에 따랐으나 '이'계 장모음은 표기한다.

   예) 게이운慶雲, 긴메이欽明
4. 위의 제3항에 따른 관계로 어두에 오는 k, t, p음의 표기에 변동이 있다.

   예) 누노시키노오미키누메布敷臣衣女 / 기누메
5. 절, 산, 강 등의 고유명사는 의미가 중복되더라도 '절', '산', '강'의 표기를 덧붙였다.

   예) 엔랴쿠지延暦寺 절, 요시노야마吉野山 산, 우지가와宇治川 강

6. 각 이야기의 표제에는 작품명이라 하더라도 『 』를 넣지 않았으며, 한자 및 주석도 넣지 않았다.
7. 이 책의 해설 및 각 이야기의 '도움말'은 〈참고문헌〉란에 언급한 각종 서적 및 사전들을 참조하여 작성하였으며, 특별한 경우를 제외하고는 일일이 출처를 밝히지 않았다.
8. 각 이야기를 한 단위로 하여, 한자는 처음 등장할 때만 표기하였으며, 주석은 동일한 사항이라도 이야기가 바뀌면 삽입하였다.

차례

日本国現報善悪霊異記

일본국현보선악영이기 | 상권

일본국현보선악영이기 | 중권

일본국현보선악영이기 | 하권

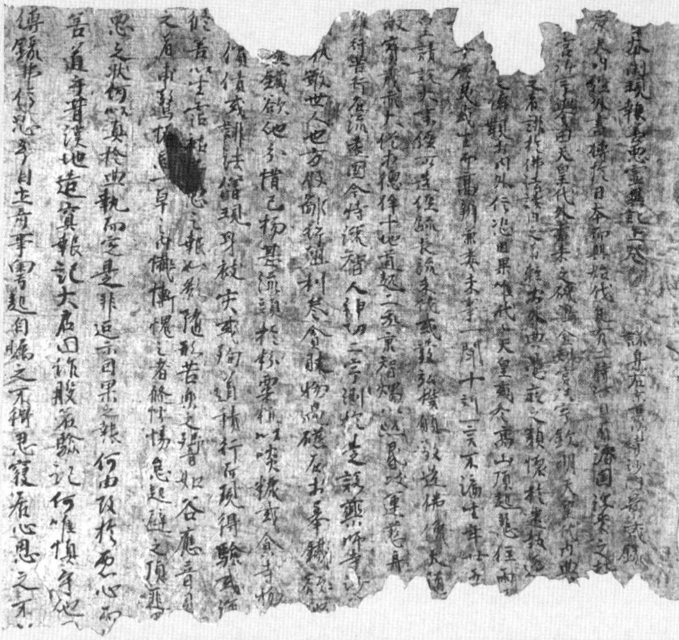

일본국현보선악영이기 | 상권

A Translated Annotation of "Nihonryoiki"

a Punitive Justice Story of Japan

일본국현보선악영이기日本国現報善悪霊異記[1] 상권上巻

나라奈良 우도읍右京 야쿠시지薬師寺 절의 승려 교카이景戒 쓰다

근원을 더듬어 보면, 내경内經[2]이나 외서外書[3]가 일본에 전해져 널리 퍼진 시기는 대략 두 번 있었는데, 두 번 모두 백제국으로부터 바다 건너 전해진 것이었다. 도요아키라궁豊明宮에서 천하를 다스린 오진応神 천황[4] 시대에 외서가 전래되었고, 가나자시궁金刺宮에서 천하를 다스린 긴메이欽明 천황[5] 시대에 내전이 전래되었다.

그런데 외전을 배우는 자는 불법을 비방하고 내전을 읽는 자는 외전을 경시한다. 어리석은 사람들은 망념에 사로잡혀, 악인은 악과를 부르고 선인은 선과를 가져오는 죄복의 진리를 믿지 않는다. 그러나 지혜가 깊은 자는 내전과 외전을 모두 읽어 인과응보의 가르침을 굳게 믿고 두려워한다.

1_ 일본국이란 국호는 다이카카이신(大化改新, 645) 무렵부터 대륙과의 수교에 사용되었고, 서명으로서는 『니혼기(日本紀)』(720)에 사용된 것이 최초.

2_ 불경 및 불교관계서적을 말하는데, 내전(内典)이라고도 함.

3_ 불교관계 이외의 서적으로, 특히 유교경전을 가리킨다. 외전(外典)이라고도 함.

4_ 제15대 천황(재위 270-310). 『니혼쇼키(日本書紀)』에 의하면 이 천황 시대에 『논어』와 『천자문』이 전해졌다.

5_ 제29대 천황(재위 510-570). 『니혼쇼키』에 의하면 이 천황 시대에 불경과 불상이 전래되었다.

한편 역대 천황 가운데서도 어떤 천황은 높은 산에 올라가 나라 안을 살펴보고 집집마다 피어오르는 연기가 적음에 백성들의 곤궁함을 알아차려 자비의 마음을 일으키고 자신도 비가 새는 궁전에 살면서 백성들을 불쌍히 여겼다.[6] 어떤 태자는 태어나면서 이치를 판단하는 지혜가 뛰어나 미래의 일을 예견하고, 한 번에 열 사람의 호소를 들으면서도 한마디도 빠뜨리지 않았다. 이십오 세의 젊은 나이에 천황의 간청을 받아 대승경大乘經[7]을 강의하였고, 저술한 경전 주석서는 오래오래 후대에 전해지고 있다.[8] 혹은 어떤 천황은 광대한 서원誓願을 세우고 삼가 불상을 만드니, 천신이 그 원을 들어주고 지신은 보물창고를 열어보여 주었다.[9] 그리고 고승들은, 덕은 보살과 같고 도는 소승을 넘어 대승의 경지에 이르렀다. 그리하여 지혜의 등불을 들어 어두운 번뇌의 미로를 비추고, 자비의 배를 띄워 망상에 빠진 자들을 구하고, 난행과 고행의 모습은 그 이름이 먼 나라에까지 널리 전해질 정도이다. 옛날뿐만 아니라 오늘날에 있어서도 불교를 믿는 지혜 깊은 사람들의 기이한 힘 또한 헤아리기 어려울 정도로 신묘한 것이다.

이에, 나라 야쿠시지 절의 승 교카이景戒가 이리저리 세상 사람들의 행장을 살펴보니, 재능이 있으면서도 저속한 행동을 하는 자

6_ 제16대 닌토쿠(仁德) 천황(재위 313-399)의 고사를 가리킨다. 『고지키(古事記)』 닌토쿠 천황 조에 보면, 천황이 높은 산에 올라가 나라 안 사방을 둘러보고 집집마다 연기가 오르지 않자 백성들의 빈궁함을 알게 되었다. 그래서 궁전이 파손되어 비가 새는데도 수리하지 않고 지냈다는 일화가 나온다.

7_ 대승불교(大乘佛教)에서 중요시하는 경전으로 『화엄경(華嚴經)』, 『법화경(法華經)』, 『반야경(般若經)』, 『무량수경(無量壽經)』 등을 지칭한다.

8_ 쇼토쿠(聖德) 태자의 고사를 말함. 『승만경의소(勝鬘經義疏)』, 『유마경의소(維摩經義疏)』, 『법화경의소(法華經義疏)』의 삼경의소(三經義疏)를 태자가 저술한 것으로 전해진다.

9_ 제45대 쇼무(聖武) 천황(재위 724-749)의 고사를 말함.

가 있고, 이익 얻기를 원하고 재물을 탐하는 것이 마치 자석이 광산에서 철을 남김없이 끌어들이는 것보다 심하고, 다른 사람 물건을 탐하고 자기 것을 아까워하는 것이 마치 유두流頭[10]란 구두쇠가 조 알갱이를 찧어서 겨까지 몽땅 먹어치운 것보다도 심하다. 어떤 자는 절의 재물을 탐한 탓에 소 새끼로 태어나 그 빚을 갚기도 하고, 어떤 자는 불법과 승려를 비방하여 산 채로 재해를 입기도 한다. 한편 어떤 자는 도를 구하고 수행을 쌓아 이생에 영험을 얻고, 어떤 자는 깊이 불법을 믿고 선행을 쌓아 현세에 행복을 얻는다.

이처럼 선악간의 업보는 그림자가 형상에 붙어서 떨어지지 않는 것과 같고, 고와 낙이 사람의 행동에 따라 나타남은 계곡에 지른 소리가 메아리로 되돌아오는 것과 같다. 이러한 인과를 보거나 듣는 사람은 그 즉시 놀라고 기이하게 여겨 자리를 같이한 사람들을 잊을 정도로 깜짝 놀란다. 죄를 부끄러워하는 자는 즉시 가슴이 아프고 서둘러 그 자리를 도망치려 한다. 그러니 만일 선악간의 업보가 나타나는 실례를 보이지 않으면 무엇으로써 나쁜 생각을 바로잡고 행동의 옳고 그름을 정할 수 있겠는가. 인과가 보응함을 나타내지 않으면 무엇으로써 악심을 고쳐 선도를 닦도록 하겠는가.

옛날 중국에서는 당나라 시대에 『명보기冥報記』[11]나 『반야험기般若驗記』[12]를 만들었다. 그런데 어찌 외국에서 전래된 것만을 경외하

10_ 유두에 대해서는 중권(中卷) 서문에도 나오는데, 구두쇠의 대표적인 인물로서 그에 관한 일화는 미상임.

11_ 당나라 당림(唐臨)의 저서. 당 고종 영휘(永徽) 연간(650-655)에 성립. 3권으로 되어 있고 불교의 인과응보담을 모아 놓았다.

12_ 정식 명칭은 『금강반야경집험기(金剛般若經集驗記)』. 당나라 맹헌충(孟獻忠)이 편찬함. 현종(玄宗) 개원(開元) 6년(718)에 성립. 3권으로 되어 있고 『금강반야경』의 영험담을 수록함.

고 자기 나라의 기이한 일들을 믿고 두려워하지 않을 수 있겠는가. 이에 일어나 주변을 돌아보니 이대로 가만히 있을 수 없다. 앉아서 생각해 보니 침묵하고 있을 수도 없다. 이러한 연유로 약간의 들은 바를 기록하여 『일본국현보선악영이기』라고 이름을 붙이고, 이것을 상・중・하의 세 권으로 만들어 후세에 전하기로 하였다.

그러나 나 교카이는 태어나면서부터 현명하지 못하고 탁한 마음을 맑게 하지도 못했다. 우물 안과 같은 좁은 지식으로 오랜 세월동안 헤매고 있다. 이런 나의 저서이므로 명장이 조각한 것에 서툰 세공인이 손을 댄 것과 같은 것이고, 두려운 것은 이 저서가 손을 더럽히고 고통만 남는 헛수고로 끝나는 것은 아닐까 하는 것이다. 하지만 이것이라도 곤륜산崑崙山의 보옥 가운데 돌멩이 하나의 역할은 할지도 모른다. 단, 전해오는 이야기들이 확실치 않아서 빠뜨린 것도 많을 것이다. 그리고 선을 원하는 마음이 부족한 채, 무능한 내가 마치 재능 있는 것처럼 보이기 위한 일이 되어 버리는 것도 두렵다. 후세의 현자들이여, 부디 비웃지 말기 바란다. 원하건대 이 진기한 이야기를 읽는 사람은 잘못을 범하지 말고 바른 길로 들어서서 모든 악을 행하지 말고 선을 행하도록 하기 바란다.

원문

日本国現報善悪霊異記　上巻

諾楽右京薬師寺沙門景戒録

原夫、内経外書伝於日本而興始代、凡有二時。皆、自百済国浮来之。軽嶋豊明宮御宇誉田天皇代、外書来之。磯城嶋金刺宮御宇欽明天皇代、内典来也。然乃学外之者誹於仏法。読内之者軽於外典。愚痴之類懐於迷執、匪信於罪福。深智之儔覯於内外、信恐因果。

唯、代々天皇、或登高山頂起悲、住雨漏殿、撫于庶民。或生而高弁兼委未事、一聞十訴一言不漏。生年廿五受天皇請、説大乗経。所造経疏長流末代。或発弘誓願、敬造仏像。天随所願、地敞宝蔵。亦大僧等、徳侔十地、道超二乗。秉智燭以照昏岐、運慈舟而済溺類、難行苦行名流遠国。今時深智人、神功亦罕測。

於是諸楽薬師寺沙門景戒熟瞰世人也、才好鄙行。翹利養貪財物、過磁石於挙鉄山以嘘鉄。欲他分惜己物、甚流頭於粉粟粒以啖糠。或貪寺物生犢償債。或誹法僧現身被災。或殉道積行而現得験。或深信修善、以生霑祜。善悪之報如影随形。苦楽之響、如谷応音。見聞之者甫驚怪、忘一卓之内。慚愧之者、倏悸惕、忩起避之頂、匪呈善悪之状、何以真於曲執而定是非。叵示因果之報、何由改於悪心而修善道乎。

昔、漢地造冥報記、大唐国作般若験記。何唯慎乎他国伝録、弗信恐乎自土奇事。粤起自矚之、不得忍寝。居心思之、不能黙然。故聊注側聞、号曰日本国現報善悪霊異記。作上中下参巻、以流季葉。然景戒稟性而儒、濁意難澄。坎井之識、久迷太方。能巧所雕、浅工加刀。恐寒心、胎患於傷手。此亦崐山之一礫。但以口説不詳、忘遺多矣。不昇貪善之至、慓示濫竿之業。後生賢者、幸勿嗤嗤焉。祈覧奇記者、却邪入正。諸悪莫作、諸善奉行。

|도움말| 『일본영이기』는 상・중・하의 세 권으로 나누어져 있으며 각 권에는 서문이 있다. 상권의 서문은 내용의 스케일이 큰 점 등으로 전체의 서문과도 같은 역할을 하고 있다. 내용에 있어서는 오진 천황 때에 한문학이 전래되고, 긴메이 천황 때에 불교가 전해졌다는 두 가지의 주요 문화전래에 대하여 그것들을 수용하는 태도의 공과功過를 언급하고 있다. 또한, 닌토쿠 천황의 인정仁政과 쇼무 천황의 불교신앙에 의한 덕치德治의 광대무변함을 칭송하기에 이른다.

한편, 현세를 사는 사람들의 행위에는 그것에 상응하는 응보라는 것이 있는데, 중국의 『명보기』와 『반야험기』와 같은 책들은 행위에 대한 응보를 통하여 중생들을 선한 삶으로 계도하고 있음을 볼 수 있다.

그러나 이러한 기사奇事는 다름 아닌 일본에도 존재함을 알리고자 하는 것이 바로 이 책의 집필의도라고 할 수 있다.

『일본영이기』는 불교설화라고는 하나 불교에 관한 설화만 싣고 있는 것이 아니며 불교 이외의 이야기들도 적지 않다. 교카이는 이러한 이야기의 소재를 바탕으로 인과응보의 원리를 가지고 재구성하여 설화를 불교적 세계로 이끌고 있으며, 그 속에서 단순한 설화의 채집자가 아닌 진지한 불도자로서의 모습을 드러내고 있다.

제1화

벼락을 붙잡은 이야기

지이사코베노 스가루小子部栖軽[1]는 나라奈良 하쓰세初瀬의 아사쿠라 궁朝倉宮에서 23년간 천하를 다스린 유랴쿠雄略 천황[2]의 호위무사로 심복신하였다. 천황이 이와레 궁磐余 宮에 거주하던 때의 일이다. 천황이 왕비와 함께 오야스미도노大安殿[3]에서 동침하고 있었는데, 스가루는 그런 줄도 모르고 내전으로 들어왔다. 천황은 부끄러워서 하던 행위를 멈추었다. 바로 그때 하늘에서 벼락이 쳤다. 그러자 천황은 즉시 스가루에게

"너는 벼락을 불러올 수 있겠느냐."

고 하였다. 스가루가 불러오겠다고 대답하자

"그렇다면 어디 데려와 봐라."

고 천황이 명하였다.

스가루는 천황의 칙명을 받고 궁전에서 물러나와, 빨간 머리띠를 이마에 두르고 빨간 깃발을 단 창을 들고서 말에 올라탔다. 그

1_ 인명. 진무(神武) 천황(재위 B.C.660-585)의 후손으로 신에게 제사지내는 일을 담당한 집안이었다.

2_ 제21대 천황(재위 418-479)으로 5세기 후반의 시기에 재위. 본문의 주에 '오하쓰세와카타케(大泊瀬稚武) 천황이라고 부른다'라고 되어 있음.

3_ 궁중의 정전(正殿). 후에 다이코쿠덴(大極殿)으로 불리움.

리고 아베 마을阿部村의 야마다山田 앞길과 도요라데라豊浦寺 절의 앞길을 지나서 달려가다가, 가루노모로코시軽諸越 사거리에 도달하자 큰소리로

"하늘의 벼락신이여, 천황께서 부르신다."

하고 외쳤다. 그리고 그 자리에서 말을 돌이켜 달리면서

"아무리 벼락신이라 하더라도 천황의 부름을 거부하진 못하겠지."

라고 말했다. 말을 달려 돌아오는데, 바로 도요라데라 절과 이오카飯岡 사이에 벼락이 떨어졌다. 이를 본 스가루는 즉시 신관을 불러 가마에 벼락을 태우고 궁전으로 옮겼다. 그리고 천황에게 벼락신을 데리고 왔음을 아뢰었다. 그러자 그 때 벼락은 번쩍 밝은 빛을 발하였다. 천황은 이것을 보고 두려워하면서 많은 공물을 바치고, 벼락을 다시 떨어진 곳에 되돌아가게 하였다. 그 벼락이 떨어진 곳을 지금도 이카즈치노오카雷岡[4]라고 부른다.

그 후 스가루가 죽었다. 천황은 명령을 내려 유해를 칠 일 밤낮으로 빈소에 안치하도록 하고 그의 충심을 그리워하다 벼락이 떨어졌던 바로 그 곳에 묘를 만들었다. 길이 그의 영예를 기리기 위해서 비문을 새긴 기둥을 세우고 '벼락을 잡은 스가루의 묘'라고 기록했다. 그러자 이에 원한을 품은 벼락이 떨어져 비문 기둥을 날려버리고자 했지만 기둥의 갈라진 틈에 끼어서 다시 붙잡히고 말았다. 천황이 이 일을 들으시고 벼락을 풀어주니 죽음을 면하게 되었다. 하지만 벼락은 칠 일 낮밤을 허탈한 상태로 지상에 머물렀다. 천황의 칙사가 다시 비문 기둥을 세우고 이르기를

'살아서도 죽어서도 벼락을 잡은 스루가의 묘'

4_ 이카즈치(雷)란 현대어로 하면 가미나리(雷), 즉 천둥・번개・벼락에 해당하는 고어임.

라고 했다. 소위 옛 도읍 시대[5]에 이 곳을 이카즈치노오카라는 이름으로 부르게 된 것은 바로 여기에서 유래한 것이다.

원문

捉電縁 第一

少子部栖軽者、泊瀬朝倉宮廿三年治天下雄略天皇謂大泊瀬稚武天皇。之随身、肺脯侍者矣。天皇住磐余宮之時、天皇与后寐大安殿婚合之時、栖軽不知而参入也。天皇恥輟。

当於時而空雷鳴。即天皇勅栖軽而詔、「汝鳴雷奉請之耶」。答白、「将請」。天皇詔言、「爾汝奉請」。栖軽奉勅従宮罷出。緋縵著額、擎赤幡桙、乗馬従阿倍山田前之道与豊浦寺前之路走往。至于軽諸越之衢、叫囁請言、「天鳴電神、天皇奉請呼云々」。然而自此還馬走言、「雖電神而何故不聞天皇之請耶」。走還時、豊浦寺与飯岡間、鳴電落在。栖軽見之呼神司、入輿籠而持向於大宮、奏天皇言、「電神奉請」。時電放光明炫。天皇見之恐、偉進幣帛、令返落処者。今呼電岡。在古京少治田宮之北者。

然後時、栖軽卒也。天皇勅留七日七夜、詠彼忠信、電落同処作彼墓。永立碑文柱言、「取電栖軽之墓也」。此電悪怨而鳴落、踊践於碑文柱、彼柱之析間、電揲所捕。天皇聞之放電不死。雷慌七日七夜留在。天皇勅使樹碑文柱言、「生之死之捕電棲軽之墓也」。所謂古時名為電岡語本是也。

5_ 고경(古京) 시대, 즉 아스카(飛鳥)도읍 시대.

| 도움말 | 제1화는 일본 최고의 권력자인 천황이 벼락을 잡아오라고 하는 이야기이다. 거기에는 명령을 받은 신하와 벼락신이 등장하며, 벼락을 잡는 방법도 고대의 설화답게 유유하고도 호탕한 면을 보이고 있다. 왕의 명령을 받은 신하는 떨어진 벼락을 잡아 왕에게 데려갔지만 벼락이 여전히 빛을 뿜고 있었기 때문에, 천황은 두려움을 느껴 벼락을 다시 놓아 주게 된다. 그 후 스가루가 죽자 천황은 벼락이 떨어졌던 장소에 묘비를 세워 그의 충성심을 기리고 벼락을 잡은 공적을 비문에 새긴다. 이를 분하게 여긴 벼락은 묘비를 쳤으나, 그만 묘비의 틈새에 끼여 도로 붙잡히게 된다고 하는 줄거리이다. 이와 같은 이야기는 충분히 시각적인 표현과 소재를 담고 있으며, 내용상으로 볼 때에도 불교적이기보다는 기담奇譚에 가깝다. 즉, 불교의 인과응보담이 아닌 이른바 영이담靈異譚이라고 할 수 있다.

또한, 상권 서문에도 기술되어 있듯이, 이러한 영기 설화와 기사奇事가 중국의 당나라에만 존재하는 것이 아니라 일본에도 존재한다고 하는 것을 제1화를 통해 보여주고자 하는 저자 교카이景戒의 의도를 살펴볼 수 있다.

한편, 『일본영이기』의 저자인 교카이가 지이사코베小子部의 자손과 관계가 있다고 하여 이 이야기가 교카이 선조의 공적담이라고 보는 설도 있다.

제2화

여우를 아내로 삼아 자식을 낳은 이야기

옛날 긴메이欽明 천황[1] 이 분은 시키시마(磯城嶋) 가나자시 궁(金刺宮)에서 천하를 다스리신 아메쿠니오시하루키히로니와노미코토(天国押開広庭命)이시다. 시대에 미노 지방美濃国 오노 군大野郡 사람이 아내로 삼을 만한 좋은 여자를 찾아서 말을 타고 떠났다. 우연히 넓은 들판 가운데서 아름다운 여자를 만났는데, 이 여자가 남자에게 친근하게 굴었다. 남자도 눈짓을 하면서

"아가씨 어디 가십니까?"

하고 물었다. 여자는

"좋은 인연을 찾으려고 걷고 있는 여자입니다."

하고 대답했다. 다시 남자가 말하기를

"내 아내가 되어 주지 않겠소?"

하니, 여자가 좋다고 승낙했다. 그래서 바로 집으로 데리고 와서 결혼하고 함께 살았다.

이윽고 여자는 아이를 갖게 되어 사내아이를 낳았다. 그런데 이 집에서 키우던 개도 12월 15일에 새끼를 낳았는데, 이 강아지는

1_ 제29대 천황(재위 510-570).

아내를 볼 때마다 으르렁대고 노려보며 이빨을 드러낸 채 짖어댔다. 아내는 두려워 떨면서 남편에게

"저 개를 죽여 주세요."

하고 부탁했다. 하지만 남편은 불쌍하다고 하면서 죽이지 않고 있었다.

그러던 중 2, 3월경이 되어, 전부터 준비해 두었던 조세로 바칠 벼를 찧고 있을 때, 아내가 벼 찧는 하녀들에게 간식을 내기 위해서 디딜방앗간으로 들어서자마자 그 강아지가 물어뜯으려고 짖으며 달려들었다. 놀라고 두려워하던 아내는 여우의 모습으로 변하여 지붕 위로 올라가 앉아 있었다. 이것을 본 남편이

"당신과 나는 서로 자식까지 낳은 사이이니 나는 절대 당신을 잊지 않을 것이오. 그러니 언제든지 와서 함께 잡시다."

하고 말했다. 그래서 남편의 말을 기억하고 와서 자곤 했다. 이런 연유로 기쓰네来つ寝=狐[2]라고 이름붙인 것이다.

어느 날 이 아내가 옷자락을 붉게 물들인 치마를 입고 기품 있고 우아한 모습으로 치맛자락을 끌면서 사라져 갔다. 남편은 사라져 가는 아내의 모습을 보고 그리워하면서 노래를 지어 불렀다.

> 이 세상 사랑을 모두 이 한 몸에 받은 듯하구나. 하지만 잠깐 보이고 가버린 당신 때문에 안타까운 마음이여.

이리하여 두 사람 사이에 태어난 아이의 이름을 기쓰네岐都祢라고 짓고 그 아이의 성을 기쓰네노아타에狐直라고 붙였다. 이 아이

2_ 기쓰네(来つ寝)는 현대어로 하자면 '와서 자시오(来て寝よ、来て寝なさい)'라는 뜻이 되는데, 기쓰네(来つ寝)의 발음이 여우를 뜻하는 '狐(きつね)'와 같은 점에서, 여우(きつね)의 어원 이야기로 삼은 듯하다.

는 매우 힘이 셌고 달리는 것도 빨라서 마치 새가 나는 것 같았다. 미노지방의 기쓰네노아타에라는 성姓[3]이 생기게 된 유래가 바로 이것이다.

원문

狐為妻令生子縁 第二

昔欽明天皇是磯城島金刺宮食国天国押開広庭命也。御世、三乃国大乃郡人応為妻覓好嬢乗路而行。時曠野中遇於姝女。其女媚壮馴之壮睇之。言、「何行稚嬢」。嬢答、「将覓能九而行女也」。壮亦語言、「成我妻耶」。女、「聴」答言、即将於家交通相住。比頃懐任生一男子。時其家犬、十二月十五日生子。彼犬之子毎向家室、而期剋睚肯嘷吠。家室脅惶、告家長、「此犬打殺」。雖然患告而猶不殺。於二月三月之頃、設年米春時、其家室於稲舂女等将充間食入於碓屋。即彼犬将咋家而追吠。即驚澡恐、成野干登篭上而居。家長見言、「汝与我之中子相生故吾不忘。毎来相寐」。故誦夫語而来寐。故名為支都祢也。時彼妻著紅襴染裳今桃花云裳也。而窈窕裳襴引逝也。夫視去容恋歌曰、古比波未奈加我宇弊迩於知奴多万可支流波呂可迩美江天伊爾師古由恵迩。

故其令相生子名号岐都弥。亦其子姓負直也。是人強力多有。走疾如鳥飛矣。三乃国狐直等根本是也。

|도움말| 이 이야기는 민화民話 속에 자주 등장하는 이류여방형異類女房

3_ 세습적인 직위나 직무.

型에 해당하는 이야기이다. 여우와 결혼하는 이야기는 중국의 간보干宝가 쓴 『수신기捜神記』 등에도 보이지만, 『수신기』의 이야기는 요괴담에 가깝다고 할 수 있다. 이에 비해 당나라 때의 『임씨전任氏伝』에 따르면 여우도 요염한 여인으로 변하여 인간의 정을 담고 있는 것을 살펴볼 수 있는데, 이러한 점에서 『일본영이기』의 이야기는 인간과 여우가 정을 통하고 있는 부분에서 『임씨전』에 가깝다고 할 것이다. 다만, 여성이 요괴인 줄 알면서도 정을 통하여 화를 불러일으킨다든지, 또는 요괴임을 알게 되어 요괴퇴치를 행하는 중국 설화와는 차이점을 보인다. 또한, 여우인 아내가 남편의 말을 따라 가끔씩 와서 자고 갔다고 하는 점은 고대적 발상이라고 할 수 있으며 여기에서 민화적인 요소와 호탕함이 느껴진다. 한편, 여우를 어미로 갖는 이야기는 민화 속에서 찾아볼 수 있는데 그중에서 아베노세이메이安部 晴明의 출생 설화가 대표적이라고 할 수 있다.

제3화

벼락의 호의로 힘이 센 아이를 얻은 이야기

옛날 비다쓰敏達 천황[1] 이 분은 옛날에 이와레이(磐余) 오사다(訳語田) 궁에서 천하를 통치하신 누나쿠라후토타마시키(渟名倉太玉敷) 천황이시다. 시대에 오와리 지방尾張国 아이치 군愛知郡 가타와 마을片輪里에 한 농부가 있었다. 논을 만들고 물을 끌다가 가랑비가 내려서, 나무 밑에서 비를 피하면서 쇠 지팡이를 짚고 서 있었다. 이 때 벼락이 쳤다. 농부는 놀라고 두려워서 무심코 쇠 지팡이를 높이 쳐들었다. 그러자 벼락이 그 앞에 떨어져 어린아이의 모습이 되었다. 농부가 쇠 지팡이로 아이를 찌르려고 하자 벼락이 말하기를,

"저를 죽이지 마세요, 꼭 은혜를 갚을 테니까요."

라고 했다. 농부가

"네가 어떻게 해서 은혜를 갚는다는 말이냐."

하고 물으니, 벼락이 대답하기를

"당신에게 아이가 생기도록 해서 보답하겠으니, 저를 위해서 녹나무로 물통을 만들어 물을 붓고 대나무 잎을 띄워 놓으십시오."

라고 했다. 농부는 즉시 벼락의 말대로 만들어 주었다. 이 때 벼락이

1_ 제30대 천황(재위 538-585).

"가까이 와서는 안 됩니다."
하고 농부를 물통에서 떨어지게 하자 갑자기 구름이 끼고 안개가 일면서 하늘로 올라갔다. 그 후, 태어난 아이는 머리에 뱀이 두 바퀴 감겨 있었고, 머리와 꼬리는 뒷머리에 늘어져 있는 모습이었다.

이 아이가 커서 열 살 정도 되었을 때이다. 조정에 힘이 센 사람이 있다는 말을 듣고 한번 시험해보고 싶어 상경해서 대궐 근처에 살았다. 바로 그 무렵 아주 힘이 센 왕족이 있었는데 궁궐의 동북쪽 구석의 별채에 살고 있었다. 궁의 동북쪽 구석에는 사방이 8척尺[2]이나 되는 커다란 돌이 있었다. 힘센 왕족은 집에서 나와 그 돌을 들어 던졌다. 그러자 돌이 집 안으로 들어가 문을 막고 다른 사람들이 드나들 수 없게 만들었다. 이를 본 아이는

'그 유명한 장사가 바로 이 사람이구나'
하고 생각하고, 그날 밤 아무도 몰래 그 돌을 반대 방향으로 왕족보다 한 척이나 더 멀리 던져두었다. 힘센 왕족은 이것을 보고 손뼉을 치기도 하고 몸을 굽히기도 하면서 단단히 준비를 하고 돌을 집어 던졌다. 그러나 지난번보다 더 멀리 던지지는 못하였다. 그런데 이번에는 이 아이가 왕족보다 두 척이나 더 멀리 던졌다. 다음에 이것을 본 왕족이 다시 던져 보았지만 역시 처음보다 멀리 던지지는 못하였다. 그리고 아이가 서서 돌을 던진 곳을 보니 아이의 발자국이 지면에서 3촌寸[3]의 깊이로 파여 있었고 던진 돌도 3척이나 멀리 날아가 있었다. 이 발자국을 본 왕족은 여기 사는 아이가 던진 것이라는 것을 알아채고 잡으려고 가니 아이는 바로 도망쳤다. 왕족이 쫓으면 도망치고, 다시 쫓으니 울타리를 빠져나와 도망쳤다가 다시 울타리 밑으로 돌아왔다. 왕족이 다시 울타리를

2_ 1척(尺)은 약 30cm이다.

3_ 1촌(寸)은 1척의 10분의 1로 약 3cm이다.

넘어서 쫓아오자 이번에도 아이는 울타리 밑으로 빠져나와 도망쳤다. 힘센 왕족도 결국 붙잡지 못하고 자기보다 더 힘이 센 아이란 걸 알고는 더 이상 쫓지 않았다.

그 후 이 아이는 간고지元興寺 절의 동자가 되었다. 이 무렵 절의 종루에서 밤마다 사람이 죽는 일이 일어났다. 동자는 이것을 보고 스님들에게

"제가 사람이 죽는 재난을 없애겠습니다."

라고 하니 허락했다. 동자는 종루의 네 구석에 등불을 세우고 구석마다 대기시킨 네 사람에게

"내가 요괴를 붙잡으면 일제히 등불의 갓을 벗겨 밝게 하시오."

하고 일러 놓았다. 그리고 자기는 종루의 문 옆에 숨어 있었다. 한밤중 무렵 요괴가 찾아와 동자가 있는 곳을 들여다보더니 몸을 숨겼다. 하지만 밤이 더욱 깊어지자 다시 나타나서 이번에는 종루 안으로 들어왔다. 동자는 재빨리 요괴의 머리를 잡아 당겼다. 요괴는 밖으로 도망치려고 잡아당기고 동자는 안으로 잡아당기는 사이에 대기시킨 네 사람은 너무 놀라 등의 갓을 벗길 수가 없었다. 동자는 저항하는 요괴를 질질 끌고 네 구석을 돌면서 등의 갓을 벗겨냈다. 새벽녘이 되어 요괴는 머리가 벗겨진 채 도망갔다. 다음 날 요괴의 핏자국을 따라 찾아가 보니 그 절에서 죄를 범한 나쁜 녀석을 묻은 네거리에 이르게 되었다. 그래서 요괴는 바로 그 녀석의 악령임을 알았다. 그 요괴의 뽑힌 머리카락은 지금도 간고지 절에 절의 보물로 보관되어 있다.

그 후 동자는 우바새優婆塞[4]가 되어 계속 간고지 절에 살았는데, 절에서 논을 만들고 물을 끌어 대려고 했다. 그런데 왕족들이 방

4_ 속세인이면서 불문에 들어 오계(五戒)를 받고 수행하는 자로, 반승반속(半僧半俗)적인 존재였다. 남자는 우바새, 여자는 우바이(優婆夷)라고 한다.

해를 해서 물을 대지 못하고 논이 말라버리자 이 우바새가

"내가 논에 물을 대겠소."

라 하니 승려들이 허락했다. 그리고 열 명이 덤벼서 겨우 둘러멜 수 있는 괭이를 만들어 들고 가게 했다. 우바새는 그 괭이자루를 쥐고 지팡이삼아 짚고 나가더니 수문 입구에 세워 두었다. 왕족들은 그 괭이자루를 뽑아버리고 다시 수문 입구를 막아 절 논에 물이 들어가지 못하게 했다. 우바새도 이번에는 백 명 이상이 겨우 끌 수 있는 커다란 돌로 수문을 막고 절 논으로 물을 넣었다. 왕족들은 우바새의 괴력에 두려워하며 다시는 방해하지 않았다. 이로 인하여 절의 논에는 물이 마르지 않았고 많은 수확을 거두었다. 그래서 절의 승려들은 이 우바새가 득도[5]하여 출가하는 것을 허락하고 도조道場 법사라는 이름을 지어 주었다. 후세 사람들이

"간고지 절의 도조 법사는 굉장히 힘센 장사다."

라고 전하는 것은 바로 이 이야기를 말한다. 바로 알아야 할 것은 도조 법사의 괴력은 바로 전생에 많은 선행을 쌓은 인연에 의한 것이라는 사실이다. 이것은 다름 아닌 바로 일본국에서 있었던 기이한 이야기이다.

원문

得電之憙令生子強力在縁 第三

昔敏達天皇是磐余訳語田宮食国渟名倉太玉敷命也。御世、尾張国阿育知郡片蕝里有一農夫。作田引水之時、少細降雨故、隠木本植金杖而立。時電鳴。即恐驚擎金杖而立。即電堕於彼人前、成小子、而其人持金杖将撞時電言、「莫害我。我報

5_ 여기서는 득도(得度)를 말하는데, 속세인이 출가하여 불문에 드는 것을 뜻함.

汝之恩」。其人問言「汝何報」。電答之言、「寄於汝令胎子而報。故為我作楠船入水、泛竹葉而賜」。即如電言作備而与。時電言、「莫近依」、令遠避。即愛霧登天。然後所産児之頭纏蛇二遍、首尾垂後而生。

長大年十有余頃、聞之朝庭有力人念試之、来於大宮辺居。爾有臨時王力秀。当時住大宮東北角之於別院。彼東北角有方八尺石。力王自住家出、取其石而投。即入住処閉門他人不令出入。少子視念、「名聞力人者是也」、夜不見人取其石而投益一尺。力王見之、手拍攢取石而投。従常不得投益。小子亦二尺投益。王見之二投、猶不得益。少子立投石処、小子之跡深三寸践入、其石亦三尺投益。王見跡、念是居小子之投石、将捉而依、即少子逃。王追少子逃。王追少子通墻而逃。少子亦返。王踰墻上而追、自墻亦通而迯走。力王終不得捉。念自我益力更不追。

然後少子作於元興寺之童子。時其寺鐘堂夜別死。彼童子見、白衆僧言、「我止此死災」。衆僧聴許。童子鐘堂之四置四灯、儲四人言教、「我捉鬼時倶開灯覆蓋」。然於鐘堂戸本居。鬼半夜許来。佇童子而視之退。鬼亦後夜時来入。即捉鬼頭髪而別引。鬼者外引。童子内引。彼儲四人慌迷蓋不得開。童子四角別引鬼而依、開灯蓋。至于晨朝時、鬼已頭髪所引剝而逃。明日尋彼鬼血而求往、至於其寺悪奴埋立衢。即知彼悪奴之霊鬼也。頭髪者今在元興寺為財也。

然後其童子、作優婆塞、猶住元興寺。其寺作田引水。諸王等妨不入水。田焼之時、優婆塞言、「吾引田水」。衆僧聴之。故十人可荷作鋤柄便持之也。優婆塞持彼鋤柄、撞杖而往、立水門水口居。諸等鋤柄引棄、塞水門口而不入寺田。優波塞亦取百余引石、塞於水門、入於寺田。王等恐乎優婆塞之力而終不犯。故寺田不渇而能得之。故寺衆僧聽令得度出家、名号道場法師。後世人伝謂、「元興寺道場法師強力多有」是。当是知、誠先世強修能縁所感之力也。是日本国奇事矣。

|도움말| 이 이야기는 괴력을 지닌 도조 법사의 강력담強力譚이다. 오와리 지방의 한 농부가 비를 피하고 있는데 동자의 모습을 한 벼락이 떨어져 엉겁결에 죽이려 했으나 목숨을 애원하기에 살려주었다. 벼락은 그 보답으로 아이를 점지해주었고 후일後日에 한 아이가 태어났는데, 이상하게도 아이의 머리에는 뱀이 감겨 있었고, 아이는 성장하면 할수록 작은 몸에도 놀랄 만한 괴력을 지니게 된다. 아이는 도성의 힘 센 왕과 바위던지기 시합으로 힘겨루기를 하기도 하고, 간고지 절의 재앙을 내리는 요괴를 퇴치하고, 또는 절의 논에 물을 끌어오기 위해 큰 돌을 옮겨 놓는 등의 다양한 에피소드를 담고 있다. 실제로 이 한 편의 이야기는 민간의 설화를 간고지 절에 엮어서 구성한 것으로, 도조 법사의 성장에 맞추어 그 이야기가 전개 되고 있음을 알 수 있다. 그러나 아이의 머리에 뱀이 감겨 있다고 하는 등의 기이한 서술은 이 이야기 이외에서는 전혀 찾아볼 수가 없는 부분이며, 이러한 점에서 전승을 구성하는 면에 일관성이 부족하다고 할 수 있다. 도조 법사에 관하여는 『혼초몬즈이本朝文粋』에 도조 법사전기道場法師伝記에 관한 기술이 있고, 그 밖에 『후소략기扶桑略記』와 『미즈카가미水鏡』 등의 비다쓰 천황의 조례에서도 찾아볼 수 있다.

제4화 쇼토쿠 태자가 기이한 언행을 보인 이야기

쇼도쿠聖德 태자는 이와레노이케노베노나미츠키 궁磐余池辺双槻宮에서 천하를 다스린 요메이用明 천황[1]의 아들이다. 오하리다 궁小墾田宮에서 천하를 다스린 스이코推古 천황[2] 시대에 황태자가 되었다. 태자에게는 세 가지 이름이 있었다. 하나는 우마야도노토요토미미厩戸の豊聡耳이고 둘은 쇼토쿠이고 셋은 가미쓰미야上宮라 했다. 첫번째 이름은 궁중의 마굿간 근처에서 태어났기 때문에 우마야도厩戸[3]라 하였고, 태어나면서부터 총명하여 열 사람이 동시에 호소하는 것을 한마디도 놓치지 않고 잘 분별하여 들었기 때문에 도요토미미豊聡耳라고 한 것이다. 또한 태자는 행동과 모습이 승려와 비슷하였고, 뿐만 아니라 『승만경勝鬘經』, 『법화경法華經』 등의 주석서를 만들고 불법을 널리 펴서 중생에게 이익을 주었고 사람들의 공적을 살펴서 관위를 정하였으므로 쇼토쿠라 불렀다. 그리고 천황이 사는 궁전보다 위에 있는 궁전에 살았으므로 가미쓰미야上宮라고 했다.

1_ 제31대 천황(재위 585-587).

2_ 제33대 천황(재위 592-628). 긴메이 천황의 3녀.

3_ 마굿간이란 뜻.

태자가 이카루가鵤의 오카모토 궁岡本 宮에 살고 있을 때 볼일이 있어 궁을 나와 다니는데, 가타오카 마을片岡 村 길옆에 누추한 모습의 거지가 병이 들어 누워 있었다. 태자는 이것을 보고 가마에서 내려 함께 이야기하고 여러 가지 묻더니 입고 있던 옷을 벗어 병자에게 걸쳐주고 가던 길을 갔다. 행차를 마치고 가마를 되돌려 오다보니 조금 전에 벗어 걸쳐주었던 옷이 나뭇가지에 걸려 있었고 그 거지는 보이지 않았다. 태자가 그 옷을 집어 입자 한 신하가 말하기를

"비천한 사람의 몸에 닿아서 더러워진 옷을 무엇이 아까워서 다시 입으시옵니까?"

라고 했다. 태자는

"아니다, 그렇게 말하지 말라. 너희는 잘 몰라서 그렇다."

하고 대답했다.

그 후 그 거지가 다른 곳에서 죽었다. 태자가 그 소식을 듣고 사람을 보내 시신을 제사지내고 오카모토 마을岡本村의 호린지法林寺 절 동북쪽 구석에 있는 모리베야마守部山 산에 묘를 만들어 묻고 이리키入木묘라고 이름을 붙였다. 나중에 사람을 보내 묘의 모습을 살펴보도록 했는데, 묘의 입구는 열려 있지 않은데 묻었던 거지의 시체는 어딘가로 사라지고 단지 노래 한 수가 묘 입구에 세워져 있었다.

> 이카루가鵤의 도미노오가와富小川 강이 흐름을 멈춘다면 태자의 이름이 잊혀질지 모르겠지만, 강물이 흐르는 한 결코 태자의 이름을 잊지 못할 것입니다.

그리고는 태자가 보낸 사람이 돌아와서 이런 상황을 보고하니

듣고서 아무 말도 하지 않았다.

이로써 성인은 성인을 알아보고 범인은 성인을 알아보지 못한다는 것을, 그리고 범인의 육안에는 천한 거지로 보이지만 성인의 형통한 눈에는 천하게 변장한 성인의 참모습이 보인다는 것을 알 수 있을 것이다. 이것은 참으로 신기한 일이다.

한편, 샤쿠藉 법사의 제자인 엔제이시円勢師는 백제에서 온 덕 있는 승려로, 일본 야마토 지방大和国 가즈라키葛木의 다카미야데라高宮寺 절에서 살고 있었다. 그 당시 법사 한 사람이 북쪽 승방에 살고 있었는데 이름을 간가쿠願覚라 했다. 이 법사는 매일 아침 일찍 절을 나서서 마을로 갔다가 저녁이면 돌아와 승방으로 들어가는 일을 일과로 삼고 있었다. 어느 날 엔제이시 승려의 제자인 우바새가 이것을 보고 스승에게 알리니 스승은 아무 말 말고 조용히 있으라고 했다. 하지만 우바새가 몰래 방 벽에 구멍을 뚫고 들여다보니 방안이 빛으로 가득 빛나고 있었다. 우바새가 이를 보고 다시 스승에게 알렸더니, 스승은

"그러니까 내가 너에게 주의를 주어 조용히 있으라고 한 것이다."

하고 대답했다.

이런 일이 있은 후 간카쿠는 갑자기 세상을 떠났다. 엔제이시는 제자인 우바새에게 화장을 해서 장례를 치르도록 했고 우바새는 스승의 말대로 화장하여 장례를 마쳤다. 그런데 그 후 이 우바새는 오미 지방近江国[4]에 가서 살게 되었는데, 어느 날 그 지방의 어떤 사람이 이 곳에 간카쿠 법사가 계신다고 하였다. 우바새가 즉시 가 보니 틀림없이 바로 그 간카쿠 법사였다. 간카쿠 법사는 우바

4_ 현재의 시가 현(滋賀県).

새를 만나자

"요즘 만나지 못해서 항상 그리워했습니다. 별고 없으셨습니까?"

하고 말했다.

이로써 이 법사는 성인의 화신임을 알아야 할 것이다. 또한 오신五辛,[5] 즉 다섯 가지 매운 맛의 야채를 먹는 것을 불법에서는 금하고 있지만 성인인 승려가 먹으면 전혀 죄가 되지 않는 것이다.

원문

聖徳皇太子示異表縁 第四

聖徳皇太子者、 磐余池辺双欟宮御宇橘豊日天皇之子也。小墾田宮御宇天皇伐立之為皇太子。太子有三名。一号曰厩戸豊聡耳。二号曰聖徳。三号曰上宮也。向厩戸産。故曰厩戸。天年生知、十人一時訟白之然一言不漏能聞之別。故曰豊聡耳。進止威儀似僧而行、加製勝鬘法花等経疏、弘法利物、定考績功勲之階。故曰聖徳。従天皇宮住上。故曰上宮皇也。

皇太子居住于鵤岡本宮時、有縁出宮遊観幸行。片岡村之路側有毛乞匃人、得病而臥。太子見之、従轝下, 倶語之問訊、脱所著衣、覆於病人而幸行也。遊観既訖、返轝幸行、脱覆之衣挂于木枝无彼乞匃。太子取衣著之。有臣白曰、「触於賎人而穢衣、何乏更著之」。太子詔「住矣。汝不知之也」。後乞匃人他処而死。太子聞之、遣使以殯、岡本村法林寺東

5_ 매운 맛과 냄새가 나는 다섯 가지 야채, 즉 마늘 · 염교 · 파 · 부추 · 생강을 말하는데 이것을 먹으면 음욕과 분노의 죄를 짓기 쉽다고 하여 불교에서는 육식과 마찬가지로 먹는 것을 금했다.

北角有守部山作墓而収、名曰入木墓也。後遣使着、墓口不開、无之入人、唯作歌書以立墓戸。歌言、

伊可流可乃卜三乃乎可波乃太江波已曾和可於保支見乃三奈和数良礼女

使還状白。太子聞之嘿然不言。誠知、聖人知聖、凡人不知。凡夫之肉眼見賎人、聖人之通眼見隠身。斯奇異之事。

又、藉法師之弟子円勢師者百済国之師也。住於日本国大倭国葛木高宮寺。時有一法師而住北坊。名号願覚也。其師常明旦出行里、夕以来入於坊居。以為常業。時円勢師弟子之優婆塞見之白師。師言、「莫言黙然」。優婆塞竊穿坊壁而窺之者、其室内放光照炫。優婆塞見之復白師。師答之言、「然有故我諌汝莫言」。然後願覚忽然命終。時円勢師告弟子優婆塞、言「葬焼収」。即奉師告而焼収訖。然後復其優婆塞住於近江。時近江有人言「於是有願覚師」。即優婆塞往而見、当実願覚師也。逢於優婆塞而談之言、「比頃不謁恋思无間。起居不安也」。当知、是聖反化也。食五辛者仏法中制、而聖人用食之者无所得罪耳。

|도움말| 이 설화는 크게 세 설화로 구성되어 있다. 첫 번째 설화는 칭호에 관한 설화로, 우마야도노도요토미미, 쇼토쿠, 가미쓰미야의 유래에 관하여 언급하고 있다.

두 번째 설화는 거지설화로, 쇼토쿠 태자가 거지 승려에게 옷을 준 후 후일에 쇼토쿠 태자가 다시 입으려 하자 주위에서 충고를 한다. 하지만 쇼토쿠태자는

"그런 말은 하지 말거라. 너희들은 그 이유를 모를 것이다"

라고 이야기한다. 얼마 후 거지 승려가 죽자 쇼토쿠 태자의 명으로 하인이 무덤을 찾아가 보자 시체는 무덤에서 사라져 있었다. 이것은 결국 겉으로 보기에는 거지 승려이지만 사실은 비범한 성자聖者였기 때문이며 성인聖人은 성인을 간파한다는 내용이다.

세 번째 설화는 엔제이시 승려와 함께 지내고 있던 간카쿠 법사가 죽은 후 되살아난다는 이야기이며, 이것도 오로지 성인만이 성인을 알아본다는 내용으로 두 번째 설화와 비슷한 내용으로 생각할 수 있는 이야기이다.

이 설화에서 주목할 것은 『일본영이기』의 저자 교카이景戒는 쇼토쿠 태자에 대하여 거지에게도 자비를 베푼다는 자비심 깊은 인물보다는 성인만이 성인을 알아본다는 내용, 즉 사물을 꿰뚫어보는 능력을 지닌 비범한 인물로서 파악하려 하고 있다는 것이다.

한편, 교카이는 일본에 불교를 중흥시킨 쇼토쿠태자에 대하여 절대적인 존경심을 나타내고 있으며, 그 사실은 상권上巻 서문에서도 잘 나타나 있다. 『일본영이기』에서 교카이가 가장 존경하고 있는 인물은 쇼토쿠 태자와 교기 대사行基大師이며, 천황으로는 쇼무聖武 천황으로, 이들은 모두 불교융성에 큰 공적을 나타냈기 때문이다.

제5화

삼보를 신봉하여 현세의 과보를 얻은 이야기

다이케이大花位[1] 오토모노야스노코노무라지노키미大部屋栖野古連公는 기노쿠니 지방紀伊国 나쿠사 군名草郡의 우지노오토모노무라지宇治大伴連 집안의 선조이다. 천성이 깨끗하고 삼보三寶[2]를 신봉하였는데 그의 전기를 살펴보면 다음과 같다.

비다쓰敏達 천황[3] 시대의 일로서 이즈미 지방和泉国의 바다 속에서 악기소리가 들렸다. 그 소리는 피리 · 쟁 · 거문고 · 공후箜篌 등의 소리 같기도 하고 때로는 천둥치는 소리가 울려퍼지는 것 같기도 했다. 낮에는 울리고 밤에는 빛을 내면서 동쪽을 향하여 흘러갔다. 야스노코가 이 이야기를 듣고 천황에게 아뢰니 이야기를 들으시고 아무 말도 하지 않은 채 믿지 않았다. 그래서 다시 황후에게 아뢰었더니 이야기를 들으시고 그에게 그곳으로 가서 조사해보라고 명하셨다. 야스노코가 명을 받고 가보자 정말로 들은 바대

1_ 다이케(大華)라고도 함. 다이카(大化) 5년(649)에 제정된 관위 19등급의 하나로 상 · 하가 있어 다이카조(大華上)는 7번째, 다이케게(大華下)는 8번째 관위에 해당함.

2_ 불(佛, 부처 또는 불상) 법(法, 부처의 가르침 즉 경전) 승(僧, 승려 및 불교의 신봉자)의 세 가지를 말하는데, 불교를 총괄적으로 의미할 때도 쓰인다.

3_ 제30대 천황(재위 538-585).

로 소리와 빛이 나고 있었고 벼락 맞은 녹나무楠가 있었다. 궁으로 돌아와서

"다카아시高脚 해변에 녹나무가 떠내려 와 있었습니다. 부디 원하옵건대 그 나무로 불상을 만들게 해 주십시오."

하고 말씀드렸다. 황후는 그가 원하는 대로 하라고 했다. 야스노코는 황후의 허락을 얻고 매우 기뻐하면서 즉시 시마노오오미島大臣[4]에게 황후의 명령을 전했다. 오오미大臣도 또한 기뻐하고 이케베노 아타에히타池辺直氷田에게 청하여 불상을 조각하고 세 보살상[5]을 만들어 도요라데라豊浦寺 절에 안치하니 많은 사람들이 신앙하고 공경했다.

그런데 모노노베노 유게노모리야노오무라지노키미物部弓削守屋大連公[6]가 황후에게,

"대저 불상을 나라 안에 두어서는 안 됩니다. 어서 먼 곳에 버리십시오."

라고 진언했다. 황후는 그의 말을 듣고 야스노코에게 빨리 불상을 감추라고 명했다. 명을 받은 야스노코는 히타노아타에氷田直에게 불상을 볏짚 속에 감추도록 했다.

한편 유게노모리야노오무라지노키미는 불을 질러 절을 태우고 많은 불상을 끌어다 나니와難波[7]의 하천에 내버렸다. 그리고 야스

4_ 소가노우마코(蘇我馬子)를 말함. 그가 아스카가와(飛鳥川) 강 옆의 자택 안에 훌륭한 정원을 만들면서 연못 속에 작은 섬을 만든 것으로부터 시마노오오미(島大臣)라는 이름이 생겼다. 숭불파.

5_ 일반적으로 관음보살(觀音菩薩) 세지보살(勢至菩薩) 미륵보살(弥勒菩薩)의 세 불상을 말함.

6_ 모노노베노유게노오코시(物部弓削尾輿)의 아들. 배불파의 중심인물이었고 후에 모반을 일으켜 패사함.

7_ 현재의 오사카(大阪) 및 그 부근.

노코를 비난하며,

"지금 나라에 재앙이 일고 있는 것은 이웃 나라 백제에서 건너온 외래신인 불상을 우리 나라 안에 두었기 때문이다. 그러니 어서 그 외래신 불상을 내놓아라. 곧바로 도요쿠니豊国[8]를 향해서 흘러가게 해 버리자."

고 했다. 객신(客神)이란 불상을 말한다. 그러나 야스노코는 완강히 거절하며 불상을 내놓지 않았다. 이에 유게노오무라지노키미는 이미 제정신이 아니어서 모반을 일으켜 나라를 전복시키려고 기회를 엿보고 있었다. 그러자 천신도 노여워하고 지신도 미워하여 요메이用明 천황[9] 시대에 그를 멸망시켜 버렸다. 그 후 불상을 꺼내 놓음으로써 후세에까지 전해지게 된 것인데, 지금 그 불상은 칙명에 의해 요시노吉野의 히소데라窃寺 절에 안치하여 모셔져 있고, 빛을 발하는 아미타불상이 바로 이것이다.

한편 황후는 계축癸丑년593 춘정월에 오하리다 궁小墾田宮에서 즉위하여 스이코推古 천황[10]이라 하고 36년간 나라를 다스렸다. 스이코 천황 원년 여름 4월 10일에는 우마야도廐戸 태자를 세워 황태자로 삼고 야스노코를 태자의 심복신하로 모시게 했다.

천황 13년606 여름 5월 5일, 야스노코에게 칙명으로

"너의 공은 영원히 잊을 수 없다."

고 하시고 다이신大信[11]의 직위를 내리셨다.

17년610 봄 2월, 황태자는 야스노코에게 명하여 하리마 지방播磨

8_ 고대 한반도를 가라쿠니(韓国) 또는 보국(寶国), 재보국(財寶国)이라고 부른 데서 유래한 말.

9_ 제31대 천황(재위 585-587).

10_ 제33대 천황(재위 593-628). 긴메이 천황의 3녀.

11_ 스이코(推古) 천황 13년(605)에 제정한 관위 12등급 중 7번째의 직위.

国 이호 군揖保郡 가운데 273정町 5단段[12] 여의 논을 관리시켰다.

29년622 봄 2월에 황태자는 이카루가 궁斑鳩宮에서 돌아가셨다. 이 일로 야스노코는 출가하기를 원하였으나 천황은 허락하지 않았다.

32년625 여름 4월, 한 고승이 있었는데, 그가 도끼로 아버지를 쳤다. 야스노코는 이를 보고 즉시

"승려나 비구니들을 조사하여 그들 가운데 상석의 승니를 두어 악을 바로잡고 시비를 가리게 하는 것이 좋을 것입니다."

하고 아뢰었다. 천황은 칙명을 내려 당연하다고 말했다. 야스노코가 칙명에 따라 조사해 보니 승려는 837인, 비구니는 579인이었다. 그래서 승려 간로쿠觀勒[13]를 대승정大僧正[14]으로 삼고 다이신大信 야스노코와 구라쓰쿠리베노 토코사카鞍部德積의 두 사람을 승도僧都[15]로 삼았다.

33년626 겨울 12월 8일 야스노코는 나니와에 살면서 그곳에서 갑자기 세상을 떠났다. 그의 시신에서는 아주 향기로운 냄새가 났다. 천황은 칙명을 내려 칠 일간 시신을 그대로 두게 하고 그의 충성스러움을 그리워했다. 그런데 삼 일이 지나자 갑자기 야스노코가 다시 살아나 처자를 향해서 말하였다.

"오색구름이 떠 있는데 그것이 무지개처럼 북쪽으로 걸쳐 있었다. 내가 그 구름길을 걸어가는데 그 향기로움은 마치 이름난 향

12_ 1정(町)은 약 9,917.4㎡(3,000평)에 해당하며, 그의 1/10이 1단(段)이다.

13_ 백제의 승려. 스이코(推古) 10년(602)에 일본에 옴. 간고지(元興寺) 절의 고승으로 승정(僧正)의 지위에 오름.

14_ 승정은 승려의 최고 지위이고 그 가운데서도 특히 뛰어난 자를 대승정(大僧正)이라 불렀다. 대승정이 된 것은 교기(行基)가 처음이므로 본문의 내용은 사실과 다르다.

15_ 승직의 하나로 승정에 다음가는 제2위의 직이다.

수들이 섞여 있는 듯하였고, 둘러보니 길가에 황금 산이 있었다. 그래서 가까이 다가가 보니 황금빛이 얼굴을 비추었고, 거기에 돌아가신 쇼토쿠 태자가 서 있었다. 함께 산 정상에 오르자 꼭대기에 한 승려가 있었다. 태자는 그 승려에게 공손히 절을 하고, 여기 같이 있는 사람은 동쪽 궁전의 신하입니다만 이 자는 앞으로 8일 지나면 틀림없이 칼로써 화를 당할 것입니다. 그러니 부디 선약을 마시게 해 주십시오 라고 말했다. 그러자 승려는 손에 감고 있던 팔찌에서 구슬을 하나 풀어서 나에게 먹이더니

'나무묘덕보살南無妙德菩薩이라고 세 번 외우고 경배하도록 하시오'

라고 태자에게 말했다. 그 후 승려 앞을 물러나와서 황태자가 말하기를,

'어서 집에 돌아가서 불상을 만들 곳을 청소해 두시오. 나는 불전에 참회 법요를 끝마치면 궁으로 돌아가 불상을 만들 생각이오.'

라고 했다. 그래서 나는 조금 전에 왔던 길로 돌아와 문득 정신을 차려보니 되살아난 것이다."

그래서 당시 사람들은 그를 '되살아난 무라지노키미'라고 불렀다. 야스노코는 고토쿠孝德 천황 6년 가을 9월에 다이케조大華上의 지위를 받았고 90여 세의 나이로 세상을 떠났다.

이에 논찬하여 말하였다.

"선하도다 오토모씨大部氏여. 그대는 부처를 존중하여 불법과 친숙하고 마음을 깨끗이 하여 충성을 다하였고 수명과 복을 모두 누렸고 천수를 다하여 일찍 죽는 일도 없었다. 공인으로서 만사에 척척 결단을 내렸고 효는 자손으로 이어졌다. 이것은 실로 삼보의 영험과 공덕 그리고 불법수호신의 가호임을 분명히 알겠다."

이제 생각해 보니, 8일이 지나서 칼로써 화를 당한다고 한 것은

소가노 이루카蘇我入鹿의 난[16]에 해당하는 것이다. 저승에서 8일이란 이승에서 8년을 말한다. 묘덕보살이란 문수사리보살이다. 구슬 하나를 먹인 것은 난을 피하게 하는 약이었다. 황금산이란 오대산을 가리킨다. 동쪽 궁전이란 일본국을 말한다. 궁으로 돌아가 불상을 만든다고 한 것은 쇼토쿠聖德 태자가 쇼무聖武 천황[17]으로 다시 일본국에 태어나 절을 짓고 부처상을 만든 것이다. 그 때 함께 살았던 교기行基 대덕은 문수사리보살의 화신이다. 이것은 정말 기이한 이야기다.

원문

信敬三宝得現報縁 第五

大花位大部屋栖野古連公者、紀伊国名草郡宇治大伴連等先祖也。天年澄情、重尊三宝。案本記曰、「敏達天皇之代、和泉国海中有楽器之音声。如笛箏琴箜篌等声。或如雷振動。昼鳴夜耀、指東而流。大部屋栖古連公聞奏。天皇嘿然不信。更奏皇后。聞之詔連公曰、『汝往看之』。奉詔往看、実如聞有当霹靂之楠矣。還上奏之、『泊乎高脚浜。今、屋栖伏願応造仏像焉』。皇后詔、『宜依所願也』。連公奉詔大喜、告嶋大臣以伝詔命。大臣亦喜、請池辺直氷田雕仏、造菩薩三軀像、居于豊浦堂、以諸人仰敬。然物部弓削守屋大連公、奏皇后曰、「凡仏像不可置国内。猶遠退」。皇后聞之、詔屋栖古連公曰、『疾隠此仏像』。連公奉詔、使氷田直蔵乎稲中矣。弓削大連公、放火焼道場、将仏像流難破堀江。徴於屋栖古

16_ 나카노오에노오지(中大兄皇子)의 이루카(入鹿) 주살 사건으로, 643년에서 645년 사이에 일어났다.

17_ 제45대 천황(재위 724-749).

言、『今国家起災者、依隣国客神像置於己国内。可出斯客神像。速忽棄流乎豊国也』。客神仏神像也。固辞不出焉。弓削大連、狂心起逆、謀傾窺便。爰不亦嫌之、地復懕之、当於用明天皇世而挫弓削大連。則出仏像以伝後世。命安置吉野竊寺而放光阿弥陀之像是也。

皇后癸丑年春正月、即位小墾田宮、卅六年御宇矣。元年夏四月庚午朔己卯、立厩戸皇子為皇太子。即以屋栖古連公為太子之肺脯侍者。

天皇代十三年乙丑夏五月甲寅朔戊午、勅屋栖古連公曰、『汝之功者長遠不忘』、賜大信位。十七年己巳春二月、皇太子詔連公而遣幡磨国揖保郡内二百七十三町五段余水田之司也。廿九年辛巳春二月、皇太子命薨于斑鳩宮。屋栖古連公為其欲之出家。天皇不聴。四八年甲申夏四月、有一大僧、執斧殴父。連公見之、直奏之白、『僧尼撿挍応中置上座犯悪使断是非』。天皇勅之曰『諾也』。連公奉勅而撿之、僧八百卅七人尼五百七十九人也。以観勒僧為大僧正、以大信屋栖古連公与鞍部徳積為僧都。卅三年乙酉冬十二月八日、連公居住難破而忽卒之。屍有異香而馚馥矣。天皇勅之七日使留、詠於彼忠。逕之三日、乃蘇甦矣。語妻子曰、『有五色雲、如霓度北。自而往其雲道、芳如雑名香。観之道頭有黄金山。即到炫面。爰薨聖徳皇太子待立。共登山頂。其金山頂居一比丘。太子敬礼而曰、「是東宮童矣。自今已後、逕之八日、応逢銛鋒。願服仙薬」。比丘環解一玉授之、呑令服而作是言、「南无妙徳菩薩、令三遍誦礼」。自彼罷下。皇太子言、「速還家除作仏処。我悔過畢還宮作」。然投先道還。即見驚蘇也』。時人名曰還活連公。孝徳天皇世六年庚戌九月、賜大花上位也。春秋九十有余而卒矣」。

賛曰、「善哉大部氏。貴仙儻法、澄情効忠、命福共存、逕世无夭。武振万機、孝継子孫。諒委、三宝験徳、善神加護也」。

今惟推之、逕之八日、逢銛鋒者、当宗我入鹿之乱也。八日者八年也。妙徳菩薩者文殊師利菩薩也。令服一玉者、令免難之薬也。黄金山者五台山也。東宮者日本国也。還宮作仏者、勝宝応真聖武大上天皇生于日本国、作寺作仏也。爾時並住行基大徳者文殊師利菩薩反化也。

是奇異事矣。

|도움말| 이 설화는 『니혼쇼키日本書紀』의 기록과 깊은 관련성이 있는 설화자세한 사항은 해설 참조로서 『곤자쿠모노가타리슈今昔物語集』 11권 제23화의 출전이 되는 이야기이다. 기노쿠니 지방 나쿠사 마을의 오토모씨 시조인 오토모노 야스노코의 공적을 칭송하고 있는데 설화의 내용과 등장인물의 지명도로부터 보면 칭찬의 도가 지나치다 할 수 있다. 이것은 아무래도 『일본영이기』에 기노쿠니 지방 나쿠사 마을을 배경으로 한 설화가 다수 수록되어 있는 것과 함께 생각해 볼 때 저자 교카이는 이 지역의 출신자 또는 오토모씨大伴氏의 출신일 것이라는 설도 있다.

이 설화는 낮에는 바다 속에서 악기소리가 울리고 밤에는 빛이 났으며 그곳에 가 보니 영기霊気를 받은 녹나무가 떠내려와 있어 그것으로 불상을 만들었다는 이야기, 모노노베노 모리야物部守屋가 절과 불상을 불태우려 하자 히소데라窃寺 절에 피신시킨 이야기, 쇼토쿠태자의 신임을 얻어 승려들의 기강을 바로잡은 이야기, 야스노코가 죽자 몸에서 향기가 난 이야기로 구성되어 있다.

여기에서 야스노코가 되살아나 명계冥界에서 쇼토쿠 태자를 만났다는 이야기, 쇼토쿠 태자가 야스노코에게 전해준 예언과 지시한 내용이 위의 이야기들과 잘 어우러져 신빙성을 주고 있다는 점, 나아가 쇼토쿠 태자가 다시 태어나 쇼무 천황이 되었다고 하는 점은 『일본영이기』를 이해하기 위해 눈여겨볼 만한 부분이다.

제6화

관음보살에 의지하여 기도함으로써 현세에서 보답을 얻은 이야기

노법사 교젠行善은 속세의 성이 가타시베堅部 씨인데, 오하리다 궁小治宮에서 나라를 다스린 스이코推古 천황[1] 시대에 고구려국에 파견되어 유학하고 있었다. 그런데 그 나라가 멸망하여 여러 곳을 떠돌아다니다가 우연히 어떤 강가에 이르렀는데 다리는 부서지고 배도 없어 강을 건널 수가 없었다. 끊어진 다리 위에 앉아 마음속으로 관음보살觀音菩薩[2]에게 기원하자 갑자기 한 노인이 배를 타고 마중 와서 교젠을 태우고 함께 강을 건넜다. 다 건넌 뒤에 배에서 길로 내리자 노인의 모습은 보이지 않았고 배도 홀연히 사라졌다. 교젠은 아마 관음의 화신일 것이라고 생각했다. 그래서 즉시 서원誓願을 세우기를 관음상을 만들고 받들어 모실 것을 맹세했다.

마침내 교젠은 당나라에 도착하자 서원대로 관음상을 만들고 아침저녁으로 정성껏 공경했다. 이로 인해 교젠을 가와베河辺 법사

1_ 제33대 천황(재위 592-628). 긴메이(欽明) 천황의 3녀.

2_ '세상의 중생(世)'의 '목소리(音)'를 '살펴보시고(観)' 그들을 고뇌로부터 구제하여 준다는 '보살(菩薩)'이다. 관세음보살의 모습은 머리에는 관을 쓰고 있으며, 손에는 버드나무가지 또는 연꽃을 들고 있고 다른 손에는 정병을 들고 있는데, 사람들의 모습에 따라 큰 자비를 베풀기 때문에 천변만화(千変万化)의 모습을 지닌다고 한다.

라고 이름 지어 불렀다. 법사의 성격은 인내심이 다른 사람보다 뛰어나고 당나라 황제에게도 중용되었다. 때마침 당에 온 일본의 사신을 따라 요로養老 2년718에 본국으로 돌아왔다. 귀국 후에는 고후쿠지興福寺 절에 살면서 예전의 관음불상을 모시기를 마지막까지 게을리하지 않았다. 이로써 관음의 영험의 위력은 상상하기 어려울 정도라는 것을 정말 잘 알 수 있다.

이에 논찬하여 말하였다.

"노법사 교젠은 멀리 타국에 유학하러 가서 재난을 만나 돌아오려고 했지만 방법이 없었다. 도중에 강을 건너기 위해 관음을 떠올리며 다리 위에서 관음의 영험에 의지했다. 그러자 관음의 화신인 노인이 와서 도와주었고 헤어진 뒤에는 홀연히 모습을 감추었다. 그래서 관음의 모습을 불상으로 조각하고 항상 공경하는 수행을 그치지 않았다."

원문

憑念觀音菩薩得現報緣 第六

老師行善者俗姓堅部氏、小治田宮御宇天皇之代、遣学高麗。遭其国破、流離而行。忽其河辺椅壊、無船過渡无由。居断橋上、心念觀音。即時老翁乗舟迎逮、同載共渡。渡竟之後、従舟下道、老公不見。其舟忽失。乃疑觀音応化也。便発誓願、造像恭敬。遂至大唐、即造其像、日夜帰敬。号曰河辺。法師之性、忍辱過人、唐皇所重。従日本国使、以養老二年帰向本朝。住興福寺、供養其像卒不息。誠知、觀音威力難思議矣。

讃曰、「老師、遠学遭難。将帰无由。済渡憶聖、椅上憑威。化翁来資、別後滛翳。図儀常礼、其役不輟」。

|도움말| 이 이야기는 승려 교젠이 관음보살을 믿고 모시는 일을 게을리하지 않은 것으로 인해 현세에 보답을 받게 되었다는 관음보살신앙의 이익담利益譚이다.

교젠에 관한 설화는 『후소랴쿠키扶桑略記』 요로養老 2년 9월조, 『곤자쿠모노가타리슈今昔物語集』 16권 제1화, 『겐코샤쿠쇼元亨釈書』 제16권의 「리쿠유力遊」에 보이며, 모두 『일본영이기』의 설화를 바탕으로 한 것이다.

제7화

거북이를 사서 목숨을 구해주고 방생하여 현세에서 그 보답을 얻어 거북이에게 도움받은 이야기

구사이弘済 선사禅師는 백제국 사람이다. 백제가 전란을 당하였을 때 빈고 지방備後国 미타니 군三谷郡[1]의 다이료大領[2]의 조상인 사람이 백제를 구하기 위한 원정군으로 파견되어 출정했다.[3] 그때

"만일 무사히 돌아오게 된다면 여러 신과 부처를 위해서 절을 짓겠다."

고 서원誓願을 세웠다. 마침내 재난을 면하고 무사히 귀국하게 되었다. 그래서 백제의 선사 구사이를 청하여 함께 돌아와서 미타니 데라三谷寺 절을 세웠다. 이 외에도 선사가 세운 절이 많이 있었다. 여러 절의 승려도 속인들도 이를 보고 모두 공경했다.

그런데 선사가 불상을 만들기 위해서 도읍으로 향했다. 재산을

1_ 현재의 히로시마 현(広島県)) 후타미 군(双三郡).

2_ 군(郡)의 4등관(四等官) 중 제1등관에 해당한다.

3_『니혼쇼키(日本書記)』 사이메이(斉明) 천황 6년(660) 9월조에 당과 신라의 연합군에게 공격당한 백제가 일본에 사신을 보낸 기록이 있다. 또한 덴지(天智) 천황 즉위 전기7년(661) 8월조에는 아즈미노히라부노무라지(阿曇比羅夫連) 일행이 구원군으로서 백제에 파견되었다는 기록이 보인다. 본문의 등장인물은 이 구원군의 일원으로서 출정한 것으로 보인다. 구원하러 간 일본군은 하쿠스키노에(白村江, 백마강을 말함) 전투에서 대패하였고 그 결과 백제도 멸망하였다.

팔아 불상에 입힐 금박의 재료인 황금과 안료 등을 사서 돌아오는 길에 나니와難波[4]의 나루터에 이르렀을 때, 해변에 있던 사람이 큰 거북이 네 마리를 팔고 있었다. 선사는 그 사람에게 부탁하여 거북이를 사서 바다에 놓아 주었다. 그리고 동자 둘을 데리고 배를 빌려 함께 타고 바다를 건넜다. 날이 저물고 밤도 깊었다. 그 때 선원들이 욕심을 일으켜 비젠 지방備前国[5] 가바네지마骨嶋 섬 근처에 이르렀을 때 동자들을 잡아 바다 속에 던져 버렸다. 그리고 선사에게 너도 빨리 바다 속으로 들어가라고 했다. 선사가 설득했지만 도적들은 전혀 들으려고 하지 않았다. 할 수 없이 선사는 서원을 세우고 바다 속으로 들어갔다. 물에 허리까지 빠졌을 때 갑자기 발이 돌에 닿았는데 새벽에 보니 거북이가 등에 자신을 태우고 있는 것이었다. 거북이는 선사를 비추 지방備中国[6] 해안까지 보내주고 세 번 머리 숙여 절하고 떠나갔다. 생각건대 이것은 선사가 놓아준 거북이가 은혜를 갚은 것일 것이다.

한편 도적 여섯 명이 그 미타니데라 절에 황금과 안료 등을 팔러 왔다. 먼저 절의 신자가 나와서 값을 정하고 사기로 했는데, 나중에 선사가 나와서 보게 되었다. 도적들이 깜짝 놀라 어찌할 바를 모르고 있자, 선사는 이들을 불쌍히 여기고 아무런 벌도 주지 않았다. 이렇게 해서 무사히 불상을 만들고 절을 장식하여 훌륭하게 공양을 마쳤다. 그 후 선사는 해변 가에 살면서 지나다니는 사람들을 교화하다가 80여 세에 세상을 떠났다.

짐승조차도 입은 은혜를 잊지 않고 보답하는데 하물며 도리를 아는 인간으로서 어찌 은혜를 잊을 수 있겠는가.

4_ 현재의 오사카(大阪) 일대.

5_ 현재의 오카야마 현(岡山県) 동남부.

6_ 현재의 오카야마 현 서부.

원문

贖亀命放生得現報亀所助縁 第七

禅師弘済者百済国人也。当百済乱時、備後三谷郡大領之先祖、為救百済遣運旅。時発誓願言、「若平還卒、為諸神祇造立伽藍」。遂免災難。即請禅師、相共還来、造三谷寺。其禅師所以造立伽藍多。諸寺道俗観之共為欽敬。禅師為造尊像上京。売財既買得金丹等物。還到難破之津時、海辺人売大亀四口。禅師勧人買而放之。即借人舟、将童子二人、共乗度海。日晩夜深。舟人起欲、行到備前骨嶋之辺、取童子等、擲人海中。然後告禅師云、「応速入海」。師雖教化賊猶不許。於茲発願而入海中。水及腰時、以石当脚、其暁見之、亀負之矣。其備中海浦海辺、其亀三領而去。疑是放亀報恩乎。

于時賊等六人、其寺売金丹。檀越先過量贖、禅師後出見之。賊等慌然不知退進。禅師憐愍不加刑罰。造仏厳塔、供養已了。後住海辺化来人。春秋八十有余而卒。畜生猶不忘恩返報恩。何況義人而忘恩乎。

|도움말| 이 이야기는 거북이의 보은담報恩譚으로 동물조차 은혜를 입으면 잊지 않고 은혜를 갚는데 하물며 인간으로서 은혜를 입으면 이를 잊어서는 안 된다는 것이 이 설화의 주제라 할 수 있다.

이 설화에서 구사이가 직접 거북이를 사지 않고 사람들로 하여금 거북이를 사게 한 것은 사람들이 살생의 죄를 저지르지 않도록 인도하는 것이 승려의 임무이기 때문이다. 또한 도적들은 동자들을 직접 바다 속으로 넣었으나 구사이만은 직접 던지지 않고 스스로 바닷물에 뛰어들도록 하는데, 그 이유는 비록 도적이라 하더라도 불제자인 승려를 직접 죽인다는 대죄를 두려워했다는 것을 의미하는 부분이라 할 수 있다.

후반부에서 도적이 금과 안료를 가지고 미타니데라 절로 팔러 왔을 때 구사이는 나중에 천천히 나온다. 이것은 도적들이 재정을 담당하는 이 앞에서 물건들을 펼쳐놓고 있는 상황에서 나중에 나온 구사이와 대면하며 이때 도적들이 갑자기 놀라게 된다는 극적인 상황을 연출하기 위한 교카이의 의도된 설정이라 할 수 있다.

마지막으로 구사이가 일부러 바닷가에서 산 것은 아마도 자신을 구해 준 거북이에 대한 보은報恩을 위해서라 할 수 있다.

『곤자쿠모노가타리슈今昔物語集』 19권 제30화는 이 설화를 출전으로 하여 지어진 것이다.

제8화

귀가 들리지 않는 사람이 방광경전에 귀의하여 공경하고 그 보답을 얻어 두 귀가 모두 들리게 된 이야기

오하리다 궁小墾田宮에서 나라를 다스린 스이코推古 천황[1] 시대에 기누누이노토모노미야쓰코요시미치衣縫伴造義通란 사람이 있었다. 갑자기 중병에 걸려 두 귀가 들리지 않게 되고 악성 종기가 전신에 생겼는데 오랫동안 낫지를 않았다. 그래서 요시미치義通는

'이 병은 전세에 지은 죄의 업보 때문이지 단지 현세에 지은 업보 때문만은 아닐 것이다. 그러니 오래 살아서 다른 사람들에게 미움을 받느니 차라리 선행을 쌓아 후세의 해탈을 기원하며 일찍 죽는 것보다 나은 일이 없을 것이다.'

라고 생각하고, 마당을 깨끗이 쓸고 불당을 장식한 후 기義 선사를 초청하였다. 그리고 먼저 몸을 깨끗이 하고 향수로 몸을 씻어내고 『방광경方廣經』[2]을 읽으면서 일심으로 기원했다. 그러자 신기한 영감을 느끼고 선사를 향해

"방금 나의 한쪽 귀에 한 보살님의 이름이 들렸습니다. 그러니

1_ 제33대 천황(재위 592-628). 긴메이(欽明) 천황의 3녀.

2_ 대승(大乘)의 가르침을 기록한 『반야경(般若經)』, 『법화경(法華經)』, 『화엄경(華嚴經)』 등을 가리킨다. 『대통방광경(大通方廣經)』이란 것도 있으나 이것은 위경(僞經)이다.

부디 선사께서는 고생스럽겠지만 보살님께 더욱 기원을 드려 주십시오."

하고 말했다. 그래서 선사가 더욱더 참배를 드리자 한 쪽 귀가 이미 잘 들리게 되었다. 요시미치는 매우 기뻐하면서 계속 참배드릴 것을 부탁하였다. 선사가 거듭 독경과 참배를 계속하니 양쪽 귀가 모두 들리게 되었다. 이 이야기를 들은 원근의 모든 사람들이 놀라며 기이하게 생각하지 않는 자가 없었다. 이것으로 부처의 감응하심이 결코 거짓이 아니라는 것을 알 수 있을 것이다.

원문

聾者帰敬方広経典得報聞両耳縁 第八

小墾田宮御宇天皇代、有衣縫伴造義通者、忽得重病両耳並聾、悪瘡遍身、歴年不愈。自謂、「宿業所招、非但現報。長生為人所厭、不如行善遄死」。乃掬地餝堂、屈請義禅師。先潔其身、香水澡浴、依方広経。於是発希有想、白禅師言、「今我片耳聞一菩薩名。故唯願大徳忍労」。後依禅師重拝、片耳既聞。義通歓喜亦請重更拝、両耳倶聞。遐近聞者、莫不驚怪。是知、感応之道諒不虚矣。

|도움말| 『산보에코토바三宝絵詞』 중권 제5화에 '영이기霊異記에 보임'이라고 되어 있고, 『후소략키扶桑略記』 스이코推古 천황 조 수록 설화에 '이상 야쿠시지薬師寺 절의 교카이景戒가 쓴 영이기의 문장에 보임'이라고 되어 있다. 『곤자쿠모노가타리슈今昔物語集』 14권 제36화도 이 설화를 바탕으로 쓰인 것이다.

불경을 신봉하여 눈을 뜨게 된다는 설화는 하권의 제11화・제12

화・제21화에도 수록되어 있다. 또한 『곤자쿠모노가타리슈』는 이 설화를 시작으로 하여 제38화까지 『일본영이기』에 의거한 『방광경』 영험담이 이어지고 있어, 양 설화집의 영향관계를 살피는 데 중요한 단서를 제공하고 있다.

제9화

갓난아기가 매에게 붙잡혀가 다른 지방에서 아버지와 만나게 된 이야기

아스카飛鳥 가와라川原[1]의 이타후키 궁板葺宮에서 천하를 다스린 고교쿠皇極 천황[2] 시대 2년643 봄 3월 무렵, 다지마 지방但馬国 시즈미 군七美郡[3]의 산골 마을 어느 집에 갓 태어난 여자아기가 있었다. 아기가 앞마당을 기어 다니고 있을 때 매가 아기를 채서 하늘로 날아올라 동쪽을 향해서 날아가 버렸다. 부모는 아기가 불쌍하여 몹시 슬퍼하며 울면서 좇아갔지만 어디로 가버렸는지 알 수 없었다. 그래서 그 아기를 위해서 명복을 빌어주었다. 그로부터 8년이 지나서 나니와難波 나가라長柄[4]의 도요사키 궁豊前宮[5]에서 천하를 다스린 고토쿠孝德 천황[6] 하쿠치白雉 원년650 가을 8월 하순 무렵, 매에게 아기를 빼앗긴 아버지가 사정이 있어 단바 지방丹波国의 오지인 가사 군加作郡[7]의 어느 지역에 이르러 어느 집에 머물게 되었다. 그런

1_ 현재의 나라 현(奈良県) 다카이치 군(高市郡) 아스카 마을(明日香村).

2_ 제35대 천황(재위 642-645).

3_ 현재의 효고 현(兵庫県) 미카타 군(美方郡).

4_ 현재의 오사카 시(大阪市) 주오 쿠(中央区).

5_ 제36대 고토쿠(孝德) 천황의 황궁.

6_ 제36대 천황(재위 645-654).

7_ 현재의 교토 부(京都府) 마이즈루 시(舞鶴市)와 가사 군(加佐郡) 오에 초(大江

데 그 집의 어린 여자아이가 물을 뜨러 우물로 가는데 그 집에 묵고 있던 아버지도 발을 씻으러 따라가서 보니, 마을의 여자 아이들도 우물에 모여 물을 뜨려고 하면서 묵고 있던 집 여자아이의 두레박을 빼앗으려고 하였다. 여자아이가 빼앗기지 않으려고 버텼더니 마을의 여자아이들이 모두 하나가 되어 놀리면서 말하기를

"너는 매가 먹다가 남긴 건데 어찌 함부로 까불어?"

라고 조롱하며 억누르고 때렸다. 그 아이는 맞고 울면서 집으로 돌아갔다. 그 집 주인이 기다리고 있다가

"너는 왜 울고 있니?"

라고 물어서, 집에 묵고 있던 아버지는 자기가 본 대로 자세히 얘기해주었다. 그리고 이 아이를 때리고 놀리며 매가 먹다 남긴 것이라고 부르는 이유를 물었다. 집 주인이 답하여 말하기를

"어느 해 모월 모일 내가 비둘기를 잡으러 나무에 올라가 있는데, 매가 어린 아기를 잡아 서쪽에서 날아와 둥지에 떨어뜨려 새끼들의 먹이로 삼으려고 했습니다. 아기는 무서워서 울었지요. 매의 새끼들도 아기를 보고 놀라 두려워하며 쪼아 먹으려 하지 않았습니다. 내가 그 우는 소리를 듣고 둥지에서 꺼내어 기른 여자아이가 바로 이 아이입니다."

라고 하였다. 매에게 아이를 빼앗긴 해와 월 일을 생각해보니 지금 주인이 이야기한 날짜와 같아서 틀림없이 자기 아이라는 것을 알 수 있었다. 그래서 아버지는 슬프게 통곡하며 매에게 아이를 빼앗긴 일을 자세히 알려 주었다. 집주인은 사실을 알고 아버지의 요청에 따라 여자아이를 친부모에게 돌려주었다.

아! 이 아버지는 우연히 자기 아이가 있는 집에 묵게 되어 마침

町) 부근.

내 딸을 찾게 되었다. 이는 참으로 하늘이 불쌍히 여겨 도와준 것이니, 부모 자식 사이란 깊은 인연이란 것을 잘 알 수 있다. 이것은 정말 기이한 일이다.

원문

嬰児鷲所擒他国得逢父縁 第九

飛鳥川原板葺宮御宇天皇之世癸卯年春三月頃、但馬国七美郡山里人家、有嬰児女。中庭匍匐鷲擒騰、指東而翥。父母懇惻哭悲、追求不知所到。故為修福。逕八箇年、以難破長柄豊前宮御宇天皇之世庚戌年秋八月下旬、鷲擒子父、有縁事至於丹波国加佐郡部内、宿于他家。其家童女汲水趣井。宿人洗足副往見之。亦村童女集井汲水而、奪宿家童女之并。惜不令奪。其村童女等、皆同心凌蔑之曰、「汝、鷲噉残。何故無礼」、罵圧而打。所拍哭帰。家主待問「汝何故哭」、宿人如見具陳事。即問所以彼拍罵曰鷲噉残也。家主答言、「其年其月日之時、余登于捕鳩之而居、鷲擒嬰児、従西方而来、落巣養鶵。嬰児慓啼。彼鶵望之、驚恐不啄。余聞啼音、自巣取下育女子是也」。所擒之年月日時、挍之当今語。明知我児。尒父悲哭、具告於鷲擒之事。主人知実応語許。噫乎彼父、邂逅次於有児之家、遂得是乎。誠知、天哀所資、父子深縁也。是奇異之事矣。

|도움말| 이 테마는 '매가 기른 아이'형 민화民話로서 전 세계에서 보인다. 미나카타 쿠마쿠스南方熊楠에 의하면 매의 둥지 안에는 돌이 있는 경우가 있는데, 그 돌이 안산安産 육아에 효험이 있다고 믿

었던 것이 민화民話 기원의 유력한 원인이라고 한다.

『후소략키扶桑略記』 고교쿠 천황 조의 수록 설화에는 '이상 료이키已上靈異記'라고 되어 있고, 『곤자쿠모노가타리슈今昔物語集』 26권 제1화도 이 설화를 바탕으로 한 것이다. 『미즈카가미水鏡』 중권 수록 설화도 이 설화와 같은 계통이다. 매가 아이를 채가는 모티브는 료벤良弁을 주인공으로 한 료벤스기良弁杉 전설로서 유명하다. 『겐코샤쿠쇼元亨釈書』 제2권 「혜해慧解」 2의1 료벤良弁, 『샤세키슈沙石集』 5권 제10화도 료벤스기 전설군을 형성하는 이야기이다.

제10화

자식의 물건을 훔쳐 쓰고 소가 되어 부림을 당하는 기이한 일이 일어난 이야기

옛날 야마토 지방大和国 소노카미 군添上郡의 산골 마을에 구라노이에기미椋家長라는 사람이 있었는데, 12월이 되자 『방광경方廣經』[1]에 귀의하여 전생의 죄업을 참회하고자 하였다. 그래서 하인에게 이르기를

"선사禪師 한 분을 초청해 오라."

고 하였다. 하인이

"어떤 절의 스님을 모셔 올까요?"

라고 물으니,

"어느 절의 스님이라도 좋으니 처음 만난 스님을 모셔 오너라."

하고 대답했다. 하인은 주인이 원하는 대로 길을 가는 한 스님을 초청하여 집으로 데려왔다. 집 주인은 마음을 다하여 스님을 공양했다. 그날 밤 법요法要와 독경이 이미 끝나고 스님이 잠자리에 들려고 하자 주인이 이불을 준비하여 덮어드렸다. 그 때 스님은 마음속으로

1_ 대승(大乘)의 가르침을 기록한 『반야경(般若經)』, 『법화경(法華經)』, 『화엄경(華嚴經)』 등을 가리킨다. 『대통방광경(大通方廣經)』이란 것도 있으나 이것은 위경(僞經)이다.

'내일 보시를 받는 것보다 지금 이 이불을 훔쳐가는 것이 나을 것이다'
라고 생각했다. 그 때 어디선가
"그 이불을 훔치지 마라."
는 소리가 들렸다. 스님은 매우 놀라며 이상한 생각이 들어 뒤돌아보고 사람이 없는지 집안을 살펴보았더니 단지 소 한 마리만 창고 처마 밑에 서 있었다. 승려가 소 근처로 다가갔더니 소가 말하기를
"나는 실은 이 집 주인의 아버지입니다. 그런데 전생에 내가 다른 사람에게 주려고 자식에게는 말하지 않고 벼를 열 다발 훔쳤습니다. 그래서 지금 소의 몸을 받아 태어나서 전생의 빚을 갚고 있는 것입니다. 당신은 출가자의 몸으로 어찌 쉽게 이불을 훔치려 합니까? 내 말이 거짓인지 사실인지를 알려거든 나를 위해 사람이 앉는 자리를 마련해 주십시오. 그러면 반드시 그 자리에 올라가 앉겠습니다. 그렇게 하거든 내가 아버지라는 것이 틀림없다는 것을 알 것입니다."
라고 하였다. 이에 스님은 몹시 부끄러워하며 돌아와서 잠자리에 들었다. 다음날 법요가 모두 끝나자
"다른 사람들을 모두 물리쳐 주시오."
라고 말했다. 그런 후에 친척들을 불러 모아놓고 어젯밤에 있었던 일을 자세히 이야기했다. 시주施主인 집주인은 슬퍼하며 소 근처로 가서 짚을 깔고
"정말로 저의 아버지라면 이 자리에 올라와 앉으시오."
라고 말했다. 그러자 소가 무릎을 꿇고 자리 위에 앉았다. 모든 친척들이 큰소리로 울면서
"정말로 아버지시네."

라고 말하고 바로 일어나서 엎드려 절하면서 소에게 말하기를

"전생에 쓴 것은 이제 그 빚이 모두 없어졌습니다."

라고 하였다. 그 말을 듣고 소는 눈물을 흘리며 탄식을 하였다. 그리고 그날 오후 신시申時[2]에 소는 죽었다. 그 후 스님이 덮었던 이불과 재물을 스님에게 보시로서 드리고, 돌아가신 아버지를 위해서 널리 명복을 빌어드렸다. 인과因果[3]의 이치에 어찌 거짓이 있겠는가.

원문

偸用子物作牛役之示異表縁 第十

大和国添上郡山村中里、昔有云椋家長公。当十二月、依方広経、欲懺先罪。告使人云、「応請一禅師」。其使人問曰、「請何寺師」。答曰、「不択其寺、随遇而請」。其使随願、請得路行一僧帰家。家主信心供養。其夜、礼経已訖。僧将息時、檀主設以被覆之。僧即心念「明日得物、不如取被而出」。時有声而言「莫盗其被」。僧大驚疑、顧窺家中覓人、唯有一牛、立家倉下。僧進牛辺語言、「吾者、此家長之父也。而吾先世、為欲与人。不告子取稲十束。所以、今受牛身、而償先債。汝是出家、何輙盗被乎欲知其事虚実、為我設人座。我当上居。応知其父」。於是僧即大愧、還止宿処。明朝、事行既訖之曰「令他人遠卻」。然後召集親族、具陳先事。檀越即起悲心、而就牛辺、敷藁白言、「実吾父者、就此座」。牛屈膝、而臥座上。諸親出声、大啼泣言、「実吾父矣」。便起

2_ 오후 3시부터 5시 사이.

3_ 불교의 근본교리 가운데 하나로서, 선악의 업에는 반드시 그에 따른 선악의 응보가 있다는 도리.

礼拝而曰牛言「先時所用、今咸奉免」。牛聞之、流涙大息。即日、申時、命終。然後、以覆被及財物、而施其師。更為其父、広修功徳。因果之理、豈不信哉。

|도움말| 『명보기冥報記』 하권의 「양주변사유楊州卞士瑜」 설화, 「장안조사차長安趙士次」 설화, 「낙양왕씨洛陽王氏」 설화, 「경조위경식녀京兆韋慶植女」 설화 등 생전의 악행이나 빌린 돈을 갚기 위해서 죽은 후 소로 태어나 노역労役을 한다는 설화군이 이 설화의 형성에 영향을 주었을 것이다. 그리고 『후소략키扶桑略記』 사이메이斉明 천황 조 수록 설화에는 '이상 교카이景戒가 쓴 책에 나온다已上出景戒記'라 하여 『일본영이기』에서 가져 온 것을 밝히고 있고, 『곤자쿠모노가타리슈今昔物語集』 14권 제37화도 이 설화를 바탕으로 한 것이다.

『일본영이기』 내에서의 이 설화와 관련성이 있는 설화로는 중권 제15화에서 자식의 물건을 훔쳐 쓴 어머니, 상권 제20화, 중권 제9화와 제32화에서 절의 물건을 차용한 악인이 모두 소가 되었다는 이야기가 보인다. 뿐만 아니라 여러 경전을 인용하여 상권 제21화에서는 축생도 과거의 부모라고 말하고 있다. 하권 제26화에서는 빌려준 물건을 도리에 어긋나게 터무니없이 높은 이자로 받아낸 여자가 산 채로 소의 몸이 되었고, 중권 제30화와 제32화, 하권 제26화에서는 빚을 진 채 죽으면 소나 다른 동물이 되어 빚을 갚지 않으면 안 된다는 경고를 하고 있는 이야기도 있다.

제11화

어렸을 때부터 그물을 사용하여 물고기를 잡아 현세에서 악보를 받은 이야기

하리마 지방幡磨国 시카마 군餝磨郡[1]의 노오지濃於寺 절에서 아스카飛鳥 도읍에 있는 간고지元興寺 절의 승려인 지오慈応 법사가 시주의 초청을 받아 하안거夏安居[2]를 하면서 『법화경法華経』을 강의하였다. 그런데 절 근처에 어부가 살았는데 어렸을 때부터 어른이 될 때까지 그물을 가지고 물고기 잡는 일을 하고 있었다. 그 후 어느 날 그 어부가 집안 뽕나무 숲속에서 배를 깔고 엎드려

"뜨거운 불꽃이 다가온다."

라고 큰 소리로 비명을 질렀다. 친척들이 도우려고 하자 그는 사람들에게

"나에게 다가오지 마. 나는 지금 당장이라도 온몸이 타버릴 것 같아."

라고 소리쳤다. 그래서 그의 부모가 절로 가서 수행중인 지오 법사에게 구원을 청했다. 법사가 다라니陀羅尼를 외우자 한참 지나서 불의 재난을 면할 수 있게 되었으나 입고 있던 하카마袴[3]는 불에

1_ 현재의 효고 현(兵庫県) 히메지 시(姫路市) 부근.

2_ 승려가 여름 석 달 동안(4월 15일부터 7월 15일까지) 일정한 장소에 칩거하여 연구나 수양에 전념하는 수행.

탔다. 어부는 두려움에 떨면서 노오지 절에 참배하고 많은 승려들 앞에서 죄를 뉘우쳤다. 그리고 마음을 고쳐먹고 의복 등을 보시하면서 독경을 부탁하였다. 그리고 그 후로는 두 번 다시 살생을 하지 않았다.

『안씨가훈顔氏家訓』[4]에 이르기를

'옛날 강릉江陵[5]의 유씨劉氏는 뱀장어 국물 파는 것을 업으로 삼았다. 나중에 아이를 하나 낳았는데 머리는 완전히 뱀장어 같았고 목 아래로는 완전히 사람의 몸이었다.'

고 하였는데 그것은 바로 이 일을 두고 하는 말이다.

원문

自幼時用網捕魚而現得悪報縁 第十一

播磨国餝磨郡濃於寺、京元興寺沙門-慈応大徳、因壇越請夏安居、講法花経。時寺辺有漁夫、自幼迄長、以網為業。後時匍匐家内桑林之中、揚声叫号曰、「炎火迫身」。親属欲救其人唱言「莫近我。我頓欲焼」。于時其親、詣寺請求行者。行者呪時良久乃免。其著袴焼。漁夫悚慄。詣濃於寺、於大衆中懺罪改心、施衣服等令誦経。竟従此以後、不復行悪。加顔氏家訓云、「昔江陵劉氏、以売鱓羹為業。後生一児、頭具是鱓。自頸以下方為人身」者、其斯謂之矣。

3_ 겉에 입는 주름 잡힌 하의.

4_ 두 권으로 되어 있고, 북제(北斉) 수(随)나라 사람인 안지추(顔之推)의 저서이다. 유교에 의한 입신치가(立身治家)의 법을 이야기하고 있는데, 그 가운데 제16편 「귀심편(帰心編)」은 불교에서 주장하고 있다. 이 설화 중의 인용은 바로 「귀심편(帰心編)」에 의한 것이다.

5_ 현재의 중국 호북성(湖北省).

|도움말| 『산보에코토바三宝絵詞』 중권 제6화에 수록된 설화에는 '료이키에 보인다霊異記ニ見エタリ'라고 되어 있어 『일본영이기』를 바탕으로 한 것을 밝히고 있다. 악한 일을 행한 현보現報로서 지옥의 화마火魔에 빠지는 비참한 죽음을 당하는 테마의 설화로는, 토끼를 잡아 껍질을 벗겨 들에 놓아준 상권 제16화, 탑의 기둥을 쪼개는 등 악한 일을 거듭한 상권 제27화, 새의 알을 즐겨 먹은 중권 제10화 등이 있다. 또한 악보담悪報談으로서 상권 제15화와 16화가 참고가 되며, 『잡보장경雑宝蔵經』에는 그물을 가지고 물고기나 새를 잡는 일이 죄가 된다는 것을 이야기하고 있다. 말미의 『안씨가훈』 인용문은 『법원주림法苑珠林』 제73 살생부殺生部에 수록되어 있다.

제12화

사람이나 짐승에게 밟히던 해골이 구원을 받고 영험을 나타내어 현세에서 보답한 이야기

고려의 학승学僧 도토道登는 간고지元興寺 절의 승려로서 야마시로 지방山背国[1] 에마惠満 집안의 출신이다. 과거 다이카大化 2년646 우지바시宇治橋 다리 건설 때문에 자주 왕래하던 때, 나라야마奈良山 산의 계곡에 해골이 있었는데 항상 사람이나 짐승들에게 밟히고 있었다. 도토는 이를 불쌍히 여겨 종자인 마로万侶를 시켜 해골을 나무 위에 놓아두게 하였다. 그런데 같은 해 12월의 섣달 그믐날 저녁 무렵 한 사람이 절 문 앞에 와서

"도토법사의 종자인 마로라는 사람을 만나고 싶다."

고 하였다. 마로가 나가서 만나보니 그 사람이

"당신 스승인 법사의 자비 덕택에 요즈음 매우 편안하게 지낼 수 있게 되었습니다. 그런데 섣달 그믐날인 오늘밤이 아니면 그 은혜를 갚을 수 없습니다."

라고 말하는 것이었다. 그리고 그 사람은 곧 마로를 어떤 집으로

1_ 현재의 교토 부(京都府). 나라야마(奈良山) 산의 북측 땅을 야마토 지방(大和国)에서 '야마시로(山背)'라고 불렀고, 이것이 야마시로 지방(山城国) 전체의 명칭이 되었다. '야마시로(山城)'로 고친 것은 엔랴쿠(延暦) 13년(794)의 칙명에 의함.

데리고 갔는데 신기하게도 문이 닫힌 채로 집안으로 들어갔다. 안에는 많은 음식이 마련되어 있었고 그 중에 자기에게 바쳐진 음식을 마로에게 주면서 함께 먹었다. 그날 밤 한밤중에 남자의 목소리가 들렸는데 마로에게

"나를 죽인 형이 올 것 같아서 급히 돌아가려고 합니다."

라고 말하는 것이었다. 마로는 이상하게 생각하여 물어보니

"나는 옛날에 형과 함께 장사를 하며 돌아다녔는데 내가 은 40근斤[2] 정도를 벌었습니다. 그러자 형이 시기하고 미워하여 나를 죽이고 은을 빼앗은 것입니다. 그로부터 오랜 세월동안 지나다니는 사람이나 짐승들이 모두 나의 머리를 짓밟았습니다. 법사께서 자비심을 베풀어 주셔서 지금 이렇게 고통에서 벗어나게 해주셨기 때문에 당신의 은혜를 잊을 수 없어서 오늘밤 은혜를 갚게 된 것입니다."

라고 대답했다. 그때 그 사람의 어머니와 큰아들이 조상의 영혼을 모시기 위해서 그 방안으로 들어와 마로를 보고 놀라 두려워하며 여기에 오게 된 연유를 물었다. 마로는 조금 전에 있었던 일을 이야기해 주었다. 어머니는 큰아들을 보고,

"아아, 나의 사랑하는 그 아이를 네가 죽인 것이란 말인가. 다른 도적 때문이 아니었구나."

라고 야단을 쳤다. 그리고 마로에게 고마워하고 다시 음식을 차려주었다. 마로가 돌아와서 있는 그대로 사실을 스승에게 말씀드렸다.

대저 죽은 사람의 영혼이나 백골조차도 이러한데 어찌 살아 있는 사람이 은혜를 잊을 수 있겠는가.

2_ 1근은 16량이므로 640량이 된다.

원문

人畜所履髑髏救収示霊表而現報縁 第十二

高麗学生道登者元興寺沙門也。出自山背恵満之家。而往大化二年丙午、営宇治椅往来之時、髑髏在于奈良山渓、為人畜所履。法師悲之、令従者-万侶置之於木上。迄于同年十二月晦夕、人来寺門白、「欲遇道登大徳之従者万侶者」。万侶出而遇之。其人語之曰、「蒙大徳之慈、頃得平安之慶。然非今夜无由報恩」。輙将万侶、至于其家、従閉屋而入於屋裏。多設飲食。其中以己分之饌与万侶共食。其於後夜有男声。告万侶曰、「殺吾之兄欲来故早去」。万侶怪而問之答、「昔吾与兄共行交易。吾得銀四十斤許、時兄妬忌、殺吾取銀。自爾以還多年歳、往来人畜皆踏我頭。大徳垂慈、令見離苦故、不忘汝恩、今宵報耳」。時其母与長子、為拝諸霊、入其屋内、見万侶而驚畏、問其所以到来。万侶於是説前事。母詈長子曰、「呼矣我愛子、為汝所殺、非他賊也」。使礼万侶、更設飲食。万侶還来、然白師。夫死霊白骨尚猶如此。何況生人豈忘恩哉。

|도움말| 『후소략키扶桑略記』 고토쿠孝徳 천황 조에 수록된 설화에는 '이상 이기已上異記'라고 되어 있어 『일본영이기』를 바탕으로 한 것임을 밝히고 있고, 『곤자쿠모노가타리슈今昔物語集』 19권 제31화도 『일본영이기』를 바탕으로 한 것이다.

이 설화의 테마는 해골보은형의 이야기로서 전 세계에 널리 분포되어 있다. 구성이 비슷한 설화로는 『일본영이기』 하권 제27화, 『산고쿠덴키三国伝記』 12권 제15화, 중세소설 『겐무모노가타리幻夢物語』, 그리고 에도 시대에는 『기이조탄슈奇異雑談集』 1권 제6화 등 전

시대에 걸친 문학작품에 널리 수록되어 있다. 또한 『일본영이기』 하권 제1화의 촉루송경髑髏誦経-해골이 경을 읽음 테마도 이 설화의 테마와 관련이 있다고 보인다.

그리고 죽은 자가 저승에서 자기 집에 맞아들여져 음식 공양을 받는 날이 섣달 그믐날로 설정된 것은 고대에는 섣달 그믐날부터 정월 초하루에 걸쳐 다마마쓰리魂祭り라 하여 조상의 영혼을 집에 맞이하여 제사를 지내는 풍습이 있었기 때문이다. 따라서 '오늘밤이 아니면 그 은혜를 갚을 수 없습니다'라 한 것은 이날이 아니면 음식을 접대할 수 없기 때문에 이날 마로를 초대하기로 한 것이다. 하권 제27화에도 같은 설정의 이야기가 있으며 후세에는 조상의 영혼에 대한 제사는 7월의 우란분盂蘭盆에만 올리게 되었다.

제13화

여자가 청정한 행실을 좋아하고 신선이 되는 풀을 먹어 현세의 몸으로 신선이 되어 하늘로 날아간 이야기

야마토 지방大倭国 우다 군宇太郡[1] 누리베 마을漆部里에 마음이 깨끗한 여자가 있었다. 이 여자는 바로 같은 마을의 누리베노미야쓰코마로漆部造麿의 첩이었다. 그녀는 천성이 깨끗하여 청정하게 행동하였고, 가정의 요리 등에도 마음을 썼다. 일곱 아이를 낳았는데 몹시 가난해서 먹을 것이 없어 아이들을 기를 방법이 없었다. 옷도 없어서 등나무 껍질로 된 실로 옷을 지었다. 하지만 매일 몸을 씻어 깨끗이 하고 누더기 옷을 입었고, 들에 나갈 때마다 풀을 따오는 것을 업으로 삼았다. 그리고 평상시에는 집에 머물면서 집안을 깨끗이 하는 데 유념했다. 따온 풀은 조리해서 담아두고 아이들을 불러 단정히 앉힌 뒤 웃음을 머금고 상냥하게 이야기하며 감사하는 마음으로 먹였다. 항상 이러한 행실을 몸과 마음으로 실전하도록 하였는데 그 청념하고 깨끗한 생활 모습은 하늘의 선인仙人과 같았다. 그런데 나니와難波 나가라長柄[2]의 도요사키 궁豊前宮에서 천하를 다스린 고토쿠孝徳 천황[3] 시대 하쿠치白雉 5년654에 이러한 그

1_ 현재의 나라 현(奈良県) 우다 군(宇陀郡).

2_ 현재의 오사카 시(大阪市) 주오 쿠(中央区).

3_ 제36대 천황(재위 645-654).

녀의 깨끗한 행실이 신선神仙을 감응感應하게 하였는지 봄에 들판에서 풀을 딸 때 선초仙草를 먹고 선인이 되어 하늘로 날아갔다.

이로써 잘 알 수 있을 것이다. 불법佛法을 수행하지 않더라도 청정한 마음과 행실을 좋아하면 선약仙藥도 감응하여 나타나는 것을. 『정진여문경精進女問經』[4]에 이르기를

"속세의 집에 살더라도 마음을 바르게 하고 불탑佛塔이 있는 곳을 깨끗이 청소하면 다섯 가지 공덕[5]을 얻을 수 있다"

라고 한 것은 바로 이러한 일을 말하는 것이다.

원문

女人好風声之行食仙草以現身飛天縁 第十三

大倭国宇太郡漆部里、有風流女、是即彼部内漆部造麿之妾也。天年風声為行、自悟塩醤存心。七子産生。極窮无食、養子无便。無衣綴藤。日日沐浴潔身、著綴。每臨於野、採草為事。常住於家、浄家為心。採菜調盛、唱子端坐。含咲馴言、到敬而食。常以是行、為身心業。彼気調恰如天上客。是難破長柄豊前宮時、甲寅年、其風流事神仙感応、春野採菜、食於仙草飛於天。誠知、不修仏法而好風流、仙薬感応、

4_『무구정진여문경(無垢精進女問経)』을 말하는데 『무구우바이문경(無垢優婆夷問経)』이라고도 함. 이 경(経)에는 불탑(仏塔)이 있는 땅, 불사(仏寺)를 청소하면 다섯 가지 공덕이 있다고 하는데, 자세히 이야기하고 있지는 않다.

5_ 정토(浄土)에 왕생한 후 얻게 되는 다섯 가지 복덕(福德)으로 ① 근문(近門: 예배에 의해 불과에 가까워지는 것), ② 대회중문[大会衆門: 찬탄(讃嘆)에 의해 정토의 성자와 함께 하는 것], ③ 택문[宅門: 서원(誓願)을 세워 지(止)를 성취하는 것], ④ 옥문[屋門: 관찰(観察)에 의해 관(觀)을 성취하는 것], ⑤ 원림유희지문(園林遊戯地門: 깨달음의 세계에서 미혹된 세계로 돌아가 중생을 교화하고 구제하는 것을 즐거움으로 삼는 것)을 말한다.

如精進女問経云。「居住俗家、端心掃庭、得五功徳」者、其斯謂之矣。

|도움말| 『곤자쿠모노가타리슈今昔物語集』 20권 제42화는 이 설화를 바탕으로 한 것이다. 이 설화의 배경으로서 도교사상을 지적할 수 있겠는데, 『정진여문경』을 인용하여 신선이 되어 하늘을 나는 것조차 불교의 공덕이라고 하고 있다.

제14화

어느 승려가 반야심경을 마음으로 신봉하고 현세에서 효험이 나타나 기이한 일이 일어난 이야기

승려 의각義覚은 원래 백제 사람이다. 그 나라가 멸망했을 때 일본에서는 오카모토 궁岡本宮에서 천하를 다스리던 사이메이斉明 천황[1]의 시대였는데, 그때 일본에 건너와서 나니와難波의 구다라지百済寺 절에서 살고 있었다. 의각 법사는 키가 칠 척尺[2]이나 되고 널리 불교를 공부하였으며 항상 『반야심경般若心經』[3]을 외웠다. 당시 같은 절에 에기慧義라는 승려가 있었는데 밤중에 혼자서 나가 걷고 있었다. 언뜻 의각 법사의 방을 보니 밝은 빛이 환하게 비추고 있어 이를 이상히 여긴 에기가 창문의 종이에 몰래 구멍을 내어 들여다보았더니 의각 법사가 단정히 앉아 경을 읽고 있었다. 그런데 빛이 바로 그의 입에서 나오는 것이었다. 에기는 놀라고 무서워하며 다음 날 자신의 죄를 참회하고 이 일을 절 안의 승려들에게 알렸다. 그러자 의각 법사가 제자에게

1_ 제37대 천황(재위 655-661).

2_ 1척은 약 30cm에 해당한다.

3_ 대승불교 반야사상(般若思想)의 핵심을 담은 경전으로, 정확한 명칭은 『마하반야바라밀다심경(摩訶般若波羅蜜多心經)』이다. 일체의 존재는 공(空)이며 '색즉시공공즉시색(色即是空空即是色)'으로 대표되는 공의 이치를 설법한다.

"나는 지난 밤 『반야심경』을 백 번 정도 외웠다. 그런 후 눈을 떠보니 사방의 벽 밖으로 바깥이 내다보여 밖의 정원 안이 훤히 보였다. 나는 이것 참 이상한 일이라는 생각이 들어 방에서 나와 절 경내를 돌아보고 다시 돌아와 보니 이번에는 벽과 문이 모두 닫혀 있었다. 그래서 방 밖에서 『반야심경』을 외웠더니 이전과 마찬가지로 벽과 문이 투명하게 내다보였다."

라고 말했다. 이것은 바로 『반야심경』의 기이한 험력驗力 때문이다.

이에 논찬하여 말하였다.

"위대하구나 석존의 제자인 의각이여. 많은 법문을 들어 지식이 넓고 불법佛法을 널리 전하였으며 칩거하여 불경을 외웠네. 심안心眼이 열려 물질 안을 자유롭게 왕래하였고 그의 드러난 모습은 심오하고 고요하도다. 어찌 동요하는 바가 있으리오. 방의 벽도 열려 통하고 밝은 빛이 나타나 비추는구나."

원문

僧憶持心経得現報示奇事縁 第十四

釈義覚者本百済人也。其国破時、当後岡本宮御宇天皇之代、入我聖朝、住難破百済寺矣。法師身長七尺、広学仏教、念誦心般若経。時有同寺僧慧義、独以夜半出行。因見室中、光明照耀。僧乃怪之竊穿牖紙窺看。法師端坐誦経。光従口出。僧以驚悚、明日悔過周告大衆。時覚法師語弟子言、「一夕誦心経一百遍許。然後開目観、其室裏四壁穿通、庭中顕見。吾於是生希有之想、従室而出廻瞻院内、還来見室壁戸皆閉。即外復誦心経、開通如前」。即是心般若経不思議也。

贊曰、「大哉釈子。多聞弘教、閉居誦経。心廓融達。所現玄寂焉。焉為動揺。室壁開通、光明顕耀」。

|도움말| 『산보에코토바三宝絵詞』 중권 제7화에 '료이키에 보인다霊異記ニ見エタリ'라고 되어 있고, 『후소략키扶桑略記』 사이메이斉明 천황 조에 '이상 료이키에 있음已上異記'이라고 되어 있어 『일본영이기』를 바탕으로 한 것임을 밝히고 있다. 『곤자쿠모노가타리슈今昔物語集』 14권 제32화도 이 설화를 출전으로 하고 있고, 『겐코샤쿠쇼元亨釈書』 제9 「감진편感進編」은 이 설화를 간략화한 것이다.

고승이 몸에서 빛을 발하는 요소는 고승전에서 자주 볼 수 있는데, 『일본영이기』에도 상권 제4화와 제21화 등이 있다. 그리고 『반야심경』의 진리를 깨우치면 물질은 모두 공空, 무無가 되어 그 사람 주변에 있는 일체의 물질을 초월할 수 있다고 한다. 이 설화에서 방안에서 밖이 훤히 내다보이고 문이 있어도 그대로 지나갈 수 있는 상태가 되어 닫힌 채로 통과할 수 있다는 것은 이와 같은 『반야심경』의 공덕과 영험을 강조하기 위한 설정으로 보인다.

제15화

악인이 걸식승을 박해하여 현세에서 악보를 받은 이야기

옛날 나라奈良가 도읍이 되기 이전 시대에 한 남자가 있었다. 그는 인과因果[1]의 도리를 믿지 않았다. 어느 날 승려가 걸식하는 것을 보고 화를 내며 때리려고 하자 승려는 논으로 도망쳐 들어갔다. 남자는 쫓아가서 승려를 붙잡자 승려는 도저히 참을 수가 없어서 주문을 외워 그를 포박했다. 어리석은 남자는 넘어지면서 동서로 미친 듯 뛰어다녔고 승려는 곧바로 멀리 가버려서 남자의 이런 모습을 보지 못했다.

그 남자에게는 두 아들이 있었는데, 아버지의 주문에 의한 포박을 풀어드리려고 절에 가서 고승을 모셔오려고 하였다. 고승은 그 사정을 묻고 상황을 알게 되자 가는 것을 거절했다. 두 아들은 거듭 간절하게 절을 하면서 아버지의 재난을 구해달라고 부탁하였다. 그러자 고승은 탐탁지 않은 기분으로 가서 『법화경』의 「관음품觀音品」[2] 첫 단을 독송讀誦하여 마쳤더니 바로 주문에 의한 포박이

1_ 불교의 근본교리 가운데 하나로서, 선악의 업에는 반드시 그에 따른 선악의 응보가 있다는 도리.

2_ 『법화경』의 제25장 「관세음보살보문품(觀世音菩薩普門品)」. 단독으로 『관음경(觀音經)』이라고도 함.

풀어졌다. 그 후 그 남자는 신심을 일으켜 사악한 마음을 바꾸고 바른 길로 들어서게 되었다.

원문

悪人逼乞食僧而現得悪報縁 第十五

昔故京時、有一男人、不信因果、見僧乞食、忿而欲撃。時僧走入田水。追而執之。僧不得忍。以呪縛之。愚人顚沛、東西狂走。僧即遠去。不得眄瞻。其人有二子、欲解父縛。便詣僧房、勧請禅師。師問知其状而不肯行。二子懃重拝敬、請救父厄。其師乃徐行、誦観音品初段竟、即得解脱。然後乃発信心、廻邪入正也。

| 도움말 | 『곤자쿠모노가타리슈今昔物語集』 12권 제25화는 이 설화를 바탕으로 한 것이다. 가나자와문고본金沢文庫本 『간논리야쿠슈観音利益集』 제42화도 이 설화를 바탕으로 한 것 같다. 불교 관계자를 박해한 결과 악보悪報를 받는 것은 '현보선악現報善悪'이라는 서명書名에서도 알 수 있듯이 『일본영이기』의 주된 테마의 하나이다. 상권 제29화, 중권 제1화와 제35화, 하권 제14화 · 제15화 · 제33화에서는 승려를 박해하여 비참한 죽음을 당하게 되고, 상권 제19화, 중권 제18화, 하권 제20화에서는 『법화경』을 독송하는 사람을 조롱하여 현보現報를 받게 된다. 중권 제11화에는 승려를 욕하고 신자인 아내를 범하여 비참한 죽음을 당한 이야기가, 중권 제40화에는 나라마로諾楽麻呂라는 자가 그림 속의 승려의 눈을 화살의 과녁으로 삼아 연습하는 등의 악행悪行을 저질러 비참하게 죽는 이야기가, 하권 제24화에는 동천축東天竺의 왕이 수행승을 방해하고 원숭이의 몸을 받아 다가노

다이진陁我大神으로 태어난 이야기가, 하권 제29화에는 마을 어린이가 새긴 나무 불상을 파손한 어리석은 남자가 비참한 죽음을 당하는 이야기가 실려 있다.

이 설화는 승려에게 가한 박해 행위에 대한 인과응보 및 악인惡人의 개과천선改過遷善이 주된 모티브이고, 서문의 '사邪를 버리고 정正에 들라却邪入正'라는 의도에 맞는 이야기라고 할 수 있을 것이다.

제16화

자비로운 마음이 없어 살아 있는 토끼의 껍질을 벗기고 현세에서 악보를 받은 이야기

야마토 지방大和国[1]에 한 남자가 있었는데, 사는 동네도 이름도 확실치 않았다. 천성이 순하지 않고 산 것을 죽이는 일을 좋아했다. 그 사람이 토끼를 잡아서 껍질을 벗긴 채 들에 놓아 주었다. 그런데 그 후 얼마 되지 않아 악성 종기가 온몸에 퍼져 살찐 피부도 짓물러 터지고 몹시 고통스러워했다. 그러다 끝내 낫지 않아서 비명을 지르다 죽고 말았다.

아, 악행에 대한 현세에서의 응보는 바로 나타난다. 그러니 자기 몸을 잘 생각해서 선함이 있어야 하고, 자비의 마음이 없어서는 안 된다.

원문

无滋心剝生兎皮而現得悪報縁 第十六

大和国有一壮夫、郷里姓名未詳也。天骨不仁、喜殺生命。其人捕兎剝皮、放之於野。然後不久之頃、毒瘡遍身、肌膚爛敗。苦病无比。終不得愈。叫号而死。嗚呼現報甚近。恕己可仁。不无慈悲矣。

1_ 현재의 나라 현(奈良県).

|도움말| 『곤자쿠모노가타리슈今昔物語集』 12권 제28화는 이 설화를 바탕으로 한 것이다. 토끼의 가죽을 벗기는 모티브는 이 설화와 직접적인 관련은 없지만 『고지키古事記』에 나오는 이나바노시로토끼因幡素兎 설화가 유명한데, 내용은 다음과 같다.

스사노오노미코토須佐之男命라는 신이 아내인 구시나다히메櫛名田比売와 침실에서 부부의 행위를 하여 둘 사이에는 많은 신들이 태어났는데, 그 직계 후손에 오쿠니누시노카미大国主神라는 신이 있었다. 이 신에게는 많은 형제들이 있었는데, 모두 자기 나라를 오쿠니누시노카미 신에게 물려주었다. 나라를 물려주게 된 이유로서 다음과 같은 이야기가 전해진다.

오쿠니누시노카미와 형제들이 이나바因幡-지금의 돗토리 현(鳥取県) 지방에 사는 야가미히메八上姫에게 구혼하기 위하여 함께 길을 떠났는데, 형제들은 오쿠니누시노카미에게 짐을 지우고 종자로 삼아 데리고 갔다. 짐을 진 오쿠니누시노카미는 뒤처지고 형제들이 앞서 가던 중 해변에 다다랐을 때 알몸이 된 토끼素兎 한 마리가 누워 있는 것을 발견하고, 여러 신들이 물었다.

"토끼야, 무슨 일로 그러고 있느냐?"

"예, 보시다시피 저는 가죽이 모두 벗겨져 아파서 울고 있습니다."

"너의 몸을 고치려면 이 바닷물에 목욕을 하고 바람 부는 산꼭대기에 누워 있어 보거라."

토끼는 가르쳐준 대로 했다. 하지만 바람을 쐬자 바닷물이 마르면서 온 몸의 살갗이 갈라지고 그 고통이 이루 말할 수 없을 정도였다. 그래서 쓰러져 울고 있었는데, 신들의 맨 뒤에 따라온 오쿠니누시노카미가 이 토끼를 보고 물었다.

"왜 너는 그렇게 엎드려 슬피 울고 있느냐?"

"제 이야기를 들어 보십시오. 저는 바다 건너편 오키노시마隠岐島 섬[2]에 살고 있었는데 바다를 건너오고 싶었지만 건널 수 없었습니다. 그래서 바다 속에 살고 있는 악어를 속여서

'나하고 너하고 누가 더 종족이 많은지 비교해 보자. 먼저 너는 네 종족을 다 데리고 와서 여기서 저 건너편 해변까지 일렬로 늘어서 엎드려 있어라. 그러면 내가 그 위를 밟고 수를 세면서 건너가겠다'

고 했습니다. 그리하여 악어가 속아서 죽 엎드려 늘어서 있을 때 그 위를 밟고 수를 세면서 건너 왔는데, 막 해변에 닿기 직전에

'너희들은 나한테 속은 거야'

라고 말하자마자 맨 끝에 있던 악어가 나를 붙잡아서 가죽을 모두 벗겨버린 것입니다. 그래서 울고 있는데, 먼저 온 많은 신들이 바닷물로 목욕하고 바람을 쐬면서 누워 있으라고 가르쳐 주었습니다만 그대로 하니 온 몸이 상처투성이가 되어 버렸습니다."

토끼는 빨갛게 벗겨진 몸을 떨면서 말했다. 그러자 토끼가 불쌍해진 오쿠니누시노카미가 가르쳐 주었다.

"지금 바로 강가에 가서 깨끗한 물로 몸을 씻고 향포香蒲 꽃가루를 뿌린 다음 그 위에 누워 있으면 네 몸은 틀림없이 나을 것이다."

가 말을 들은 토끼가 그대로 해보니 정말 원래의 몸으로 회복되었는데, 이것이 바로 이나바의 흰 토끼因幡素兎로서 지금도 토신兎神이라고 부른다. 이 토끼가 오쿠니누시노카미에게

"다른 많은 신들은 모두 야가미히메를 아내로 삼을 수 없을 것입

2_ 시마네(島根)반도에서 북쪽으로 약 50km 떨어진 지점에 있는 섬. 예부터 오키노시마 섬이라고 하지만, 이러한 명칭의 섬이 있는 것은 아니고 오키 제도의 섬들을 통틀어서 가리키는 말이다.

니다. 그러나 당신은 보따리를 짊어지고 하인처럼 보이기는 하지만 틀림없이 아내로 삼게 될 것입니다."
라고 말했다. 이후 야가미히메는 구혼하러 온 형제 신들의 청혼을 물리치고 오쿠니누시노카미와 결혼하였다.

『명보기冥報記』 하권에 보면, 사냥을 좋아하는 왕장군王将軍이 그의 사랑하는 딸을 잃어버렸는데, 나중에 발견했을 때는 딸이 웅크리고 앉아 토끼의 울음소리를 내고 가시로 긁힌 상처투성이였다고 한다. 이 모든 것이 살생을 즐겨하는 악행의 업보인 것이다. 이 설화는 이와 같은 중국의 설화가 영향을 미쳤을 것이다. 『일본영이기』 상권 제11화도 참고가 된다.

제17화

전란을 만나 관음보살상을 신앙하고 현세에서 효험을 얻은 이야기

이요 지방伊予国 오치 군越知郡[1] 다이료大領[2]의 선조인 오치노 아타에越知直는 바로 백제국百濟國을 구하기 위해서 파견되어 각지를 돌아다녔을 때 당나라 군사에게 붙잡혀 당나라로 끌려갔다. 우리 일본국 포로 여덟 명과 함께 섬에서 살게 되었는데 일행은 협력하여 관음보살상觀音菩薩像[3]을 마련하고 이를 신앙하며 숭배했다. 여덟 명은 마음을 합쳐서 몰래 소나무를 베어 배 한 척을 만들었다. 그리고 그 불상을 받들어 배 위에 안치하고, 각자 서원誓願을 세우고 그 관음상觀音像에 기원했다. 그러자 배는 서풍(西風)을 따라 곧장 쓰쿠시筑紫[4]에 도착했다. 조정에서 이 이야기를 듣고 그들을 불러 자초지종을 물었다. 천황은 곧 기특하게 여겨 그들의 원하는 바를

1_ 현재의 에히메 현(愛媛県) 오치 군(越智郡).

2_ 군(郡)의 4등관(四等官) 중 제1등관에 해당한다.

3_ 관음보살은 '세상의 중생(世)'의 '목소리(音)'를 '살펴보시고(観)' 그들을 고뇌로부터 구제하여 준다는 '보살(菩薩)'이다. 관세음보살의 모습은 머리에는 관을 쓰고 있으며, 손에는 버드나무가지 또는 연꽃을 들고 있고 다른 손에는 정병을 들고 있는데, 사람들의 모습에 따라 큰 자비를 베풀기 때문에 천변만화(千変万化)의 모습을 지닌다고 한다.

4_ 지금의 규슈(九州).

말하도록 했다. 그러자 오치노 아타에는

"군郡을 새로 만들어 관음보살상을 안치하고 받들어 신앙하고 싶습니다."

라고 말씀드렸다. 천황은 이를 허락하여 그 후 새롭게 군을 설치하고 절을 지어 그 불상을 안치하였다. 그때부터 지금에 이르기까지 그의 자손들이 계속 이어서 불상을 신봉해 왔다.

생각건대 이것은 관음觀音의 영력靈力에 의한 것이고 신심의 극치이다. 옛날 정란丁蘭이 나무로 만든 어머니 상像조차 정말 살아계신 것 같은 모습을 보이셨고, 승려가 사랑한 그림 속의 여자조차 승려를 불쌍히 여겨 그의 원하는 바에 응해 주셨다.[5] 하물며 이 관음보살상이 어찌 감응을 나타내지 않을 리 있겠는가.

원문

遭兵災信敬観音菩薩像得現報縁 第十七

伊予国越知郡大領之先祖-越智直、当為救百済、遣到運之時、唐兵所偪、至其唐国。我八人同住洲。儻得観音菩薩像、信敬尊重。八人同心、竊截松木以為一舟。奉請其像、安置舟上、各立誓願、念彼観音。爰随西風、直来筑紫。朝庭聞之召、問事状。天皇忽矜、令申所楽。於是越智直言、「立郡欲仕」。天皇許可。然後建郡造寺、即置其像。自時迄乎今世、子孫相続帰敬。蓋是観音之力、信心至之。丁蘭木母猶現生相、僧感画女尚応哀形。何況是菩薩而不応乎。

5_ 출전 불명(不明). 승려가 그림 속의 여자를 사랑하자 그 여자가 승려의 사랑에 응했다는 이야기 내용인 듯하다. 『일본영이기』 중권 제13화에는 길상천녀상(吉祥天女像)이 승려의 애욕에 응해 주었다는 이야기가 수록되어 있다.

|도움말| 『곤자쿠모노가타리슈今昔物語集』 16권 제2화는 이 설화를 바탕으로 한 것이다. 가나자와문고본金沢文庫本 『간논리야쿠슈観音利益集』 제43화도 이 설화를 바탕으로 한 것으로 보인다.

말미의 정란의 목상木像 어머니 이야기는 『유향효자전劉向孝子伝』 『몽구蒙求』 『곤자쿠모노가타리슈』 등을 비롯하여 많은 설화집에 수록되어 있는데, 이 설화는 『제경요집諸經要集』에 의한 듯하다. 효자인 정란은 어머니가 돌아가신 후 어머니의 목상을 만들어 생전의 어머니를 대하듯 모셔왔는데, 어느 날 그의 아내가 잘못하여 목상의 얼굴을 태웠더니 마치 살아 있는 어머니가 상처를 입은 듯이 목상의 머리카락이 빠져 떨어지고 살갗이 갈라진 듯 피가 흘렀다고 한다.

第18화

항상 마음으로 법화경을 외우고 현세에서 그 공덕으로 기이한 일이 일어난 이야기

옛날 야마토 지방大和国 가즈라키노카미 군葛木上郡에 한 사람의 지경자持経者[1]가 있었는데 성은 다지히丹治比 씨이다. 천성적으로 총명하여 여덟 살 이전에 『법화경』을 독송讀誦하였으나 아무리 해도 한 글자만은 외울 수가 없었다. 이십여 살이 되어도 역시 외우지 못해서 관음觀音보살에게 참회하고 용서를 구했다. 그때 꿈을 꾸었는데, 어떤 사람이 나타나

"너는 전세에 이요 지방伊予国 와케 군和気郡[2]의 구사카베노사루日下部猴라는 사람의 아들이었다. 너는 그때 『법화경』을 독송하고 있었는데 등불에 경문 한 글자를 태워버려 그 글자를 읽을 수가 없었던 것이다. 지금 가서 그것을 보거라."

라고 말해주었다. 꿈에서 깨자 이상하게 여겨져서 부모님께 갑자기 볼일이 생겨서 이요지방에 다녀오겠다고 말씀드렸더니 부모님께서 허락하셨다. 그래서 물어서 찾아가 바로 사루猴네 집에 도착하였다. 문을 두드려 사람을 부르자 바로 한 여자가 나와 미소를 짓더니 다시 안으로 들어가서 여주인에게

1_ 특별히 어떤 경문을 마음에 새기고 독송하며 수행하는 사람.

2_ 현재의 에히메 현(愛媛県) 마쓰야마 시(松山市) 서북부.

"문 앞에 손님이 오셨는데 돌아가신 아드님과 꼭 닮았습니다."
라고 말씀드렸다. 이 말을 듣고 나와 보니 정말로 죽은 아들과 똑같았다. 남자 주인도 나와서 보고 이상하게 여기며
"당신은 누구십니까"
라고 물었더니, 그 지방과 군 이름을 대답했다. 방문한 쪽에서도 또한 질문을 했더니 주인도 자기의 성과 이름을 자세히 알려주었다. 들어보니 분명히 전생에서 자기 부모였음을 알게 되어 바로 무릎 꿇고 절을 했다. 사루도 그가 사랑스러워서 집안으로 불러들여 자리에 앉히고 바라보면서
"혹시 옛날에 죽은 우리 아이의 영혼이 아닐까 생각할 정도라오."
하고 말했다. 손님은 꿈에서 본 것을 자세히 얘기하고, 여기 계신 할머니와 할아버지는 바로 자기의 전생의 부모님이시라고 말했다. 사루도 또한 손님을 죽은 자식으로 생각하는 이유를 말하며
"우리 죽은 아들의 이름은 이러이러하고, 그 아이가 살았던 방과 읽었던 경經 그리고 가지고 있던 물병이 바로 이것이오"
라고 보여주었다. 전생의 아들은 이야기를 듣고 방안으로 들어가 그 『법화경』을 들고 펼쳐보니 바로 자기가 외우지 못한 글자가 등불에 타서 없었다. 그래서 경문經文을 태운 죄를 참회하고 불탄 곳을 고친 후에는 마침내 경문대로 완전히 외울 수 있었다. 이에 부모와 아이는 서로 마주보고 기이하게 여기기도 하고 기뻐하기도 하며 새롭게 부자간의 관계를 맺고 효양을 다 하였던 것이다.

이에 논찬하여 말하였다.

"훌륭하구나, 구사카베 씨여. 경을 읽고 불도를 구하여 과거와 현재의 두 생에 걸쳐 『법화경』을 독송하였다. 현세에서는 두 부모에게 효를 다하여 아름다운 이름을 후세에까지 전하였다. 이야말

로 성인聖人이요 범인凡人은 아니다. 이것은 참으로 『법화경』의 위광威光이요 관음보살觀音菩薩[3]의 험력驗力임을 알 수 있을 것이다."
라고 하였다. 『선악인과경善惡因果經』[4]에 이르기를
"과거의 원인을 알고자 한다면 현재의 그 결과를 보라. 미래의 과보를 알고자 한다면 현재의 그 행실을 보라"
라고 말씀하신 것은 이 경우를 두고 하는 말이다.

원문

憶持法花経現報示奇表縁 第十八

昔大和国葛木上郡、有一持経人。丹治比之氏也。其生知。年八歳以前誦持法華経、竟唯一字不得存。至于廿有余歳、猶難得持。因観音以悔過。于時夢見、有人曰、「汝昔先身、生在伊予国別郡日下部猴之子。時汝奉誦法華経、而燈焼一文不得誦。今往見之」。従夢醒驚而思怪之、白其親曰、「忽縁事欲往伊予」。二親聴許。然諮往当到之猴家、叩門喚人、乃女人出含咲還入、白家母、「門在客人。恰似死郎」。聞之出見、猶疑死子。家長見之亦怪問之「仁者何人」、答陳国郡之名。客人亦問之、答具告知彼姓名也。明知是我先父母即長跪拝。猴愛之喚入、居床而瞻言、「若死昔我子之霊矣」。客人具述夢状、謂翁姥吾先父母。猴亦語因而示之曰、「我先子号某、其子住堂読経及以持水瓶等是也」。先子聞之入

3_ '세상의 중생(世)'의 '목소리(音)'를 '살펴보시고(觀)' 그들을 고뇌로부터 구제하여 준다는 '보살(菩薩)'이다. 관세음보살의 모습은 머리에는 관을 쓰고 있으며, 손에는 버드나무가지 또는 연꽃을 들고 있고 다른 손에는 정병을 들고 있는데, 사람들의 모습에 따라 큰 자비를 베풀기 때문에 천변만화(千変万化)의 모습을 지닌다고 한다.

4_ 6세기에 중국에서 성립된 위경(偽経)이다.

堂内、取彼法華経開見之。当不所誦之文燈焼失也。于時懺悔奉直之後、就状得持。於是祖子相見、一怪一喜、父子之義、不失孝養。

賛曰、「善哉日下部之氏。読経求道、過現二生、重誦本経。現孝二父、美名伝後。是聖非凡。誠知、法華威神、観音験力」。

善悪因果経云、「欲知過去因、見其現在果。欲知未来報、見其現在業」者、其斯謂之矣。

|도움말| 『법화경』 영험담은 『일본영이기』뿐만 아니라 불교설화에 매우 많이 나온다. 『법화경』의 일부를 불태워 잃어버린 점, 다시 태어나서도 그 부분을 외우지 못하는 점 등은 『홍찬법화전弘贊法華傳』 6권 제17화『홋케레이겐덴法華靈驗傳』 하권 제15화, 『곤자쿠모노가타리슈今昔物語集』 7권 제20화)나 『명보기冥報記』 중권의 최언무崔彦武 설화『곤자쿠모노가타리슈』 7권 제26화 등의 중국 설화가 유사하다. 『홋케겐키法華験記』 상권 제31화『곤자쿠모노가타리슈』 14권 제12화는 장소, 인명 이외에 매우 비슷한 이야기로, 『하세데라켄키長谷寺験記』 이하의 설화집에도 보인다. 두 생에 걸쳐 『법화경』을 신봉한다는 내용의 설화는 『홋케겐키』 하권 제126화『곤자쿠모노가타리슈』 14권 제6화, 『고콘초몬주(古今著聞集)』 20권 제680화 등에 저명한 기노토지乙寺 절의 연기담이 있다.

설화 내용 중 『법화경』 신봉자인 다지히 씨가 『법화경』 한 글자를 못 외우게 되자 관음보살에게 구원을 청한 것은, 『법화경』의 제25장이 「관세음보문품觀世音普門品」으로서 관음의 공덕을 설하고 있기 때문으로 해석할 수 있다.

제19화

법화경을 읽는 사람을 비웃어서 현세에서 입이 비뚤어지고 악보를 받은 이야기

옛날 야마시로 지방山城国[1]에 한 자도승自度僧[2]이 살았다. 이름은 분명치 않고, 항상 바둑 두는 것을 업으로 삼고 있었다. 그가 속인과 함께 바둑을 두고 있을 때 거지가 다가와서 『법화경』을 읽으며 구걸을 하였다. 자도승은 듣더니 조롱하고 비웃으며 일부러 자기 입을 비뚤게 하여 목소리를 어눌하게 내면서 거지의 흉내를 내며 『법화경』을 읽었다. 속인은 들으면서 바둑 한 수를 둘 때마다 무서워하면서

"죄송하구나. 두렵구나."

라고 말했다. 그리고 속인은 바둑을 둘 때마다 이겼고 자도승은 그때마다 졌다. 이때 갑자기 자도승의 입이 비뚤어져서 의사를 불러 치료를 했지만 끝내 낫지 않았다.

『법화경』에 이르기를

"만일 『법화경』을 신봉하는 자를 경멸하거나 비웃는 자가 있으

1_ 현재의 교토 부(京都府). 나라산(奈良山) 북측 땅을 야마토(大和)지방에서 야마시로(山背)라고 불렀는데 이것이 야마시로(山城)지방 전체의 명칭이 되었다.

2_ 관의 허가 없이 마음대로 승니(僧尼)의 모습을 하고 있는 자를 말하는데, '사도승(私度僧)'이라고도 함.

면 바로 현세에서 이가 빠져 드문드문해지고 입술은 추하게 되고 코는 평평해지고 손발은 비틀리고 눈은 사팔뜨기가 될 것이다" 라고 한 것은 바로 이러한 경우를 두고 한 말이다. 그러니 차라리 악귀에 홀려 터무니없는 말을 할지라도 『법화경』 신봉자를 비방하거나 해서는 안 된다. 입으로 짓는 업을 삼가야 하는 것이다.

원문

呰読法花経品之人而現口喎斜得悪報縁 第十九

昔山背国有一自度。姓名未詳也。常作碁為宗。沙弥与白衣倶作碁。時乞者来、読法華経品而乞物。沙弥聞之軽咲呰、故偍己口、訛音効読。白衣聞之、碁条恐曰、「畏恐矣」白衣者作碁毎遍而勝、沙弥者毎遍猶負。於是即坐沙弥口喎斜、令薬治療終不直。法華経云、「若有軽咲之者、当世牙歯疏欠、醜脣平鼻手脚繚戻眼目角睞」者、其斯謂之矣。寧託悪鬼雖多濫言、而与持経者不可誹謗。能護口業矣。

|도움말| 『산보에고토바三宝絵詞』 중권 제9화에는 '료이키에 보인다霊異記ニ見エタリ'라고 되어 있고, 『홋케겐키法華験記』 하권 제96화에는 '료이키에 나온다出霊異記矣'라고 되어 있다. 『곤자쿠모노가타리슈今昔物語集』 14권 제28화는 『산보에고토바』를 바탕으로 하고 『홋케겐키』를 참조한 듯하다. 단 주인공의 이름은 『일본영이기』 중권 제18화에 등장하는 에이조栄常라는 이름을 빌린 듯하다.

『일본영이기』 안에서 『법화경』 신봉자를 비방하여 현보現報를 받게 되는 동화同話로서 중권의 제18화, 하권의 제20화가 있다. 승려에 대한 박해에 대해서는 상권의 제15화가 참고가 된다.

제20화

승려가 물을 끓이기 위한 땔감을 다른 사람에게 주어 소가 되어 부림을 당하고 기이한 일이 일어난 이야기

승려 에쇼惠勝는 엔고지延興寺 절[1]에 살았다. 그는 생전에 절의 욕탕 물을 데우기 위한 땔감 한 다발을 꺼내서 다른 사람에게 준 채 죽고 말았다. 그 절에는 한 마리의 암소가 있었는데 송아지를 낳았다. 그 송아지가 큰 후에는 몸에 수레를 달고, 땔감을 실어 나르며 쉴 틈 없이 혹사당했다. 어느 날 수레를 끌고 절 안으로 들어가는데 모르는 승려가 절 문에 있다가 말하기를

"에쇼 법사는 『열반경涅槃經』[2]은 잘 읽었지만 수레는 잘 끌 수 없겠지."

라고 했다. 소는 이 말을 듣고 눈물을 흘리며 탄식하더니 갑자기 죽고 말았다. 소를 끌던 사람은 그 승려에게

"당신이 소를 저주하여 죽였다."

고 야단치며 그를 붙잡아 조정에 신고했다. 조정에서는 사정을 물으려고 그 승려를 불러와 보니, 얼굴은 매우 고귀했고 몸은 아름다워서 황공한 마음이 들 정도였다. 그래서 몰래 깨끗한 방에 머물게 하고 화가들을 불러서

1_ 미상.

2_ 석가모니의 열반을 중심으로 기록하여 편찬된 불교경전이다.

“저 승려의 얼굴 모습을 틀림없이 똑같이 그려서 가져오라”
고 했다. 화가들은 분부를 받들고 그림을 그려와 조정에 바쳤다. 조정에서 보니 모두 관음보살觀音菩薩[3]의 상像이었다. 그리고 그 승려는 홀연히 사라졌다.

이것으로 알 수 있을 것이다, 관음보살이 승려의 모습으로 나타나신 것이니 결코 의심해서는 안 된다는 것을. 설령 굶주림에 시달려 모래나 흙을 먹을 지라도 감히 절에 사는 승려의 물건을 훔쳐 먹어서는 안 된다. 그러므로 『대방등경大方等經』[4]에 이르기를

“네 가지 중죄[5]와 다섯 가지 대역죄[6]를 범한 사람이라도 나는 이들 또한 구원할 수 있다. 그러나 승려의 물건을 훔친 사람은 나는 구제하지 않는다”
라고 한 것은 바로 이 일을 말하는 것이다.

원문

僧用涌湯之薪而他作牛役之示奇表縁 第廿

釈恵勝者延興寺之沙門也。法師平生時、涌湯分薪諂一束、与他而死。其寺有一牸而生犢子。長大之後、駕車載薪、无

3_ ‘세상의 중생(世)’의 ‘목소리(音)’를 ‘살펴보시고(觀)’ 그들을 고뇌로부터 구제하여 준다는 ‘보살(菩薩)’이다. 관세음보살의 모습은 머리에는 관을 쓰고 있으며, 손에는 버드나무가지 또는 연꽃을 들고 있고 다른 손에는 정병을 들고 있는데, 사람들의 모습에 따라 큰 자비를 베풀기 때문에 천변만화(千変万化)의 모습을 지닌다고 한다.

4_ 『대방등대집경(大方等大集經)』 60권. 단 본 설화의 이하 인용문은 『범망경고적기(梵網経古迹記)』에서 재인용한 것.

5_ 살생(殺生), 투도(偸盜), 사음(邪淫), 망어(妄語)의 네 가지.

6_ 아버지를 죽임, 어머니를 죽임, 아라한(阿羅漢)을 죽임, 화합승(和合僧-승려들이 모인 교단)을 깨는 일, 부처의 몸에 피를 내는 일의 다섯 가지.

憩所駈、控車入寺。時不知僧、在寺門曰、「恵勝法師者涅槃経雖能読、而不能引車」。牛聞流涙長息、忽而死。将牛之人嘖其僧言、「汝咒牛殺」捉之申官。官将問状、請僧見之、面姿奇貴、身体姝妙而恷。宴嘿居於浄屋、召請絵師言、「如彼法師之容、不誤絵之持来」。等奉詔、持進之於官。官見之、皆観音菩薩之像也。彼師忽然不観焉。諒委、観音所示、更不応疑。寧所迫飢雖食沙土、謹不用食常住僧物。所以大方等経云、「四重五逆我亦能救。盗僧物者我所不救」者、其斯謂之矣。

|도움말| 『곤자쿠모노가타리슈今昔物語集』 20권 제20화는 이 설화를 바탕으로 한 것이다. 가나자와문고본金沢文庫本 『간논리야쿠슈観音利益集』 제22화는 본 설화를 요약한 것 같다. 생전의 악업에 의해 사후 소가 되어 대가를 치르는 설화로서 상권 제10화, 중권 제9화와 제32화가 있다.

제21화

자비심 없이 말에게 무거운 짐을 지게 하여 현세에서 악보를 받은 이야기

옛날 고치 지방河内国[1]에 오이를 파는 사람이 있었는데, 이름을 이소와케石別라고 하였다. 어느 날 말의 능력 이상의 무거운 짐을 지게 했다. 말이 견디지 못해 가지 못할 때는 화를 내며 채찍으로 마구 때렸다. 무거운 짐을 진 말은 지쳐서 두 눈에 눈물이 맺혔다. 오이를 다 팔자 결국 그 말을 심하게 부려 죽게 하였는데 이렇게 말을 죽이는 일이 많았다. 훗날 이소와케가 잠깐 물이 끓는 가마솥에 다가가자 두 눈이 익어버렸다.

악행悪行에 대한 현세에서의 업보는 매우 가까이에 있으니 인과因果[2]의 도리를 믿어야 한다. 짐승으로 보여도 자기 과거의 부모일 수 있다. 육도六道[3] 사생四生[4]은 바로 자기가 태어날 집이다. 그러므

1_ 지금의 오사카 부(大阪府) 동남부. 와카야마 현(和歌山県), 나라 현(奈良県)과 접한 지역.

2_ 불교의 근본교리 가운데 하나로서, 선악의 업에는 반드시 그에 따른 선악의 응보가 있다는 도리.

3_ 죽은 후 그 사람의 생전의 업에 의해 살게 된다는 여섯 가지 세계로, 가장 고통이 심한 지옥(地獄)에서 시작하여 아귀(餓鬼), 축생(畜生), 아수라(阿修羅), 인간(人間), 천(天)의 세계를 말한다.

4_ 생물이 태어나는 네 가지 형식. 태생(胎生: 사람, 짐승 등), 난생(卵生: 새, 물고기 등), 습생(湿生: 누에, 구더기 등), 화생(化生: 諸天, 지옥의 것)을 말함.

로 자비심이 없어서는 안 된다.

원문

无慈心而馬負重駄以現得悪報縁 第廿一

昔河内国有瓜販之人。名曰石別也。過馬之力而負重荷。馬不得往時、瞋恚捶駈。負重荷労之、両目出涙。売瓜竟者、即殺其馬。如是殺之為多遍。後石別自䑛臨涌釜、両目於釜所煑。現報甚近。応信因果。雖見畜生、而我過去父母。六道四生我所生家。故不可无慈悲也。

|도움말| 『곤자쿠모노가타리슈今昔物語集』20권 제29화는 이 설화를 바탕으로 한 것이다. 동물을 학대하여 현세에서 악보를 받는 것 외에 상권 제10회나 20회처럼 죽은 후에 동물로 태어나는 업보를 받는 경우도 있다.

제22화

열심히 불교를 공부하고 가르침을 널리 전하여 중생에게 이익을 줌으로써 임종 시에 기이한 현상을 나타낸 이야기

이미 고인이 된 도쇼道照 법사는 성이 후나船씨이고 고치 지방河内国[1] 사람이다. 그는 칙명을 받들어 당나라에 가서 불법을 공부하기 위해서 현장삼장玄奘三蔵[2]을 만나 제자가 되었다. 삼장三蔵은 제자들에게

"이 사람은 일본에 돌아가 더 많은 사람들을 교화하려고 하고 있다. 그러니 너희들은 이 사람을 업신여기지 말고 잘 보살펴주기 바란다."

라고 말했다. 그는 학업을 마친 뒤 고국에 돌아와 젠인지禅院寺 절을 세우고 거기에 살았다. 지혜의 뛰어남은 흠 없는 옥과 같았고 지식의 거울은 항상 빛났으며. 널리 여러 지방을 다니면서 불법을 전하였고 중생을 교화하였다. 마지막에는 절에 살면서 제자들을 위해서 당나라에서 가져온 많은 경전의 요지를 설법하였다. 임종 시에는 몸을 깨끗이 씻고 옷을 갈아입은 후 서쪽을 향해서 단정히

1_ 현재의 오사카 부(大阪府) 동남부.

2_ 현장(玄奘)은 당나라 때의 고승으로 인도에 건너가 가져온 경전을 한역(漢譯)하여 보급하였다. 삼장은 경장(經蔵), 율장(律蔵), 논장(論蔵)의 세 가지 불전(佛典)을 말하는데 그것에 정통한 사람에 대한 경칭(敬称)으로도 사용했다.

앉았다. 그러자 밝은 빛이 방 안에 가득 찼다. 그때 도쇼가 눈을 뜨고 제자인 지초知調를 부르더니,

"너에게는 빛이 보이는가 안 보이는가?"

하고 물었다. 지초가

"이미 보았습니다."

라고 대답하자, 도쇼는

"함부로 말을 퍼뜨려서는 안 된다."

라고 주의를 주었다. 날이 밝을 무렵 빛은 방안에서 나와 절 마당의 소나무를 온통 비추었다. 한참 지나자 빛은 서쪽을 향해서 날아갔다. 제자들이 모두 놀라서 신기하게 여겼다. 바로 그 순간 도쇼 법사는 서쪽을 향해서 정좌한 채 숨을 거두었다. 그가 극락정토에 왕생한 것은 의심할 여지가 없음을 알 수 있다.

이에 논찬하여 말하였다.

"후나 씨 도쇼 법사는 덕을 갈고 닦기 위해서 멀리 당나라까지 법장法藏[3]을 구하러 갔다. 이는 성인聖人이 하는 일로서 보통 사람이 할 수 있는 일이 아니다. 또한 임종 시에는 빛을 발하며 왕생을 이루었도다."

원문

勤求学仏教弘法利物臨命終時示異表縁 第廿二

故道照法師者船氏、河内国人也。奉勅求仏法於大唐、遇玄奘三藏而為弟子。三藏語弟子曰、「是人還更将化多人。汝等莫軽。可能供給」。業成之後、到此土、造禅院寺而止住

3_ '법(法)'은 석가여래가 설한 가르침을 말함. 그 가르침은 경전 안에 담겨 있고, 따라서 경전은 '법(法)'을 간직해둔 '창고(藏)'이다.

焉。時利珠无玷、知鑒恒耀。遍遊諸方、弘法化物。遂住禅院、為諸弟子、演暢所請衆経要義。臨命終時、洗浴易衣、向西端坐。光明遍室。于時開目、召弟子知調、「汝見光不」。答言、「已見」。法師誡曰、「勿妄宣伝」。即後夜、光自房出、施耀寺庭松樹、良久乃光指西飛行。弟子等莫不驚怪。大徳西面端坐応卒焉。定知、必生極楽浄土。

贊曰、「船氏明徳、遠求法蔵。是聖非凡。終没放光」。

|도움말| 『산보에고토바三宝絵詞』 중권 제2화 엔노교자役行者 설화 후반부에 "우리나라의 도쇼 법사가 칙명을 받들어 불법을 구하기 위해서 당나라에 건너갔을 때我ガ朝ノ道照法師、勅ヲ承テ法ヲモトメムガタメニモロコシニ渡リシ時"라는 문장이 있다. 『곤자쿠모노가타리슈今昔物語集』 11권 제4화의 말미 부분은 이 설화를 바탕으로 하고 있다. 도쇼는 처음으로 화장火葬을 한 인물로서, 그리고 신라에서 엔노우바소쿠役優婆塞와 만난 인물로서도 전승되고 있다. 엔노교자 설화는 상권 제28화를 참조하기 바란다.

제23화

나쁜 사람이 젖을 먹여 키워준 어머니에게 효양을 다하지 않아 현세에서 처참하게 죽는 업보를 받게 된 이야기

야마토 지방大和国 소노카미 군添上郡[1]에 한 나쁜 사람이 살고 있었는데 그의 이름은 분명치 않고 통칭 미야스瞻保라고 불렀다. 이 사람은 나니와 궁難波宮에서 천하를 다스렸던 고토쿠孝徳 천황[2] 시대에 다이가쿠료大学寮[3]의 학생 정도의 사람이었다. 젊었을 때는 유교 서적을 공부했지만 자기 어머니를 잘 모시지 않았다.

언젠가 어머니는 아들에게 벼를 빌렸는데 나중에 갚을 길이 없었다. 그러자 미야스는 갑자기 화를 내며 갚아 줄 것을 재촉했다. 이 때 어머니는 땅에 무릎을 꿇고 있었고 아들은 아침잠을 자던 침상에 드러누워 있었다. 주위 사람이 이 모습을 똑똑히 보고 참을 수 없어서 그에게 말하기를,

"자네는 왜 효도에 어긋나는 짓을 하는가. 어떤 사람은 부모를 위해서 탑을 세우기도 하고 불상을 만들고 불경을 서사하기도 하며 승려들을 초청하여 하안거夏安居[4]를 하게 하는 사람도 있소. 당

1_ 나라 현(奈良県)의 동쪽.

2_ 제36대 천황(재위 645-654).

3_ 율령제 하에 설치된 중앙의 관리 양성 기관. 학생은 주로 5위 이상 귀족의 자제였는데 8위까지의 자제도 지원이 허락되었다.

신 집안은 재산도 많고 빌려준 벼도 많이 있어서 부족함이 없는데 왜 가르침에 반하여 어머니에게 효양을 다하지 않는 것이오?”
라고 알아듣게 말하였다. 하지만 미야스는
“쓸데없는 말 하지 마시오.”
라고 하며 들으려 하지 않았다. 그래서 주위 사람들이 어머니 대신에 빌린 것만큼 갚아주고 모두 그 자리를 곧장 떠났다. 어머니는 자기 젖가슴을 내놓고 슬피 울며,
“내가 너를 키울 때는 밤낮으로 쉴 틈이 없었다. 다른 집 자식들이 부모에게 보은하는 것을 보면서 우리 아이도 그렇게 되기를 기다렸는데 오히려 자식으로부터 독촉을 당하고 모욕을 당했다. 내가 원하던 마음은 틀려버렸다. 너는 내가 빌린 벼를 갚으라고 재촉했으니 나도 또한 너에게 먹인 젖의 대가를 받아야겠다. 모자간의 관계는 오늘로서 끝나버렸다. 하늘도 알고 땅도 안다. 아 슬프고 가슴 아픈 일이구나”
라고 말했다. 이에 대해 미야스는 아무 말도 없이 자리에서 일어나 집으로 들어가더니 대부 증서를 꺼내어 마당 한가운데서 모두 불에 태워 없애버렸다. 그런 후 산으로 들어가 미치광이가 되더니 알 수 없는 짓을 하고 다녔다. 흐트러진 머리와 상처 난 몸으로 사방을 미쳐 다니다가 다시 돌아와 길을 어슬렁거리고 자기 집에 머물지 않았다. 삼 일 후 갑자기 불이 나서 집 안팎의 가옥과 창고가 한꺼번에 다 타버렸고, 결국 그의 처자식들도 살아갈 수 없게 되고 말았다. 미야스는 몸을 의지할 곳도 없고 굶주림과 추위로 죽고 말았다.

현세에서의 악행의 업보는 즉시 나타나는 것이니 어찌 믿지 않

4_ 승려가 여름 3개월 동안(4월 15일부터 7월 15일까지) 일정한 장소에 칩거하여 연구나 수양에 전념하도록 하는 것.

을 수 있겠는가. 그러므로 경經에 이르기를

"부모에게 불효한 중생은 반드시 지옥에 떨어지고 부모에게 효양하면 정토에 왕생한다"

고 하였다. 이것은 부처님께서 말씀하신 것으로 대승불교의 진실한 말씀이시다.

원문

凶人不敬養嬭房母以現得悪死報縁 第卄三

大和国添上郡、有一凶人也。其名未詳。字曰瞻保。是難破宮御宇天皇之代、類学生之人也。往学書伝、不養其母。母貸子稲无物可償。瞻保忽怒逼徵之。時母居地、子坐朝床。賓明視之不得寧居。賓明語之曰、「善人何為違孝。或人奉為父母建立塔、造仏写経、屈請衆僧、令行安居。汝家饒財。貸稲多吉。何違学覆不孝親母」。瞻保伏不曰「无用也」。于時衆人代其母而償債、咸俱起而疾避。母出其嬭房而悲泣之曰、「吾之育汝、日夜无憩。觀他子之報恩、持吾児之如斯而、反見迫辱。願心違謬矣。汝也徵負稲。吾亦徵乳直。母子之道絶於今日。天知地知、悲哉痛哉」。瞻保於是不言而、起入於屋裏、捨出挙、炎於其庭中、皆已焼滅。然後入山、迷惑不知所為。乱髪身傷、東西狂走、復還行路、不住己家。三日之後、忽然火起、内外屋倉、一時皆焚。遂使其妻子等不能生活。瞻保无憑、餓寒而死。現報不遠。豈不信乎。所以経云、「不孝衆生、必堕地獄。孝養父母、往生浄土」。是如来之所説大乗之誠言矣。

| 도움말 | 불효의 현보가 얼마나 무섭고 정확하게 즉시 나타나는가를 보여주는 일화로서 생동감 있는 스토리 전개와 묘사가 돋보인다. 이 설화는 『곤자쿠모노가타리슈今昔物語集』 20권 제31화의 출전이 되고 있다. 이 설화집의 상권 제24화에는 불효녀가 어머니에게 효양을 하지 않아 비참한 죽음을 맞는 이야기가 실려 있고, 중권 제3화에는 아내를 사랑한 나머지 어머니를 죽이려고 하다 비참한 죽음의 업보를 받게 되는 이야기가 실려 있어, 불효의 현보담이 생생하게 표현되어 있다.

이 설화의 말미에 경전의 문구를 인용하여 '부모에게 불효한 중생은 반드시 지옥에 떨어지고 부모에게 효양하면 정토에 왕생한다'라고 마무리를 지었는데, 여기에 인용된 경전이 어떤 것인지 분명치 않으나 『관무량수경觀無量壽經』에 비슷한 문구가 보인다.

제24화

나쁜 여자가 낳아준 어머니에게 효양을 다하지 않아 현세에서 비참한 죽음의 업보를 받은 이야기

나라奈良 이전의 도읍[1]에 한 나쁜 여자가 있었다. 성도 이름도 분명치 않았고, 전혀 효심이 없어 어머니를 잘 모시지 않았다. 어느 날 어머니가 재일齋日[2]을 당하여 밥을 짓지 않았다. 그래서 재식齋食[3]을 하려는 생각에 딸의 집에 가서 밥을 달라고 했다. 그러자 딸이 말하기를

"오늘은 남편과 나도 또한 재식을 하려고 했기 때문에 우리 둘이 먹을 것 외에 어머니에게 드릴 것은 없어요."

라고 하였다. 이때 어머니에게는 어린 아이가 하나 있어서 데리고 집으로 돌아오는데, 도중에 언뜻 고개를 숙이고 길바닥을 보았더니 누군가 놔두고 잊어버린 보자기에 싼 밥이 있었다. 그것을 주워서 먹고 배고픔을 달랬지만 그래도 피곤했기 때문에 그대로 방에서 잠이 들어 버렸다. 한밤중이 되었는데 어떤 사람이 와서 문

1_ 『일본영이기』의 저자인 교카이가 살고 있는 수도인 나라(奈良) 이전의 수도로서, 후지와라쿄(藤原京), 아스카쿄(飛鳥京) 등을 지칭한다.

2_ 속세 사람들이 여덟 가지 계율을 지키고 죄과를 회개하며 선행을 쌓으려는 날. 6재일, 10재일 등, 정해진 날이 있었다. 이 날은 조리를 하지 않고 식사는 점심 전 한 번만 하였다.

3_ 재일에 먹는 점심 전의 식사.

을 두드리며

"당신의 딸이 큰 소리로

'내 가슴에 못이 박혔어'

라고 외치면서 금방 죽을 것 같소. 어서 가서 돌봐 주시오."

라고 알려 주었다. 어머니는 몹시 피곤해서 잠이 들었기 때문에 딸에게 가서 도와줄 수가 없었다. 그래서 그 딸은 결국 죽고 말았고 두 번 다시 어머니와 만날 수 없게 되었다.

부모에게 효양을 하지 않고 죽는 그러한 죽음보다는 자기 몫을 양보하여 부모에게 드리고 효양을 다한 후 죽는 것보다 나은 것은 없는 것이다.

원문

凶女不孝養所生母以現得悪死報縁 第廿四

故京有一凶婦。姓名未詳也。曾无孝心、不愛其母。母当斎日不炊飯。思念斎食、便就女辺而乞飯。其女曰、「今日家長与我亦将斎食。除此以外無余供母」。時其母有稚子。携之還家、俛視道頭、有遺裹飯。捨之慰餓、猶労寝室。夜半之後有人、来扣戸曰、「汝女高叫『吾胸有釘』、方将垂死。往可看」。母以疲寝、不得往活。其女終死、不復相見也。不孝養而死。従此者不如譲分供母而死耶。

|도움말| 앞의 제23화와 함께 불효 설화가 이어지고 있는데, 이 설화는 『곤자쿠모노가타리슈今昔物語集』 20권 제32화의 출전이 되고 있다.

제25화

욕심이 적고 분수를 아는 충신이 여러 천신의 감응을 얻어 은덕을 입고 기이한 일이 일어난 이야기

이미 고인이 된 주나곤中納言[1] 종3위 오미와노 타케치마로大神高市万侶 경[2]은 지토持統 천황[3] 시대의 충신이었다. 어느 기록에 이르기를,

"아카미도리朱鳥[4] 7년692 2월에 천황은 모든 관청에 칙명을 내려, 3월 3일을 정하여 이세 지방伊勢国[5]에 행차하려고 하니 이 뜻을 잘 알아서 모든 준비를 하라."

1_ 율령제의 태정관(太政官)에서 다이나곤(大納言) 다음의 관(官). 정무(政務)에 관해 천황의 칙명을 내리거나(宣下) 천황에게 신민(臣民)의 의견을 전하는(奏上 또는 上奏) 일과 정책의 자문에 응하여 심의에 참가하는 일을 했음. 다이나곤(大納言)이나 쇼나곤(少納言)과 달리 『요로리츠료(養老律令)』에도 규정되어 있지 않으므로 료게노칸(令外官)이고, 관위상당(官位相当)은 종3위이다.

2_ 672년의 진신의 난(壬申の乱)에서 공을 세워 종3위에 임명되었고, 40대 덴무(天武), 41대 지토(持統), 42대 몬무(文武)의 3대 천황에 걸친 중신이었다.

3_ 제41대 천황(재위 690-697). 제38대 덴지(天智) 천황의 제2황녀(皇女)이고 제40대 덴무 천황의 비(妃)이다.

4_ 일본 나라(奈良) 시대 연호로 슈초(朱鳥)라고도 하며 『니혼쇼키(日本書紀)』에서는 '아카미도리'가 원년(686)만으로 끝나 본 설화에서의 '7년'이라는 구절과는 상이하다. 서두 부분에서 '어느 기록에 이르기를'이라 한 바와 같이 본 설화는 『니혼쇼키』와는 다른 계통의 역사서를 참조한 것으로 생각된다.

5_ 현재의 미에 현(三重県) 동부.

고 하였다. 이때 주나곤은 천황의 행차가 농사일에 방해가 될 것을 염려하여 천황에게 글을 써 올려 간諫하였다. 그러나 천황은 받아들이지 않고 계속 행차하려고 하였다. 그러자 주나곤은 선관蟬冠[6]을 벗어 조정에 바치고 거듭 간하기를

"지금은 바로 농사일이 바쁜 계절이오니 행차를 해서는 안 됩니다"

라고 하였다.

또 이런 이야기도 있다. 가뭄의 재난이 닥쳤을 때 자기 밭의 물꼬를 막아서 물이 다른 사람들의 밭으로 흘러 들어가게 하였다. 밭으로 들어가는 물이 다 없어지자 여러 천신天神들이 감응하여 용신龍神이 비를 내리셨다. 그런데 비는 주나곤의 밭에만 내리고 다른 땅에는 내리지 않았다. 요堯와 같은 자애의 구름이 일고 순舜과 같은 인정의 비가 내린 것인데,[7] 실로 이것은 충신忠信의 극치요 덕의德義의 위대함이 있었기 때문이다.

사람들이 칭송하여 말하였다.

"긴 역사를 가진 오미와大神 씨여, 어려서부터 배우기를 좋아했고 충성과 자애의 마음이 있었도다. 심신이 결백하여 흐린 곳이 없었고, 백성들에 대해서는 은덕을 베풀었다. 다른 사람에게 물을 주기 위해서 자기 밭의 물꼬를 막았더니 단비가 때마침 내렸네. 아름다운 영예가 길이 전해질 것이다."

6_ 일본식 발음으로는 '나와제미노칸무리'라고 하는데, '나와제미'는 암매미를 의미하고 '칸무리'는 머리에 쓰는 관(冠)을 말한다. 『니혼쇼키』 다이카(大化) 3년(647) 조에, 7색13계(七色十三階)의 관(官)을 제정했다는 기록이 있는데 그 중의 하나일 것이다. 여기에서 선관을 벗어 조정에 바쳤다는 것은 관직을 사임했다는 뜻.

7_ 요, 순은 중국 고대의 전설적 성왕(聖王)으로, 통치자에게 인덕(仁德)이 있으면 천신도 감응하여 구름을 일으키고 비를 내려준다는 이야기이다.

원문

忠臣小欲知足諸天見感得報示奇事縁 第廿五

故中納言従三位大神高市万侶卿者、 大后天皇時忠臣也。有記云、「朱鳥七年壬辰二月、詔諸司、『当三月三、将幸行伊勢。宜知此意而設備焉』。時中納言恐妨農務、上表立諫。天皇不従。猶将幸行。於是脱其蟬冠、擎朝庭、亦重諫之。『方今農節。不可行也』。或遭旱災時、使塞己田口、水施百姓田。田施水既窮、諸天感応、竜神降雨。唯澍卿田、不落余地。尭雲更靄、舜雨還霈。諒是忠信之至。徳儀之大」。

賛曰、「修々神氏。幼年好学。忠而有仁。潔以無濁。臨民流恵。施水塞田。甘雨時降、美誉長伝」。

|도움말| 다케치마로가 상표문上表文을 올린 사실은 사료에 의하면, 지토 천황 6년 2월 11일, 3월 3일의 기록에 의하여 확인된다. 『곤자쿠모노가타리슈今昔物語集』 20권 제41화는 이 설화와 내용이 일치하는데, 단 천황의 이세지방 행차 목적이 사냥놀이였고, 말미의 논찬하여 이르는 말도 없이, 미와三輪지방에 거처가 있었다는 것과 거처를 절로 삼아 미와데라三輪寺 절이라고 하였다는 연기縁起가 부가되어 있는 것이 다르다.

제26화

계율을 지킨 승려가 청정한 수행을 닦아 현세에서 기이한 험력을 얻게 된 이야기

지토持統 천황[1] 시대에 백제인 선사禪師가 있었다. 이름을 다라조多羅常라 하였는데 다케치 군高市郡[2] 안의 호키산지法器山寺 절에 살고 있었다. 그는 계율을 잘 지키고 청정한 수행을 닦아 사람들의 병을 고치는 것을 가장 큰일로 삼았다. 죽어가는 사람도 그의 영험에 힘입어 다시 살아났고 병자를 위해 주문을 외우면 항상 기이한 일이 일어났다. 버드나무 가지를 얻기 위해서 가지에 오를 때 지팡이를 지팡이 위에 세워 두 개의 지팡이를 서로 이어도 쓰러지지 않았다. 마치 끌로 구멍을 내서 단단히 연결한 것 같았다. 그래서 천황도 그를 존중하여 항상 공양供養을 하였고 사람들도 그에게 귀의하여 공경하며 받들었다. 이것은 바로 수행의 공덕에 의한 것이다. 먼 곳까지 그의 명성이 전해지고 자비의 덕은 영원히 후세까지 영예를 남길 것이다.

1_ 제41대 천황(재위 645-702). 제38대 덴지(天智) 천황의 제2황녀(皇女)이고 제40대 덴무(天武) 천황의 비(妃)이다.

2_ 나라 현(奈良県) 아스카(飛鳥) 지방의 군명.

원문

持戒比丘修浄行而得現奇験力縁 第廿六

大皇后天皇之代、有百済禅師。曰名多羅常。住高市郡部内法器山寺。勤修浄行看病第一。応死之人蒙験更蘇。毎咒病者奇異。取楊枝上枝時、立錫杖於錫杖而。互用二物物不仆。如鑿而樹之。天皇尊重而常供養、諸人帰仰而恒恭敬。斯乃修行之功。遠流芳名、慈悲之徳、長存美誉也。

|도움말| 이 설화 가운데 '양지楊枝', 즉 버드나무 가지를 얻기 위해서 나뭇가지에 올랐다는 내용이 있는데, '양지'는 문자 그대로 해석하자면 버드나무의 가지라는 뜻이다. 그런데 무엇 때문에 그것을 얻으려고 나무에 올라갔는지는 명확하지 않다. 버드나무의 가지를 젓가락처럼 깎아서 한쪽 끝을 솔처럼 갈라 이를 청소할 때 사용한 것을 요지楊枝 또는 시모쿠歯木라고 하였는데, 불가佛家에서 사용하는 도구의 하나로서 지금의 칫솔과 같이 쓰였다. 그런데 이 설화에서 '양지'가 그러한 용도로 등장하는 것은 황당한 느낌이 든다. 참고로, 본 설화집보다 후대의 작품이긴 하니 『에이가모노가타리栄花物語』의 「노치쿠이노다이쇼後悔の大将」 권에 '양지'가 저주에 사용되었다는 기록이 보이는데, 이것으로 유추해본다면 이 설화에서는 병을 고치기 위한 주물呪物로서 '양지'를 사용하려 한 것이 아닐까 하는 생각이 든다.

제27화

무자비하고 법명도 없는 사미승이 탑의 기둥나무를 패서 악보를 받은 이야기

이시카와石川의 사미沙弥[1]는 자도승自度僧[2]으로, 정식 법명도 없고 속세의 성도 또한 알지 못한다. 그를 이시카와의 사미라고 부르는 것은 그의 아내가 고치 지방河内国 이시카와 군石川郡[3] 사람이기 때문이다. 그는 모습은 사미를 흉내 내고 있지만 마음은 물건을 훔치는 일에 가 있었다. 어느 때는 탑을 세운다고 거짓말을 하고 사람들로부터 재물을 거둬들여 집에 돌아와서는 아내와 함께 여러 가지를 사 먹었다. 또 어느 때는 쓰노 지방摂津国 시마시모 군嶋下郡 쓰키요네지春米寺 절[4]에 살면서 탑의 기둥나무를 패서 불을 피워 불법을 더럽히기도 했다. 어느 누구도 그보다 더 지나친 행동을 하는 사람은 없었다. 그러다 마침내 시마시모 군의 아지키 마을味木里[5]에 이르렀을 때 갑자기 병을 얻게 되자

1_ 불교에 입문한 지 얼마 되지 않아 아직 수행을 충분히 쌓지 않은 승려.

2_ 사도승(私度僧)이라고도 하는데, 관(官)의 허가를 받지 않은 채 자기 마음대로 승니(僧尼)의 모습을 하고 있는 자를 말함.

3_ 현재의 오사카 부(大阪府) 미나미가와치 군(南河内郡) 일부.

4_ 현재의 오사카 부 이바라키 시(茨木市)에 있는 호즈미하이지(穂積廃寺) 절이라 생각된다.

5_ 미상.

"뜨거워 뜨거워"

하면서, 땅에서 일이 척尺[6] 정도 뛰어오르며 비명을 질렀다. 많은 사람들이 모여들어 그 모습을 구경하였다. 어떤 사람이

"왜 그렇게 비명을 지르느냐."

고 묻자, 그가 답하여 말하기를

"지옥의 불이 다가와서 나의 몸을 태우고 있소. 그래서 이렇게 심한 고통을 받고 있는 것이니 일부러 묻지 마시오."

라고 하였다. 그리고 그날 안으로 죽고 말았다.

참으로 슬픈 일이로다. 죄를 지은 업보는 결코 없어지지 않는다. 그러니 어찌 조심하지 않으랴. 『열반경涅槃經』[7]에 이르기를

"만일 현세에서 어떤 사람이 선행을 행하면 그의 이름은 천상계에 알려질 것이다. 또 악행을 행하면 그 이름이 지옥에 알려질 것이다. 왜냐하면 선악의 행위는 틀림없이 그 업보를 받는 것이기 때문이다."

라고 하였는데, 바로 이 사실을 말하는 것이다.

원문

邪見仮名沙弥斫塔木得悪報縁 第廿七

石川沙弥者自度无名。其俗姓亦未詳。所以号石川沙弥者、以其婦河内国石川郡人也。其雖仮容於沙弥、而繫心於賊盗。或詐称造塔、乞歛人之財物、退与其婦買雑物而噉之。或住摂津国嶋下郡春米寺、折焼塔柱汙法。誰人莫過斯甚。終到嶋下郡味木里、忽得病、禾声叫言、「熱々乎々」。踰離于地

6_ 1척(尺)은 약 30cm에 해당한다.

7_ 석가모니의 열반을 중심으로 기록하여 편찬된 불교경전이다.

一二尺許。衆集見。或問曰、「何故如此叫」。答云、「地獄之火来焼我身。受苦如此也。不可故問」。即日命終。嗚呼哀哉。罪報不空。何不慎歟。涅槃経云、「若見有人修行善者、名見天人。修行悪者、名見地獄。何以故定受報故」者、其斯謂之矣。

|도움말| 『곤자쿠모노가타리슈今昔物語集』 20권 제38화는 이 설화를 출전으로 한 것이다. 사람의 재물을 빼앗고 계율을 지키지 않는 사도승이 탑을 손상시키는 악행을 저지르다 현보現報로서 지옥의 불에 몸을 태우고 결국 죽고 만다는 사실에서, 악행으로 인한 현보의 무서움을 느낄 수 있다. 이처럼 현보는 이 설화집의 제목에 나타나 있듯이 중요한 주제이고, 상권 제15화를 비롯하여 동일한 주제의 설화가 다수 실려 있다.

제28화

공작명왕의 주술법을 닦고 신기한 험력을 얻어서 현세에서 선인이 되어 하늘을 난 이야기

에노우바소쿠役優婆塞[1]는 가모노에노키미賀茂役公,[2] 즉 지금의 다카카모노아손高賀茂朝臣[3]의 집안 출신이고, 야마토 지방大和国 가즈라키노카미 군葛木上郡 지하라 마을茅原村[4] 사람이다. 그는 태어날 때부터 총명하였고 박학함이 고을에서 으뜸이었으며 오로지 불법을 신앙하고 수행에 전념하였다. 그리고 항상 기원하기를, 오색 구름을 타고 끝없는 하늘 밖으로 날아가 선궁仙宮[5]에 모여 있는 선인仙人들과 어울려 영원히 변함이 없는 뜰에서 놀고 수많은 꽃들로 뒤덮인 정원에서 쉬면서 양성養性[6]의 기운을 마시면서 살고자 하였다. 그

1_ 우바소쿠는 '우바새(優婆塞)'의 일본식 발음인데, 재가(在家)인 채로 불도수행을 하는 남자로서 반승반속(半僧半俗)적 존재이다. 그런데 여기에서 에노우바소쿠라고 표기한 것은 일본에서 이미 널리 알려진 고승의 호칭으로서 고유명사화되어 쓰이고 있기 때문이다.

2_ 가모노에(賀茂役)가 집안을 나타내는 씨(氏)이고, 기미(公)는 가바네(姓, 세습적인 직위나 직무)이다. 황자(皇子)로서 지방관이 된 자에게 주어졌다.

3_ 다카카모(高賀茂)가 집안을 나타내는 씨(氏)이고, 아손(朝臣)은 가바네로서 덴무(天武) 천황 13년(684)에 제정된 8종의 가바네 가운데 제2위임.

4_ 지금의 나라 현(奈良県) 고세 시(御所市)의 지하라(茅原)를 말함.

5_ 선인(仙人)들이 사는 궁전.

6_ 있는 그대로의 심신을 더욱 기르고 자유롭게 하는 것.

러기 위해서 만년이라 할 수 있는 사십여 세의 나이에도 바위 동굴에서 살면서 칡으로 만든 옷을 걸치고 솔잎을 먹으며 맑은 샘물로 목욕하였다. 이와 같은 수행을 하여 욕망에 찬 속세의 때를 씻고 『공작경孔雀經』의 주법呪法[7]을 닦아서 기이한 영험을 나타내는 선술仙術을 몸에 익히게 되니, 귀신을 부리고 무엇이든 자유자재로 할 수 있게 되었다.

그래서 많은 귀신을 불러놓고 재촉하여 말하기를,

"야마토 지방大倭国의 가네노타케金峯山[8]와 가즈라키노타케葛木峯[9] 사이에 다리를 놓아 다닐 수 있게 하라."

고 하였다. 이에 신들이 모두 탄식하고 있었는데, 후지와라 궁藤原宮에서 천하를 다스렸던 몬무文武 천황[10] 시대에, 가즈라키산葛木山의 히토코토누시一語主라는 신이 사람에게 씌어서 말하기를

"에노우바소쿠가 음모를 꾀하여 천황을 죽이려 한다."

고 하였다. 그러자 천황이 칙명을 내려 신하를 보내서 그를 잡아오려고 했지만 험력驗力이 있으므로 쉽게 잡을 수 없어서 그의 어머니를 잡아왔다. 에노우바소쿠는 어머니가 풀려나도록 하기 위해서 스스로 나와서 붙잡혀 곧바로 이즈伊豆의 섬으로 유배당했다. 이때 그는 바다 위에 떠서 달리기를 마치 땅을 밟고 달리는 것 같았고, 몸이 만장萬丈의 높은 산에 웅크렸다가 날 때는 마치 봉황이 하늘을 나는 것 같았다. 낮에는 천황의 명에 따라 섬에 머물며 지내다가 밤에는 스루가 지방駿河国[11]의 후지산富士山에 가서 수행을

7_ 공작명왕(孔雀明王)은 공작의 등에 탄 머리 하나에 팔이 넷인 보살의 모습을 하고 있다. '공작명왕의 주법'은 공작명왕을 본존으로 삼고 『공작경』이 설하는 바에 따라 일체의 독물과 공포와 재난이 없어지기를 기원하는 주술법이다.

8_ 지금의 나라 현 요시노 군(吉野郡)의 긴푸센(金峰山) 산.

9_ 지금의 나라 현과 오사카 부(大阪府)의 경계를 이루는 산맥의 한 봉우리.

10_ 제42대 천황(재위 697-707).

닦았다. 그러나 극형의 죄를 용서받은 후 도읍 가까이 돌아오고자 하였으나 다시 참살斬殺의 형벌에 처해지려 하자[12] 다시 후지산으로 올라갔다. 이렇게 해서 이 섬에 유배되어 고통의 세월을 보내는 동안 삼 년이 지났다. 이때 조정에서 자비를 베풀자는 의견이 있어서 다이호大宝 원년701 정월에 도읍으로 돌아오는 것이 허락되었고 마침내 신선이 되어 하늘로 날아갔다.

우리나라 사람인 도쇼道照 법사가 칙명을 받들어 불법을 구하려고 당나라에 건너갔을 때 법사는 오백 마리의 호랑이의 부탁을 받고 신라新羅에 가서 산중에서 『법화경』을 설법한 일이 있었다. 그때 법설을 듣던 호랑이 무리 속에 사람이 한 사람 있었는데 일본말로 질문을 했다. 법사가 당신은 누구냐고 물었더니 에노우바소쿠라고 대답하였다. 법사는

"우리나라의 성인이시구나."

라고 생각하며 높은 자리에서 내려와 그를 찾았지만 이미 보이지 않았다. 전의 히토코토누시대신一語主大神은 에노교자役行者[13]의 주문에 묶여 지금까지도 풀려나지 못하고 있다. 에노우바소쿠가 기이한 영험을 보인 것은 너무 많아서 다 헤아릴 수가 없기 때문에 생략하기로 한다. 참으로 잘 알 수 있다, 불법의 영험한 주술의 위력이 광대하다는 것을. 그리고 불법에 귀의하는 자는 반드시 영험한 주술의 위력을 증거로서 얻게 될 것이다.

11_ 지금의 시즈오카 현(静岡県) 중부.

12_ 이 부분은 간략하게 서술되어 있어 문맥을 이해하기 어려우며, 나카다 노리오(中田祝夫, 1995)의 해설로 보충하면 다음과 같다. 히토코토누시가 다시 조정에 호소하였기 때문에 에노우바소쿠를 참살하라는 명령이 내려왔지만, 처형하려던 칙사의 칼에 에노우바소쿠를 용서하라는 후지묘진(富士明神)의 신문(神文)이 나타나서, 에노우바소쿠는 형벌을 면할 수 있었다.

13_ 에노우바소쿠(役優婆塞)에 대해 에노교자(役行者)라고도 불렀다. 즉 동일인.

원문

修持孔雀王咒法得異験力以現作仙飛天縁 第廿八

役優婆塞者、賀武役公、今高賀武朝臣者也。大和国葛木上郡茅原村人也。生知博学得一。仰信三宝以之為業。每庶挂五色之雲、飛仲虚之外、携仙宮之賓、遊億載之庭、臥伏乎蘂蓋之苑、吸噉於養性之気。所以晩年以四十余歳、更居巌窟。被葛餌松、沫清水之泉、濯欲界之垢、修習孔雀之咒法、証得奇異之験術。駈使鬼神、得之自在。

唱諸鬼神而催之曰、「大倭国金峯与葛木峯度椅而通」。於是神等皆愁、藤原宮御宇天皇之世、葛木峯一語主大神、託讒之曰、「役優婆塞謀将傾天皇」。天皇勅之遣使捉、猶因験力輙不所捕故、投其母。優婆塞令免母故、出来見捕。即流之於伊図之嶋。于時身浮海上、走如履陸。体踞万丈、飛如翥鳳。昼随皇居嶋而行。夜往駿河富岻嶺而修。然庶宥斧鉞之誅近朝之辺故、伏殺剣之刃、上富岻也。見放斯嶼而、憂吟之間至于三年矣。於是乗慈之音、以太宝元年歳次辛丑正月、近天朝之辺、遂作仙飛天也。

吾聖朝之人、道照法師、奉勅求法往於太唐。法師受五百虎請、至於新羅、有其山中講法花経。于時虎衆之中有人。以倭語挙問也。法師問「誰」、役優婆塞。法師思之「我国聖人」、自高座下求之无之。彼一語主大神者、役行者所咒縛、至于今也不解脱。其示奇表多数而繁故略耳。誠知、仏法験術広大者。帰依之者必証得矣。

|도움말| 에노우바소쿠, 즉 에노교자는 엔노우바소쿠 또는 엔노교자라고도 하는데, 일본에서 최초의 슈겐도修験道의 수행자로 알려져

있다. 슈겐도란 원시적 산악신앙과 불교의 밀교적 신앙이 결합한 종교로서, 그 수행자를 야마부시山伏라고도 하며 산악에서 수행을 쌓고 주문의 험력을 얻어서 가지기도加持祈禱를 행하게 된다.

이 설화는 이 에노우바소쿠에 관한 설화 가운데 현존하는 가장 오래된 설화이다. 사료로서는 『쇼쿠니혼기続日本紀』 몬무文武 천황 3년 5월 24일 조에 보이고, 『산보에코토바三宝絵詞』 중권 제2화는 『일본영이기』, 『쇼쿠니혼기続日本紀』 『니혼코쿠코소덴日本国高僧伝』 등을 자료로 하여 구성된 것이다. 『곤자쿠모노가타리슈今昔物語集』 11권 제3화는 『산보에코토바』를 바탕으로 하면서 『일본영이기』나 『후소략키扶桑略記』를 참조하고 있다. 이 외에 『혼초신센덴本朝神仙伝』에도 실려 있다.

제29화

마음씨가 나빠서 구걸하는 사미승의 그릇을 깨고 현세에서 비참하게 죽는 업보를 받은 이야기

시라가베노 이마로白髪部猪丸는 빗추 지방備中国 오다 군小田郡[1] 사람이다. 태어날 때부터 마음씨가 나쁘고 삼보三寶[2]를 믿지 않았다. 어느 날 승려 한 사람이 와서 먹을 것을 구하였다. 이마로는 승려가 구하는 것을 베풀기는커녕 오히려 골탕을 먹이고 그가 가지고 있던 그릇까지 깨서 내쫓았다. 그 후 이마로가 다른 마을로 가는데, 도중에 비바람을 만나게 되어 한참동안 다른 집 창고의 처마 밑에서 비를 피하고 있었다. 그런데 그 창고가 쓰러져 이마로를 짓눌러버렸다.

이것으로 잘 알 수 있다, 현세에서의 업보가 매우 가까이 있다는 것을. 그러니 어찌 조심하지 않을 수 있겠는가. 『열반경涅槃經』[3]에

"일체의 악행은 나쁜 생각에서 비롯된다."[4]

1_ 현재의 오카야마 현(岡山県) 남서부에 있는 오다 군(小田郡)을 말함.

2_ 불(佛, 부처 또는 불상) 법(法, 부처의 가르침 즉 경전) 승(僧, 승려 및 불교의 신봉자)의 세 가지를 말하는데, 불교를 총괄적으로 의미할 때도 쓰인다.

3_ 석가모니의 열반을 중심으로 기록하여 편찬된 불교경전이다.

4_ 『대반열반경(大般涅槃經)』 제35권 「가섭보살품(迦葉菩薩品)」에, "내가 설한 바와 같이 일체 악행은 사견(邪見)에서 비롯된다"라고 되어 있어 사악한 편견을 품는 것이 악행의 근본이라고 하였다. 여기에서는 이마로가 불교를 혐오

라고 말씀하신 것은, 그것은 바로 이런 일을 두고 하신 말씀이다.

『대장부론大丈夫論』에 이르기를

"자비심을 가지고 단 한 사람에게라도 베풀면 그 공덕은 대지처럼 크고, 자기 개인을 위해서라면 모든 사람에게 베풀더라도 보답은 겨자씨같이 작은 것이다. 재난을 만난 사람 하나를 구하는 것은 다른 모든 보시보다 낫다."[5]

고 하였다.

원문

邪見打破乞食沙弥鉢以現得悪死報縁 第廿九

白髪部猪丸者、備中国少田郡人也。天年邪見、不信三宝。時有一僧。来而乞食。猪丸不施所乞。反加逼悩、亦破其鉢而遂去之。然後即々往々他郷道中遭風雨。暫間寄他倉下、覆而圧之。誠知、現報甚近。寧不慎歟也。如涅槃経云。「一切悪行邪見為因」者、其斯謂之矣。大丈夫論云、「悲心施一人、功徳大如地。為己施一切、得報如芥子。救一厄難人、勝余一切施云々」。

|도움말| 『곤자쿠모노가타리슈今昔物語集』 20권 제26화는 이 설화를 출전으로 하고 있다. '현보선악現報善悪'은 『일본영이기』의 주된 테마이고, 승려를 박해하여 악보悪報를 받는 설화는 상권의 제15화 · 제19화, 중권의 제35화, 하권의 제15화 등이 있다.

하고 승려를 공경하지 않는 것이 근본적인 악이라고 할 수 있다.

5_『대장부론(大丈夫論)』「시승품(施勝品)」에 나오는 말.

제30화

도리에 어긋나게 다른 사람의 물건을 빼앗고 악행을 저질러 그 업보를 받아서 기이한 일이 일어난 이야기

가시와데노오미히로쿠니膳臣広国는 부젠 지방豊前国 미야코 군宮子郡[1]의 쇼료小領[2]였다. 후지와라 궁藤原宮에서 천하를 다스렸던 몬무文武 천황[3] 시대, 게이운慶雲 2년705 가을 9월 15일에 히로쿠니가 갑자기 죽었다. 그 후 사흘이 지난 18일 신시申時[4]에 다시 살아나서 다음과 같이 말하였다.

"두 사람의 사자가 찾아왔는데, 한 사람은 정수리의 머리를 틀어 올리고 왔고, 또 한 사람은 어린애였다. 그들을 따라 함께 가면서 마굿간 두 곳 정도를 지나니[5] 길 중간에 커다란 강이 나왔다. 강에는 다리가 놓여 있었는데 황금으로 칠을 하여 꾸며져 있었고, 그 다리를 건너가 저편에 이르니 매우 신기한 나라가 있었다.

'여기가 어느 나라인가?'

1_ 현 후쿠오카 현(福岡県) 미야코 군(京都郡)을 말함.

2_ 중앙정부에서 파견받아 군을 통치하는 지방관으로 다이료(大領), 쇼료(少領), 슈세이(主政), 슈초(主帳)의 사등관(四等官) 중에서 두 번째에 해당한다. 특히 다이료와 쇼료는 권한이 강했다.

3_ 제42대 천황(재위 697-707).

4_ 오후 3시부터 5시 사이.

5_ 마굿간 하나 사이는 3000리(20킬로미터 정도).

하고 사자에게 물었더니 도남국度南国[6]이라고 했다. 그 나라의 도읍에 도착하니 여덟 명의 관리가 와서 무기를 들고 나를 몰아세웠다. 앞에 황금 궁전이 있었고 궁전 문으로 들어가 보니 황금 의자에 왕이 앉아 있었다. 왕이 나에게 말씀하시기를,

'지금 너를 데려온 것은 너의 아내가 호소했기 때문이다.'

라고 하면서 즉시 한 여자를 불러왔다. 보니 예전에 죽은 아내였다. 쇠못을 머리 꼭대기부터 때려 박아서 엉덩이까지 관통하였고 이마로부터 때려 박은 것은 뒤통수까지 관통하였으며, 쇠로 된 밧줄로 사지가 묶여 있는 것을 여덟 명이 짊어지고 데려왔다. 왕이

'너는 이 여자를 아는가?'

하고 물으셔서 나는

'분명히 제 아내입니다.'

라고 대답했다. 왕이 또

'네가 지은 죄를 아느냐?'

라고 물으셔서

'모릅니다'

라고 대답했다. 그러자 왕이 아내를 향해 물으시니, 아내가 답하여 말하기를

'저는 분명히 알고 있습니다. 저 사람은 나를 구박하여 집에서 내쫓았기 때문에 나는 원망스럽고 분하고 밉고 화가 난 것입니다.'

라고 했다. 그러자 왕은 나에게,

'너는 죄가 없으니 집에 돌아가도 좋다. 그렇지만 결코 저승의 일을 함부로 말해서는 안 된다. 만일 아버지를 만나고 싶다면 남

6_ '도(度)'는 중생을 고해에서 건져 극락으로 인도한다는 불교 용어인 '제도(済度)'에서 온 말로 '건네다'라는 뜻. 따라서 남쪽 나라로 구제하여 건넨다는 뜻을 지닌 가공의 나라 이름인 듯함.

쪽으로 가거라.'
라고 말했다. 가서 보니 정말로 아버지가 계셨는데, 매우 뜨겁게 달구어진 동銅으로 된 기둥을 끌어안고 서 있었다. 그 몸에는 서른일곱 개의 쇠못이 박혀 있었고 쇠붙이로 맞고 있었다. 아침에 삼백 번 낮에 삼백 번 저녁에 삼백 번 합해서 구백 번을 날마다 맞고 있었다. 그것을 보고 나는 슬퍼하며

'아아, 아버지가 이렇게 고통받고 계시리라고 어찌 생각이나 했겠습니까?'
라고 말하자, 아버지는

'내가 왜 이런 고통을 받고 있는지, 아들아 너는 아느냐 모르느냐. 나는 처자식을 먹여 살리기 위해서 어떤 때는 산 것을 죽이기도 했고, 어떤 때는 여덟 냥[7]의 솜을 외상으로 팔고 받을 때는 열 냥으로 늘려서 징수했고, 또는 소근小斤의 벼를 외상으로 주고받을 때는 대근大斤[8]으로 징수했다. 또 어떤 때는 다른 사람의 물건을 억지로 빼앗기도 하고, 또는 다른 사람의 아내를 범하였다. 부모에게 효양을 하지 않았고, 윗사람을 공경하지도 않았으며, 노비도 아닌 자를 야단치고 경멸했다. 이와 같은 죄를 범하였기 때문에 내 몸은 작지만 서른일곱 개의 쇠못이 박히고 매일 구백 번 쇠로 된 채찍으로 맞고 있는 것이다. 너무나 아프고 너무나 고통스럽다. 도대체 어느 때 나의 죄를 용서받을 수 있을까? 어느 때 편안한 몸이 될까? 너는 나를 위해 당장 불상을 만들고 불경을 서사書写하여 나의 죄로 인한 고통을 씻어주기 바란다. 결코 잊어서는 안 된다. 내가 배가 고파서 7월 7일[9]에 큰 뱀이 되어 너의 집에 도착하여 집

7_ 냥(両)은 무게의 단위로, 수수 2400알의 무게가 1냥으로 정해져 있었다.

8_ 냥으로 계산해서 16냥이 1근. 대근은 소근의 3배이므로 대근으로 1근은 48냥임[다이호레이(大宝令)에 의함].

안으로 들어가려 했을 때 나뭇가지로 나를 걸어서 내버렸다. 또 이듬해의 5월 5일[10]에 어린 강아지가 되어 너의 집에 도착했을 때 다른 개를 불러서 곧바로 쫓게 해서 배고프고 화난 채로 돌아왔다. 단, 금년 1월 1일에 고양이가 되어 너의 집에 들어갔을 때는 제사 때 공양을 한 고기와 여러 가지 먹을 것을 배불리 먹었다. 그래서 삼 년 동안의 굶주림을 달랠 수 있었다. 또 나는 형제나 신분의 위아래를 안 가리고 도리에 어긋나는 짓을 하였기 때문에 개가 되어 음식을 먹으며 하얀 침을 흘리는 처지가 되었다. 나는 틀림없이 다시 새끼 강아지가 될 것이다.'

라고 말했다.

무릇 쌀 한 되를 보시한 보답은 저승에서 30일 분의 식량을 얻게 되고 옷 한 벌을 보시한 보답은 일 년 분의 옷을 얻게 된다. 불경을 읽게 한 자는 죽은 후에 동방의 황금 궁전에서 살게 되고 나중에 원하는 대로 천상계에 태어나게 된다. 불보살의 불상을 만든 자는 서방의 무량수정토無量壽淨土[11]에 태어나게 되고, 방생放生한 자는 북방의 무량정토無量淨土[12]에 태어나게 된다. 하루 재식齋食[13]을 한 자는 저승에서 십 년분의 식량을 얻게 된다. 그 밖에 선행과 악

9_ 칠석(七夕, 다나바타), 소위 걸교전(乞巧奠)을 말한다. 걸교전은 음력 7월 7일의 연중행사로, 기능이나 예능의 숙달을 기원하였다. 원래 중국의 연중행사였는데 일본에서도 나라(奈良) 시대 이래 궁중의 명절로 받아들여졌고, 견우·직녀 전설이나 액을 쫓는 행사와 결부되어 민간에도 보급되면서 오늘날과 같은 칠석 축제 행사가 되었다.

10_ 단오절(端午節). 조상을 공양하는 날은 아니지만 음식을 훔치러 왔다가 봉변을 당하는 애처로운 모습이 나타나 있다.

11_ 서쪽에 있는 무량수불(아미타여래)의 정토, 즉 극락정토를 말함.

12_ 북쪽에 있는 보현보살(普賢菩薩)의 정토를 말함.

13_ '재(齋)'는 정오 이후 음식을 먹지 않는 것을 말하고, 여기서는 하루의 단식을 뜻함. 욕망을 억제하는 것은 보리(菩提)와 통한다.

행을 하고 받는 업보 등을 보고 무서워하며 돌아오는데, 이전의 큰 다리에 이르자 문을 지키는 자가 있어 앞을 가로막고 말하기를

'이 안으로 들어온 자는 두 번 다시 나갈 수 없다.'

고 하였다. 한참 동안 내가 근처를 배회하자 어린 아이가 나왔는데 문지기가 그 아이를 보더니 무릎을 꿇고 인사를 하였다. 어린 아이는 나를 불러 한쪽 문으로 데려가더니 그 문을 밀어서 열어주었다. 나가려고 할 때 그 아이가 어서 가라고 했다. 내가 그 아이에게

'당신은 누구냐?'

고 물었더니,

'내가 누군지 알고 싶은가? 당신이 어렸을 때 서사하여 바친『관세음경觀世音經』이 바로 나다.'

라고 대답하고 돌아갔다. 그리고 정신을 차려보니 되살아난 것이다."

히로쿠니는 저승에 가서 선악의 업보를 보았고 그것을 확실히 기록하여 널리 퍼뜨렸다. 죄를 짓고 업보를 받는 인연은 대승경大乘經[14]에 널리 이야기된 바와 같으니 누가 믿지 않을 수 있겠는가. 그래서 경전에 이르기를

"현재의 감로甘露는 미래의 쇠구슬이 된다."[15]

고 하였는데, 그것은 바로 이런 것을 말하는 것이다. 히로쿠니는 그 아버지를 위해서 불상을 만들고 경전을 서사하고 삼보三寶[16]를

14_ 대승불교(大乘佛教)에서 중요시하는 경전으로『화엄경(華嚴經)』,『법화경(法華經)』,『반야경(般若經)』,『무량수경(無量壽經)』등을 지칭한다.

15_ 이와 비슷한 문구가『열반경(涅槃經)』의「성행품(聖行品)」에 있음. 생전에 나쁜 짓을 하여 단 물을 마시면 내세에는 쇠구슬을 마시는 고통을 맛보게 된다는 뜻으로, 본 설화집의 중권 제9화에는 '옛사람들이 전하는 말에'라는 말 뒤에 동일한 문구가 인용되어 있음.

공양하여 아버지의 은혜에 보답하고 아버지의 죄를 씻었으며, 그 후로 자기도 나쁜 짓을 하지 않고 바르게 살았다.

원문

非理奪他物為悪行受報示奇事縁 第卅

膳臣広国者、豊前国宮子郡少領也。藤原宮御宇天皇之代、慶雲二年乙巳秋九月十五日庚申、広国忽死。逕之三日、戌日申時、更甦之而語之曰、「使有二人、一頂髪挙来。一少子也。伴副往程、二駅度許、路中有大河。度椅之以金塗厳。自其椅行至彼方、有甚譈国。向使人曰、『是何国矣』、答、『度南国也』。至其京時、有八官人、佩兵追往。前有金宮。入宮門見有王。坐乎黄金之坐。王詔広国曰、『今召汝者、依妻憂申之事』。即召一女。見之昔死妻。以鉄釘打頂通尻、打額通項。以鉄縄縛四枝、八人懸挙而将来。王問之言、『汝知是女耶』。広国白言、『実我之妻也』。復問、『汝知鞫罪耶』。答『不知』。問女之答、『我実知之。儐吾而自家出遣故、悕憫厭媚』。王詔広国口、『汝无罪。可還於家。然慎以黄泉之事勿忘宣伝。若欲見父、往於南方』。往而見之、実有我父。抱甚熱熱銅柱而立。鉄釘卌七於其身打立、以鉄打。夙三百段、昼三百段、夕三百段、合九百段、毎日打迫。広国見之悲而言、『嗚呼何図之。受是苦也』。父言、『我受是苦、吾子、汝知不也。我為養妻子故、或殺生物。或償八両綿、強倍十両徴。或償小斤稲而強太斤取。或人物強奪取。或他妻奸犯。

16_ 불(佛, 부처 또는 불상) 법(法, 부처의 가르침 즉 경전) 승(僧, 승려 및 불교의 신봉자)의 세 가지를 말하는데, 불교를 총괄적으로 의미할 때도 쓰인다.

不孝養父母、不恭敬師長、不奴婢者罵慢。如是罪故、我身雖少而卅七鉄釘立、毎九百段鉄鞭打迫之。痛哉苦哉。何日免吾罪。何時得安身也。汝忽為我造仏写経、贖罪苦。慎々莫忘矣。我飢七月七日成大蛇到汝家、将入屋房時、以杖懸棄。又五月五日成赤狗到汝家之時、喚犬而相之、唯追打者飢熱還。我正月一日成狸入於汝家之時、飽供養宍種物。是以継三年之粮。我无兄弟上下次第而失理、成犬噉白出汁。我必可成赤狗』。凡布施米一升之報、得卅日之粮。布施衣服一具之報、得一年分衣服。令読経者、住東方金宮、後随願生天。造仏菩薩者、生西方无量寿浄土。放生之者、生北方无量浄土。一日斎食者、得十年之粮。乃至見造善悪所受報等出。広国暫徘徊、少子出来。時守門入、見其少子而長跪礼。少子喚広国、将至片方脇門、押其門而開之。将出告曰、『速往』。広国問少子云、『汝誰之子』。答、『欲知我者、汝幼稚時奉写観世音経是也』。還之焉、即見甦還」。広国至黄泉、善悪之報顕録流布也。作罪得報之因縁者、大乗経如広説。誰不信耶。所以経云、「現在甘露未来鉄丸」者、其斯謂之矣。広国奉為其父、造仏写経、供養三宝、報父之恩、贖所受罪。自此以後、廻邪趣正。

|도움말| 『후소략키扶桑略記』 게이운慶雲 2년705 9월조에 "영이기에 이르기를霊異記云"이라고 되어 있어 『일본영이기』를 바탕으로 하고 있음을 밝히고 있고, 『곤자쿠모노가타리슈今昔物語集』 20권 제16화도 이 설화를 출전으로 하고 있다. 『일본영이기』에는 전체적으로 명계冥界설화가 많이 수록되어 있는데, 예를 들어 중권의 제5화 · 제7

화 · 제16화 · 제24화 · 제25화, 하권의 제19화 · 제22화 · 제23화 · 제26화 · 제35화 · 제36화 · 제37화 등이 있다. 이 설화처럼 다른 사람에게 모함을 당하여 지옥에 갔다가 무고함을 인정받아 다시 소생한다는 설화로는 하권의 제9화가 있다.

제31화

간절히 관음보살에게 귀의하여 복을 구하고 현세에서 큰 복덕을 얻게 된 이야기

미테시로노 아즈마비토御手代東人[1]는 나라奈良의 궁궐에서 천하를 통치하신 쇼호오신쇼무타이조勝宝応真聖武太上 천황[2]의 시대에 요시노야마吉野山 산[3]에 들어가 불법을 수행하면서 복을 구하고자 하였다. 이렇게 삼 년쯤 지나서 관음보살觀音菩薩[4]의 명호를 외우며 참배를 드리고,

---

1_ 미테시로(御手代)는 성이고 아즈마비토(東人)는 이름임.

2_ 제45대 쇼무(聖武) 천황(재위 724-749). 나라 시대 최성기의 천황으로, 불교에 대한 신앙이 깊었고 전국에 고쿠분지(国分寺) 절, 고쿠분니지(国分尼寺) 절을 짓고, 도다이지(東大寺) 절을 건립하여 대불(大仏)을 만든 것으로 유명하다. 쇼무 천황은 덴표호지(天平宝字) 2년(758) 8월 9일에 '쇼호칸진쇼무황제(勝宝感神聖武皇帝)'의 존호(尊号)를 얻었다(『쇼쿠니혼기(続日本記』). 여기에서 『쇼쿠니혼기』에 의하면 '오신(応真)'은 덴표호지 2년 8월 1일에 고묘황후(光明皇后)에게 '주다이덴표오진닌쇼황태후(中台天平応真仁正皇太后)'라는 존호가 주어졌다고 되어 있는데, 여기에서 '오신'이 뒤섞인 것이다.

3_ 현재의 나라 현(奈良県)에 있는 산으로 긴푸센지(金峰山寺) 절을 비롯하여 신사가 많아 많은 수행자들이 참배하였다.

4_ '세상의 중생(世)'의 '목소리(音)'를 '살펴보시고(觀)' 그들을 고뇌로부터 구제하여 준다는 '보살(菩薩)'이다. 관세음보살의 모습은 머리에는 관을 쓰고 있으며, 손에는 버드나무가지 또는 연꽃을 들고 있고 다른 손에는 정병을 들고 있는데, 사람들의 모습에 따라 큰 자비를 베풀기 때문에 천변만화(千變萬化)의 모습을 지닌다고 한다.

"나무관세음보살, 저에게 동전 일만 관貫[5]과 백미 일만 석과 아름다운 여자를 많이 베풀어 주시옵소서."
라고 기원했다.

그런데 당시에 삼위三位로 있던 아와타노아손粟田朝臣에게 딸이 있었는데 아직 남자와 관계한 적이 없고 미혼이었다. 그 딸이 히로세広瀨[6]의 집에서 갑자기 병이 나서 자주 고통스러워 하였지만 치료할 방법이 없었다. 아와타노아손은 팔방으로 사람을 보내어 병을 치료해줄 선사禪師와 우바새優婆塞[7]를 찾았는데 우연히 아즈마비토東人를 만나게 되었다. 그래서 극진히 예우를 하고 주문[8]을 외워 몸을 보호하게 했더니 아와타노아손의 딸은 주문의 영험에 의해 병이 낫게 되었다.

딸은 아즈마비토에게 사랑하는 마음이 생겨 마침내 두 사람은 관계를 맺게 되었다. 이 사실을 알게 된 친족들이 아즈마비토를 묶어서 가두어 버렸다. 딸은 사랑하는 마음을 참을 수 없어 더욱 슬피 울면서 아즈마비토가 감금된 주변을 떠나지 않았다. 그래서 친족들은 의논하여 아즈마비토를 풀어주어 부부가 되게 하였다. 또한 집안의 재물을 모두 그에게 주었고, 조정에 말씀드려 오위五位[9]의 지위를 하사받았다. 그 후 몇 년이 지나 여자가 죽음을 앞두게 되었을 때 오빠에게,

"이제 저는 죽을 때가 되어 한 가지 원하는 것이 있습니다만 혹시 들어줄 수 있는지요."

5_ 당시 1관(貫)으로 쌀 120석을 살 수 있었다.

6_ 현재의 나라 현(奈良県) 기타카즈라기 군(北葛城郡).

7_ 속세인이면서 불문에 들어 오계(五戒)를 받고 수행하는 자로, 반승반속(半僧半俗)적인 존재였다. 남자는 우바새, 여자는 우바이(優婆夷)라고 한다.

8_ 다라니(陀羅尼)를 말하는데, 범어(凡語)로 된 장문의 주문.

9_ 궁중의 정전(正殿)에 올라갈 수 있는 가장 낮은 계위.

라고 말하자 오빠가 답하여 말하기를

"네가 원하는 바에 따르겠다."

고 했다. 그러자 그녀는,

"저는 아즈마비토에게 입은 은혜를 영원히 잊을 수 없습니다. 그러니 내가 죽은 후 오빠의 딸을 아즈마비토의 아내가 되게 하여 집안을 꾸려가도록 해 주기를 원합니다."

라고 말했다. 오빠는 유언을 받아들여 자기 딸을 아즈마비토에게 주고, 집안의 재산도 관리하게 했다. 아즈마비토는 현세에서 커다란 복덕福德을 누리게 되었다. 이것은 바로 불도 수행의 효력과 관음보살의 위덕威德에 의한 것이니, 어찌 관음보살께서 감응하지 않는 일이 있겠는가.

원문

慇懃帰信観音願福分以現得大福徳縁 第卅一

御手代東人者、諾楽宮御宇勝宝応真聖武太上天皇之代、入吉野山修法求福。逕三年許、称礼観音名号曰、「南无、銅銭万貫白米万石好女多徳施」。時在三位粟田朝臣之女。未通不嫁。其娘女於広瀬之家忽然得病、忩々痛苦无由差。粟田卿遣使八方、令問求禅師優婆塞、遇東人而、拝請令呪護。卿女被呪力病愈。乃於東人発愛心、終交通也。親属繫之東人、閉居摟搡。女愛心不得忍。猶哭恋之、不離其辺。眷属量定放乎東人、更為夫妻、合家財物皆既施与。五位曰賜。後逕数年、其女将死。于時語其妹曰、「今吾垂死。有一冀意。若聴許不也」。妹答曰、「随意楽」。妹語之曰、「妾被東人之恩、猶長不忘。欲以妹之女為東人之妻令守家裏」。妹受遺言以己女放与東人、令主家財也。東人現世被大福德。是乃修行験力、観音威徳。更不応哉。

|도움말| 『곤자쿠모노가타리슈今昔物語集』 16권 제14화는 이 설화를 출전으로 하고 있다. '지푸라기장자長者'라는 설화를 연상시키는 관음영험담이다. 딸의 병을 치료함으로써 행운을 얻게 되는 유형은 '유메미코조형夢見小僧型' 민담에서 많이 볼 수 있는데, 좋은 꿈을 꾼 주인공이 꿈의 내용을 다른 사람에게 얘기하지 않고 고난 끝에 부나 행운을 얻게 된다는 이야기이다. '지푸라기장자'형 이야기는, 관음보살을 신봉하던 가난한 주인공이 지푸라기 하나를 얻어서 그것을 차츰차츰 더 가치 있는 물건과 바꿔가게 되고 나중에는 커다란 부와 행운을 얻게 되는 내용이다. 또한 같은 줄거리의 설화가 『곤자쿠모노가타리슈』에서는 16권 제38화에서 하세데라長谷寺의 관음보살 영험담으로 전개되고 있다.

제32화

삼보에 귀의하여 승려들을 공경하고 불경을 읽게 하여 현보를 얻은 이야기

진키神亀 4년727년[1] 9월 중순경에 쇼무聖武 천황[2]은 여러 신하들과 함께 소노카미 군添上郡 야마무라 마을山村[3]의 산에서 사냥을 하셨다. 그때 사슴 한 마리가 호소메 마을細見里에 있는 농부의 집 안으로 뛰어 들어오자 집안사람들은 천황이 쫓던 사슴인 줄 모르고 죽여서 먹었다. 나중에 천황이 이 사실을 들으시고 관리를 보내어 그 사람들을 붙잡아오도록 했다. 이때 남녀 십여 명이 모두 그 재난을 당하여, 몸이 떨리고 무서웠지만 의지할 곳이 없었다. 그래서 단지 마음속으로

'삼보三寶[4]의 신통한 위력이 아니고서는 누가 이 무거운 근심을

1_ 쇼무(聖武) 천황이 즉위한 후 4년째 되는 해.

2_ 제45대 천황(재위 724-749). 불교에 대한 신앙이 두터웠으며 전국에 고쿠분지(国分寺) 절과 고쿠분니지(国分尼寺) 절을 짓고 도다이지(東大寺) 절을 건립하여 대불(大仏)을 만든 것으로 유명하다. 본 설화부터 시작하여 중권 전체에 이르기까지 쇼무 천황 시대의 이야기가 대부분을 차지하므로, 상권의 각 화(話)에서의 천황에 관한 설명은 생략하기로 한다.

3_ 소노카미 군은 나라 현(奈良県)의 동쪽, 야마무라 마을은 나라 시(奈良市) 오비토케(帯解) 부근을 말함.

4_ 불(佛, 부처 또는 불상), 법(法, 부처의 가르침, 즉 경전), 승(僧, 승려 및 불교의 신봉자)의 세 가지를 말하는데, 불교를 총괄적으로 의미할 때도 쓰인다.

도와주실 수 있겠는가.'

라고 생각하였다. 그리고 전해 듣자 하니 다이안지大安寺 절[5]의 장륙丈六불상[6]은 자주 사람들의 소원을 들어주신다고 하여서, 바로 사람을 보내어 절에 참배하고 독경을 하도록 하였다.[7] 또한

"우리가 관가에 붙잡혀 갈 때에는 절의 남문南門을 열어 두어 가까이서 참배를 드릴 수 있도록 해 주시고, 또 원하옵건대 궁궐로 가서 천황을 뵈올 때에는 종소리가 울리도록 해 주시기를 원하옵니다."

라고 청하였다. 승려들은 소원대로 종을 울리고 불경을 전독轉讀하며[8] 문을 열어서 밖에서 불상을 참배할 수 있도록 하였다.

한편 이 사람들은 관리에게 끌려가 주토료授刀寮[9]에 감금되었다. 바로 그때 황자皇子가 태어나셨기 때문에 조정에서는 크게 경축하였고 천하에 대사면이 이루어져 이 사람들에게도 형벌을 가하지 않게 되었다. 뿐만 아니라 모든 사람들에게 관청에서 하사품을 내

5_ 나라 시(奈良市)에 있는 고야산(高野山) 진언종(眞言宗)의 절로서 쇼토쿠 태자(聖德太子)가 617년에 건립한 구마고리데라(熊凝寺) 절이 전신이다. 이것이 639년에는 구다라다이지(百済大寺) 절, 673년에는 다케치다이지(高市大寺) 절로 불리다가 710년에 나라로 천도한 뒤 좌도읍으로 옮겨지면서 다이안지 절로 일컬어졌다. 나라(奈良) 시대부터 헤이안(平安) 시대 초기까지 도다이지(東大寺) 절, 고후쿠지(興福寺) 절과 어깨를 나란히 하는 큰 절이었다.

6_ 장륙(丈六)불상은 1장(丈) 6척(尺), 즉 약 4.85m에 해당하는 길이를 나타내는 말로서, 석가의 신장이 1장 6척이었다는 점에서 유래된 말이다. 따라서, 장륙의 높이의 불상을 말하며, 장륙보다 큰 것을 대불(大佛)이라 한다.

7_ 기원을 드릴 때에는 절의 승려에게 보시를 하고 독경을 하도록 하는 것이 보통이었다.

8_ 불전(佛典)의 일부를 생략해가며 중요한 곳을 읽어나가는 것.

9_ 나라(奈良) 시대의 고노에후(近衛府)에 해당하는데, 천황의 친위대인 도네리(舍人)를 관장한 관청임. 게이운(慶雲) 4년(707)에 생긴 관청이므로 진키 4년(727)에는 존재했었다.

렸고 그 기쁨은 이루 말할 수 없었다.[10] 이 모든 것이 참으로 장륙 불상의 위광威光과 독경의 공덕이란 것을 알 수 있을 것이다.

원문

帰信三宝欽仰衆僧令誦経得現報縁 第卅二

神亀四年歳次丁卯九月中、聖武天皇与群臣猟於添上郡山村之山。有鹿、走入細見里百姓之家中。家人不覚殺而噉之。後天皇聞之、遣使捕其人等。時男女十余人、皆遭其難。身単心慄、無所憑恃。但謂、「自非三宝神力、孰肯拯其重憂」。流聞、大安寺丈六能随人願」。仍便使人詣寺誦経。又請曰、「我等参向官開寺南門令得親拝。更請、我等及於詣闕之間、欲令鍾声従」。衆僧随願鳴鍾、転経開門令得奉拝。既而従使参向。於授刀寮禁之。即依皇子誕生、于時朝庭大賀、大赦天下、不加刑罰。反賜官禄於衆人、歓喜无比。誠知、丈六之威光誦経之功徳也。

|도움말| 『곤자쿠모노가타리슈今昔物語集』 12권 제16화는 '사냥한 사람들이 부처의 도움으로 천황의 벌을 면한 이야기獦者依仏助免王難語'라는 제목의 이야기로 이 설화를 출전으로 한 것이고, 『일본영이기』 중권 제28화와 함께 다이안지大安寺 절 석가불釋迦佛의 영험담이다. 『곤자쿠모노가타리슈』에는 12권의 제15화와 제16화가 모두 『일본영이기』의 중권 제28화와 상권 제32화를 출전으로 하면서 다이안

10_ 『쇼쿠니혼기(続日本紀)』 진키 4년(727) 윤(閏) 9월 29일에 '황자탄생함(皇子誕生焉)'이라고 되어 있음. 10월 5일에는 천하에 대사면이 행해지고 관리 등은 하사품을 받았다고 되어 있어, 이 설화의 내용은 이러한 기록과 부합된다.

지 절 석가불의 영험담이 연이어 배열되어 있는데, 구니사키후미마로国東文麿, 1978가 말한 '2화1류양식二話一類様式'에 의한 것으로 보인다. 2화1류양식이란 『곤자쿠모노가타리슈』의 구성상 특징의 하나로서, 같거나 또는 유사한 모티브의 설화가 2화 또는 3화씩 이어서 배열되어 있는 것을 말한다.

제33화

아내가 죽은 남편을 위해서 서원을 세우고 아미타의 그림 불상을 그렸더니 영험이 있어서 불에 타지 않는 기이함을 나타낸 이야기

고치 지방河内国 이시카와 군石川郡[1] 야타데라八多寺 절에 아미타불의 그림 불상이 있다. 그 마을 사람이 말하기를,

"옛날 이 절 근처에 현명한 아내가 살고 있었는데 그녀의 이름은 전해지지 않는다. 그녀의 남편이 세상을 떠나려던 날, 아내는 그 불상을 만들어 바치고자 서원誓願을 세웠지만 가난하여 이루지 못하고 많은 세월이 흐르고 말았다. 아내는 가을이 되자 이삭을 주워 모은 돈으로 화가를 부르고, 스스로 남편의 영전에 공양을 올리면서 눈물로 제사를 지냈다. 화가도 아내의 정성에 감동하여 그녀와 함께 발심發心하고 마침내 화려하게 그림 불상을 완성했다. 그래서 법회를 열고 그림 불상을 금당에 안치한 후 항상 불공을 드렸다. 후일에 도둑이 불을 질러 그 불당이 모두 타버렸지만 그 아내가 만들어 바친 그림 불상만 그대로 남았는데 조금도 손상된 곳이 없었다."

고 하였다. 이것은 바로 그 아내의 신앙심에 모든 부처님의 가호가 있었기 때문이 아니겠는가.

1_ 현재의 오사카 부(大阪府) 미나미가와치 군(南河内郡)의 일부.

이에 논찬하여 말하였다.

"참으로 훌륭하구나 정숙한 아내여. 죽은 남편을 추모하여 은혜에 보답하고, 가을이 되자 그림 불상을 완성하여 바치는 법회를 열었으니, 참으로 그 신심이 두터움을 알겠도다. 불꽃이 아무리 거세어도 존엄한 그림 불상은 타지 않았으니 모든 신불神佛의 도움이리라. 이것은 모두가 아는 사실이니 어찌 재론할 필요가 있겠는가"라고 하였다.

원문

妻為死夫建願図絵像有験不焼火示異表縁 第卅三

河内国石川郡八多寺、有阿弥陀画像。其里人云、「昔於此寺辺有賢婦。婦名不伝焉。其夫将死之日、願奉造斯仏像、而縁貧未遂。多経歳月数。終迄秋拾穂、便請画師、親載供養霊、情泣悼。画師矜之共同発心、絵絢画畢。因設斎会。即安買金堂、恒為敬礼。後盗人放火、其堂皆焼。唯婦仏独存。曾无損」。此乃婦人、其咸所祐乎哉。

賛曰、「善哉貞婦。追遠報恩、迄秋設会。誠知其敦。炎火雖烈、尊像不焚。上天所祐。知復何論」。

|도움말| 『곤자쿠모노가타리슈今昔物語集』 12권 제18화는 이 설화를 바탕으로 한 것이고, 『일본영이기』의 상권 제35화와 함께 그림 불상의 영험담이다. 『곤자쿠모노가타리슈』에는 12권의 제17화, 제18화가 이어서 배열되어 있는데, 이것도 제32화의 도움말에서 설명한 구니사키후미마로国東文麿, 1978의 2화1류양식二話一類様式에 의한 것으로 보인다. 불경이 화재에도 타지 않는 영험을 나타낸 설화로서는 이 설화집의 중권 제37화와 하권 제10화가 있다.

제34화

비단옷을 도둑맞고 묘견보살에게 기원하여 그 비단옷을 다시 얻게 된 이야기

옛날에 기노쿠니 지방紀伊国 아테 군安諦郡[1] 기사이베데라私部寺 절 앞에 한 채의 집이 있었다. 그 집에서 비단옷 열 필을 도둑에게 도난당하고 묘견보살妙見菩薩에게 매달려 그 옷을 찾을 수 있도록 해 달라고 기원하였다. 그런데 도둑은 훔친 비단옷을 기노이치木市 시장[2]의 상인에게 팔았는데, 칠 일도 지나지 않아서 갑자기 심한 회오리바람이 불더니 그 비단옷이 바람에 날려 사슴에게 걸쳐졌다. 사슴은 옷을 걸치고 남쪽을 향해 달려서 원래의 주인집에 도착한 후 옷을 돌려주고 바로 하늘로 올라가 사라졌다. 옷을 산 사람은 이 사실을 전해 듣고 그 옷이 훔친 옷이라는 것을 알게 되었다. 투덜거렸지만 돌려달라고는 못하고 조용히 있을 수밖에 없었다. 이 일 또한 묘견보살의 영험을 나타내는 기이한 일이다.

1_ 현재의 와카야마 현(和歌山県) 아리타 군(有田郡) 지역.

2_ 미상. 아래에 이어지는 문장에 의하면 절의 북쪽에 위치해 있다.

원문

令盜絹衣帰願妙現菩薩修得其絹衣縁 第卅四

紀伊国安諦郡私部寺之前、昔有一家。絹衣十盜人所取、憑妙見菩薩而祈願之。盜絹売之木市人也。七日不滿、倏猛風来、厥絹纏鹿、衣褒指南而往、随主家庭衣得之、乃去天賜焉。買人転聞乃知盜衣、当頭匪求。宴嘿弗動也。斯亦奇異事矣。

|도움말| 묘견보살 영험담이다. 제목에는 묘현보살妙現菩薩로 표기가 되어 있는데, 묘견보살로 부르는 게 일반적이다. 북극성 또는 북두칠성을 보살로 삼은 것으로, 국토를 지키고 재난을 막으며 적을 물리치는 수호신으로 알려져 있다.

도둑맞은 물건을 찾아주었다는 이 설화의 내용에 비추어 볼 때, 묘妙하게 나타내거나現 보여준다는見 의미의 묘현妙現 또는 묘견妙見의 호칭과 부합됨을 알 수 있다. 또한, 사슴과 묘견보살의 연관성에 대하여는 알 수 없으나, 이 설화에서 사슴이 옷을 찾아주고 하늘로 올라갔다는 대목에서 사슴은 곧 묘견보살이 모습을 바꾼 것이라는 것을 알 수 있다.

『곤자쿠모노가타리슈今昔物語集』 17권 제48화는 이 설화를 출전으로 하고 있고, 『일본영이기』 하권 제5화도 마찬가지로 도난을 테마로 한 묘견보살의 영험담이어서 주목할 만하다.

제35화

시주를 모아 사은을 위한 그림 불상을 만들고, 그 영험으로 기이한 일이 일어난 이야기

고치 지방河内郡 와카에 군若江郡 유게 마을遊宜村[1]에 많은 수행을 쌓은 비구니가 있었다. 이름은 분명치 않은데 헤구리平群 지방[2]의 산사山寺에 살고 있었다. 그가 시주를 모아 사은四恩[3]에 보답하기 위하여 정성껏 불상을 그리고 그 안에 육도六道[4]의 모습도 그려 넣었으며, 그림 불상을 공양한 후 그 절에 안치하였다.

그런데 이 비구니가 일이 있어 한동안 여기저기 돌아다니는 동안, 그 그림 불상을 누군가에게 도둑맞았다. 비구니는 슬피 울면서 찾아다녔지만 끝내 찾지 못하였다. 그래서 다시 시주들을 모아 방생회를 하려고 마음먹고, 비구니들은 나니와難波[5]에 가서 시장을 둘러보고 돌아가려 했다. 그때 등에 지는 대나무 바구니가 나무

1_ 현재의 오사카 부(大阪府) 야오 시(八尾市)의 남부 지역.

2_ 현재의 나라 (奈良) 이코마 군(生駒郡) 헤구리(平群) 지역.

3_ 부모・국왕・중생・삼보(三寶)의 은혜를 가리킨다. 또는 천지・국왕・부모・중생의 은혜라고도 한다.

4_ 죽은 후 그 사람의 생전의 업에 의해 살게 된다는 여섯 가지 세계로, 가장 고통이 심한 지옥(地獄)에서 시작하여 아귀(餓鬼), 축생(畜生), 아수라(阿修羅), 인간(人間), 천(天)의 세계를 말한다.

5_ 현재의 오사카(大阪) 지역.

위에 놓여 있는 것을 보았는데, 그 안에서 여러 가지 살아 있는 것들의 소리가 들렸다. 그 안에 짐승 같은 것이 들어있을 것이라 생각한 비구니들은 반드시 그것을 사서 놓아주려고 멈춰 서서 바구니 주인을 기다렸다. 한참 지나서 바구니의 주인이 나타나자 비구니들이 말하기를

"이 대나무 바구니 안에서 살아 있는 것의 소리가 나는 것 같습니다. 우리가 사려고 당신을 기다렸습니다."

라고 했다. 바구니 주인은 살아 있는 것이 아니라고 대답했다. 그래도 비구니들은 계속 부탁했다.

이때 시장의 감독관이 판단하여 말하기를

"바구니를 열어 보는 게 좋겠소."

라고 했더니, 주인은 두려워서 바구니를 버리고 달아났다. 그 후 바구니를 열어보았더니 도둑맞았던 그림 불상이 있었다. 비구니들은 기뻐서 눈물을 흘리고 감격하여 울며 말하기를

"우리는 전에 이 불상을 잃어버리고 낮이나 밤이나 그리워하였는데, 지금 우연히도 만날 수 있게 되었습니다. 참으로 기쁜 일입니다."

라고 했다. 시장 사람들은 이 말을 듣고 모여들어 참 희한한 일이라고 하면서 칭송했다. 비구니들은 기뻐하며 방생회를 열어 공덕을 쌓고, 마침내 그림 불상을 원래 있었던 절에 안치했더니 승려와 속인이 모두 여기에 귀의하고 공경했다. 이것도 또한 참으로 진기한 이야기이다.

엔기延喜 4년904 5월 19일 오시午時[6]쯤에 쓰기를 마치다.

6_ 오전 11시부터 오후 1시까지를 의미하는데, 이러한 시간 설정은 미마카와마을(御馬河里) 그리고 말(馬)과 이미지가 겹친다.

성급히 쓴 것도 있음.

『일본국현보선악영이기』 상권

원문

締知識為四恩作絵仏像有験示奇表縁 第卌五

河内国若江郡遊宜村中、 有練行沙弥尼。 其姓名未詳。住於平群山寺。率引知識、奉為四恩、敬画像、其中図六道。供養之後、安置其寺。因縁事、暫示東西。時其尊像、為人所盗。悲泣求之、終不得矣。更停知識、念欲放生、行乎難破徘徊市帰。時見担簇之在樹上。即聞種々生物之声従簇中而出。疑是畜生類、必贖而放之、留待物主。良久主来。乃其尼等曰、「従此簇中有生物声。吾欲買之故待汝耳」。簇主対曰、「非生物也」。尼等乞之而猶不了。時市人評曰、「可開其簇」。簇主怕然捨簇奔走。後開見之、尊像存焉。尼等歓喜流涙、泣矜曰、「吾先失斯像、日夜奉恋。今邂逅得遇。嗟呼慶哉」。市人聞之、来集称「難」。尼等歓放生修福、遂安本寺。道俗帰敬。斯乃奇異事也。

延喜四年五月十九日午時許写已畢

日本国現報善悪霊異記 上巻

|도움말| 이 이야기는 화상畵像 영험담으로, 잃어버린 그림 불상이 바구니 안에서 소리를 내어 다시 찾을 수 있도록 하는 영험을 발휘한 것이다. 불상이 도난이나 위기에 처했을 때 스스로 특별한 영험을 나타내어 위기를 벗어나는 예화를 불상자구담佛像自救譚이라고도 하는데, 이 설화도 이 범주에 속하는 예화라고 할 수 있을 것이다.

『일본영이기』 상권 제33화도 그림 불상의 영험담이고, 하권 제6화도 바구니 안에 들어있는 살아 있는 것의 존재를 알게 되는 점에서 일맥상통하는 면이 있다. 『곤자쿠모노가타리슈今昔物語集』 12권 제17화는 이 설화를 출전으로 한 것이다.

일본국현보선악영이기 | 중권

A Translated Annotation of "Nihonryoiki"

a Punitive Justice Story of Japan

일본국현보선악영이기日本国現報善悪霊異記 중권中巻

나라奈良 우도읍右京 야쿠시지薬師寺 절의 승려 교카이景戒 쓰다

가만히 역대 천황의 시대를 살펴보면 센카宣化 천황[1] 이전에는 외도外道[2]의 가르침을 따라 신도의 점술에 의지하였다. 긴메이欽明 천황[3] 이후로는 삼보三寶[4]를 공경하고 불교를 믿었다. 그러나 어떤 때는 조정의 대신으로서 절을 불태우고 불상을 떠내려 보낸 자가 있었고, 어떤 때에는 절을 짓고 불법을 널리 전파하는 신하도 있었다. 그중에서도 쇼호오신쇼무타이조勝宝応真聖武大上 천황[5]은 더욱더

1_ 제28대 천황(재위 535-539)으로, 게이타이(継体) 천황의 제2황자이다.

2_ 불교 이외의 가르침.

3_ 제29대 천황(재위 539-571)으로, 게이타이 천황의 제3황자이다. 『니혼쇼키(日本書紀)』에 의하면, 재위 13년에 백제로부터 불전, 불상이 전래되었다고 한다.

4_ 불(佛, 부처 또는 불상), 법(法, 부처의 가르침 즉 경전), 승(僧, 승려 및 불교의 신봉자)의 세 가지를 말하는데, 불교를 총괄적으로 의미할 때도 쓰인다.

5_ 제45대 쇼무(聖武) 천황(재위 724-749). 나라 시대 최성기의 천황으로, 불교에 대한 신앙이 깊었고 전국에 고쿠분지(国分寺) 절, 고쿠분니지(国分尼寺) 절을 짓고, 도다이지(東大寺) 절을 건립하여 대불(大佛)을 만든 것으로 유명하다. 쇼무 천황은 덴표호지(天平宝字) 2년(758) 8월 9일에 '쇼호칸진쇼무황제(勝宝感神聖武皇帝)'의 존호(尊号)를 얻었다(『쇼쿠니혼기(続日本記』). 여기에서 『쇼쿠니혼기』에 의하면 '오신(応真)'은 덴표호지 2년 8월 1일에 고묘(光明) 황후에게 '주다이덴표오진닌쇼황태후(中台天平応真仁正皇太后)'라는 존호가 주어졌다고 되어 있는데, 여기에서 '오신'이 뒤섞인 것이다.

대불大佛을 조성하고 영구히 불법의 전통을 이어받아, 자신 스스로 삭발을 하고 가사를 입고 계율을 받고서 공양을 하며 올바른 불교의 도리로써 백성을 다스렸다. 천황의 자비는 동식물에까지 미쳤고, 그의 성덕聖德은 고금에 뛰어났다. 하늘이 내려준 운을 얻어 천황의 자리를 차지하여 천지인天地人의 위에 서서 만물 위에 군림하는 자리에 오르게 된 것이다. 이러한 복덕으로 인하여 하늘을 나는 벌레도 신령스러운 풀을 물고 와서 절의 지붕을 잇고, 땅을 기는 개미도 금사金沙[6]를 쌓아 올려 탑을 세웠다. 불법의 깃발은 높이 서서 바람에 팔방으로 펄럭였다. 경전을 실은 배[7]는 가볍게 떠 있고 돛은 바람을 안고 하늘에 펼쳐졌다. 상서로운 징조를 나타내는 꽃은 온 나라 안에 앞을 다투어 피었다. 선악의 응보는 길흉화복이 되어 나타났다. 이러한 연유로 칭송하여 쇼호오신쇼무타이조천황이라고 부르는 것이다.

그런데 생각해보면 이 천황 시대에 기록된 이야기에 선악의 응보를 보여주는 것이 많다. 천황의 덕이 현저하기 때문에 그러한 인과응보의 일이 아주 많았다. 그래서 빠뜨리는 것을 두려워하지 않고 지금은 들은 바에 따라 그대로 채록하기도 하고 한편으로는 빼기도 하였다. 곰곰이 생각해보면 □□□□□□□□[8] □□쇠지팡이로 맞으며, 선을 좋아하는 자에게는 황금이나 주옥으로 꾸민 아름다운 그릇이 주어진다. 예를 들면 물질이란 물리치면 다가오고 끌어당기면 멀어지며 가하면 줄어들고 버리려 하면 오히려 가득 넘치는 그러한 것과 같다. 유두流頭[9]는 쌀겨를 먹고도 분명히 재

6_ '금색의 모래'라는 뜻으로, 탑을 만드는 재료를 미화한 것이다.

7_ 불전을 싣고 오는 배. 주로 견당사(遣唐使)의 배를 가리킨다.

8_ 원문이 파손되어 해독이 불가능하다.

9_ 불전 등에 보이는 인명이나 자세하지 않다. 물건을 아끼는 마음이 강하여

물을 잃었고 허유許由[10]는 요堯 임금의 권고에 귀를 막았고 소부巢父[11]는 상류로 소를 끌고 가 버린 일도 이러한 도리와 다르지 않다. 중생들이 삼계三界[12]에 윤회하는 것은 수레바퀴가 도는 것과 같고 산 채로 육도六道[13]를 도는 것은 부평초浮萍草가 떠도는 것과 같다. 이 세상에서 죽으면 저 세상에 태어나 갖가지 고통을 받는다. 악행의 인연은 고삐에 매인 듯 고통의 세계로 달려가고 선행은 그 인연으로 안락정토로 간다. 깊은 자비심으로 무릎 위에 맹호를 길들이고 생물에 대한 애정으로 머리 위에 새를 깃들이게 한다. 맹상군孟嘗君의 일곱 가지 선행[14]과 노공魯恭의 세 가지 기이한 일[15]도 생각하건데 이런 뜻이리라. 그러나 이 교카이는 천성이 총명하지 못하고 말도 능숙하지 못하다. 정신의 아둔함은 납으로 만든 칼과 같아서 글자를 이어 문장을 적어도 훌륭함이 없다. 마음의 어리석음은 칼을 물에 빠뜨리고 뱃전에 표시를 한 자[16]와 같아서 문장을

쌀·좁쌀을 먹지 않고 겨를 먹었다. 그 습관이 지나쳐 쌀·좁쌀까지 부수어 겨로 만들어 먹었다고 한다.

10_ 중국 고대의 은자(隱者)로서, 요 임금이 천하를 넘겨주겠다는 말을 하자 귀를 막고는 영수(潁水)에 가서 귀를 씻었다고 한다.

11_ 허유와 같이 요 임금 시대의 은자로서, 소에게 물을 먹이려고 영수에 갔다가 허유가 귀를 씻었다는 말을 듣고는 영수가 더러워졌다면서 소를 끌고 돌아왔다고 한다.

12_ 중생들이 태어나고 죽으면서 윤회하는 세계로, 욕계(欲界)·색계(色界)·무색계(無色界)를 가리킨다.

13_ 죽은 후 그 사람의 생전의 업에 의해 살게 된다는 여섯 가지 세계로, 가장 고통이 심한 지옥(地獄)에서 시작하여 아귀(餓鬼), 축생(畜生), 아수라(阿修羅), 인간(人間), 천(天)의 세계를 말한다.

14_ 맹상군은 중국 전국 시대 제(齊) 나라의 대신이며, '일곱 가지 선행'은 미상.

15_ 노공은 후한(後漢) 때 사람으로 어진 정치를 편 것으로 이름이 높았다. 세 가지 기이한 일은, 그의 덕으로 말미암아 독충이 그를 쏘지 못하고, 새들도 그의 교화를 따르며, 아이들에게도 어진 마음이 생긴 것을 가리킨다.

16_ 『여씨춘추(呂氏春秋)』에 나오는 고사로 어리석은 일을 비유하고 있다. 배에

엮어도 구절들이 산란하다. 그러나 오로지 선을 기원하는 마음을 억누르지 못하여 정결한 종이를 더럽히며 입으로 전해오는 이야기를 잘못 기록하기도 하였다. 부끄럽고 두렵기만 하여 얼굴이 달아오르고 귀가 화끈거린다. 그러나 바라건대 이 보잘 것 없는 글을 읽는 사람은 하늘과 사람에게 부끄러워하고 잘 인내하여 속세의 일을 잊고 자신의 마음을 이끄는 스승이 되도록 하여 사심私心을 스승으로 삼는 자가 되지 말지어다. 이러한 공덕에 힘입어 오른쪽 겨드랑이에 복덕이라는 날개를 달고 천공을 날아다니고 왼쪽 겨드랑이에 지혜의 등불을 밝혀서 불도의 높은 경지에 올라 널리 중생에게 자비를 베풀어 함께 불도를 이루기를 바란다.

원문

日本国現報善悪霊異記 中巻

諾楽右京薬師寺沙門景戒録

竊視歴代、自宣化天皇以往、随外道憑卜者。自欽明天皇也後、敬三宝信正教。然或皇臣焼寺流仏像。或皇臣建寺弘仏法。之中勝宝応真聖武太上天皇、尤造大仏、長紹法種、剃頭髪、著袈沙、受戒修善、以正治民。慈及動植、徳秀千古。得一撫運、居上三霊。由此福徳、飛空之鼇、咋芝草葺寺。走地之蟻、搆金沙建塔。法幢高竪而、幡足飄八方。恵船軽汎、而帆影扇九天。瑞応之華競而開国邑。善悪之報現而示吉凶。故号称勝宝応真聖武大上天皇焉。

唯以是天皇代所録善悪表多数者。由聖皇徳顕事最多。漏

서 강에 칼을 빠뜨리고는 뱃전에 표시를 해두었다가 배가 기슭에 닿자 그 표시를 따라 물에 뛰어든 사람을 말한다.

事不顧、今随所聞、且載且覆。捜惟於心、途易□□□□□□□□尤明□□□□□□□□□富□□□之者鉄杖加身。 好善之者金珠装鉢。譬如擯之向依、牽之避斥、加也損減、除也満益。流頭食糠米明捨宝、許由繞耳、巣父引牛、豈異此意歟。還三界、如車輪。生廻六道、似萍移。此死彼生、具受万苦。悪因連轡趍苦処。善業攀縁引安堺。頼頤慈而膝前壊饡、由生愛以頂上々棲羽。孟嘗之七善、魯恭之三異、蓋斯意之矣。然景戒、禀性不聡。談口不利。 神遅鈍同於鐫刀。 連居字不華。情惷戇同於刻船。 編造文乱句。 不勝貧善之至。 拙黷浄紙、謬注口伝。勝媿愧忝慮、顔酡耳熱。庶覯拾文者、愧大懃人、忍忘事、作心之師、莫心為師。藉此功徳、右脇著福徳之翮、而翔於沖虚之表、左脇燭智恵之炬、而登於仏性之頂、普施群生、共成仏道也。

|도움말| 중권 전체가 쇼무(聖武) 천황 시대의 설화가 중심이 되어 있듯이, 서문도 쇼무 천황의 불교 융성기에 시점이 맞춰져 있다. 역대 천황의 시대를 거슬러 올라가서 제28대 센카 천황까지는 토속신을 숭배하던 시대였고, 제29대 긴메이 천황 때에 불교가 들어온 이후로 제45대 쇼무 천황의 시대에 이르러 불교가 눈부신 발전을 이루었다고 하는 교카이의 생각이 서술되어 있다.

교카이가 이 책을 쓴 목적은 불교에 대한 역사적인 인식을 전하려고 한 것이 아니다. 그가 살던 시대에 불교에 관한 많은 인과응보의 설화가 전해지고 있던 것처럼 모든 초점은 불교설화에 맞춰져 있다. 그 설화의 중심적인 사상은 모든 선행과 악행에는 각각의 인과에 따른 응보가 있다는 것이다. 교카이는 선행을 쌓은 사람은 선한 인연에 의해 안락세계로 가고, 악행을 쌓은 사람은 그 업보에 이끌리어 괴로운 세상을 떠돌고 있다고 믿었다. 이러한 세계관에 입각하여 자신의 재주가 없음에도 불구하고, 오로지 중생들을 불도로 이끌 수 있는 선업을 쌓게 되는 길잡이가 되기를 바라는 일심으로 본서를 썼다고 밝히고 있다. 경건하고도 불도에 열심인 그의 인물됨을 살펴볼 수 있는 문장이다.

『일본영이기』 세 권 중, 상권은 유랴쿠(雄略) 천황 시대부터 쇼무 천황의 진키(神亀) 4년(727)까지, 중권은 쇼무 천황 덴표(天平) 원년(729)부터 준닌(淳仁) 천황 덴표호지(天平宝字) 7년(763)까지, 하권은 쇼토쿠(称徳) 천황 시대부터 사가(嵯峨) 천황의 시대까지의 이야기를 담고 있다. 사실상 중권의 기간이 가장 짧은 셈이지만, 수록된 설화의 수는 가장 많다. 이 점 역시 쇼무 천황의 시대가 불교 융성기였음을 단적으로 말해주는 것이라 할 수 있다.

제1화

자신의 높은 지위를 믿고 미천한 옷차림의 승려를 때려서 현세에서 비참하게 죽은 이야기

나라奈良에서 대팔도국大八嶋国[1]을 다스리던 쇼무聖武 천황[2]은 불전佛前에 큰 서원誓願을 세우고 덴표天平 원년729 봄 2월 8일에 좌도읍左京[3]에 있는 간고지元興寺 절[4]에서 대법회를 열어 삼보三寶[5]를 공양하

1_ 일본의 옛 명칭으로 많은 섬으로 이루어진 것에서 유래되었다. '대팔도'는 여덟 개의 섬을 의미하는 것으로, 아와지시마(淡路島) 섬, 시코쿠(四国), 오키노시마(隠岐島) 섬, 규슈(九州), 이키(壱岐) 섬, 쓰시마(対馬) 섬, 사도가시마(佐渡島) 섬, 혼슈(本州)를 말한다.

2_ 제45대 천황(재위 724-749). 불교에 대한 신앙이 두터웠으며 전국에 고쿠분지(国分寺) 절과 고쿠분니지(国分尼寺) 절을 짓고 도다이지(東大寺) 절을 건립하여 대불(大佛)을 만든 것으로 유명하다. 앞의 서문에도 나와 있듯이 중권 전체는 쇼무 천황 시대의 이야기가 대부분을 차지하므로, 각 화(話)에서의 쇼무 천황에 관한 설명은 생략하기로 한다.

3_ 헤이조쿄(平城京)・나가오카쿄(長岡京)・헤이안쿄(平安京) 시절, 천황이 있는 다이다이리(大内裏) 남쪽편 중앙에 있는 스자쿠몬(朱雀門)에서 도성 남단에 있는 라쇼몬(羅生門)까지 중앙을 남북으로 가르던 길을 스자쿠대로(朱雀大路)라 하며, 스자쿠대로의 동쪽을 좌도읍(左京), 서쪽을 우도읍(右京)이라 하였다.

4_ 지금의 아구이(安居院)・아스카(飛鳥) 대불이 있는 곳에 있었던 절이다.

5_ 불(佛, 부처 또는 불상) 법(法, 부처의 가르침 즉 경전) 승(僧, 승려 및 불교의 신봉자)의 세 가지를 말하는데, 불교를 총괄적으로 의미할 때도 쓰인다. 여기에서는 부처를 뜻한다.

셨다. 이를 위해 태정대신太政大臣 정2위位의 나가야 친왕長屋親王[6]에게 칙서를 내려 승려를 공양하는 소임을 맡게 하였다.

그때 한 사미승沙弥僧[7]이 있었는데 함부로 취사장에 들어와서 밥공기를 들고 밥을 받았다. 나가야 친왕이 이를 보고는 상아로 만든 국자로 그 사미승의 머리를 때리자 머리가 터지고 피가 흘렀다. 사미승은 머리를 어루만지고 피를 닦으며 한스럽게 울더니 순식간에 모습을 감추었다. 어디로 갔는지 알 수 없었다. 그때 법회에 참석했던 많은 승려나 속인들은 몰래 소곤거리며 서로 말을 주고받았다.

"뭔가 불길하다. 좋지 않은 일이 있을 것 같아."

그리고 이틀이 지난 뒤 나가야 친왕을 시기하는 사람[8]이 천황에게 참소하였다.

"나가야 친왕이 사직을 무너뜨리고 보위寶位를 찬탈하려고 합니다."

이에 천황은 대단히 노하여 군사를 보내어 나가야 친왕과 싸우게 하였다. 나가야 친왕은 스스로 생각하였다.

'죄가 없이 죄인으로 붙잡히게 되었으니 분명히 죽을 것이다. 남의 손에 죽음을 당하는 것 보다 스스로 죽는 것이 낫다.'

그래서 즉시 나가야 친왕은 자손들에게 독약을 먹이고 목을 졸라 죽인 후에 자신도 독약을 먹고 스스로 목숨을 끊었다. 천황은

6_ 덴무(天武) 천황의 손자로 다케치(高市) 황자의 아들이다. 729년에 모반의 죄로 처자와 함께 자살하였다. 한시문을 잘 지었고 불교 신앙도 깊었다고 한다. 친왕은 천황의 남자형제와 아들을 비롯한 남자 황족을 말한다.

7_ 불교에 입문한 지 얼마 되지 않아 아직 수행을 충분히 쌓지 않은 승려.

8_ 『쇼쿠니혼기(続日本記)』의 덴표(天平) 원년(729) 2월 10일의 이와 관련된 기록에 따르면 밀고한 사람은 우루시베노 기미타리(漆部君足)와 나카토미노 아즈마히토(中臣東人) 들이다.

칙서를 내려 그 사해死骸들을 성 밖에 버려서 불에 태운 뒤에 강과 바다에 흩뿌리게 하였다. 다만 나가야 친왕의 유골만은 도사지방土佐国으로 옮겨서 묻게 하였다. 그런데 마침 그때 도사지방에서 많은 백성들이 죽었다. 그래서 백성들은 한탄하며 두려워하여 관청에 호소문을 올려 아뢰었다.

"나가야 친왕의 앙화殃禍로 인하여 백성들이 죽었고 이대로라면 이 지방 백성들이 다 죽게 될 것입니다."

천황은 이 말을 들으시고 나가야 친왕의 유골을 도읍 가까이로 가져 오고자 기노쿠니 지방紀伊国의 아마노 군海部郡[9] 하지카미 마을椒抍村의 오키노시마沖の島로 옮기셨다.

오호라 슬픈 일이도다. 부와 지위가 번창할 때는 그 높은 명성이 온 나라에 퍼지지만 일단 재난이 닥치면 의지할 곳 없이 버려진다더니 나가야 친왕도 하루아침에 망해버렸다. 스스로 고위를 내세워 승려를 때렸기에 호법신護法神[10]이 얼굴을 찌푸리고 선신善神[11]이 싫어하고 미워한 것을 잘 알 수 있다. 가사를 걸친 이는 비록 미천한 옷차림을 했더라도 두렵게 여기지 않으면 안 된다. 모습을 숨긴 성인聖人도 그 속에 섞여 있기 때문이다. 그러므로 『교만경憍慢經』[12]에도

"전생의 지위가 높았던 사람이라도 석가모니 부처님의 머리를 신발로 밟은 자의 죄는 중하다."

9_ 지금의 와카야마 현(和歌山県) 가이소 군(海草郡)에 해당한다.

10_ 불법(佛法)의 수호자. 부처님의 정법(正法)을 비방하고 절의 탑을 파괴하는 자를 징계하는 자. 제석천(帝釈天)・범천(梵天)・사천왕(四天王) 등이 있다.

11_ 불법과 그것을 믿는 이들을 보호한다는 신. 12신장(神將) 등.

12_ 『불위교만파라문설게경(佛爲憍慢婆羅門說偈經)』, 『수생파라문교만경(樹生婆羅門憍慢經)』 등을 말하는 듯하다. 그러나 지금은 두 경전 모두 전해지지 않는다.

라고 서술되어 있다. 하물며 가사를 입은 불제자를 업신여기고 때린 사람은 그 죄가 참으로 큰 것이다.

원문

恃己高徳刑賎形沙弥以現得悪死縁 第一

諾楽宮御宇大八嶋国勝宝応真聖武太上天皇、 発大誓願、以天平元年己巳春二月八日、於左京元興寺備大法会、供養三宝。勅太政大臣正二位長屋親王、而任於供衆僧之司。時有一沙弥、濫就盛供養之処、捧鉢受飯。親王見之、以牙冊以罰沙弥之頭。頭破流血。沙弥摩頭捫血、悕哭而忽不覩。所去不知。時法会衆道俗、偸喧之言、「凶之不善矣」。逕之二日、有嫉妬人、讒天皇奏、「長屋謀傾社稷、将奪国位」。爰天心瞋怒、遣軍兵陳之。親王自念、「无罪而被囚執。此決定死。為他刑殺不如自死」。即其子孫令服毒薬、而絞死畢後、親王服薬而自害、天皇勅、捨彼屍骸於城之外、而焼末散河擲海。唯親王骨流于土左国。時其国百姓多死。云百姓患之而解官言、「依親王気、国内百姓可皆死亡」。天皇聞之為近皇都、置于紀伊国海部郡椒枡奥嶋。嗚呼惆哉。福貴熾之時高名雖振華裔、 而妖災窘之日无所婦。 唯一旦滅也。誠知、怙自高徳、刑彼沙弥、護法嚬嘁、善神憾嫌。著袈裟之類、雖賎形不応不恐。隠身聖人交其中。故憍慢経云、「先生位上人、 尺迦牟尼仏頂佩履踟人等罪云々」。 何況著袈裟之人打侮之者、其罪甚深矣。

|도움말| 이 설화는 자신의 높은 지위를 믿고 초라한 모습의 승려를 때린 결과 응보를 받아 현세에서 비참한 죽음을 맞이한 나가야 친왕의 이야기를 다루고 있다. 그런데, 역사상 전해지고 있는 나가야 친왕의 이야기는 이 이야기의 내용과는 매우 다른 이미지를 가지고 있다. 역사적으로는 덴무 천왕의 손자이자 다케치 황자의 아들인 나가야 친왕은 좌대신左大臣에까지 올라 정치적 실권을 잡았다. 그러나 729년에 나가야 친왕을 시기하는 자들에 의해 모반謀反의 혐의를 받고 일족과 함께 자살하였다고 하는 것이 사실史實에 가깝다. 따라서 역사적 사실이 설화적으로 재구성되면서 나가야 친왕이 자살한 것을 승려의 박해에 대한 응보의 결과로 연결하고 있는 점이 본 이야기의 특징이라고 할 수 있다. 이러한 인과응보적인 관점에 입각한 이야기의 구성이 『일본영이기』 전체의 특징이라고 할 수 있으며, 저자의 의도로 파악할 수 있다.

역사적으로 나가야 친왕이 정치적 세력을 잡고 있던 시대 이전에는 승려의 사찰 밖에서의 활동을 법령으로 통제하던 승니령僧尼令 등이 엄격히 지켜지고 있었다. 그러나 이후 덴표 시대를 맞이하는 시기는 불교 융성기를 앞두고 있는 시대였으므로 승려들의 세력이 강해지기 시작하여 정치가들도 비판을 받기도 하였다. 그렇기 때문에 불교설화의 세계에서는 높은 관리라 하더라도 이야기 속에서 종종 악인으로 마무리되는 경향이 있었던 것 같다.

한편, 이 이야기는 『곤자쿠모노가타리슈今昔物語集』 20권 제27화의 바탕이 되었다.

제2화

까마귀의 음란함을 보고 세상을 싫어하여 불법을 수행한 이야기

신곤信厳선사禅師[1]는 이즈미 지방和泉国 이즈미 군泉郡[2]의 다이료大領[3]였던 지누노아가타누시 야마토마로血沼県主倭麻呂[4]로 쇼무聖武 천황 시대의 사람이다. 이 다이료의 집 문 쪽에 큰 나무가 있었는데 이 나무에 까마귀[5]가 둥지를 틀고는 알을 낳아서 따뜻하게 품고 있었다. 수컷 까마귀는 여기저기 날아다니며 먹이를 구해 와서 새끼를 낳아 품고 있는 암컷 까마귀에게 먹였다. 그런데 수컷 까마귀가 먹이를 구하러 간 사이에 다른 까마귀가 와서는 암컷 까마귀와 교미하였다. 암컷 까마귀는 새 수컷 까마귀와 정을 통하고는 마음에 들었는지 함께 하늘 높이 날아오르더니 북쪽을 향해 날아

1_ 미상. 선사는 승려에 대한 존칭. 선종의 법리에 통달한 승려를 칭하기도 하지만, 여기서는 승려에 대한 존칭으로 쓰였다.

2_ 지금의 오사카 부(大阪府)에 있는 센난 군(泉南郡)과 센보쿠 군(泉北郡)에 걸쳐 있는 곳이다.

3_ 군(郡)의 4등관(四等官) 중 제1등관에 해당한다.

4_ 실존했던 인물로서, 지누(血沼)는 씨족명이고, 아가타누시(県主)는 가바네(姓, 세습적인 직위나 직무)이다. 성씨는 다이카개신(大化改新) 뒤에 얻은 것이다.

5_ 고대에서는 악조(悪鳥)라고도 하여, 그 용례가 『만요슈(万葉集)』 권14의 3521번의 노래에 보인다. 또한, 중국 사상의 영향으로 『가이후소(懐風藻)』 등에서는 효조(孝鳥)라고 하였다.

가 버리고 새끼를 버려두고 돌보지 않았다. 이때 남편이 되는 수컷 까마귀가 먹이를 입에 물고 돌아오니 암컷 까마귀가 보이지 않았다. 수컷 까마귀는 새끼 새를 사랑으로 품고는 그대로 먹이도 구하지 않은 채 며칠을 보냈다. 다이료가 이것을 보고 사람을 시켜 나무에 올라가서 둥지를 살펴보게 하니 수컷 까마귀는 새끼를 품은 채 죽어 있었다.

이를 본 다이료는 몹시 슬퍼하며 가엾이 여기고 암컷 까마귀의 음란함을 보고는 세상이 싫어져서 출가를 하였다. 처자식을 떠나 벼슬을 버리고 교기行基 대덕大德[6]을 따라서 불도 수행에 들어갔으며 법명을 신곤이라 하였다. 신곤은 스승 교기대덕에게 진심으로 말하였다.

"대덕과 함께 죽고자 합니다. 그러면 반드시 대덕과 같이 서방정토에 왕생하겠지요."

다이료의 아내 또한 지누노아가타누시의 일족이었다. 다이료가 자신을 버리고 출가했지만 다른 남자에게 시집갈 생각을 하지 않고 마지막까지 정절을 지켰다. 그때 아들이 있었는데 병을 얻어 죽게 되어 모친에게 말하였다.

"어머님의 젖을 먹으면 제 목숨이 연장될지 모릅니다."

모친은 아들의 말대로 젖을 병든 자식에게 먹였다. 아들은 젖을 먹고는 한탄하며 말하였다.

"아, 어머니의 단 젖을 두고 나는 이제 죽는구나."

그리고는 그대로 숨을 거두었다. 그러자 다이료의 아내는 죽은 자식을 그리워하며 남편을 좇아 출가하여 불도수행에 들어갔다.

6_ 나라 시대의 명승(名僧)으로 쇼무 천황이 그에게 깊이 귀의하였다. 여러 지방을 편력하며 중생을 교화했고, 도다이지(東大寺) 절의 대불(大佛) 건립에 크게 힘쓰는 한편, 토목공사를 추진하였다.

그런데 신곤선사는 불행하게도 교기대덕과의 인연이 짧아 대덕보다 먼저 세상을 떠났다. 대덕은 곡을 하며 노래를 지어 읊었다.

까마귀라는 거짓말쟁이 새의 말을 믿을 수 없다더니
죽을 때 함께 하자던 그대도 먼저 떠나는구나.[7]

대체로 크게 불을 지피려고 할 때는 먼저 불이 잘 댕기는 나무로 송진을 준비한다. 비가 오려고 할 때는 돌계단이 미리 습기로 축축해진다. 까마귀의 비루한 행위를 보고 다이료는 출가할 마음을 일으켰다. 부처가 사람에게 선행을 하게 하는 수단으로서 여러 가지 현상을 보이고 그 속에서 고통을 보고 도를 깨닫게 한다고 하는데 실로 신곤의 경우를 두고 한 말이다. 욕계잡류欲界雜類[8]의 세계의 더러운 행위가 이와 같다. 그런 것을 싫어하는 자는 속세를 등지고 불도에 들어가며 어리석은 자는 오히려 그것을 탐한다.

이에 논찬하여 말하였다.

"훌륭한 일이다, 지누노아가타누시여. 까마귀의 음란한 행위를 보고 세상을 등지고 출가하였다. 헛되고 공허한 이 세상에서 항상 몸을 정결하게 하고 불도에 힘써 지혜를 바랐다. 정토왕생을 마음속으로 기대하며 이 속세로부터 해탈하였다. 이 사람이야말로 뛰어난 수행자이다."

7_ 이 노래는 암컷 까마귀가 신의를 저버리고 수컷 까마귀와 새끼를 버리고 떠난 일을 보고 출가한 신곤의 일과 함께 극락왕생하자던 맹세를 깨뜨리고 먼저 죽어버린 신곤의 상황을 절묘하게 연결시키고 있다. 같이 죽자고 약속했는데 먼저 죽은 신곤을 아쉬움과 애정을 담아 원망하고 있는 것이다.

8_ 인간 세계를 비롯한 여러 생물의 세계. '욕계'는 욕심이 있는 세계로, 음식욕(飮食欲)·수면욕(睡眠欲)·음욕(淫欲)을 가리킨다. '잡류'는 인간 이하의 축생의 세계를 뜻한다.

원문

見烏邪淫厭世修善縁 第二

禅師信厳者、和泉国泉郡大領血沼県主倭麻呂也。聖武天皇御世人也。此大領家之門有大樹。烏作巣産児抱之而臥。雄烏遐迩飛行求食、養抱児之妻。求食行之頃、他烏遞来而婚。姧婚今夫、就心共高翥空、指於北而飛、棄児不瞻。于時先夫烏、食物哺持来、見之无妻烏。于時慈児、抱之而臥、不求食物而経数日。大領見之、使人登樹見其巣、抱児而死。大領見之、大悲愍心、視烏邪婬、厭世出家。離妻子、捨官位、随行基大徳、修善求道、名曰信厳。但要語曰、「与大徳倶死。必当同往生西方」。大領之妻亦血沼県主。大領捨之者、終无他心、心慎貞潔。爰男子得病臨命終時、而白母言、「飲母乳者、応延我命」。母随子言、乳令飲病子。子飲而歎之言、「噫乎捨母甜乳而我死哉」、即命終焉。然大領之妻、恋於死子、同共出家、修習善法。信厳禅師、尤幸少縁、自行基大徳先命終也。大徳哭詠作歌曰

加良須止伊布於保乎蘇止利能去止乎能米止母爾止伊比天佐岐陀智伊奴留

夫将大炬時、先備蘭松。将雨降時、兼潤石坂。示烏鄙事、領発道心。先善方便、見苦悟道者、其斯謂之矣。欲界雑類、鄙行如是。厭者背之、愚者貪之。

賛曰、「可哉、血沼県主氏。瞰烏邪婬、厭俗塵背。浮花仮趣、常浄身、勤修善、祈恵命。心剋安養期、解脱是世間。異秀厭土」者也。

|도움말| 이 설화는 까마귀의 음란함을 보고 사악한 까마귀의 마음에 자각을 느끼고 출가하여 불법을 수행하는 이야기로서 하나의 계기에 의해 출가하게 되는 단일구성이 아닌 연쇄적으로 에피소드가 연결되어 있다. 남편이 교기대덕을 따라 출가를 하자 남겨진 아내는 정조를 지키며 한 아들을 키우게 된다. 그 아들이 병들어 죽게 되자 아내도 출가하여 불도의 길에 들어선다. 교기대덕과 함께 죽고자 하였던 신곤은 불행히도 대덕보다 먼저 세상을 떠난다.

그러나 이 설화에서 가장 인상 깊은 장면은 까마귀의 행동을 구체적으로 드러낸 부분이라고 할 수 있다. 예를 들면, "수컷 까마귀가 먹이를 구하러 간 사이에 다른 까마귀가 와서는 암컷 까마귀와 교미하였다", "암컷 까마귀는 새 수컷 까마귀와 정을 통하고는 마음에 들었는지 함께 하늘 높이 날아오르더니 북쪽을 향해 날아가 버리고 새끼를 버려두고 돌보지 않았다" 등에는 까마귀가 바람을 피우는 모습이 거침없이 묘사되고 있다. 더욱이 "이때 남편이 되는 수컷 까마귀가 먹이를 입에 물고 돌아오니 암컷 까마귀가 보이지 않았다. 수컷 까마귀는 새끼 새를 사랑으로 품고는 그대로 먹이도 구하지 않은 채 며칠을 보냈다"는 문장은 이 세상의 인간사회의 모습을 그대로 보여주는 것 같다.

제3화

패악한 자식이 처를 사랑하여 모친을 죽이려다가 현세에서 나쁜 업보를 받아 죽은 이야기

기시노 히마로吉志火麻呂[1]는 무사시노 지방武蔵国 다마 군多磨郡 가모 마을鴨里[2]에 사는 사람이었다. 히마로의 모친은 구사카베노 마토지日下部真刀自였다. 쇼무聖武 천황 시대에 히마로는 오토모大伴 이름이 분명치 않다. 라는 관리에게 지명되어 쓰쿠시筑紫의 수비 병사[3]가 되어서 삼 년이란 세월을 보냈다. 모친은 아들의 종자従者[4]로 따라가서 뒷바라지를 하였다. 히마로의 처는 법의 규정에 따라 고향에 남아 집을 지켰다.

그런데 히마로는 두고 온 아내에 대한 그리움을 참지 못하여 도리에 어긋나는 생각을 하였다. 자신이 어머니를 죽여서 상을 치르게 되면[5] 부역에서 벗어나서 고향으로 돌아가 아내와 함께 살려고

1_ 미상. 이 이야기는 『곤자쿠모노가타리슈(今昔物語集)』 20권 제33화에도 실려 있는데, 거기에는 '기시노 히마로(吉志火丸)'로 나온다. '히마로(火麻呂)'는 악역(悪逆)을 증오한 명명법이다.

2_ 도쿄 도(東京都) 니시타마 군(西多摩郡) 이쓰카이치 초(五日市町)에 가모(加茂) 마을이 있다.

3_ 규슈(九州) 북부 해안이나 여러 섬들의 방어를 위해 징용된 자로 동쪽 지방(東国)의 장정이 파견되었다. 사키모리(防人)라 불렀다.

4_ 이때 수비병사에는 하인이 따라갈 수 있었다. 그래서 어머니가 종자로 따라간 것이다. 그러나 당시 군방령(軍防令)의 규정상 아내는 따라갈 수 없었다.

한 것이다. 어머니는 천성으로 불심이 깊고 행실이 바른 사람이었다. 자식이 모친에게 말하였다.

"동쪽의 산 속에서 이레 동안 『법화경法華經』을 강의하는 대법회[6]가 있습니다. 자 어머니. 가서 들으시지요."

모친은 그 말에 속아서 경전 강의를 들으러 가기로 마음을 먹고 깨끗이 씻어 몸을 정결하게 하고는 함께 산 속으로 들어갔다. 그때 히마로는 소와 같은 눈빛으로 모친을 노려보면서 말하였다.

"당신 땅에 무릎 꿇어."

모친은 자식의 얼굴을 쳐다보며 대답하였다.

"어째서 그런 말을 하느냐? 네가 귀신에게 홀린 것이 아니냐?"

히마로는 칼을 뽑아서 모친을 죽이려 하였다. 그러자 모친은 곧바로 자식 앞에 무릎을 꿇으며 말했다.

"나무를 심는 것은 그 열매를 얻고 또 그 나무그늘에서 쉬기 위해서다. 자식을 기르는 것은 자식의 힘을 빌리고 또 자식에게 부양받기 위함이다. 믿었던 나무에서 비가 새듯이 어찌 너는 기대와는 달리 다른 마음을 먹은 것이냐?"

그래도 아들은 전혀 듣지 않았다. 그러자 모친은 한탄하며 입고 있던 옷을 벗어서 세 곳에 두고는 자식 앞에 무릎을 꿇고 유언을 하였다.

"내 마음을 생각하여 이 옷을 잘 간직해다오. 하나는 장남인 네가 가지거라. 또 하나는 둘째에게 전해다오. 그리고 하나는 막내

5_ 당시 군방령의 규정상 사키모리는 부모의 죽음을 당하였어도 귀환은 허락되지 않았으나 일반의 관인에게는 허용되었다. 이 설화는 모친상을 당하면 고향에 돌아갈 수 있다고 생각하였는데, 사키모리의 무지함을 조소하여 설정한 것으로 보인다.

6_ 법화경 7축(軸)을 하루에 한 축씩 칠 일간 강설하였다.

에게 전해다오.”

극악무도한 아들이 모친 앞으로 다가가 목을 베려고 하자 땅이 갈라지며 그 속으로 빠졌다. 모친은 순간적으로 일어나서 땅 속에 빠진 아들의 머리카락을 잡고 하늘을 향해 울부짖으며 애원하였다.

“내 아들은 귀신에 홀려서 그런 것입니다. 제정신으로 한 것이 아닙니다. 부디 죄를 용서해 주십시오.”

그러면서 여전히 아들의 머리카락을 잡고 있었으나 결국 아들은 떨어지고 말았다. 자비가 깊은 모친은 머리카락을 가지고 집으로 돌아와서 자식을 위해 법사를 열었다. 그리고는 머리카락을 상자에 넣어서 불상 앞에 두고 승려들을 모셔 추선공양을 하였다.

어미의 자애로운 마음은 깊다. 깊기 때문에 불효하고 무도한 자식조차 가엾이 여겨 자식을 위하여 공양을 하였다. 불효에 대한 응보는 바로 나타나며 무도한 죄에는 반드시 과보가 따른다는 것을 정말로 잘 알 수 있다.

원문

悪逆子愛妻将殺母謀現報被悪死縁 第三

吉志火麻呂者、武蔵国多麻郡鴨里人也。火麻呂之母者、日下部真刀自也。聖武天皇御世、火麻呂大伴 名姓不分明 筑紫前守所点、応経三年。母随子往而相節養。其婦者留国守家。時火麻呂、離己妻去、不昇妻愛而発逆謀、思殺我母、遭其喪服、免役而還、与妻倶居。母之自性、行善為心。子語母言、「東方山中、七日奉説法花経有大会。率母聞之」。母所欺念将聞経、発心洗湯浄身、倶至山中。子、以牛目眦母而言、「汝地長跪」。母瞻子面答之曰、「何故然言。若汝託鬼耶」。

子拔横刀将殺母。母即子前長跪而言、「殖木之志、為得彼菓並隠其影。養子之志、為得子力并被子養。如恃樹漏雨、何吾子違思今在異心耶」。子遂不聴。時母侘傺、著身脱衣置於三処、子前長跪、遺言而言、「為我詠裹。以一衣者我兄男、汝得之也。一衣者贈我中男毘也。一衣者贈我弟男毘也」。逆子歩前、将殺母項之、裂地而陥。母即起前、抱陥子髪、仰天哭願、「吾子者託物為事。非実現心。願免罪毘」。猶取髪留子、子終陥也。慈母持髪帰家、為子備法事、其髪入筥、置仏像前、謹請諷誦矣。母慈深。深故於悪逆子垂哀愍心、為其修善。誠知、不孝罪報甚近。悪逆之罪非無彼報矣。

|도움말| 이 설화는 극악무도한 자식이 아내를 사랑한 나머지 어머니를 죽이고자 하여 현세에서 응보를 받아 비참하게 죽은 이야기이다. 어머니를 향해 칼을 휘두르려 한 순간 대지가 갈라져서 아들은 땅 속 깊이 떨어져 버렸다. 대지와 산, 그리고 무덤이 갈라지고 지옥의 바닥으로 떨어진다고 하는 것은 대지 위에 안주하는 인간에게는 원초적인 공포감을 안겨준다.

또한 본문을 통하여 아들의 계략에 따르려고 하는 어머니의 깊은 마음이 전해진다. 특히 마지막 부분에서 아들을 위해 하늘을 향한 "내 아들은 귀신에 홀려서 그런 것입니다. 제정신으로 한 것이 아닙니다. 부디 죄를 용서해 주십시오."라는 간절한 애원에는 어머니의 깊은 자비와 사랑이 담겨져 있음을 느낄 수 있다.

한편, 『곤자쿠모노가타리슈今昔物語集』 20권 제33화는 이 이야기를 바탕으로 지어진 것이다.

제4화

힘센 여자가 힘겨루기를 한 이야기

쇼무聖武 천황 시대에 미노 지방三野国 가타카타 군片県郡[1]에 있는 오가와少川의 시장에 한 힘센 여자가 있었다. 때어날 때부터 체구가 컸다. 이름은 미노노 기쓰네三野狐[2]라고 불렀다. 이는 옛날 미노 지방에서 여우를 어미로 하여 태어난 사람의 4대손[3]이다. 힘이 세서 백 사람[4]을 당해낼 정도였다. 오가와의 시장 안에 살면서 자신의 힘을 믿고는 오가는 상인들을 위협하면서 그들의 물건을 빼앗는 짓을 일삼았다.

그때 오와리 지방尾張国 아이치 군愛智郡에 있는 가타와 마을片輪里[5]에도 힘센 여자가 있었다. 이 여자는 태어날 때부터 체구가 작았다. 이 사람은 옛날 간고지元興寺 절에 살았던 도조道場 법사의 손녀이다. 미노노 기쓰네가 다른 사람들의 물건을 강탈한다는 말을 듣

1_ 기후 현(岐阜県)의 서부에 있는 모토스 초(本巣町) 부근이다.

2_ 상권의 제2화는 미노 지방의 기쓰네노아타에(狐の直)의 기원설이다. 미노노 기쓰네는 그 후예.

3_『일본영이기』 상권의 제2화에 나온다.

4_ 혼자서 백 명을 당해낸다고 하는 표현은『니혼쇼키(日本書紀)』의「진무젠키(神武前紀)」등의 옛 문헌에서부터 보이는 상투적인 표현이다.

5_ 지금의 아이치 현(愛知県) 나고야 시(名古屋市) 나카 구(中区) 후루와타리 초(古渡町) 부근이다.

고 한 번 힘을 겨뤄보자고 생각하여 대합 오십 석石을 넣은 통을 배에 싣고서 오가와의 시장에 정박시켰다.[6] 또한 덩굴로 만든 채찍 스무 개를 준비해서 대합 통에 넣어 두었다. 그러자 마침 기쓰네가 와서 대합을 전부 빼앗아 팔아버렸다. 그리고는 대합 주인인 가타와 마을의 여자에게 물었다.

"당신은 도대체 어디서 온 여자요?"

대합 주인이 대답하지 않자 또 물었다. 그래도 여전히 대답하지 않았다. 이렇게 네 번 물었다. 그러자 대합 주인인 여자는 대답하였다.

"어디에서 왔는지 모른다."

고 시치미를 뗴었다. 기쓰네는 무례하다고 생각하여 때리려고 일어섰는데 곧바로 대합 주인은 기쓰네의 두 손을 잡고는 덩굴 채찍으로 한 번 후려쳤다. 그러자 때린 채찍에 맞아 기쓰네의 살이 찢어졌다. 대합 주인은 다른 채찍을 잡고서 또 한 번 후려쳤다. 채찍에 맞아 살이 떨어져 나갔다. 이렇게 열 개의 채찍으로 때릴 때마다 닿는 곳의 모든 살이 떨어져 나갔다. 기쓰네가 말하며 빌었다.

"항복하겠습니다. 잘못했어요. 죄송합니다."

이리하여 가타와 마을의 여자가 기쓰네의 힘보다 더 세다는 것을 알게 되었다. 대합 주인이 말하였다.

"오늘 이후로 이 시장에 살아서는 안 된다. 만약 여기를 떠나지 않는다면 결국 맞아 죽을 것이다."

기쓰네는 완전히 기세가 꺾이어 버렸다. 그 후로는 시장에 살지 않고 남의 물건도 빼앗지 않았으며 시장 사람들은 모두 평온을 되찾아 기뻐하였다. 이처럼 도조 법사의 자손 중에는 힘센 사람이

6_ 오가와 시장은 나가라가와(長良川) 강 연안이었기에 배를 정박시킬 수 있었다.

대대로 끊어지지 않았다.

전생에 큰 힘을 갖는 인연을 심었기에 이제 이런 힘을 얻게 된 것을 정말로 잘 알 수 있다.

원문

力女捔力試縁 第四

聖武天皇御世、三野国片県郡少川市、有一力女。為人大也。名為三野狐。是昔三野国狐為母生人之四継孫也。力強当百人力。住少川市内、恃己力、凌弊於往還商人、而取其物為業。時尾張国愛智郡片輪里、有 力女。為人少也。是昔有元興寺道場法師之孫也。其聞三野狐凌弊於人物而取、念試之、蛤桶五十解載船泊彼市也。亦儲備、副納熊葛練韃廿段。時狐来、彼蛤皆取令売。然問之言、「自何来女」。蛤主不答。亦問。不答。重四遍問。乃答之言、「来方不知」。狐念无礼、打起、依即二手待捉、葛韃以一遍打。打韃著肉。亦取一韃一遍打。打韃著肉。十段韃随打皆著肉。狐白之言、「服也。犯也。惶也」。於是、知益於狐之力也。蛤主女言、「自今已後、在此市不得。若強住者、終打殺也」。狐所打戢、不住其市、不奪人物。彼市人惣皆悦安穏。夫力人、妥継世不絶。誠知、先世殖大力因、今得此力矣。

|도움말| 이 설화는 상권의 제2화에 등장하는 미노 지방의 기쓰네 집안의 사대 손녀인 큰 체구의 여자와 상권의 제3화의 나오는 도조법사의 손녀인 체구가 작은 여자와의 힘겨루기를 다룬 이야기이다. 미노 지방의 기쓰네 여인이 힘이 센 것을 자랑삼아 못된 짓을 일삼

고 있었기 때문에 도조법사의 손녀딸이 도전을 했다. 그런데 대결의 결과 미노 지방의 기쓰네 여인은 전혀 상대가 되지 않고 도조법사의 손녀딸인 체구가 작은 여자가 일방적으로 우세했다. 선과 악의 대결에서는 언제나 선이 승리한다. 또한 선은 그 힘이 대대로 이어지지만, 악은 그렇지 않고 선에 쫓기게 되는 이치를 말하고자 하는 내용이라고 할 수 있다.

관련 설화로는 상권의 제2화와 제3화, 그리고 오와리 지방의 힘센 여자 이야기는 중권 27화에도 등장한다. 한편, 『곤자쿠모노가타리슈今昔物語集』 23권 제17화는 이 설화를 바탕으로 지어졌다.

제5화

이국 신의 재앙을 다스리기 위해 소를 죽여 제사지내고 한편으로는 방생으로 선을 닦아서 현세에서 선악의 업보를 받은 이야기

쓰노 지방摂津国 히가시나리 군東生郡[1] 나데쿠보 마을撫凹村에 한 부유한 가장이 있었다. 성씨와 이름은 알 수 없다. 쇼무聖武 천황 시대에 이 가장은 이국 신으로부터 지벌을 받고 있었기에 이것을 위해 기도하며 칠 년이란 기한을 정해 놓고 매년 소 한 마리씩을 잡아서 제사를 지냈다. 그렇게 하여 모두 일곱 마리를 죽여서 칠 년간의 제사를 끝마쳤다. 그런데 갑자기 중병에 걸려 버렸다. 그리하여 다시 칠 년이 지나는 동안 의원을 부르고 약을 써 봤지만 여전히 낫지 않았다. 점쟁이를 불러서 액막이 행사를 하고 기원을 하였으나 병은 더욱 깊어질 뿐이었다. 그래서

'내가 중병에 걸린 것은 살생을 저지른 업보 때문이다.'

라고 생각하였다.

그리하여 병에 걸린 해부터 매 달 거르지 않고 육재일六齋日[2]에 마음을 정결하게 하고 불도의 계율을 지키고 생명이 있는 것은 놓

1_ 지금의 오사카 부(大阪府) 오사카 시(大阪市) 히가시나리 구(東成区)이다. 나데쿠보는 소재 불명.

2_ 한 달 가운데서 몸을 조심하고 마음을 깨끗이 하여 재계(齋戒)하는 여섯 날로 음력 8・14・15・23・29・30일을 가리킨다.

아주는 방생의 선행을 쌓았다. 다른 사람이 생명 있는 것을 죽이는 것을 보면 값도 따지지 않고 사서 놓아주고 또 팔방으로 사람을 보내어 생물을 잡아들이는 사람을 찾아내어 그것들을 사서는 놓아주었다. 7년이 흘러 임종이 다가오자 아내와 자식들에게 말하였다.

"내가 죽거든 19일 간은 그대로 두고 태우지 마시오."

아내와 자식들은 시체를 그대로 두고 정해진 날까지 기다렸다. 그런데 9일이 지났을 때 시체가 다시 깨어나서는 다음과 같이 말했다.

"일곱 명의 귀신과 같은 모양을 한 자[3]들이 있었는데 머리는 소이고 몸은 인간이었소. 그 자가 내 머리에 새끼줄을 걸어 묶고는 호위하며 끌고 갔소. 앞을 보니 높다란 누각이 있는 궁궐이 있더군.

'이것은 무슨 궁궐입니까?'

하고 물었더니 이상한 모습을 한 자가 무서운 눈으로 노려보면서

'어서 가라'

하고 말하더군. 궁궐 안으로 들어서자 그 이상한 모습을 한 것이

'데리고 왔습니다.'

하고 보고했어. 나는 자연히 그가 염라대왕인 줄을 알았지. 염라대왕이 그 이상한 자들에게 묻기를

'이 자가 너희를 죽인 원수냐?'

고 하니

'네 그렇습니다.'

라고 대답하였어. 그리고 고기를 써는 도마와 칼을 가져 오더니

'조속히 판결을 내려 주십시오. 저희들을 죽인 것처럼 이놈도 썰어서 먹겠습니다.'

3_ 원문은 '非人'이다. 불교에서 사람이 아닌 용이나 아귀, 축생, 귀신 따위를 가리키는 말이다.

라고 말하더군. 그때 갑자기 천만 명이나 되는 사람들이 나타나서는 나의 묶인 새끼줄을 풀어주면서

'이 사람의 죄가 아닙니다. 지벌을 내리는 귀신에게 제사지내기 위해 죽인 것입니다.'

라고 말했어. 그래서 나를 가운데 두고 이상한 모양을 한 일곱 명과 천만 명의 사람들이 날마다 서로 호소하며 마치 물과 불처럼 다투었지. 염라대왕은 시비 판정을 내리지 않았어. 이상한 모양을 한 자들이 더욱 강경하게 말하며

'분명합니다. 이 자가 중심이 되어 우리의 네 발을 잘라 이국 신의 묘廟[4] 앞에 공양으로 올리고는 공덕을 바라며 육회로 하여 안주 삼아 먹었습니다. 그러므로 우리를 육회로 잘라 먹었듯이 이제는 저희도 이 자를 잡아서 먹고자 합니다.'

라고 말이지. 천만 명이 넘는 사람들도 왕에게

'저희들도 이 사람의 죄가 아니라는 것을 상세히 알고 있습니다. 과실은 귀신들에게 있습니다. 증인이 많은 쪽에 도리가 있다는 걸 대왕님께서 잘 헤아려 주십시오.'

라고 말했어. 팔 일이 지나자 그날 밤에

'내일 모두 모여라'

는 대왕의 조서가 내려졌지. 염라대왕의 조서를 받고 돌아간 자들은 구 일째 되는 날에 모두 모였어. 그래서 염라대왕은

'대체로 판결은 증인이 많은 쪽을 따르기 때문에 증인이 다수인 쪽으로 하겠다.'

라고 선고하셨어. 판결이 내려지자 일곱 마리의 소는 이 말을 듣고 혀로 핥고 침을 삼키며 육회를 써는 모양과 고기를 먹는 듯한

4_ 사자(死者)의 영혼을 제사지내는 사당.

흉내를 내면서 분해하며 칼을 들고는 각자

'어찌 원수를 갚지 않고 있을 수 있겠는가. 결코 잊지 않겠다. 반드시 복수하겠다.'

고 말하더군. 천만 명의 사람들은 나의 전후좌우를 호위하며 염라왕국으로부터 데리고 나갔어. 그리고는 나를 가마에 태워 짊어지고는 깃발[5]을 쳐들고 인도하면서 나를 칭송하고 배웅하면서 무릎 꿇고 경배해 주더군. 그 사람들은 모두 똑같은 모습[6]을 하고 있었어. 그래서 내가

'당신들은 누구입니까?'

하고 물었지. 그들은

'우리들은 당신이 사서 방생해 준 자들입니다. 그 은혜를 잊지 못하여 지금 보답을 하는 것뿐입니다'

고 대답하더군."

부자는 염라대왕의 궁궐에서 다시 살아 돌아온 뒤로는 더욱더 깊은 불도 신심의 서원誓願을 세웠다. 이후로는 함부로 이국 신에게 제사 지내지 않았다. 오로지 삼보三寶[7]에 귀의하여 자신의 집에 깃대를 세우고는 사찰로 삼고 불상을 안치하여 불법을 닦으며 방생에 힘썼다. 그 후 이 절을 '나데도那天堂'[8]라 불렀다. 그리고는 평생 병에 걸리지 않고 90여 세를 살다가 죽었다.

『비나야경鼻奈耶經』[9]에는

5_ 절을 표시하는 깃발.

6_ 천만 명이 넘는 사람들이 명계의 사람이 되어 똑같이 명계의 복장을 입은 것이다.

7_ 불(佛, 부처 또는 불상) 법(法, 부처의 가르침 즉 경전) 승(僧, 승려 및 불교의 신봉자)의 세 가지를 말하는데, 불교를 총괄적으로 의미할 때도 쓰인다.

8_ '나데(那天)'는 나데쿠보 마을(撫凹村)의 '撫'에 해당된다. 지명을 따서 절의 이름으로 하였다.

"불제자인 가류타이迦留陀夷[10]는 옛날 바라문교婆羅門敎의 사제司祭[11]가 되어 양 한 마리를 죽였기에 한번은 나한羅漢[12]이 되었지만 후에 바라문의 아내에게 원한을 사서[13] 죽임을 당하였다."라고 기록되어 있다.

또『최승왕경最勝王經』[14]에서는

"유수장자流水長者[15]는 만 마리의 물고기를 놓아 주었다. 그 물고기들은 천상계에 태어나 현세에 유수 장자에게 은혜를 갚고자 4만 개의 주옥으로써 보답하였다"

고 하였는데 이와 같은 일을 두고 한 말이다.

원문

依漢神祟殺牛而祭又修放生善以現得善悪報縁 第五

摂津国東生郡撫凹村、有一富家長公。姓名未詳也。聖武太上天皇之世、彼家長依漢神祟而祷之、祀限于七年、毎年殺祀之以一牛、合殺七頭、七年祭畢。忽得重病。又逕七年

9_ 여기서 인용하고 있는 문장은『비나야계인연경(鼻奈耶戒因緣經)』권9의 끝부분에서 그 의미를 가져온 것이다. '비나야'는 산스크리트어로, 조복(調伏)・율(律) 등으로 번역되며, 출가자가 죄악을 범하지 않기 위해 지켜야 할 규율을 뜻한다.

10_ 부처의 제자 가운데 한 사람으로, 사위국(舍衛國)의 바라문족 출신이다.

11_ 바라문교의 사제가 되어 동물을 희생하여 신에게 바친 것.

12_ 아라한(阿羅漢)의 약칭. 일체번뇌를 끊고 깨달음을 얻어 중생의 공양에 응할 만한 자격을 지닌 불교의 성자이다.

13_ 가류타이는 나한이 되었어도 악보(惡報)는 피할 수 없다는 것을 말하고 있다.

14_ 경전의 찬란한 내용이 마치 금(金)과 같이 빛난다고 하는 뜻으로,『금광명최승왕경(金光明最勝王經)』을 줄인 말이다. 이 경전의 제25화「장자자유수품(長者子流水品)」에 나오는 이야기를 인용하였다.

15_「장자자유수품」이야기에 나오는 주인공 이름이다.

間、医薬方療猶不愈。喚集卜者而祓祈禱、亦弥増病、於茲思之、「我得重病、由殺生業」。故自臥病年已来毎月不闕、六節受斎戒、修放生業、見他殺貪生之類、不論而贖、又遣八方、買生物而放。迄七年、臨命終時、語妻子曰、「我死之後、十九日置之莫焼」。妻子置之、猶待期日。唯歴九日、還蘇而語。「有七人非人。牛頭人身。我髪繋縄、捉之衛往。見之前路有楼閣宮。問『是何宮』、非人悪眼睚眦而逼之言『急往』。入于宮門而白、『召之』。吾自知之、閻羅王也。王問言、『斯是殺汝之讎』。答白『当是』。則膾机与少刀持出白、『急判許。如殺我賊膾而噉之』。時千万余人、勃然出来、解縛縄曰、『非此人咎。所祟鬼神為祀殺害』。爰余居中而七非人与千万余人、毎日訴諍如水火。閻羅王判断之、不定是非。非人猶強白言、『明知、是人作主、截我四足、祀廟乞利、賊膾食肴。今如切倪、猶欲屠啗』。千万余人亦白王曰、『我等委曲知非此人咎。識鬼神咎。王自思惟、理就多証』。経八日已、其夕告詔、『参向明日』。奉詔而罷、九日集会。閻羅王即告之言、『大分理判、由多数証故、就多数』。判許已訖。七牛聞之、嘗舌飲唾、切膾為效、噉宍為效、慷慨捧刀而建、各言、『不報怨哉。我当不忘。猶後報之』。千万余人、衛繞於我左右前後、自王宮出。乗轝而荷、擎幡而導、讃嘆以送、長跪礼拝。彼衆人皆作一色容。爰吾問曰、『仁者誰人』。答、『我等是汝買放生、不忘彼恩故、今報耳』。自閻羅闕還甦、増発誓願。従此已後、效不祀神。帰信三宝、己家立幢成寺、安仏修法放生。従此已後、号曰那天堂矣。終无病春秋九十余歳而死也。如鼻奈耶経説。「迦留陀夷、昔作天祀主、由殺一羊、今雖作羅漢、而後、得怨報於婆羅門之妻所殺云々」。如最勝王経説。「流水長者、放十千魚。魚生天上、以卌千珠、現報流水長者」、其斯謂之矣。

|도움말| 이 설화는 살생이라는 죄를 범하였지만 중병을 얻어 그것이 잘못이었던 것을 깨달은 이후로 방생을 통하여 더 많은 선행을 함으로써 악행으로 인한 화를 면할 수 있었다는 이야기이다. 악행과 선행으로 인한 각각의 응보를 보여주는 구성 등이 매우 흥미롭다. 특히 주인공의 선행과 악행에 대한 염라대왕의 판결에서 일곱 명의 소의 원혼과 천만 명의 방생된 영혼의 숫자가 판단기준이 되고 있는 점이 독자들에게 재미를 안겨준다. 또한 이 숫자는 주인공이 자신의 과오를 깨닫고 얼마나 많은 선행을 했는지를 단적으로 보여주고 있다고 할 수 있다.

관련 설화로는 방생에 의해 현세로 돌아올 수 있었던 이야기가 중권의 제16화에도 보인다. 『곤자쿠모노가타리슈今昔物語集』 20권 제15화는 이 설화를 바탕으로 지어졌다.

제6화

성심으로 법화경을 서사하고 그 효험으로 기이한 일이 일어난 이야기

쇼무聖武 천황 시대에 야마시로 지방山城国 사가라카 군相楽郡[1]에 서원誓願을 세운 사람이 있었다. 성씨와 이름은 알 수 없다. 사은四恩[2]에 보답하고자 『법화경法華經』을 옮겨 적고 대승경전大乘經典[3]을 넣을 상자를 만들기 위해 사방으로 사람을 보내어 백단白檀과 자단紫壇[4] 나무를 찾게 하였다. 마침 나라奈良에 있었기에 돈 백 관을 주고 사왔다. 즉시 세공인을 불러서 경전의 길이를 측정하여 상자를 만들도록 하였는데 거기에 경전을 넣으려고 하니 경전은 길고 상자가 짧아서 넣을 수가 없었다. 시주施主[5]는 매우 아쉬워했지만 다

1_ 교토 부(京都府)의 남단(南端). 지금의 소라쿠 군(相楽郡)이다. 나라야마(奈良山) 산 북측의 땅을 야마토 지방(大和国)에서는 '야마시로(山背)'라고 불렀는데 이것이 야마시로 지방 전체의 명칭이 되었다. '山城'로 고쳐진 것은 엔랴쿠(延暦) 13년(794) 때이다.

2_ 부모·국왕·중생·삼보(三寶)의 은혜를 가리킨다. 또는 천지·국왕·부모·중생의 은혜라고도 한다.

3_ 대승불교(大乘佛教)에서 중요시하는 경전으로 『화엄경(華嚴經)』, 『법화경(法華經)』, 『반야경(般若經)』, 『무량수경(無量壽經)』 등을 지칭하며, 여기서는 『법화경』을 뜻한다.

4_ 백단과 자단은 불상의 재료로 널리 쓰인다.

5_ 원문은 '檀越'이다. 이들은 대체적으로 지방의 호족들로서 재정적으로 절에 큰

시 새로 재료를 구할 길이 없었다. 그래서 서원을 세우고는『법화경』의 가르침대로 법사를 행하였다. 많은 승려들을 초청하여 21일간 죄에 대한 참회[6]를 하며 슬퍼하면서 기원하였다.

"다시 한 번 재료가 될 나무를 얻을 수 있게 해 주십시오."

14일이 채 지나지 않았을 때 시험 삼아 경전을 상자에 넣어보니 상자가 저절로 조금 늘어나서 조금만 더 하면 넣을 수 있을 것 같았다. 시주는 더욱더 정진하며 참회하면서 21일이 지나서 다시 넣어보니 이번에는 제대로 넣을 수 있었다. 그리하여 신기한 일도 있구나하고 기이하게 여기며 생각하였다.

'경전이 짧아진 것인가 아니면 상자가 늘어난 것인가.'

그래서 원래의『법화경』경전을 빌려와서 이번에 새로 만든 경전과 비교해 보니 여전히 서로 똑같고 차이가 없었다.

이것은 대승경전의 기이한 힘을 보이며 시주가 지닌 지극히 깊은 신심을 시험해 본 것임을 잘 알 수 있다. 그러니 결코 의심해서는 안 된다.

원문

至誠心奉写法華経有験示異事縁 第六

聖武天皇御代、山背国相楽郡、有発願人。姓名未詳也。為報四恩、奉写法華経、為納大乗遣使四方、求白檀紫檀。乃得諸楽京、以銭百貫而買。喚工巧人、規令造函、以奉納経、経長函短、納経不得。檀越大悔、又訪无由。故発誓願、依経作法、屈請衆僧、限三七日悔過、哭曰、「亦令得」。未

지원을 하던 이들이다.

6_ 서원을 세운 것이 이루어지도록 부처님 앞에서 자신의 죄를 참회하는 것.

歴二七日、請経試納、函自少延、垂不得納。檀越増加精進悔過、歴三七日納、乃得納。於是奇異疑思、「若経短矣、若函延矣」。即請本経与新経以均量之、猶侔不失。誠知、示於大乗不思議力、試于願主至深信心。更不可疑也。

|도움말| 이 설화는 선행을 하려는 자의 마음을 확인하는 『법화경』의 영험함이 잘 드러나는 이야기이다. 성심을 다해 『법화경』을 필사한 후 상자에 들어가지 않는다고 해서 포기하거나, 새로이 상자를 만들지 않고 법사를 행하며 참회하는 주인공의 진심에 『법화경』이 보답한 것이라 할 수 있다. 짧고 간결하지만, 꾸미지 않은 내용으로 영묘함이 잘 전해지는 필치로 쓰였다.

『곤자쿠모노가타리슈今昔物語集』 12권 제26화는 이 설화를 바탕으로 한 것이며, 『산보에코토바三宝絵詞』 중권의 제10화, 『혼초홋케겐키本朝法華験記』 하권의 제105화 등에 널리 채용되어 있다.

제7화

지혜 있는 자가 사람으로 변신하여 나타난 성인을 욕하고 시기하여 현세에 염라왕궁에 가서 지옥의 고통을 받은 이야기

지코智光 스님[1]은 가와치 지방河内国 사람으로 그 곳의 아스카베군安宿郡[2]에 있는 스키타데라鋤田寺 절[3]의 승려였다. 속성은 스키타노무라지鋤田連였는데 나중에 성씨를 가미노스구리上村主[4]로 고쳤다. 모친의 성씨는 아스카베노 미야쓰코(飛鳥部造)[5]이다. 천성적으로 총명하고 지혜가 으뜸이었다. 『우란분경盂蘭盆經』[6]과 『대반야경大般若經』,[7] 『심반야경心般若經』[8] 등의 경전에 대한 주석서를 만들고 많은 학생学生[9]

1_ 삼론종(三論宗)의 고승(高僧)으로, 간고지(元興寺) 절의 지조(智藏)를 스승으로 삼았다.

2_ 지금의 오사카 부(大阪府) 하비키노 시(羽曳野市)와 후지이 시(藤井市)의 동부에 해당하는 곳이다.

3_ 하비키노 시 코마가타니(駒ケ谷)에 있었다고 하는 절이다.

4_ 한반도에서 건너간 귀화인으로, '가미(上)'는 씨족명이고, '스구리'는 고대의 가바네(姓, 세습적인 직위나 직무) 중 하나로 귀화인에게 많았으며 부락의 우두머리인 소호족을 칭하였다.

5_ 군명(郡名)과 같은 씨이다.

6_ 불교적 효도를 강조한 불교 경전의 하나로, 중국 서진(西晉)의 축법호(竺法護)가 번역했다고 전해진다. 이 경전에 기초하여 동아시아 불교 문화권에서는 우란분회(盂蘭盆會)라는 불교행사가 널리 행해지고 있다.

7_ 반야(般若)를 설명한 여러 경전을 집대성한 것으로, 중국 당(唐)의 현장(玄奘)이 번역했다. 모두 600권.

들을 위해 불교 경전을 읽으며 가르쳤다.

그때 교기行基[10]라는 사미승沙弥僧[11]이 있었다. 속성은 고시노후히토越史[12]로서 에치고 지방越後国 구비키 군頚城郡[13] 사람이었다. 모친은 이즈미 지방和泉国[14] 오토리 군大鳥郡 사람으로 하치다노구스시蜂田薬師였다.[15] 교기는 속세를 떠나 욕망을 멀리하고 불도의 가르침을 널리 알리며 미혹되어 헤매는 자들을 교화시켰다. 사람됨이 총명하고 태어나면서부터 세상 이치에 대해 잘 알았다. 교기의 높은 깨달음은 보살의 경지에 달하였으나 그것은 안에 감추고 겉으로는 수행자[16]의 모습을 하고 있었다. 쇼무聖武 천황은 특히 그의 위엄 있는 덕에 감화되어 그를 존중하고 공경하셨다. 당시 사람들도 그를 공경하여 '보살菩薩'이라 칭송하였다. 교기가 덴표天平 16년744[17] 겨울 11월에 대승정大僧正에 임명되자 지코 스님은 시샘하는

8_ 『반야심경(般若心經)』이라고도 한다. 대승불교 반야사상(般若思想)의 핵심을 담은 경전으로, 정확한 명칭은 『마하반야바라밀다심경(摩訶般若波羅蜜多心經)』이다. 일체의 존재는 공(空)이며 '색즉시공공즉시색(色卽是空空卽是色)'으로 대표되는 공의 이치를 설법한다.

9_ 불교의 연수자. 관의 대학에서 배우는 자와 마찬가지로 '학생'이라고 불렀다.

10_ 나라 시대의 명승(名僧)으로 쇼무 천황이 그에게 깊이 귀의하였다. 여러 지방을 편력하며 중생을 교화했고, 도다이지(東大寺) 절의 대불(大佛) 건립에 크게 힘쓰는 한편, 토목공사를 추진하였다.

11_ 불교에 입문한 지 얼마 되지 않아 아직 수행을 충분히 쌓지 않은 승려.

12_ '고시(越)'는 씨족명이고, '후히토(史)'는 가바네를 가리킨다.

13_ 지금의 니가타 현(新潟県). 구비키 군은 동・서・중으로 나뉜다.

14_ 지금의 오사카 부(大阪府)에 있는 센난 군(泉南郡)과 센보쿠 군(泉北郡)에 걸쳐 있는 곳이다.

15_ '하치다(蜂田)'는 씨족명이고, '쿠스시(薬師)'는 가바네를 가리킨다.

16_ 불법을 듣고 가르침을 배워서 아라한과(阿羅漢果)를 얻는 것을 이상으로 여기는 불제자이다.

17_ 『쇼쿠니혼기(続日本記)』 덴표 17년(745) 정월 21일에 교기대덕을 대승정으로 임명했다는 기록이 있다. 교기대덕은 일본에서 최초로 대승정에 임명되었

마음을 일으켜 비난하여 말하였다.

"나는 지혜로운 사람이고 교기는 그저 미숙한 사미승일 뿐이다.[18] 어찌하여 천황께서는 나의 지혜는 인정하지 않으시고 저 사미승인 교기만 대단히 여겨 중용하시는가?"

그렇게 지코는 시절을 원망하더니 스키타데라 절로 들어가 그곳에서 살았다. 그런데 갑작스럽게 설사를 하더니 한 달 정도를 계속 앓았다. 임종이 가까워지자 제자들에게 이르기를,

"내가 죽어도 바로 태워서는 안 된다.[19] 아흐레 동안은 그대로 두고 기다려라. 다른 제자들이 묻거든

'스승은 여기저기 일이 있어 가셨는데 거기서 머물면서 부처님께 공양을 드리고 계신다.'

고 대답하여라. 내가 죽은 것을 절대로 남들에게 알리지 말거라."

고 하였다.

제자들은 일러준 대로 스승의 방문을 잠가두고 남들에게 알리지 않았다. 제자들은 남몰래 눈물을 흘리며 밤낮으로 절간을 지키면서 오로지 약속한 날이 오기만을 기다렸다. 다른 제자 학생이 와서 물으면 유언대로

"출타하신 곳에서 공양을 드리고 계시네."

라고 대답하였다.

그때 염라왕궁으로부터 두 명의 사자가 와서 지코 스님을 불렀다. 지코는 그들과 함께 서쪽을 향해 갔다. 가다보니 길 앞에 황금 누각이 있었다. 지코가 물었다.

다. 『일본영이기』의 날짜와는 조금 차이가 있지만, 그 이유는 명확하지 않다.

18_ 교기는 정식으로 출가한 승려가 아니라는 뜻이다.

19_ 아흐레가 지난 후에 다시 살아날 것이므로 당부하고 있는 것이다. 화장을 해버리면 다시 살아날 수 없다.

"이것은 무슨 궁전인가?"

"아시하라노쿠니葦原国[20]에서 명성이 자자하신 지자智者께서 어찌 모르는가? 잘 알아 두게 교기 보살이 다시 태어나 살게 될 궁전일세."

라고 사자가 답하였다.

그 문의 좌우 양쪽에 두 명의 신인神人[21]이 서 있었다. 몸에는 갑옷을 걸쳤고 머리에는 붉은 쓰개[22]를 쓰고 있었다. 사자가 그 앞에 무릎을 꿇고 아뢰었다.

"데려왔습니다."

그러자 신인이 물었다.

"이 자가 토요아시하라豊葦原의 미즈호노쿠니水穂国[23]에서 살던 이른바 지코 스님인가?"

지코가 대답하였다.

"예 그렇습니다."

그러자 바로 북쪽을 가리키며 말하였다.

"이 길을 따라서 가라."

사자를 따라서 앞으로 걸어가는데 불은 보이지 않고 햇빛도 아닌 것 같은데 아주 뜨거운 열기가 몸에 닿더니 얼굴을 달구었다. 너무 뜨거워서 괴로운데도 악한 것에 홀렸는지 마음으로는 다가가고 싶어졌다.[24] 그래서 물었다.

20_ 갈대가 무성하게 자라 있는 나라라는 뜻으로, 일본을 달리 부르는 말이다.

21_ 하급 신직(神職). 신관(神官) 밑에서 주로 경비나 잡일을 담당하던 자를 가리킨다.

22_ 머리에 쓰는 붉은 색의 덩굴 풀로 만든 둥근 장식물. 지옥 문지기의 복장을 연상시킨다.

23_ 일본을 달리 일컫는 말이다.

24_ 마음이 자유를 잃어 위험으로부터 벗어날 수 없는 상태.

"이건 무슨 열기입니까?"

"너를 태우기 위한 지옥의 열기다."

앞으로 나아갔더니 엄청나게 뜨거운 쇠기둥이 서 있었다. 그때 사자가 말하였다.

"기둥을 껴안아라."

지코가 다가가서 기둥을 껴안았는데 몸뚱이는 모두 녹아 문드러지고 뼈만 남게 되었다. 사흘이 지난 뒤 사자가 낡은 빗자루를 가져와서는 그 기둥을 문지르며 말하였다.

"살아나라, 살아나라[25]"

그러자 이전처럼 몸이 살아났다. 그리고는 다시 북쪽을 가리키며 가라고 하였다. 이번에는 아까보다 배나 더 뜨거운 쇠기둥이 서 있었다. 대단히 뜨거운 기둥인데 악한 것이 끌어당기는지 더욱더 다가가서 껴안고 싶어졌다.

"껴안아라."

이 말에 곧 다가가서 껴안자 온 몸이 문드러지며 녹아버렸다. 그렇게 사흘이 지나자 이전처럼 기둥을 어루만지며

"살아나라, 살아나라"

고 말하니 원래대로 몸이 살아났다. 그리고는 또다시 북쪽을 향해 갔다. 대단히 뜨거운 불의 기운이 구름과 안개처럼 가득하고 허공을 날던 새들은 그 열기에 타서 떨어졌다. 법사가 물었다.

"여기는 어딥니까?"

"법사를 태우려는 아비지옥阿鼻地獄[26]이니라."

25_ 여러 번 살아나게 하여 고통을 여러 번 맛보게 하는 것이다.

26_ 무간지옥(無間地獄)이라고도 한다. 불교에서 이르는 8대 지옥 가운데 하나로, 모든 지옥 가운데서 가장 고통스러운 곳으로 쉴 틈이 없을 정도로 고통이 계속된다는 뜻이다.

아비지옥에 이르자 사자는 법사를 붙잡아서 태우기도 하고 끓이기도 하였다. 오로지 공양의 종소리가 전해올 때만 열기가 식어져서 쉴 수 있었다. 그렇게 사흘이 지나자 사자는 지옥 근처를 두드리며

"살아나라, 살아나라"

라 말하니 또 본래대로 다시 살아났다. 이윽고 돌아오게 되어 황금 궁궐 문에 이르자 사자는 아까처럼 말하였다.

"데리고 돌아왔습니다."

궁궐 문에 있던 두 사람이 말하였다.

" 스님[27]을 지옥으로 불러온 까닭은 아시하라노쿠니에서 교기보살을 비방하였기 때문이다. 그 죄를 없애기 위해서 불러온 것일 뿐이다. 교기보살은 아시하라노쿠니를 다 교화하고 이 궁궐에 다시 태어날 것이다. 이제 그때가 되었기 때문에 기다리고 있는 것이다. 황천의 불로 만든 것은 절대 먹어서는 안 된다.[28] 자 어서 돌아가거라."

그리고는 사자와 함께 동쪽을 향하여 돌아왔다. 정신이 들고 보니 그 동안 아흐레가 지났다. 스님은 되살아나서 제자들을 불렀다. 제자들은 그의 목소리를 듣고 모여들어서는 울면서 기뻐하였다. 지코 스님도 크게 한숨 쉬며 제자들에게 염라국에서 겪은 일들을 자세히 들려주었다. 또한 크게 두려워하면서 교기대덕을 만나 비방하고 시기했던 마음을 일으켰던 것을 참회하려고 생각했다.

27_ 지코는 교기를 비방했다고 해도 여전히 승려로서 석가의 불제자이므로 존경하여 부르고 있다.

28_ 황천의 불로 조리한 음식을 먹으면 황천 사람이 되어버리기 때문에 다시 환생할 수 없다고 생각하였다.

그때 교기보살은 나니와難波[29]에 있으면서 다리를 놓고 강을 파고 나루터를 만들게 하였다. 지코 스님은 몸이 좀 회복된 뒤에 교기보살이 있는 곳으로 갔다. 보살은 그를 보자마자 신통력으로 지코 스님의 생각을 알아채고는 애정 어린 말을 건넸다.

"정말 오랫동안 뵙지 못했군요."

지코 스님은 자신의 죄를 밝히며 참회하며 말하였다.

"저 지코는 교기보살님께 비방하고 질투하는 마음을 일으켜 이런 말을 했습니다. '지코는 옛날부터 덕을 쌓은 고승이고 게다가 태어나면서부터 지혜를 아는 이였다. 교기 사미승은 지식도 얕은 사람이고 구족계具足戒[30]도 받지 않았는데 어찌하여 천황께서는 교기만을 칭찬하시고 지코는 버리십니까?'라고 말입니다. 이런 구업口業[31]을 지은 죄로 염라대왕이 저를 불러 쇠기둥을 껴안게 하였고 아흐레가 지나서야 비방한 죄를 갚게 되었습니다. 저의 여죄가 내세에도 남게 될까 두려워서 이렇게 부끄러움을 털어놓고 고백합니다. 부디 저의 죄를 용서해주시길 부탁드립니다."

교기보살은 온화한 얼굴로 아무 말도 하지 않았다. 지코가 다시 말하였다.

"대덕께서 태어나실 곳을 보았습니다만 황금으로 된 궁궐이 지어져 있었습니다."

이 말을 들은 교기가 대답하였다.

"기쁘고도 고마운 일이다."

29_ 지금의 오사카 부 및 그 부근.

30_ 출가한 비구・비구니가 지켜야 할 계율로서, 이를 잘 지키면 열반의 경지에 다다를 수 있다고 한다.

31_ 불교에서 이르는 삼업(三業)의 하나로서 입으로 짓는 죄업을 이르는 말이다. 삼업은 신업(身業), 구업(口業), 의업(意業)을 말한다.

이 일로부터 입은 몸을 해치는 재앙의 문이요, 혀는 선을 베어내는 도끼[32]라는 것을 잘 알 수 있다. 그러므로 『불사의광보살경不思議光菩薩經』[33]에서 말하기를

"요재보살饒財菩薩[34]은 현천보살賢天菩薩의 실수를 말했기 때문에 91겁劫[35] 동안 늘 음탕한 여자의 뱃속에 있다가 태어나면 버려지고 태어나면 버려져서 여우나 이리에게 잡아 먹혔다"

고 하였으니 바로 이를 두고 한 말이다.

이 일이 있은 후 지코 스님은 교기보살을 믿었고 정말로 성인임을 알게 되었다. 그런데 보살은 때가 되고 인연이 다 되자 텐표 21년749 봄 2월 2일에 이코마산生馬山[36]에서 법사의 모습을 감추시고 자비심 넘치는 혼은 저 황금의 궁궐로 갔다. 지코 스님은 불법을 널리 펴고 가르침을 전하여 미혹한 중생을 교화하고 올바른 길로 이끌었다. 시라카베白壁 천황[37] 때에 이 지혜주머니[38]도 일본 땅을 떠났고 기이하고 신령한 혼은 알 수 없는 세계로 갔다.

32_ 『장자소문경(長者所問經)』에서 인용한 것이다.

33_ 후진(後秦) 시대에 구마라집(鳩摩羅什)이 번역한 것으로, 『불사의광보살소설경(不思議光菩薩所説経)』, 『불사의광보살소문경(不思議光菩薩所問経)』이라고도 한다.

34_ '요재보살'과 '현천보살'은 모두 과거7불(석가 이전에 출현한 부처로 현재에 영향이 큰 부처) 중, 가장 빨리 나타난 비바시(毘婆屍)부처 시대의 보살이다.

35_ 겁은 어떤 시간의 단위로도 계산할 수 없는 무한히 긴 시간. 하늘과 땅이 한 번 개벽한 때부터 다음 개벽할 때까지의 동안이라는 뜻이다.

36_ 지금의 나라 현 이코마 시(生駒市)에 있는 지쿠린지(竹林寺) 절이다.

37_ 나라 시대 마지막 천황인 고닌(光仁) 천황이다. 제49대 천황(재위 770-781)으로서 쇼토쿠(称徳) 천황의 다음을 이어 즉위하였다.

38_ 지코 스님을 가리키는 말이다.

원문

智者誹妬変化聖人而現至閻羅闕受地獄苦縁 第七

釈智光者、河内国人、其安宿郡鋤田寺之沙門也。俗姓鋤田連、後改姓上村主也。母氏飛鳥部造也。天年聡明、智恵第一。製盂蘭瓫大般若心般若等経疏、為諸学生、読伝仏教。時有沙弥行基。俗姓越史也。越後国頚城郡人也。母和泉国大鳥郡人、蜂田薬師也。捨俗離欲、弘法化迷。器宇聡敏、自然生知。内密菩薩儀、外現声聞形。聖武天皇、感於威徳故、重信之。時人欽貴美称菩薩。以天平十六年甲申冬十一月、任大僧正。於是智光法師、発嫉妒之心、而非之曰、「吾是智人。行基是沙弥。何故天皇、不歯吾智、唯誉沙弥而用焉」。恨時、罷鋤田寺而住。儵得痢病、経一月許。臨命終時、誡弟子曰、「我死莫焼。九日間置而待。学生問我、答之応曰『有縁東西而留供養』。慎勿知他」。弟子受教、閉師室戸、不令知他。而窃涕泣、昼夜護闕、唯待期日。学生問求、如遺言答「留供養也」。時閻羅王使二人、来召於光師。向西而往。見之前路有金楼閣。問「是何宮」。答曰、「於葦原国名聞智者、何故不知。当知、行基菩薩将来生之宮」。其門左右立二神人、身著鉀鎧、額著緋蘰。使長跪白之曰、「召也」。問曰、「是有於豊葦原水穂国、所謂智光法師矣」。智光答白、「唯然」。即指北方曰「従此道将往」。副使歩前不見火、非日光、甚熱之気、当身炙面。雖極熱悩、而心欲近就、問「何是熱」。答、「為煎汝地獄熱気」。往前極熱鉄柱立之。使曰、「抱柱」。光就抱柱、肉皆銷爛、唯骨璅存。歴之三日、使以弊箒、撫於其柱而言「活々」、如故更生。又指北将往。倍勝於先熱銅柱立。極熱之柱、而所引悪、猶就欲抱。言、「抱之」、即就抱之、身皆爛銷。逕之三日、如先撫柱而言「活々」、如故更生。又指北而往。甚熱火気、如雲霞、而従空飛鳥、当於熱気而落煎之。問「是何処」。答「為師煎熬阿鼻地獄」。即至、執師焼入焼煎。唯聞打鍾音時、冷乃憩。逕之三日、叩地獄辺、而言「活々」、如本復生。更将還来、至金宮門、如先白言、「将還来之」。在于宮門二人告言、「召師因縁、有葦原国誹謗行基菩薩。為滅其罪故、請召耳。彼菩薩化葦原国已、将生此宮。今垂来時故、待候也。慎黄竈火物莫食。今者忽還」。与使俱向東還来。即見之、頃唯逕九日。蘇喚弟子。弟子聞音、集会哭喜。智光大歎、向弟子、具述閻羅状。大懼念、言向於大徳挙誹妬心。時行基菩薩、有難波、令渡椅堀江造船津。光身漸息、往菩薩所。菩薩見之、即以神通知光所念、含咲愛言、「何罕面奉」。光発露懺悔曰、「智光於菩薩所、致誹妬心、而作是言。『光者古徳大僧、加以智光生知。行基沙弥者、浅識之人、不受具戒。何故天皇、唯誉行基捨智光也』。由口業罪、閻羅王、召我令抱於鉄銅柱。経之九日、償誹謗罪。恐至余罪於後生世、是以慙愧発露。当願免罪」。行基大徳、和顔嘿然。亦更白、「見大徳生処、以黄金造宮」。行基聞之言、「歓矣貴哉」。誠知、口傷身之災門。舌剪善之銛鉞。所以不思議光菩薩経云、「饒財菩薩、説賢天菩薩過故、九十一劫、常堕婬女腹中生、生已棄之、為狐狼所食」其斯謂之矣。従此已来智光法師、信行基菩薩、明知聖人。然菩薩、感機尽縁、以天平廿一年己丑春二月二日丁酉時、法儀捨生馬山、慈神遷彼金宮也。智光大徳、弘法伝教、化迷趣正、以白壁天皇世、智嚢蛻日本地、奇神遷不知堺矣。

|도움말| 이 설화는 지코가 지옥에 다녀온 명계담冥界譚임과 동시에 교기가 변신한 성인聖人임을 간접적으로 전하는 교기현덕설화行基顯德說話로서 스님을 욕하거나 남을 시기하는 죄가 얼마나 큰 죄인가를 말하고 있다.

이 이야기는 『곤자쿠모노가타리슈今昔物語集』 11권 제2화를 비롯하여 『니혼오조고쿠라쿠키日本往生極楽記』의 제3화, 『산보에코토바三宝絵詞』 중권의 제3화, 『혼초홋케겐키本朝法華験記』 상권의 제2화, 『고혼세쓰와슈古本説話集』 등 많은 책에 수록되어 있다.

제8화

게와 개구리의 목숨을 사서 방생하고 현세에서 복을 얻은 이야기

오키소메노오미 타히메置染臣鯛女[1]는 나라奈良 도미노아마데라富尼寺[2]라는 비구니 사찰에서 상좌上座[3]였던 호니法迹의 딸이었다. 불도를 수행하고자 하는 마음이 순수하고 깊어서 아직 한 번도 남자와 관계를 가지지 않았다. 항상 정성을 다해 나물을 캐어서 하루도 빠짐없이 교기行基 대덕大德[4]에게 갖다 올렸다. 어느 날 산에 들어가서 나물을 캐는데 보니 커다란 뱀이 큰 개구리를 삼키려 하고 있었다. 여자는 커다란 뱀을 꾀며 말하였다.

"이 개구리를 나에게 줘."

뱀은 들은 체도 하지 않고 더욱 삼키려 하였다. 다시 꾀며 말하였다.

1_ '오키소메(置染)'는 씨족명이고, '오미(臣)'는 가바네(姓, 세습적인 직위나 직무), '다히메(鯛女)'가 이름이다.

2_ 도미데라(登美寺) 절이다. 교기가 세운 절 가운데 하나로 여겨진다. 지금의 나라 시(奈良市) 미쓰가라스초(三碓町)에 있다.

3_ 수행한 지 10년 이상이 된 비구나 비구니에 대한 경칭으로, 절을 관리하는 승려를 가리킨다.

4_ 나라 시대의 명승(名僧)으로 쇼무 천황이 그에게 깊이 귀의하였다. 여러 지방을 편력하며 중생을 교화했고, 도다이지(東大寺) 절의 대불(大佛) 건립에 크게 힘쓰는 한편, 토목공사를 추진하였다.

"내가 네 색시가 될게. 그러니 제발 나에게 놓아줘."

커다란 뱀은 이 말을 듣고 고개를 높이 쳐들고 여자의 얼굴을 보더니[5] 삼키려던 개구리를 뱉었다. 여자는 뱀에게 약속하였다.

"오늘부터 이레가 지난 뒤에 찾아오너라."

그러나 약속한 날이 되자 집의 문을 닫고 모든 구멍을 막고서 단단히 긴장을 하고서는 방안에 있었다. 과연 약속한 대로 커다란 뱀이 찾아와서는 꼬리로 벽을 두드렸다. 여자는 완전히 겁에 질려 다음날 교기대덕에게 이 일을 이야기하였다. 그때 대덕은 이코마 산生馬山의 산사[6]에 머물고 있었는데 여자에게 이렇게 말하였다.

"너는 피할 수 없을 것이다. 그저 굳게 계율을 지키거라."

그래서 곧 전심으로 삼보三寶[7]에 귀의하고 오계五戒[8]를 받고서 그제야 돌아왔다. 오던 도중에 어떤 알 수 없는 노인을 만났는데 커다란 게를 들고 있었다. 그래서 물었다.

"어디 사시는 분이신가요? 부디 그 게를 저에게 주세요."

노인이 대답하였다.

"나는 쓰노 지방摂津国 우하라 군兎原郡[9] 사람으로 에도이노 니마로画問迩麻呂라고 하오. 나이는 일흔 여덟인데 자식도 손자도 없어서 살아갈 방도가 없소. 나니와難波에 갔다가 우연히 이 게를 얻었소. 다만 약속한 사람이 있어서 그대에게 줄 수는 없소."

5_ 뱀이 여자가 미인인지 아닌지 일부러 고개를 쳐들고 보았다는 뜻이다.

6_ 지금의 나라 현 이코마 시(生駒市)에 있는 지쿠린지(竹林寺) 절이다.

7_ 불(佛, 부처 또는 불상) 법(法, 부처의 가르침 즉 경전) 승(僧, 승려 및 불교의 신봉자)의 세 가지를 말하는데, 불교를 총괄적으로 의미할 때도 쓰인다.

8_ 불교에 귀의하는 재가(在家) 남녀가 받을 계율로서 살생하지 말라(不殺生)·도둑질 하지 말라(不偸盜)·음행을 하지 말라(不邪淫)·거짓말을 하지 말라(不妄語)·술을 마시지 말라(不飮酒)의 다섯 가지를 말한다.

9_ 지금의 효고 현(兵庫県) 니시노미야 시(西宮市)와 아시야 시(芦屋市), 그리고 고베 시(神戸市) 동부에 걸쳐 있었던 지명이다.

여자는 웃옷을 벗어서 그것으로 값을 치르려 하였으나 여전히 들어주지 않았다. 다시 치마를 벗어서 값을 치르려 하자 그제야 노인은 승낙하였다. 그리고는 게를 가지고 대덕에게 되돌아가서 불사를 해달라고 부탁하여 주문을 외우고 놓아주었다. 대덕은 칭찬하며 말하였다.

"고귀한 일이다, 착한 일이다."

그 여드렛날 밤 또 그 뱀이 와서 지붕에 올라가 지붕에 이은 억새풀을 뚫고 안으로 들어왔다. 여자는 두려움에 벌벌 떨었다. 그런데 침상 앞에서 뛰어오르는 우당탕하는 큰 소리만이 들렸다. 다음날 보니 커다란 게가 한 마리 있었고 그 커다란 뱀은 갈기갈기 잘려 있었다. 여자는 놓아준 게가 은혜를 갚았다는 것과 이 모든 것이 계율을 받은 힘이었다는 것을 알게 되었다. 이 이야기의 진위를 확인하고자 그 노인의 성과 이름을 찾아보았지만 끝내 알 수가 없었다. 확실한 것은 노인은 성자의 화신이었다는 사실이다. 이는 참으로 기이한 일이다.

원문

贖蟹蝦命放生得現報縁 第八

置染臣鯛女者、奈良京富尼寺上座尼法邇之女也。道心純熟、初婬不犯。常懃採菜。一日不闕。奉供侍於行基大德。入山採菜。見之大蛇飮乎大蝦。誂大蛇曰、「是蝦免我」。不免猶飮。亦誂之曰、「我作汝妻。故幸免吾」。大蛇聞之、高棒頭而瞻女面、吐蝦而放。女期蛇曰、「自今日経七日而来」。然到期日閉屋塞穴、堅身居内、誠如期来、以尾拍壁。女恐明日白於大德。大德住在生馬山寺、而告之言、「汝不得免。

唯堅受戒」。乃全受持三帰五戒、然還来。道不知老人、以大蟹而逢。問之、「誰老。乞蟹免吾」。老答、「我摂津国兔原郡人、画問迩麻呂。年七十八、而无子息、活命无便。往於難波、偶得此蟹。但有期人故、汝不免」。女脱衣贖、猶不免可。復脱裳贖、老乃免之。然蟹持、更返、勧請大徳、咒願而放。大徳歎言、「貴哉善哉」。彼八日之夜、又其蛇来、登於屋頂、抜草而入、女悚慄焉。唯床前有跳爆之音。明日見之有一大蟹。而彼大蛇条然段切。乃知、贖放蟹報恩矣。幷受戒之力也。欲知虚実、問于耆老姓名遂无。定委、耆是聖化也。斯奇異之事也。

|도움말| 이 설화는 앞의 제7화에 이은 교기관련 설화로서, 게와 개구리를 사서 방생한다는 이야기로 중권의 제12화와 유사하다. 동물을 방생하고 그 동물에게서 현세에 보답을 받는다는 이야기는 이 외에도 상권의 제7화가 있다. 이와 같은 이야기는 비록 하찮은 동물일지라도 소홀히 해서는 안 된다는 석가의 가르침을 잘 나타내고 있다고 할 수 있다. 일본에서는 대표적인 악한 동물로 큰 뱀이 자주 등장하는데, 한국의 설화에서도 구렁이가 자주 등장하는 것과 관련지어 생각해 볼 만하다.

한편, 이 이야기는 『곤자쿠모노가타리슈今昔物語集』 16권 제16화의 바탕이 되었고, 『산보에코토바三宝絵詞』 중권의 제13화에도 수록되어 있다.

제9화

자신이 지은 절의 물건을 쓰다가 소가 되어 부려진 이야기

오토모노 아카마로大伴赤麻呂[1]는 무사시노 지방武蔵国 다마 군多磨郡[2]의 다이료大領[3]였다. 덴표쇼호天平勝宝 원년749 겨울 12월 19일에 죽었는데 2년750 여름 5월 7일에 검은 얼룩이 있는 소로 다시 태어났다. 태어날 때 등에 글이 새겨져 있었다. 얼룩덜룩 새겨진 글을 더듬어 읽으니 이렇게 적혀 있었다.

"아카마로는 자신이 지은 절을 장엄하게 꾸미고 제 마음대로 절의 물건을 빌려 쓰고는 돌려주지도 않고 죽었다. 빌린 물건을 보상하기 위해서 소의 몸으로 태어났다."

이 일로 모든 권속들과 동료들은 부끄러워 참회하는 마음이 일었고 끝없는 두려움을 느끼며 이런 생각을 하였다.

'죄를 짓는 것은 두려운 일이다. 어찌 응보를 받지 않을 수 있겠는가. 이 일은 후세 사람들을 일깨울 본보기가 될 것이다.'

그리하여 같은 해 6월 1일에 모든 사람들에게 이 일을 알렸다.

비록 부끄러움이 없는 사람이라 할지라도 이 기록을 보고 마음

1_ 미상.

2_ 지금의 도쿄 도(東京都) 서부 지역 다마(多摩) 지방이다.

3_ 군(郡)의 4등관(四等官) 중 제1등관에 해당한다.

을 고쳐서 선행을 쌓기를 바란다. 설령 굶주림과 괴로움에 시달려 차라리 쇳물을 마실지언정 절간의 물건을 훔쳐 먹어서는 안 된다. 옛사람들이 전하는 말에

"현재의 감로는 미래의 쇠구슬[4]이다"

라고 하는 것은 바로 이를 두고 한 말이다.

이것으로부터 인과因果[5]의 이치는 반드시 있다는 것을 잘 알 수 있다. 어찌 두려워하며 조심하지 않을 수 있겠는가. 이런 연유로 『대집경大集經』[6]에는

"승려의 물건을 훔친 자는 그 죄가 오역죄五逆罪[7]보다 더 크다"

고 서술되어 있다.

원문

己作寺用其寺物作牛役縁 第九

大伴赤麻呂者、武蔵国多磨郡大領也。以天平勝宝元年己丑冬十二月十九日死、以二年庚寅夏五月七日、生黒斑犢。自負碑文矣。探之斑文謂、「赤麻呂者、檀於己所造寺、而随恣心、借用寺物、未報納之死亡焉。為償此物故、受牛身」者也。於茲諸眷属及同僚、発慚愧心、而慄无極。謂、作罪可恐。豈応无報矣。此事可報季葉楷模。故以同年六月一日、

4_ 철 구슬처럼 마시기 어렵다는 뜻.

5_ 불교의 근본교리 가운데 하나로서, 선악의 업에는 반드시 그에 따른 선악의 응보가 있다는 도리.

6_ 원래 이름은 『대방등대집경(大方等大集經)』이며, 모두 60권으로 구성되어 있다.

7_ 무간지옥에 떨어진다는 극악무도한 다섯 가지 악행을 가리킨다. 즉, 모친을 죽이는 것, 부친을 죽이는 것, 아라한을 죽이는 것, 부처의 몸에 피를 내는 것, 승가의 화합을 깨는 일 등이다.

伝乎諸人矣。冀无慚愧者、覧乎斯録、改心行善。寧飢苦所迫雖飲銅湯、而不食寺物。古人諺曰、「現在甘露未来鉄丸」者、其斯謂之歟。誠知、非無因果。不怖慎歟。所以大集経云、「盗僧物者、罪過五逆云々」。

|도움말| 이 설화는 지방의 다이료가 자신이 세운 절의 물건을 마음대로 썼다가 갚지 않고 죽었기 때문에 그 죄의 응보를 따라 소로 태어나 빚을 갚게 되는 내용이다. 검은 얼룩이 있는 소로 태어나 등에 얼룩과 같은 모양의 글자가 새겨져 있다는 것이 재미있다. 이 이야기의 착안점은 그 후 다이료가 어떻게 되었는지에 관한 것보다는 후세 사람들에게 본보기로써 깨닫게 할 의도에 있다고 할 수 있다.

절의 물건을 유용한 행위에 대한 응보로서 사후 현세에 소로 태어나는 이야기는 상권 제20화, 중권 제32화에서도 볼 수 있으며, 『곤자쿠모노가타리슈今昔物語集』 20권 제21화는 이 이야기를 바탕으로 만들어졌다.

제10화

항상 새알을 삶아 먹다가 현세에서 비참하게 죽은 이야기

이즈미 지방和泉国 이즈미 군和泉郡 시모아나시 마을下痛脚村[1]에 한 젊은 남자[2]가 있었다. 성씨와 이름은 알 수 없다. 태어날 때부터 못된 생각을 지녔고 인과因果[3]의 도리를 믿지 않았으며 항상 새알을 찾아와서 삶아 먹는 짓을 일삼았다. 덴표쇼호天平勝宝 6년754 봄 3월에 낯선 병사가 와서는 젊은 남자에게 이렇게 말했다.

"이 지방의 수령께서 부르시오."

병사의 허리를 보니 4척尺[4] 정도 되는 패찰이 달려 있었다. 곧바로 따라가서 이윽고 같은 군내의 야마타에 마을山直里[5]에 이르자 병사는 그 사내를 보리밭에 밀어 넣었다. 밭의 넓이는 1정町[6] 남짓하고 보리는 2척尺 정도 자라 있었다. 그런데 그것이 타오르는 횃불처럼 보였는데 발 디딜 곳이 없었다. 젊은 사내는 보리밭 안을 뛰

1_ 지금의 오사카 부(大阪府) 이즈미오쓰 시(泉大津市)에 속한다.

2_ 원문은 '中男'인데, 17세부터 20세까지의 남자를 가리킨다.

3_ 불교의 근본교리 가운데 하나로서, 선악의 업에는 반드시 그에 따른 선악의 응보가 있다는 도리.

4_ 1척(尺)은 약 30cm에 해당한다.

5_ 오사카 부 기시와다 시(岸和田市)에 속하는 곳이다.

6_ 1정(町)은 약 9,917.4㎡(3,000평)에 해당한다.

어 돌아다니며 비명을 질렀다.

"앗 뜨거워, 앗 뜨거워."

그때 마을 사람 하나가 산에 들어가서 땔나무를 줍고 있었다. 비명을 지르며 뛰어다니고 있는 젊은 사내를 보고 산에서 내려와 사내를 붙잡아 끌고 가려 하였으나 저항하여 붙잡을 수가 없었다. 계속 쫓아가서 겨우 붙잡아 밭을 둘러싼 울타리 밖으로 끌어내자 젊은 사내는 땅에 쓰러져 누운 채 아무 말도 하지 않았다. 잠시 후 사내는 정신이 들어 일어났으나 아파서 소리를 질렀다.

"아이고, 발 아파, 발 아파."

마을사람이 물었다.

"무엇 때문에 그렇게 됐소?"

젊은 사내가 대답하였다.

"한 병사가 찾아와서 나를 불러 여기로 데리고 왔는데 횃불이 타는 불 속으로 밀어 넣어버렸소. 발이 타들어 가는 것이 삶기는 것처럼 뜨거웠소. 사방을 둘러보니 온통 불이 산처럼 에워쌌고 빠져나가려 해도 틈이 없어서 비명을 지르며 뛰어 다니게 된 거요."

마을 사람이 그 말을 듣고 바지를 걷어 올려서 정강이를 보았더니 정강이 살이 문드러져 있고 뼈만 쇠사슬처럼 간신히 붙어 있었다. 결국 젊은 사내는 하루가 지나 죽었다.

이것으로 지옥이라는 것이 현세에도 있다는 것을 잘 알 수 있으니 인과응보의 도리를 믿어야 한다. 까마귀가 자신의 새끼만을 아껴서 남의 새끼를 먹는 것과 같은 짓을 해서는 안 된다. 자비심이 없는 자는 사람이라 할지라도 저 새와 같다. 『열반경涅槃經』[7]에서는 "사람과 짐승에게는 비록 존귀하고 비천한 차이가 있을지라도

[7]_ 석가모니의 열반을 중심으로 기록하여 편찬된 불교경전이다.

목숨을 보배 같이 여기고 죽음을 중하게 여기는 이 두 가지에는 차이가 없다"

고 서술되어 있다. 『선악인과경善惡因果經』[8]에서는

"현세에 달걀을 굽거나 삶거나 해서 먹은 자는 죽어서 회하지옥灰河地獄[9]에 떨어진다."

고 기록되어 있는 것은 이를 이르는 말이다.

원문

常鳥卵煮食以現得悪死報縁 第十

和泉国和泉郡下痛脚村、有一中男。姓名未詳也。天年邪見、不信因果。常求鳥卵、煮食為業。天平勝宝六年甲午春三月、不知兵士来、告中男言、「国司召也」。見兵士腰、負四尺札。即副共往、纔至郡内於山直里、押入麦畠。畠一町余、麦生二尺許。眼見熁火、践足无間。走迴畠内、而叫哭曰、「熱哉、熱哉」。時有当村人。入山拾薪。見於走転哭叫之人。自山下来、執之而引、拒不所引。猶強追捉、乃従籬之外、牽之而出、躃地而臥嘿然。不曰。良久蘇起、然病叫言、「痛足矣云々」。山人問言、「何故然也」。答曰、「有一兵士、召我将来、押入熁火、焼足如煮。見四方者、皆衛火山。無間所出故、叫走迴」。山人聞之、褰袴見脾、脾肉爛銷、其骨璅在。唯逕之一日而死也。誠知、地獄現在。応信因果。不可如烏之慈己児而食他児。無慈悲者、雖人如烏矣。涅槃経云、「雖復人獣、尊卑差別、宝命重死、二倶无異云々」。

8_ 6세기에 중국에서 성립된 위경(僞經)이다.

9_ 팔열지옥(八熱地獄)에 속해 있는 열여섯 지옥 가운데 하나로 뜨거운 재가 흐르고 있다는 지옥.

善悪因果経云、「今身焼煮鶏子、死堕灰河地獄」者、其謂之矣。

|도움말| 이 이야기에서 보리밭으로 보이는 곳이 타오르는 횃불로 표현된 점에서 현실 세계로부터 몽환적인 세계로 전개되는 방식이 간결하면서도 뛰어나다. 산속 마을 사람들의 입장에서는 주인공의 행동이 미치광이에 의한 환각 증세로밖에 비춰지지 않았을 것이다. 그러나 "정강이 살이 문드러져 있고 뼈만 쇠사슬처럼 간신히 붙어 있었다."라는 문장을 통하여 그가 한 행위에 대한 응보를 현실세계에서 직접 받은 것임을 알 수가 있다. 살아 있는 것을 살생한 것에 대한 현보담現報譚으로는 상권의 제11화, 제27화가 있고, 동물학대담으로는 상권의 제11화 · 제16화 · 제20화 · 제21화 · 제30화 · 제32화, 중권 제17화 · 제32화 · 제40화 등이 있다.

한편, 『곤자쿠모노가타리슈今昔物語集』 20권 제30화는 이 설화를 바탕으로 지어졌다.

제11화

승려를 욕하고 음란한 짓을 하여 고약한 병을 얻어서 죽은 이야기

쇼무聖武 천황 시대에 기노쿠니 지방紀伊国 이토 군伊刀郡 후타하라桑原[1]에 있는 사야데라狭屋寺 절[2]에서 비구니들이 서원誓願을 세우고 그 절에서 법사를 열고자 나라奈良 우도읍右京[3] 야쿠시지薬師寺 절[4]에 있는 다이에題恵선사禅師 통칭을 요사미(依網)선사라 한다. 속성은 요사미노무라지(依網連)이기에 이것을 통칭으로 삼았다.를 모셔다가 십일면관음十一面觀音[5] 앞에서 회과悔過[6]를 행하였다.

1_ 지금의 와카야마 현(和歌山県) 이토 군(伊都郡) 가쓰라기초(かつらぎ町)의 서부 일대.

2_ 가쓰라기초 사야(佐野)에 있었던 절.

3_ 헤이조쿄(平城京)·나가오카쿄(長岡京)·헤이안쿄(平安京) 시절, 천황이 있는 다이다이리(大内裏) 남쪽편 중앙에 있는 스자쿠몬(朱雀門)에서 도성 남단에 있는 라쇼몬(羅生門)까지 중앙을 남북으로 가르던 길을 스자쿠대로(朱雀大路)라 하며, 스자쿠대로의 동쪽을 좌도읍(左京), 서쪽을 우도읍(右京)이라 하였다.

4_ 지금의 나라 현(奈良県)의 야쿠시지 절을 말하며, 『일본영이기』의 저자 교카이가 있었다.

5_ 정식 명칭은 십일면관세음보살(十一面観世音菩薩)로서 '세상의 중생(世)'의 '목소리(音)'를 '살펴보시고(觀)' 그들을 고뇌로부터 구제하여 준다는 '보살(菩薩)'이다. 머리 위에 11개의 조그만 얼굴이 있는데, 이것은 중생을 구제하는 역할이 다양함을 의미한다.

그때 그 마을에 한 악인이 있었다. 성은 후미노이미키文忌寸[7]이다. 통칭은 우에다 자부로(上田三郎)라고 한다. 태어나면서부터 생각이 비뚤어져 삼보三寶[8]를 믿지 않았다. 이 악인의 아내는 가미쓰케노노키미 오하시上毛野公大椅[9]의 딸이었다. 이 여자가 하루 낮과 밤 동안에 여덟 가지 계율[10]을 받고 절에 참석하여 여러 사람들과 섞여서 죄를 참회하였다. 그날 남편이 밖에서 집으로 돌아오니 아내가 보이지 않았다. 집에 있는 사람에게 물어보니

"절로 참회하러 갔습니다."

라고 대답하였다. 남편은 그 말을 듣고 화를 내며 곧바로 절에 가서 아내를 불렀다. 도사導師[11]가 그를 보고 불교의 교의를 말해주며 교화하였으나 남편은 믿으려 하지 않았다.

"쓸데없는 말을 하는군. 당신은 내 아내를 범했어. 당신 머리를 때려 부셔줄게 이 빌어먹을 법사야."

6_ 불전(佛前)에서 자신이 저지른 죄나 허물을 참회하는 것, 또는 그 의식. 나라(奈良)·헤이안(平安) 시대에 성행하였다.

7_ '후미(文)'는 '書'라고도 적으며 씨족명이고, '이미키(忌寸)'는 가바네(姓, 세습적인 직위나 직무)를 가리킨다. 선조는 왕인(王仁)으로 알려짐.

8_ 불(佛, 부처 또는 불상) 법(法, 부처의 가르침 즉 경전) 승(僧, 승려 및 불교의 신봉자)의 세 가지를 말하는데, 불교를 총괄적으로 의미할 때도 쓰인다.

9_ '가미쓰케노(上毛野)'는 씨족명이고, '키미(公)'는 가바네, 오하시(大椅)는 이름.

10_ 세속의 신자들이 1개월에 6회, 해가 떴을 때 이 계율을 지키기 시작하여 다음날 아침에 해가 뜰 때까지 지킨 계율로서, ① 살아 있는 것을 죽이지 않는 것(不殺生), ② 남의 물건을 훔치지 않는 것(不偸盜), ③ 음란한 행위를 하지 않는 것(不淫), ④ 거짓말을 하지 않는 것(不妄語), ⑤ 술을 마시지 않는 것(不飮酒), ⑥ 땅위에 있는 침상에서만 자며 호화스런 자리는 사용하지 않는 것(不高広大床), ⑦ 낮부터 다음날 새벽까지의 비시(非時)기간에 식사를 하지 않는 것(不非時食), ⑧ 가무(歌舞)를 보거나 듣지 않는 것(不歌舞觀聽), ⑨ 장식이나 향료를 사용하지 않는 것(不香油塗身)이 있다. 그 중 종파에 따라 ⑧과 ⑨를 통합하는 경우도 있고, 둘 중 한 가지를 채택하는 경우도 있다.

11_ 법회 때 중심이 되는 승려, 또는 법회에 참석한 사람을 이끄는 승려.

이렇게 악담을 무수히 쏟아냈는데 이루 다 적을 수 없을 정도였다. 그리고는 아내를 불러서 집으로 돌아오더니 곧바로 아내를 범하였다.[12] 그때 갑자기 개미가 남편의 성기에 달려들었는데 그 고통으로 남편이 죽어버렸다.

비록 형벌을 받지는 않았지만 악심을 일으켜 승려를 함부로 욕하며 모욕을 주고 또한 음란한 짓을 두려워하지 않았기에 현세에 그런 악보를 받은 것이다. 입에 혀가 백 개 있어서 백만 마디의 말을 하더라도 결코 승려를 헐뜯어서는 안 된다. 곧바로 재앙을 입게 되기 때문이다.

원문

罵僧与邪婬得悪病而死縁 第十一

聖武天皇御世、紀伊国伊刀郡桑原之狭屋寺尼等発願、於彼寺備法事、請奈良右京薬師寺僧題恵禅師、字曰依網禅師。俗姓依網連。故以為字。奉仕十一面観音悔過。時彼里有一凶人。姓文忌寸也。字云上田三郎矣。天骨邪見、不信三宝。凶人之妻、有上毛野公大椅之女。一日一夜受八斎戒、参行悔過、居於衆中。夫従外帰家而見無妻。問家人、答曰、「参往悔過」。聞之瞋怒、即往喚妻。導師見之、宣義教化。不信受曰、「為無用語。汝婚吾妻。頭可所罰破。斯下法師矣」。悪口多言、具不得述。喚妻帰家、即犯其妻。卒爾閛著蟻嚼、痛死。雖不加刑、而発悪心、濫罵令恥、不恐邪婬故、得現報也。口生百舌、雖万言白、慎莫誹僧。倏蒙災故也。

12_ 아내라고 해도 참회법회 기간 중에는 목욕재계를 하고 금욕적인 생활을 해야만 한다. 이 금계를 깼기에 아내를 범했다고 말했을 것이다.

|도움말| 이 설화는 못된 성격에 삼보를 믿지 않는 남자가 승려를 비난하고 재계齋戒 중인 아내를 범한 행위에 대한 응보를 받아 자신의 성기에 개미가 달려들어 그 고통으로 죽어버린 이야기다. 남자의 행동에 뚜렷하게 잘못된 부분이 있기는 하지만, 그것으로 인해 개미에게 성기를 물려서 죽었다고 하는 것은 약간은 과장된 설정이라고 할 수 있다. 전승되는 이야기의 기이성과 삼보박해에 대한 응보가 얼마나 무서운가를 보여주려고 한 것 같다.

승려를 박해하여 비참한 죽음을 맞이하는 이야기는 상권의 15화에서도 살펴볼 수 있으며, 『곤자쿠모노가타리슈今昔物語集』의 16권 제38화는 이 설화를 바탕으로 지어졌다.

제12화

게와 개구리의 목숨을 사서 방생하고 현세에서 게의 도움을 받은 이야기

야마시로 지방山城国 기이 군紀伊郡[1]에 한 여자가 있었다. 성씨와 이름은 알 수 없다. 태어나면서부터 자비로운 마음이 있었고 인과因果[2]의 이치를 믿었다. 부처님의 오계五戒[3]와 십선十善[4]을 받아 잘 지키고 살아 있는 것을 죽이지 않았다.

쇼무聖武 천황 시대의 일이다. 그 마을의 소를 치는 아이가 산천에서 게를 여덟 마리 잡아서는 구워 먹으려고 하였다. 이 여자가 보고서 소치는 아이에게 부탁하였다.

1_ 지금의 교토 부(京都府) 교토 시(京都市) 남부.

2_ 불교의 근본교리 가운데 하나로서, 선악의 업에는 반드시 그에 따른 선악의 응보가 있다는 도리.

3_ 불교에 귀의하는 재가(在家) 남녀가 받을 계율로서 살생하지 말라(不殺生)·도둑질하지 말라(不偸盜)·음행을 하지 말라(不邪淫)·거짓말을 하지 말라(不妄語)·술을 마시지 말라(不飮酒)의 다섯 가지를 말한다.

4_ 십악(十惡)의 반대되는 개념으로, '십악'을 경계하면 '십선'은 자연적으로 수반된다고 보고 있다. 앞 주석의 불살생(不殺生)·불투도(不偸盜)·불사음(不邪淫)·불망어(不妄語)의 네 가지에 진실이 없이 교묘하게 꾸미는 말을 하지 말 것(不綺語), 험담하지 말 것(不惡口), 이간질하지 말 것(不兩舌), 탐욕스러운 짓을 하지 말 것(不貪欲), 화를 내지 말 것(不瞋恚), 그릇된 견해를 가지지 말 것(不邪見)의 여섯 가지를 더한 것을 말한다.

"그 게들을 나에게 주려무나."

아이는 거부하며 말을 들으려 하지 않으며 말하였다.

"구워 먹는 게 더 좋아요."

여자는 공손히 진심으로 부탁을 하고는 입고 있던 옷을 벗어주고 사려고 하였다. 그제서야 아이는 게를 넘겨주었다. 여자는 기義선사禪師[5]를 모셔다가 진언을 외우고서 게를 놓아 주었다.

그 일이 있은 후에 산에 들어갔는데 커다란 뱀이 큰 개구리를 삼키려는 광경을 보았다. 여자는 커다란 뱀에게 부탁하여 말하였다.

"그 개구리를 나에게 다오. 그러면 대신에 많은 공물을 바칠 테니까."

뱀은 승낙하지 않고 더 많은 공물을 원했다. 여자는 공물을 더 늘리고 빌면서 말하였다.

"너를 신으로 모시고 섬길 테니 제발 나에게 다오."

뱀은 여자의 말을 듣지 않고 삼키려 하였다. 그래서 다시 한 번 뱀에게 말하였다.

"이 개구리 대신에 나를 아내로 삼아라. 그러니 개구리를 나에게 다오."

그 말을 들은 뱀은 머리를 쳐들어 여자의 얼굴을 쳐다보더니[6] 삼키려던 개구리를 내뱉었다. 여자는 뱀에게 약속하였다.

"칠 일이 지난 뒤에 오너라."

그리하여 여자는 부모에게 상세히 뱀의 일을 말씀드렸다. 부모는 근심하며 말하였다.

"너는 하나밖에 없는 자식인데 무엇에 홀려서 해서는 안 되는 말을 했느냐?"

5_ 미상. 상권 제8화의 기선사와는 다른 인물일 것이다.

6_ 뱀이 여자가 미인인지 아닌지 일부러 고개를 쳐들고 보았다는 뜻이다.

그때 교기行基 대덕大德[7]이 기이 군紀伊郡 후카오사데라深長寺 절[8]에 있었다. 대덕에게 가서 이 일을 말하였더니 대덕이 듣고는 말하였다.

"아 어쩔 수 없는 일이다. 그저 삼보三寶[9]를 믿는 수밖에."

여자는 교기대덕으로부터 가르침을 받들고 집으로 돌아왔다. 약속한 날 밤이 되자 집안의 문을 꼭꼭 닫고 몸을 정결하게 한 뒤 여러 가지 기원을 하고 오로지 삼보를 믿었다. 뱀은 그 집 둘레를 빙빙 돌더니 꼬리로 벽을 두드리고 지붕으로 올라가 띠 풀을 씹어 먹고 구멍을 뚫더니 여자 앞으로 떨어졌다. 그렇지만 뱀은 여자에게 다가가지 못하였다. 오로지 거센 불길이 이는 소리만 들렸는데 무언가가 펄쩍 뛰어오르고 또 씹어 먹는 것 같았다.

다음날 보니 여덟 마리의 큰 게가 모여 있었고 그 뱀은 갈기갈기 찢어져 있었다. 살려 주었던 게들이 은혜를 갚은 것임을 알게 되었다.

깨달음이 없는 동물도 오히려 은혜를 입으면 은혜를 갚는다. 하물며 어찌 사람이 되어서 은혜를 잊어서야 되겠는가. 이 일이 있은 후로 야마시로 지방에서는 산천의 큰 게를 귀하게 여기고 선업을 쌓기 위해 방생하였다고 한다.

7_ 나라 시대의 명승(名僧)으로 쇼무 천황이 그에게 깊이 귀의하였다. 여러 지방을 편력하며 중생을 교화했고, 도다이지(東大寺) 절의 대불(大佛) 건립에 크게 힘쓰는 한편, 토목공사를 추진하였다.

8_ 미상. 『와묘쇼(和名抄)』에 나오는 야마시로 지방 기이 군 후카오사(深草)의 절로 보인다.

9_ 불(佛, 부처 또는 불상), 법(法, 부처의 가르침. 즉 경전), 승(僧, 승려 및 불교의 신봉자)의 세 가지를 말하는데, 불교를 총괄적으로 의미할 때도 쓰인다.

원문

贖蟹蝦命放生現報蟹所助縁 第十二

山背国紀伊郡部内、有一女人。姓名未詳也。天年慈心䁤、信因果。受持五戒十善、不殺生物。聖武天皇代、彼里牧牛村童、山川蟹取八、而将焼食。是女見之、勧牧牛白、「幸願此蟹免我」。童男辞不聴。曰「猶焼噉」。慇誂乞、脱衣而買。童男等乃免之。勧請義禅師、令咒願以放生。然後入山見之、大蛇飲於大蝦。誂大蛇言、「是蝦免我。賂奉多幣帛」。蛇不聴吝。女募幣帛、而禱之曰、「汝為神祀。幸乞免我」。不聴猶飲。又語蛇言、「替此蝦、以吾為妻。故乞免我」。蛇乃聴之、高捧頭頚、以瞻女面、吐蝦而放。女期蛇言、「自今日経七日而来」。然白父母、具陳蛇状。父母愁言、「汝孑唯一子、何誑託故、作不能語」。時行基大徳、有紀伊郡深長寺。往白事状。大徳聞曰、「嗚呼難量之語。唯能信三宝耳」。奉教帰家、当期日之夜、閉屋堅身、種々発願以信三宝。蛇繞屋蜿転腹行、以尾打壁、登於屋頂、咋草抜開、落於女前。雖然蛇不就女身。唯有爆音、如跳鱭臍齧。明日見之、大蟹八集、彼蛇条然剪段切之。乃知、贖放蟹報恩矣。无悟之虫、猶受恩返報恩。豈人応忘恩歟。自此已後、山背国貴乎山川大蟹、為善放生也。

|도움말| 이 설화는 중권 제8화와 같은 소재의 이야기이다. 그러나 제8화와 비교해보면 본 이야기의 구성이 잘 정리되어 있음을 알 수 있다. 부모의 탄식이 있고 교기의 가르침을 받은 후, 약속한 칠 일째 밤에 일어난 일의 구성 등이 독자들의 이해를 도왔을 것이라 생각된다.

한편, 『곤자쿠모노가타리슈今昔物語集』 16권 제16화와 『혼초홋케겐키本朝法華験記』 하권의 제123화는 이 설화를 바탕으로 한 것이다.

제13화

애욕심을 일으켜 길상천녀상을 사모하자 감응하여 기이한 일이 일어난 이야기

이즈미 지방和泉国 이즈미 군泉郡[1] 지누血淳의 산사山寺[2]에 길상천녀吉祥天女[3]의 소상塑像이 있었다. 쇼무聖武 천황 시대에 시나노 지방信濃国의 한 우바새優婆塞[4]가 그 산사에 와서 머물고 있었다. 그런데 이 우바새는 천녀의 소상을 곁눈으로 흘끗 보고는 마음에 애욕을 일으켜 연모하면서 사모하더니 하루 여섯 번의 근행勤行[5] 때마다 빌면서 말하였다.

"천녀와 같이 아리따운 여자를 저에게 주십시오."

우바새는 어느 날 밤 천녀상과 동침하는 꿈을 꾸었는데 다음날

1_ 지금의 오사카 부(大阪府) 이즈미오쓰 시(泉大津市)와 기시와다 시(岸和田市), 이즈미 시(和泉市)에 걸쳐있는 지역.

2_ 미상.

3_ 중생에게 복덕을 준다고 알려진 부처. 인도의 브라만교 및 불교에 등장하는 여신으로 자태가 단아하고 아름답다. 야쿠시지(薬師寺) 절의 화상(畫像)이 유명하다.

4_ 속세인으로 불문에 들어와 오계(五戒)를 받고 수행하는 자로, 반승반속(半僧半俗)적인 존재였다. 남자는 우바새, 여자는 우바이(優婆夷)라고 한다.

5_ 하루를 신조(晨朝, 아침)·일중(日中, 낮)·일몰(日没, 해질녘)·초야(初夜, 초저녁)·중야(中夜, 밤중)·후야(後夜, 새벽)의 여섯으로 나누어 이 시각 때마다 염불(念佛)이나 독경(讀經) 등을 하는 것을 말한다.

깨어나서 천녀 소상의 치마를 자세히 보니 허리춤에 부정不浄한 것이 묻어 더러워져 있었다. 우바새는 그것을 보고 부끄러워하며 말하였다.

“저는 천녀와 닮은 여자를 바랐을 뿐인데 어찌 황송하게도 천녀께서 스스로 정을 통하셨습니까?”

우바새는 너무나도 부끄러워서 이 일을 아무에게도 말하지 못하였다. 그런데 제자가 몰래 듣고는 알게 되었다.

후에 그 제자는 스승에게 무례한 탓에 꾸지람을 듣고 쫓겨났다. 쫓겨난 제자는 마을로 나가서 스승을 비방하며 그 일을 퍼트렸다. 마을 사람들이 그 말을 듣고는 가서 사실인지 거짓인지 묻고 과연 그 소상을 보았더니 정액이 묻어 더러워져 있었다. 우바새는 더 이상 감출 수 없어서 사실대로 다 말하였다.

이 일로부터 깊이 믿는 자에게는 감응感應이 반드시 있다는 것을 잘 알 수 있다. 이는 정말 기이한 일이다. 『열반경涅槃經』[6]에

“음탕한 생각이 많은 사람은 그림 속의 여자를 보고도 애욕을 일으킨다.”

고 서술되었는데 이러한 일을 말하는 것이다.

원문

生愛欲恋吉祥天女像感応示奇表縁 第十三

和泉国泉郡血渟山寺、有吉祥天女塌像。聖武天皇御世、信濃国優婆塞、来住於其山寺。睇之天女像而生愛欲、繫心恋之、毎六時願云、「如天女容好女賜我」。優婆塞夢見婚天女像、明日瞻之、彼像裙腰不浄染汙。行者視之、而慚愧言、

6_ 석가모니의 열반을 중심으로 기록하여 편찬된 불교경전이다.

「我願似女、何忝天女専自交之」。媿不語他人。弟子偸聞之。後其弟子、於師無礼故、嘖擯去。所擯出里、訕師程事。里人聞之、往問虚実、並瞻彼像。淫精染穢。優婆塞不得隠事、而具陳語。諒委、深信之者、无感不応也。是奇異事矣。如涅槃経云。「多婬之人、画女生欲」者、其斯謂之矣。

|도움말| 이 설화에 인용되어 있는『열반경』에 나오는 "음탕한 생각이 많은 사람은 그림 속의 여자를 보고도 애욕을 일으킨다."라는 문장을 보면 우바새의 부덕함을 나무라는 것 같다. 그러나 "깊이 믿는 자에게는 감응이 반드시 있다는 것을 잘 알 수 있다."라는 문장을 보면 신심信心의 공덕, 길상천녀의 자비를 이야기하고자 하는 의도로도 이해된다. 또한, "저는 천녀와 닮은 여자를 바랐을 뿐인데 어찌 황송하게도 천녀께서 스스로 정을 통하셨습니까?"라는 문장에는 우바새가 신앙의 대상으로서 길상천녀에게 경건한 마음을 품고 있었다는 것이 잘 나타나 있다. 그렇기 때문에 이 이야기는 통속적이고 음란한 이야기로 끝나지 않고 있으며, 이러한 길상천녀영험담吉祥天女靈驗譚은 설화문학에 자주 등장하고 있음을 볼 수 있다.

한편,『곤자쿠모노가타리슈今昔物語集』17권 제45화는 이 설화를 바탕으로 지어졌다.

제14화

가난한 왕녀가 길상천녀상을 공경하여 현세에서 복을 얻은 이야기

쇼무聖武 천황 시대에 스물세 명의 왕족들이 뜻을 같이하여 차례로 음식을 마련해서 연회를 벌이기로 하였다. 그중에 한 가난한 왕녀도 함께하게 되었다. 스물두 명의 왕족이 차례로 연회를 마련하는 것이 다 끝났는데 이 왕녀만이 아직 연회를 열 음식을 마련하지 못하였다. 음식을 준비할 만한 것이 전혀 없었다. 왕녀는 자신이 전생의 인연으로 가난하게 되었다는 것을 아주 부끄럽게 여기고는 나라 좌도읍左京[1]에 있는 하토리베도服部堂[2]라는 당에 가서 길상천녀吉祥天女[3]의 소상塑像을 대면하고서 서럽게 울며 말하였다.

"저는 전생에 빈궁해지는 인연을 심어서 현세에 가난의 응보를 받고 있습니다. 서로 음식을 마련해서 연회를 열자는 모임에 들어

1_ 헤이조쿄(平城京)・나가오카쿄(長岡京)・헤이안쿄(平安京) 시절, 천황이 있는 다이다이리(大内裏) 남쪽편 중앙에 있는 스자쿠몬(朱雀門)에서 도성 남단에 있는 라쇼몬(羅生門)까지 중앙을 남북으로 가르던 길을 스자쿠대로(朱雀大路)라 하며, 스자쿠대로의 동쪽을 좌도읍(左京), 서쪽을 우도읍(右京)이라 하였다.

2_ 기치조지 초(吉祥寺町)에 있는 기치조텐뇨도(吉祥天女堂)이다.

3_ 중생에게 복덕을 준다고 알려진 부처. 인도의 브라만교 및 불교에 등장하는 여신으로 자태가 단아하고 아름답다고 한다. 야쿠시지(薬師寺) 절의 화상(畫像)이 유명하다.

가서는 남의 음식을 먹기만 하고 제 차례가 되어 음식을 마련하려 해도 아무것도 없습니다. 부디 저에게 재물을 주십시오."

마침 그때 그 왕녀의 아이가 급히 달려와서 제 어미에게 말하였다.

"지난 도성[4]에서 훌륭한 음식을 준비해 왔어요."

그 말을 들은 왕녀가 달려가 보니 왕녀를 길러준 유모가 있었다. 유모가 말하였다.

"손님을 초대하신다고 들어서 제가 음식을 마련해 왔습니다."

그 음식은 향기로웠고 맛난 냄새를 풍겼는데 그 맛에 견줄 만한 것이 없었다. 어느 것 하나 부족한 것이 없었다. 준비한 그릇도 모두 금속으로 만든 것이었고 짊어지고 온 사람들도 서른 명이나 되었다. 왕족들이 모두 와서 잔치 음식을 먹고 기뻐하였다. 음식은 지난 번 다른 왕족들이 마련한 것보다 훨씬 훌륭했기 때문에 모두들 이 왕녀를 부유한 왕녀라고 칭찬했다.

"부유하지 않고 가난하다면 어찌 이렇게 진수성찬을 푸짐하게 준비할 수 있겠습니까? 제가 전에 마련한 것보다 훨씬 뛰어납니다."

무악과 노래도 기이할 정도였는데 마치 천상天上[5]의 음악 같았다. 어떤 이는 웃옷을 벗어서 주었고 또 어떤 이는 치마를 벗어서 주었으며 어떤 이는 돈과 비단, 베, 솜 등을 보내왔다. 왕녀는 기쁜 마음을 감출 수 없어 받은 옷과 치마를 가져가서 유모에게 입힌 후 법당에 가서 천녀상에 절하려고 하는데 보니 유모에게 입혔던 옷

4_ 나라(奈良)의 헤이조쿄(平城京)에서 봤을 때, 그 이전 수도인 아스카(明日香)・후지와라쿄(藤原京)를 말한다.

5_ 원문에는 균천(鈞天)으로 되어 있다. 구천(九天)의 하나. 하늘의 중앙으로, 상제(上帝)의 궁(宮)을 말한다.

을 그 천녀상이 입고 있었다. 이상하다고 여긴 왕녀가 유모에게 가서 물었더니 유모는

"모르겠습니다."

라고 대답하였다.

이것은 보살이 감응感應하여 음식을 내린 것임을 잘 알 수 있었다. 그 이후 왕녀는 재물도 넉넉해지고 빈곤의 걱정에서 벗어나게 되었다. 이것은 기이한 일이다.

원문

窮女王帰敬吉祥天女像得現報縁 第十四

聖武天皇御世、王宗廿三人結同心、次第為食設備宴楽。有一窮女王、入宴衆列。廿二王以次第設宴楽已訖。但此女王、独未設食。備食無便。大恥貧報、至于諸楽左京服部堂、対面吉祥天女像而哭之曰、「我先世殖貧窮之因、今受窮報。我互為食入於宴会、徒噉人物、設食無便。願我賜財」。于時其女王之児、忩々走来、白母曰、「快従故京、備食而来」。母王聞之、走到見之、養王乳母。乳母談之曰、「我聞得客故、具食来」。其飲食蘭、美味芬馥、無比無等。無不具足物。設器皆鋺、使荷之人卅人也。王衆皆来、受饗以喜。其食倍先王衆、讃称富王。「不然何貧、敢能余溢飽盈。佐我先設」。儛歌奇異、如鈞天楽。或脱衣以与、或脱裳以与、或送銭絹布綿等。不勝悦望、捧得衣裳、著之乳母、然後参堂、将拝尊像、著之乳母衣裳、被之其天女像。疑之而往問之、乳母答之「不知」。定知、菩薩感応所賜。因大富財、免貧窮愁。是奇異之事矣。

|도움말| 이 설화는 가난한 왕녀가 길상천녀에게 귀의하여 현보를 얻은 이야기로 길상천녀영험담吉祥天女霊験譚이면서 동시에, 중권의 제28화·제34화·제42화와 마찬가지로 가난한 여인이 부처의 영험으로 부를 얻게 되는 이야기의 유형을 보이고 있다. 『곤자쿠모노가타리슈今昔物語集』 16권의 제7화·제8화에서도 동일 구조를 보이고 있으며, 17권의 제46화는 이 설화를 바탕으로 지어졌다.

제15화

법화경을 서사하고 공양한 인연으로 어머니가 소가 된 원인을 알게 된 이야기

다카하시노무라지 아즈마비토高橋連東人[1]는 이가 지방伊賀国 야마다 군山田郡 하미시로 마을噉代里[2]의 사람이다. 대단한 부자로 재물이 넉넉하였는데 돌아가신 모친을 위해 『법화경法華經』을 필사하고 서원誓願을 세웠다.

"저의 소원은 인연 있는 스님을 모셔서 고해에 빠져 있는 사람들을 구원해 주셨으면 하는 것입니다."

법회 준비를 잘 마치고는 다음 날 공양을 올리려고 할 때 하인에게 단단히 일렀다.

"제일 먼저 만나는 분을 나와 인연이 있는 스님으로 모셔라. 불도 수행자의 모습을 하였거든[3] 지나치지 말고 반드시 청하거라."

그 하인은 주인의 소원대로 문을 나서서 시험 삼아 같은 군의 미타니 마을御谷里로 가보니 한 걸식승이 있었다. 바랑을 팔꿈치에 걸고 술에 취해서 길거리에 쓰러져 있었으며 성씨와 이름은 알 수 없

1_ 대대로 구나이쇼(宮内省)에서 나이젠시(内膳司)로 근무한 씨족으로, 니기하야히노미코토(饒速日尊)의 자손으로 알려져 있다.

2_ 미에 현(三重県) 우에노 시(上野市) 호지로(喰代).

3_ 상권 제10화에도 같은 이야기가 나온다.

다. 장난치는 자가 있어서 걸식승의 머리를 깎고 새끼줄을 걸쳐서 가사로 하였다. 그럼에도 걸식승은 전혀 눈치채지 못하고 있었다. 하인은 걸식승을 일으켜 예를 다하여 부탁을 하고 집으로 모시고 왔다. 주인은 그를 보더니 신심을 다하여 공양하고 하루 낮과 밤 동안 집안에 숨겨두고 급히 법복을 지어서 입혀드렸다. 그러자 걸식승이 물었다.

"어째서 이러는 겁니까?"

"『법화경』을 강설해 주셨으면 합니다."

"나는 배운 게 없습니다. 그저 '반야다라니般若陀羅尼'[4]만 외우면서 겨우 걸식을 해서 목숨을 이어가고 있을 뿐입니다."

그래도 주인이 계속 부탁하자 걸식승은 이리저리 궁리하더니 몰래 도망가는 게 좋겠다고 생각했다. 한편 주인도 걸식승이 도망가려는 마음을 먹은 줄 알고 사람을 붙여 지키게 하였다.

그날 밤 걸식승이 꿈을 꾸었다. 붉은 암소가 다가와서는 이렇게 말하였다.

"저는 이 집 가장의 어미입니다. 이 집의 소들 가운데 붉은 암소가 있는데 그 붉은 암소의 새끼가 바로 접니다. 저는 아주 오래전 전생에 자식의 물건을 훔쳐 썼습니다. 그 때문에 지금 소의 몸이 되어 그 빚을 갚고 있습니다. 당신은 내일 저를 위해 『법화경』을 강설해주실 스님이시기 때문에 이렇게 정중하게 알려드리는 겁니다. 사실인지 아닌지 확인하고 싶으시다면 설법하시는 법당 안에 저의 자리를 마련해 주세요. 제가 그 자리에 앉겠습니다."

모셔온 걸식승은 놀라며 꿈에서 깨어나서 마음속으로 아주 기이하게 여겼다. 다음날 아침 법좌에 올라서 말하였다.

4_『반야심경(般若心經)』에 나오는 부처님의 반야 지혜에 귀의하고 찬양하는 산스크리트어로 된 주문이다.

"나는 불법에 대하여 깨친 바가 없습니다. 다만 서원을 세운 주인의 뜻을 따라서 이 자리에 올랐습니다. 다만 지난밤 꿈에 계시가 있었습니다."

그리고는 자세히 꿈에서 들은 것을 이야기하였다. 이 이야기를 들은 시주施主[5]는 일어나서 자리를 마련하여 암소를 부르니 암소가 그 자리에 앉았다. 그러자 시주는 크게 울면서 말하였다.

"참으로 내 어머니십니다. 전혀 알지 못했습니다. 그런 인연이라면 이제 제가 모두 용서해드리겠습니다."

이 말을 들은 소는 크게 안도의 숨을 쉬었다.[6] 법회를 마치자마자 그 소는 바로 죽었다.[7] 법회에 모인 사람들은 모두 통곡하였는데 그 소리가 법당 마당에 울렸다. 옛날부터 지금까지 이보다 더 기이한 일은 없었다. 아즈마비토는 다시 모친을 위해 거듭 공덕[8]을 닦았다.

이 기일한 일은 서원을 세운 주인이 모친의 은혜를 돌아보며 지극히 깊은 신심을 가졌던 것과 걸식승이 주문을 외워 공덕을 쌓은 일로써 나타난 영험임을 잘 알 수 있다.

5_ 원문은 '檀主'이다. 대체적으로 지방의 호족들로서 재정적으로 절에 큰 지원을 하던 이들이다.

6_ 죄를 용서받고 어깨의 짐을 덜었기 때문이다.

7_ 죄에 대한 보상으로 소가 되어 살고 있었기 때문에 죄를 용서받으면 축생의 모습으로 고통을 받을 이유가 없어졌다고 하는 생각이 잘 드러나 있다.

8_ 공양(供養)하는 것. 희사(喜捨)와 같이 좋은 응보를 가져다주기 위해 좋은 행위를 하는 것.

원문

奉写法華経因供養顕母作女牛之因縁 第十五

高橋連東人者、伊賀国山田郡噉代里人也。大富饒財。奉為母写法華経、以盟之曰、「請於我願有緣之師欲所済度」。厳法会訖、将供明日、而誡使曰、「値第一以為我縁師。有修法状、不過必請」。其使随願出門、試往至於同郡御谷之里、見有乞者。鉢嚢懸肘、酔酒臥路。姓名未詳。有伎戯人、剃髪懸縄以為袈裟。雖為然猶曽不覚知。使見起礼、勧請帰家。願主見之、信心敬礼、一日一夜、家内隠居、頓作法服、以之奉施。爰乞者問之、「所以者何」。答曰、「請令講法華経」。乞者、「我无所学。唯誦持般若陀羅尼、乞食活命」。願主猶請。乞者思議、不如窃逃。兼心知逃、副人令守。彼夜講師、夢見、赤牸来至、告言、「我此家長公母也。是家牛中、有赤牸牛。其児吾也。我昔、先世偸用子物。所以今受牛身、以償其債。明日為我将説大乗之師故、貴而慇告知。欲知虚実、説法堂裏、為我敷座。我当上居」。講師自夢驚醒、心内大怪。明朝登講座言、「我无所覚。随願主心故、登此座。唯有夢悟」。具陳夢状。檀主聞起，敷座喚牸，牸伏座。於是檀主大哭言、「実我母。我曽不知。今我奉免」。牛聞大息。法事訖後、其牛即死。法会之衆、悉皆号哭、響于堂庭。往古已後、莫過斯奇。更為其母、重修功徳。諒知、願主顧母恩、至深之信、乞者誦神咒、積功之験也。

|도움말| 이 설화는 『법화경』을 필사하고 공양한 덕분에 어머니의 전생을 알게 되는 이야기로, 『곤자쿠모노가타리슈今昔物語集』 12권 제25화의 바탕이 되었다. 그 밖에 『산보에코토바三宝絵詞』 중권의 제11

화, 『혼초홋케겐키本朝法華験記』 하권의 제106화 등에도 보인다. 아들의 물건을 훔친 것으로 인하여 죽은 후에 소로 환생하는 이야기로는 상권의 제10화와 내용이 유사하다. 다만, 상권 제10화에서는 아들이 소를 불러 자리에 오르게 하는 장면 등이 구체적으로 묘사되어 있고, 법사가 도둑질하려는 단락이 있으나 그 부분은 이 이야기에 등장하지 않는다.

또한 이 설화에서는 무지한 걸식승이라도 수행자의 모습을 하고 있으면 비범한 능력을 지니게 되는 점, 그가 외운 다라니의 공덕 등이 강조되어 있으며, 궁핍한 걸식승의 의외의 결과가 설화를 더욱 흥미롭게 하고 있다.

제16화

보시하지 않은 것과 방생한 것으로 인하여 현세에서 선악의 두 가지 응보를 받은 이야기

쇼무聖武 천황 시대에 사누키 지방讃岐国 가가와 군香川郡[1] 사카다 마을坂田里에 부자가 한 사람 있었다. 부부 모두 같은 성씨로 아야노키미綾君[2]였다. 이웃에는 노인과 노파가 있었는데 둘 다 홀아비 홀어미였으며 일찍이 자식이 없었다. 아주 가난하여 거의 벌거벗은 것과 다름없었고 목숨을 부지해가는 것도 어려운 지경이었다. 두 노인은 아야노키미의 집을 걸식하는 곳으로 삼고 날마다 밥 먹을 때가 되면 거르지 않고 가서 얼굴을 보였다. 아야노키미는 밥 먹을 때에만 찾아오는지를 시험해 보려고 매일 한밤중에 몰래 일어나 밥을 해서는 식구들에게 먹게 하였는데 그때도 여전히 때를 맞추어 왔다. 온 집안사람들이 이상하게 여겼다. 안주인이 남편에게 이렇게 말하였다.

"이 두 노인네는 부리려고 해도 도움이 안 되지만 자비를 베풀어서 우리 집 하인으로 합시다."

남편이 듣고 말하였다.

1_ 지금의 가가와 현(香川県) 다카마쓰 시(高松市).

2_ '아야(綾)'는 씨족명이고, '기미(君)'는 고대의 가바네(姓, 세습적인 직위나 직무) 중 하나로 지방 호족의 존칭이다.

"밥을 주어 봉양한다면 오늘부터 각자 자기 몫을 덜어서 저 노인과 노파에게 주도록 합시다. 공덕[3] 중에서 자신의 살을 베어서 다른 사람에게 주어 목숨을 구해주는 것이 최고의 행실이요. 지금 내가 하려는 것은 그 공덕과 일치하는 것이오."

집안 식구들은 그 말을 따라 자기 몫의 밥을 떼어 두 노인에게 주었다. 그 집안에 한 하인이 있었는데 이 하인은 주인의 말을 따르지 않고 노인과 노파를 싫어하였다. 그러자 점점 다른 하인들도 싫어하면서 먹을 것을 주지 않게 되었다. 이에 안주인이 가만히 자기 몫을 더 덜어내어 노인들을 먹였다.

그러자 늘 노인들을 미워하던 하인이 주인에게 참언[4]하였다.

"하인들의 몫을 떼어서 노인과 노파를 먹이기 때문에 우리들이 먹을 음식이 줄어드니 배가 고프고 힘들어하는 자가 생겨나 경작도 제대로 할 수 없고 농사일도 게을리하게 됩니다."

참언은 계속되었지만, 안주인은 전과 같이 여전히 먹을거리를 주었다. 어느 날 참언하던 하인이 낚시꾼과 함께 바다로 가서 낚시를 하였다. 낚싯줄에 굴이 열 마리 붙어 올라오자 하인이 낚시꾼에게 부탁하였다.

"이 굴들을 사고 싶습니다."

낚시꾼은 들어주지 않았다. 그러자 하인은 더욱 정중하게 진심으로 타이르며 말하였다.

"신심이 깊은 사람은 절도 짓습니다. 어찌 굴 열 마리를 허락하지 않습니까?"

그러자 낚시꾼은 주겠다며 말하였다.

3_ 공양(供養)하는 것. 희사(喜捨)와 같이 좋은 응보를 가져다주기 위해 좋은 행위를 하는 것.

4_ 거짓으로 꾸며서 남을 헐뜯어 윗사람에게 고하는 말.

"굴 열 마리의 대가로 쌀 닷 말을 주시오."

하인은 그 말대로 쌀을 주고 굴을 사서는 법사를 모셔다가 주문을 외우고 기원을 한 후에 바다에 놓아주었다. 그런데 방생해준 하인이 어느 날 다른 하인과 함께 산에 들어가 땔나무를 줍다가 우연히 마른 소나무에 올라갔다가 발을 헛디뎌서 떨어져 죽었다. 그래서 다른 하인이 무녀를 불러서 액막이를 하는데 그 넋이 무녀에게 붙어서 말하였다.

"내 몸을 태워서는 안 되오. 이레 동안 그대로 두시오."

무녀의 말을 따라 죽은 자를 산에서 짊어지고 내려와 집 밖에다 두고 약속한 날을 기다렸다. 그러자 이레 만에 깨어나서는 아내와 자식들에게 말하였다.

"법사 다섯 명이 앞에서 가고 우바새優婆塞[5] 다섯 명이 뒤에서 따라오고 있었소. 길은 넓고 평평하고 먹줄을 그은 듯이 곧게 뻗어 있었소. 길 좌우에는 비단 깃대가 세워져 있었고 앞쪽에는 황금 궁궐이 있었소.

'무슨 궁궐입니까?'

라고 물으니 우바새가 눈짓을 하며 속삭이는 것이었소.

'이곳은 그대의 안주인이 다시 태어나서 머물 궁궐이오. 노인과 노파를 잘 봉양하였소. 그 공덕에 따라 이 궁궐이 지어진 것이요. 당신은 우리를 알겠소?'

라고 물었다. 나는

'모르겠소.'

라고 대답하니

'알아 두시게. 이 열 명의 법사와 우바새는 당신이 사서 놓아준

5_ 속세인으로 불문에 들어와 오계(五戒)를 받고 수행하는 자로, 반승반속(半僧半俗)적인 존재였다. 남자는 우바새, 여자는 우바이(優婆夷)라고 한다.

열 마리의 굴이라네.'
라고 말하는 것이었소. 궁궐 문의 좌우에는 이마에 뿔이 하나 난 사람이 있었소. 큰 칼을 들고 내 목을 내려치려고 하였소. 그러자 법사와 우바새들이 간청하여 베지 못하게 하였소. 문의 좌우에는 향기롭고 맛난 음식이 차려져 있었는데 모두들 즐겁게 먹고 있었소. 나는 그 속에 있으면서 이레 동안 배고픔과 목마름으로 입에서 불이 나올 지경이었소. 그러자 그들은

'너는 굶주리는 노인과 노파에게 베풀지 않고 싫어한 죄가 있으니 이것이 그 응보다.'
라고 말하는 것이었소. 법사와 우바새들이 나를 데리고 돌아왔고 눈을 떠보니 살아 돌아온 거요."

이 하인은 지옥을 보고온 뒤로는 널리 보시하기를 좋아하게 되었다. 산 것을 놓아주고 목숨을 사서 구해준 응보는 자신의 몸으로 되돌아와 지켜주고 베풀지 않는 응보는 도리어 굶주리고 목마르게 한다. 선악의 응보는 반드시 있는 것이다.

원문

依不布施与放生而現得善悪報縁 第十六

聖武天皇御代、讃岐国香川郡坂田里、有一富人。夫妻同姓綾君也。鄰有耆嫗、各居鰥寡、曾无子息。極窮裸衣、不能活命。綾君之家、為所乞食、日々不闕、餔時而逢。主将試之、而每夜半、窃起爨、令食於家口、猶来相之。合家怪之。家室告家長曰、「此二耆嫗、駈使非便、我慈悲故、入家児数」。長聞之曰、「操飯而養、自今已後、各欠自分、施彼耆嫗。功徳之中、割自身宍、施他救命、最上之行。今我所作、称彼功徳」。家口応語、析分飯而養。彼家口中、有一使人、不随主語、厭於耆姥。漸諸使人、又厭不施。家室窃攢分飯而養。常憮之人、讒長公曰、「欠使人分、育耆嫗故、噉飯尠少。飢疲之者、不能営農、令懈産業」。説之不輟、猶送於養。説之家口、副置釣人、入海経釣。釣縄嗍著蝣十貝而上。誂釣主曰、「此蝣欲贖」。釣主不免。叮々至心、教化之言、「能人作寺。何甚不脱」。乃脱之言、「充十貝直 欲米五斗」。如乞而贖、勧請法師、令咒願放之於海。放生之人、与使人倶入山、拾薪、登于枯松、脱之落死。託卜者曰、「我身莫焼。七日置之」。随卜者語、自山荷出、置之於外、唯待期日。七日乃蘇、語妻子言、「法師五人、有前而行、優婆塞五人、有後而行。行路広平、直如墨縄。其路左右、立列宝幡、前有金宮。問之『何宮』。優婆塞睇諍哆曰、『斯汝家室将生之宮。養於耆嫗。因此功徳、為作是宮。汝知我耶。』答『不知』也。教曰、『当知、十人法師優婆塞者、汝贖放之蝣十貝也』。宮門左右、有額生一角之人。捧大刀、為殺於吾頸。法師優婆塞、諌之不令戮。門左右備蘭西餚饌、諸人楽食。吾居于中七日、飢渇、自口出焔。然言、『汝不施飢耆嫗、而厭罪報也』。法師優婆塞、将吾而還、纔見乃蘇」。是人観之、淚然好施。放生贖命之報者、返救翼、不施之報者、返令飢渇矣。非无善悪之報也。

|도움말| 이 설화는 보시하지 않은 것과 방생한 것에 의해 현세에서 선악의 응보를 함께 받은 이야기로 인과에 따른 동일한 유형의 응보가 강조되어 있다. 예를 들면, 굴을 방생해 준 일로 인하여 지옥

에서 자신의 목이 잘리는 것을 면하게 된 반면, 가난한 노인과 노파에게 음식을 나눠주지 않았던 일로 인하여 진수성찬 앞에서 음식을 먹을 수 없었던 것에 대한 대비를 보여주고 있다. 방생의 공덕으로 현세에 환생한 이야기는 중권의 제5화와도 유사하다.

한편, 『곤자쿠모노가타리슈今昔物語集』 20권 제17화는 이 이야기를 바탕으로 지어졌다.

제17화

관음보살상과 해오라기의 모습이 기이한 현상을 보여준 이야기

야마토 지방大倭国 헤구리 군平群郡 이카루가 마을鵤村에 있는 오카모토岡本[1]의 아마데라尼寺 절[2]에 관음보살觀音菩薩[3]의 동상銅像이 열두 구具 있었다. 옛날 오하리다(少墾田)의 궁에서 천하를 다스렸던 스이코(推古) 천황[4] 시대에 가미쓰미야(上宮) 황태자[5]가 머물도록 마련된 곳이었다. 태자가 서원(誓願)을 세워 궁궐을 비구니 절로 만든 것이라고 한다.

그런데 쇼무聖武 천황 시대에 그 동상 가운데 여섯 구를 도둑맞아 여기저기 찾아보았지만 찾지 못하였다. 그 후 많은 시간이 흘렀다.

헤구리 군의 역참 서쪽에 작은 연못이 있었다. 여름 6월에 그 근

1_ 나라 현(奈良県) 이코마 군(生駒郡) 이카루가 마을(斑鳩町) 오카모토.

2_ 지금의 호키지(法起寺) 절.

3_ '세상의 중생(世)'의 '목소리(音)'를 '살펴보시고(観)' 그들을 고뇌로부터 구제하여 준다는 '보살(菩薩)'이다. 관세음보살의 모습은 머리에는 관을 쓰고 있으며, 손에는 버드나무가지 또는 연꽃을 들고 있고 다른 손에는 정병을 들고 있는데, 사람들의 모습에 따라 큰 자비를 베풀기 때문에 천변만화(千変万化)의 모습을 지닌다고 한다.

4_ 제33대 천황(재위 592-628). 일본 역사상 최초의 여제(女帝).

5_ 제31대 요메이(用明) 천황의 왕자로, 스이코 천황 시대에 황태자가 되었다. 쇼토쿠태자(聖徳太子)를 가리킨다.

처로 소를 치는 아이들이 모였는데 연못 가운데에 작은 나무막대기의 끝부분이 보였다. 그 막대기 끝에 해오라기가 서 있었다. 소치는 아이들은 그 해오라기를 보고는 작은 돌과 흙덩이를 주워 모아서 그 해오라기를 맞히려고 던졌는데 해오라기는 도망가지 않고 그대로 있었다. 던지다가 지친 아이들은 이번에는 연못으로 내려가서 해오라기를 잡으려 하였다. 거의 잡힐 뻔할 때 해오라기는 바로 물속으로 들어갔는데 해오라기가 있던 곳을 보니 금으로 된 손가락[6]이 있었다. 끌어당겨서 보니 관음보살의 동상이었다. 관음보살상이 나왔다고 하여 그 연못을 '보살지菩薩池'라고 이름을 붙였다.

소치는 아이들은 이 일을 사람들에게 알렸다. 여러 사람들이 전해 듣고는 절의 비구니에게 알리자 비구니들이 듣고 와서 보니 과연 도둑맞은 불상이었다. 금박으로 칠한 것은 벗겨져 있었다. 비구니들은 그 불상을 둘러싸고 슬피 울며 말하였다.

"우리가 존귀한 불상을 잃고 밤낮으로 그리워하였는데 이제야 뜻하지 않게 만났습니다. 우리 관음보살님[7]은 무슨 죄가 있기에 이렇게 도난을 당하신 겁니까?"

그리고는 즉시 가마를 장식하여 불상을 안치하고 절로 모시고 갔다. 승려들과 속인들이 모여서 말하였다.

"가짜 돈[8]을 만드는 도둑이 재료로 쓸려고 하였으나 방법이 없어 곤란해 하다가 버렸을 거야."

저 해오라기로 보였던 것은 실은 해오라기가 아니라 관음의 화신임에 틀림없음을 분명히 알 수 있다. 더 이상 의심해서는 안 된

6_ 이 관음상은 동으로 만들어져 금박을 입혔다.

7_ 동상을 살아 있는 것으로 간주하여 말한 것이다.

8_ 화폐 비밀제조업자. 가짜 돈을 만드는 자는 중죄로 살인죄에 해당되었다.

다. 『열반경涅槃經』[9]에서

"부처님이 입멸한 뒤에도 불법의 진리는 항상 존재한다."

고 한 것은 바로 이를 두고 한 말이다.

원문

觀音銅像及鷺形示奇表緣 第十七

大倭国平群郡鵤村岡本尼寺、観音銅像有十二体。昔少墾田宮御宇天皇世、上宮皇太子所准宮也。太子発誓願以宮成尼寺者也。聖武天皇世、彼銅像六体、盗人所取、尋求无得。経数日月。平群駅西方、有小池。夏六月、彼邊有牧牛童男等、見之池中有聊木頭。頭上居鷺。牧牛見彼居鷺、拾集礫塊、以之擲打、不避猶居。擲拍疲懈、下池取鷺。垂将捕之、即入於水。見所居木、有金之指。取牽上見、観音銅像。頼観音像、名菩薩池。牧牛童男、告知諸人。諸人転聞、告知寺尼。尼等聞来見、実其像也。塗金褫落。尼衆衛繞彼像、而悲哭云、「我失尊像、日夜奉恋、今邂逅而逢。我諸大師、何有罪過、蒙斯賊難」. 然厳轝安像. 以奉請寺。道俗集言、「鋳銭盗人、取用无便、思煩而棄」。定知、彼見鵄者、非現実鵄、観音変化、更莫疑也。如涅槃経説。「雖仏滅後、法身常在」者、其斯謂之矣。

|도움말| 이 설화는 관음보살이 스스로 영이靈異를 나타내어 구원하게 하였다는 불상자구담佛像自救譚에 속하는 이야기이다. 도둑맞은 불상

9_ 석가모니의 열반을 중심으로 기록하여 편찬된 불교경전이다.

이 소리를 내어 장소를 가르쳐주고 더욱이 도둑까지 잡게 되는 설화는 중권의 제22화·제23화에도 보이며, 중권의 제26화, 하권의 제17화·제28화에서는 불상이 자기의 사고나 존재를 교시하고 있다.

한편, 『곤자쿠모노가타리슈今昔物語集』 16권 제13화는 이 설화를 바탕으로 지어졌다.

제18화

법화경을 독송하는 스님을 비방하여 현세에서 입이 비뚤어지고 비참하게 죽은 이야기

지난 덴표天平 연간729-749에 야마시로 지방山背国 사가라카 군相楽郡[1]에 한 속인[2]이 있었다. 성씨와 이름은 알 수 없다. 같은 군에 있는 고마데라高麗寺 절[3]의 승려인 에이조栄常[4]는 늘 『법화경法華經』을 독송하였다. 그 속인이 그 절에 머물면서 스님과 잠시 바둑을 두었다. 스님은 한 수 둘 때마다

"이것이 에이조님이 바둑 두는 법이오."

라는 말을 하였다. 바둑돌을 놓을 때마다 그런 말을 하였다. 속인은 스님을 비웃고는 자기 입을 삐죽 내밀고는 그 말을 따라 흉내를 냈다.

"이것이 에이조님이 바둑 두는 법이오."

이렇게 거듭 계속해서 따라 하였다. 그러다가 갑자기 속인의 입이 비뚤어져 버렸다. 놀란 속인은 손으로 턱을 누르며 절에서 뛰

1_ 지금의 교토 부(京都府) 소라쿠 군(相楽郡).

2_ 원문에는 '白衣'로 되어 있다. 승려가 검은 색 가사(袈裟)를 입은 것에 대하여, 승려가 아닌 일반사람을 가리켜 '白衣'로 말한다.

3_ 소라쿠 군 야마시로 마을(山城町) 가미코마(上狛)에 있었던 절.

4_ 미상.

쳐나갔다. 달려 나가고 얼마 지나지 않아 온몸이 그대로 땅에 쓰러지더니 갑자기 죽어 버렸다. 이것을 보고 들은 이들이 말하였다.

“형벌을 가하지는 않았으나 비웃는 마음으로 승려의 흉내를 냈기에 입이 비뚤어지고 갑작스럽게 죽은 것이다. 하물며 승려에게 원망하는 마음을 일으키고 형벌을 가한 사람은 어떠하겠는가?”

『법화경』에

“현명한 스님과 어리석은 스님은 같은 자리에 있을 수 없다.[5] 또 머리가 긴 비구는 머리와 수염을 깎지 않은 현명한 속인과 같은 자리나 같은 그릇을 써서는 안 된다. 만약 억지로 자리를 같이 한다면 사후에 뜨거운 구리나 숯불 위에 앉아서 쇠구슬을 삼킨 채 지옥으로 떨어질 것이다.”

라고 쓰여 있는 것은 바로 이를 말하는 것이다.

원문

呰読法花経僧而現口喎斜得悪死報縁 第十八

去天平年中、山背国相楽郡部内、有一白衣。姓名未詳也。同郡高麗寺僧栄常、常誦持法華経。彼白衣、与僧居其寺、暫間作碁。僧作碁条言「栄常師之碁手乎」。毎遍之言。白衣呰僧、故戾己口、效言而曰、「栄常師碁手乎」。如是重々不止猶効。爰奄然白衣口喎斜。恐以手押頤、出寺而去。去程不遠、挙身躃地、頓命終矣。見聞人云、「雖不加刑、呰心效言、口喎斜、忽然而死。何況、発怨讎心、加刑罰矣」。法華経云、「賢僧与愚僧、不得居同位。又長髪比丘者、白衣不

5_ 이 구절은 『법화경』에는 보이지 않는다.

剃髪鬢而賢也。同位同器而不得用。若強位者、銅炭上居鉄丸呑、堕地獄」者、其斯謂之矣。

|도움말| 법화경을 독송하는 사람을 비방한 일로 입이 삐뚤어진다는 주제는 이 설화 이외에 상권의 제19화와 하권의 제20화에서도 볼 수 있다. 특히, 상권의 제19화는 바둑을 두면서 남의 말을 흉내 내는 점이 크게 유사하고, 주인공의 이름이 확실하지 않은 것과 입이 돌아간 것을 의사에게 보여준다는 내용에서 차이를 보인다. 『곤자쿠보노가타리슈今昔物語集』 14권의 제28화는 상권의 제19화와 아주 유사하며 주인공의 이름도 이 이야기에 등장하는 에이조로서 동일하다.

제19화

진심으로 반야심경을 공경하고 외운 여자가 실제로 염라왕궁에 가서 기이함을 보여준 이야기

도카리利苅의 우바이優婆夷[1]는 가와치 지방河内国 사람이었다. 성씨가 도카리노스구리利苅村主[2]였기에 이를 통칭으로 하였다. 태어날 때부터 마음이 맑아 삼보三寶[3]를 믿고 공경하였으며 항상 『반야심경般若心經』[4]을 암송하는 것을 행업으로 삼았다. 그녀가 경을 외우는 소리는 매우 아름다워 많은 승려와 속인들이 좋아하였다.

쇼무聖武 천황 시대에 이 우바이는 밤에 잠을 자다가 특별한 병도 없이 갑자기 죽어 염라왕궁에 가게 되었다. 그때 염라대왕이 우바이를 보자 일어나서 자리를 마련하여 깔개를 깔고 앉게 하고는 이렇게 말하였다.

"들으니 『반야심경』을 잘 외운다고 하여 내 그 소리를 듣고자

1_ 불교에서 출가하지 않고 부처의 제자가 된 여자를 이르는 말.

2_ '스구리'는 고대의 가바네(姓, 세습적인 직위나 직무) 중 하나로 귀화인에게 많았으며 부락의 우두머리인 소호족을 칭하였다.

3_ 불(佛, 부처 또는 불상), 법(法, 부처의 가르침 즉 경전), 승(僧, 승려 및 불교의 신봉자)의 세 가지를 말하는데, 불교를 총괄적으로 의미할 때도 쓰인다.

4_ 대승불교 반야사상(般若思想)의 핵심을 담은 경전으로, 정확한 명칭은 『마하반야바라밀다심경(摩訶般若波羅蜜多心經)』이다. 일체의 존재는 공(空)이며 '색즉시공공즉시색(色卽是空空卽是色)'으로 대표되는 공의 이치를 설법한다.

하여 잠시 불렀다. 외워서 들려주면 좋겠다. 들어보자."

그래서 곧 『반야심경』을 외우자 염라대왕은 듣고는 아주 기뻐하더니 자리에서 일어나 무릎 꿇고 절을 하며 말하였다.

"귀한 일이다. 참으로 들던 대로구나."

그리고 사흘이 지난 뒤 이렇게 알렸다.

"이제 얼른 돌아가시오."

우바이가 궁궐에서 나오니 문 앞에 세 사람[5]이 있었는데 모두 노란 옷[6]을 입고 있었다. 그들은 우바이를 보자 대단히 기뻐하며 말하였다.

"전에 잠시 뵈었을 뿐입니다. 요즘 뵙지 못해서 저희가 그리워했습니다. 그런데 이게 웬 일입니까? 지금 다시 우연히 만나게 되었군요. 가시지요. 어서 돌아가십시오. 오늘부터 사흘이 지난 뒤에 나라奈良의 동쪽 시장에서 꼭 만납시다."

그리고는 헤어져 돌아와서 문득 보니 다시 살아 돌아와 있었다. 그로부터 사흘째 아침이 되어 아무래도 동쪽 시장에 가고 싶은 마음이 들어 시장에 가서 하루 종일 기다렸으나 기다리는 사람은 오지 않았다. 다만 한 미천한 사람이 시장 동쪽의 문으로 들어와 경전을 팔고 있었다. 그는 돌아다니면서 이렇게 외치며 팔고 있었다.

"누가 경전을 사지 않겠소?"

이윽고 우바이 앞을 지나가더니 그대로 시장거리 서쪽 문으로 나가버렸다. 우바이는 그 경전을 사려고 하인을 보내 다시 불러와서 경전을 펼쳐서 보니 우바이가 예전에 필사했던 『범망경梵網經』[7]

5_ 세 사람은 뒤에 나오는 『범망경』 두 권과 『반야심경』 한 권을 가리킨다. 여기서는 사람의 모습으로 나타나고 있다.

6_ 노란 옷은 경전의 요지(料紙)가 노란 색 마지(麻紙)로 된 것에서 연상된 것.

두 권과 『반야심경』 한 권이었다. 필사를 끝내고 공양을 하기 전에 잃어버려서 몇 년 동안 찾았으나 찾지 못한 것이었다. 우바이는 속으로 아주 기뻐하며 그 남자가 도둑이라는 것도 알게 되었으나 꾹 참고 물었다.

"이 경전에 얼마를 내면 되겠습니까?"

"한 권당 오백문文[8]씩 받고 싶소."

라고 말하자 달라는 대로 값을 주고 경전을 샀다. 이에 우바이는 비로소 알게 되었다. 만나기로 한 세 사람은 바로 지금의 이 경전 세 권이었던 것이다. 우바이는 법회를 열어 경전들을 강독하였고 더욱 더 인과因果[9]의 이치를 믿었다. 그리고 부지런히 힘쓰고 외우며 낮이고 밤이고 쉬지 않았다.

아 참으로 기이하도다. 『열반경涅槃經』[10]에

"만약 지금 어떤 사람이 선을 닦고 행한다면 그 이름이 천상계[11]에 알려지리라. 악을 행한다면 그 이름은 지옥에 알려지리라."

고 하였으니 이를 두고 한 말이다.

7_ 불교 대승계(大乘戒)에 관한 경전으로, 원래 명칭은 『범망경노사나불설보살심지계품제십(梵網經盧舍那佛說菩薩心地戒品第十)』이다. 상하 2권.

8_ 당시 1관(貫)은 1,000문(文)으로 쌀 120석을 살 수 있었다. 따라서 500문은 쌀 60석을 살 수 있는 금액으로 상당한 고가이다.

9_ 불교의 근본교리 가운데 하나로서, 선악의 업에는 반드시 그에 따른 선악의 응보가 있다는 도리.

10_ 석가모니의 열반을 중심으로 기록하여 편찬된 불교경전이다.

11_ 천상계는 불교에서 말하는 십계(十界) 중 하나로, 인간계보다 한 단계 위에 있다고 믿고 있는 세계이다.

원문

憶持心経女現主閻羅王闕示奇表縁 第十九

利苅優婆夷者、河内国人也。姓利苅村主故以為字。天年澄情、信敬三宝、常誦持心経、以為業行。誦心経之音、甚微妙、為諸道俗所愛楽也。聖武天皇御世、是優婆夷、夜寝、不病卒爾而死、到閻羅王所。時王、見之而起、立床敷蓐居之、語曰、「伝聆、能誦心経。我欲聴声。暫頃請耳。願誦、聞之」。即誦。王聞随喜、従坐而起、長跪拝曰、「貴哉。当如聞有」。逕之三日、告、「今遄還」。自王宮出、門有三人、著之黄衣。値優婆夷而歓喜曰、「唯暫所覿。比頃不𨐮故、吾恋思。何偶今逢。往矣。速還。我従今日経于三日、諸楽京東市中必逢」。別還纔見、更甦之也。至三日朝、猶故欲往京之東市、往居市中、而終日待、待人不来。但賎人従市東之門、而入市中売経。衒売以告之言、「誰経買乎」優婆夷前遮歴而過、従市西門而出往也。優婆夷欲買彼経、遣使而還、開経見之、彼優婆夷昔時奉写梵網経二巻、心経一巻也。未供而失、逕之多年、求諂不得。心内歓喜、知盗人、猶忍問、「経直欲幾何」。答、「別巻直欲銭五百文」。随乞而買。於是乃知、逢期三人者、今即是経三巻也。設会講読、増信因果、慇懃誦持、昼夜不息。噫呼奇哉。如涅槃経云。「若見有人修行善者、名見天人。修行悪者、名見地獄」。者、其斯謂之矣。

|도움말| 이 설화는 단순히 사후의 극락세계에 가보았다고 하는 이야기라기보다는 우바이의 『반야심경』을 읽는 아름다운 소리 때문에 염라대왕이 우바이를 염라왕국에 부르게 되었고, 이를 계기로 잃어

버린 경전을 되찾게 되었다는 점이 주제라 할 수 있다. 염라대왕마저도 우바이의 평판에 마음이 움직였다고 하는 점에서 아름다운 목소리의 인상은 더욱 강하게 느껴진다. 저승에서 염라대왕의 청에 의해 경을 읊는다고 하는 점은 『명보기冥報記』 중권의 염라대왕 앞에서 『법화경』을 외우고 왔다는 이산룡李山龍 설화와 공통된다.

한편, 『곤자쿠모노가타리슈今昔物語集』 14권 제31화는 이 설화를 바탕으로 지어졌다.

제20화

악몽을 꾼 뒤에 성심으로 독경을 하자 기이한 일이 일어나 목숨을 보전한 이야기

야마토 지방太和国 소노카미 군添上郡[1] 산촌 마을에 한 노모가 있었다. 성씨와 이름은 알 수 없다. 그 노모에게는 딸이 있었는데 시집을 가서 두 명의 자식을 낳았다. 사위는 관리로서 현의 수령으로 파견되어 처자를 데리고 임지에 갔고 그로부터 1년 남짓 지났다. 노모는 홀로 고향에 남아서 집을 지키고 있었다.

어느 날 노모는 딸에 관한 나쁜 징조의 꿈을 꾸었다. 그래서 놀랍고 두려운 나머지 딸을 위해 경전을 독경하려고 하였으나[2] 집이 가난했기 때문에 그렇게 할 방법이 없었다. 어머니는 근심한 나머지 입고 있던 옷을 벗어서 깨끗이 빨아 그것을 독경을 위해 바쳤다.[3] 그런데 또 다시 나쁜 꿈을 거듭해서 꾸었다. 노모는 더욱 두려운 마음이 들어 이번에는 자신이 입고 있던 치마를 벗어서 깨끗이 빨아 사례로 드리고 이것을 지난번과 같이 독경을 해 주도록 하

1_ 나라 현(奈良県) 소노카미 군(添上郡). 지금의 나라 시(奈良市) 오비토케(帯解) 부근에 해당한다.

2_ 승려에게 보시(布施)하여 독경을 의뢰하는 것.

3_ 자신이 입고 있던 옷까지 독경의 사례로 드리는 것은 보시의 성의가 깊은 것이다. 보시는 육도(六度)의 수행 중 제일의 덕목으로 자신의 소유물을 기꺼이 희사(喜捨)하는 것이 불도로 들어가는 과정으로서 중요시되어 있다.

였다.

노모의 딸은 임지의 관사에 살고 있었다. 그 아들들은 관사의 뜰에서 놀고 있었고 어미는 방 안에 있었다. 두 아들은 일곱 명의 승려가 지붕에 앉아서 경전을 읽고 있는 모습을 보더니 제 어미에게 이를 알렸다.

"지붕에 일곱 명의 법사가 있는데 경전을 읽고 있어요. 얼른 나와서 보세요."

그들이 경전을 읽는 소리는 마치 벌들이 모여서 우는 것 같았다. 아이들의 어미는 그 소리를 듣고서 이상하게 여겨 일어나 방에서 나왔는데 바로 그때 있었던 곳의 벽이 무너졌다. 동시에 일곱 명의 법사도 갑자기 사라져서 보이지 않았다. 여자는 아주 두렵고도 기이한 일인지라 마음속으로

'하늘이 나를 도와서 벽에 깔리지 않았구나.'

하고 생각하였다.

그 후 고향집을 지키던 노모가 사람을 보내어 안부를 묻고는 나쁜 꿈을 꾼 일에 대해 말하고 또 독경한 일도 전하였다. 모친이 전한 일을 들은 딸은 크게 두려워하며 더욱더 삼보三寶[4]를 믿게 되었다. 그래서 이 딸의 무사함은 독경의 힘이요 삼보가 지켜준 일이었다는 것을 알 수 있다.

4_ 불(佛, 부처 또는 불상), 법(法, 부처의 가르침 즉 경전), 승(僧, 승려 및 불교의 신봉자)의 세 가지를 말하는데, 불교를 총괄적으로 의미할 때도 쓰인다.

원문

依悪夢至誠心使誦経示奇表得全命縁 第廿

大和国添上郡山村里、有一長母。姓名未詳也。彼母有女。嫁生二子。聟官遣県主宰、因率妻子、至所任国、経歳余也。但妻之母、留土守家。儵為女夢見悪瑞相。即驚恐、念為女誦経、而依貧家、不得敢之。不勝心念、脱自著衣、洗浄擎以為奉誦経。然凶夢相、復猶重現。母増心恐、復脱著裳、浄洒以為如先誦経。女在任県国司館。所生子、遊館庭中、母屋裏裹。二子見有七僧坐乎居屋上而読経也。二子白母言、「屋上在七躯法師、而読経矣。遄出応見」。彼読経音、如蜂集鳴。母聞之怪起後屋出。即当居処之壁仆也。亦七法師、忽然不見。女大恐怪、自内心念、天地助吾、不圧於壁。後守家母、遣使到問、陳凶夢状、伝読経事。女聞母伝状、大怖通心、増信三宝。乃知、誦経之力三宝護念也。

|도움말| 이 설화는 악몽을 꾼 뒤에 진실한 마음으로 독경을 한 결과 기이한 일을 통해 목숨을 건지게 되었다는 이야기로서 꿈을 믿는 사상이 존재했다는 것을 엿볼 수 있다. 악몽을 꾸고 그 꿈의 해를 없애기 위해 독경을 부탁했다고 하는 것은 꿈이 실현될 것이라는 신앙이 있었기 때문이다. 꿈이라는 매개체를 통해 계시를 받아 문제를 해결하거나 위험을 예방한다는 것은 불교설화의 좋은 이야기 소재가 되고 있다. 이 이야기는 『산보에코토바三宝絵詞』 중권의 제12화에도 인용되어 있다.

제21화

흙으로 빚은 신상의 정강이가 빛을 발하고 기이한 일이 일어나 현세에서 응보를 받은 이야기

나라奈良 동쪽 산[1]에 절이 하나 있다. 이름을 곤스金鷲[2]라고 하였다. 곤스 우바새優婆塞[3]가 이 산사에 살고 있었기 때문에 그런 이름이 붙었으며 지금의 도다이지東大寺 절이다.

도다이지 절을 세우기 전인 쇼무聖武 천황이 다스리던 시대에 곤스는 수행자로서 그 절에 살면서 불도를 닦고 있었다. 그 산사에는 흙으로 빚은 집금강신執金剛神[4]의 토상이 하나 있었다. 수행자는 신상의 정강이에 새끼줄을 걸어 매고는[5] 낮이고 밤이고 쉬지 않고 기원을 올렸다. 그러자 신상의 정강이에서 빛이 나오더니 천황의

1_ 와카쿠사야마(若草山) 산과 가스가야마(春日山) 산이 이어지는 산 전체.

2_ 석가모니가 설법했던 기사굴산(耆闍崛山)을 영취산(霊鷲山) 또는 취봉(鷲峰)이라고 하는데 이것과 관련하여 붙여진 이름으로 여겨진다.

3_ 속세인으로 불문에 들어와 오계(五戒)를 받고 수행하는 자로, 반승반속(半僧半俗)적인 존재였다. 남자는 우바새, 여자는 우바이(優婆夷)라고 한다.

4_ 집금강신은 금강저(金剛杵)를 들고 부처를 시중들며 불교를 수호하는 신이다. 금강저는 밀교에서 번뇌를 부수는 보리심(菩提心)을 나타내는 법구(法具)를 말한다. 도다이지 절의 집금강신은 일본에서 국보로 지정된 대표적인 불상이다.

5_ 기원자의 마음이 불상에 걸어 맨 새끼줄을 통하여 직접 불상에게 전해진다고 여겼던 것 같다.

궁전까지 뻗쳤다. 깜짝 놀란 천황은 기이하게 여기고 사람을 보내어 살펴보게 하였다.

칙사는 그 빛을 좇아서 절에 이르러 보니 한 우바새가 있었고 그 신상의 정강이에 새끼줄을 매고는 부처님께 절하며 죄를 참회하고 있었다. 그걸 본 칙사는 얼른 돌아와서 천황께 그 일을 아뢰었다. 천황은 그 수행자를 불러들이라는 명을 내렸다.

"무엇을 바라며 기도하느냐?"

그러자 수행자가 대답하였다.

"바라는 바는 출가하여 불법을 배우고 닦는 것입니다."

이에 천황은 조서를 내려 득도得度[6]를 허락하고 '곤스'[7]라는 이름도 주었다. 그의 행업을 칭찬하고 네 가지 물건[8]을 빠뜨리지 말고 공양하도록 하였다. 세상 사람들은 그의 행업이 아름답다고 기리며 곤스보살이라 일컬었다. 그 빛을 발한 집금강신의 상은 지금 도다이지 절 겐사쿠도羂索堂[9]라는 당의 북쪽 문 입구에 서 있다.

이에 논찬하여 말하였다.

"좋은 일이다. 곤스행자여. 봄에는 믿음의 등불을 밝히고 가을에는 뜨거운 불을 하늘에 올렸다. 정강이의 빛은 사람들의 감화를 돕고 천황은 정중하게 귀이한 표시를 보이셨다."[10]

6_ 불문(佛門)에 들어간다는 뜻. '度'는 건넌다는 뜻으로, 미혹(迷惑)의 세계에서 깨달음의 피안(彼岸)으로 건넌다는 의미에서 왔다.

7_ 절의 이름이 '곤스'이고, 우바새의 이름도 '곤스우바새'라 불렀다. 내용상 이 이름을 출가해서 계속 사용한 것인지 아니면 출가 시에 얻은 이름을 거슬러 올라가 이전의 우바새에게 붙였는지는 분명하지 않다.

8_ 원문은 '四事'이다. 수행자에게 소용되는 네 가지 물건으로 의복・음식・와구(臥具)・약품을 가리킨다.

9_ 도다이지 절의 산가쓰도(三月堂)이다. 홋케도(法華堂)라고도 한다. 불공견색관음(不空羂索觀音)을 본존으로 한다.

10_ 쇼무 천황이 도다이지 절을 창건한 일을 가리킨다.

소원을 이루지 못하는 일은 없다고 한 것이 이를 두고 한 말임을 잘 알 수 있다.

원문

𡑮神王蹲放光示奇表得現報縁 第廿一

諾楽京東山、有一寺。号曰金鷲。金鷲優婆塞、住斯山寺。故以為字。今成東大寺。未造大寺時聖武天皇御世、金鷲以行者常住修道。其山寺居一執金剛神土𡑮像矣。行者神王蹲繋縄引之、願昼夜不憩。時従足専放光、至于皇殿。天皇驚怪、遣使看之。勅信尋光至寺。見有一優婆塞。引於繋彼神蹲之縄、礼仏悔過。信視遄還以状奏之。召行者詔、「欲求何事」。答曰、「欲出家修学仏法」。勅許得度、金鷲為名。誉彼行、供四事、無乏時。世之人美讃其行、称金鷲菩薩矣。彼放光之執金剛神像、今東大寺於羂索堂北戸而立也。

賛曰、「善哉、金鷲行者。信燧攅東春、熟火炬西秋。蹲光扶感火、人皇慎驗瑞」。誠知、願無不得者、其斯謂矣。

|도움말| 이 설화는 도다이지 절의 연기담縁起譚으로도 볼 수 있으며, 불교수호신인 집금강신의 영험담이라고도 볼 수 있다. 행자가 곤스 절에서 집금강신상의 정강이에 새끼줄을 걸어 매고 잡아당기면서 소원을 빌었다. 어느 날 집금강신상으로부터 빛이 발하더니 천황의 궁전에까지 도달하였다. 천황은 즉시 사람을 시켜 사정을 알아보게 하였다. 그러자 한 수행자가 출가하여 불도를 닦고 싶다고 기원하는 것이었다. 그래서 천황의 명령에 의해 수행자를 출가시켰다고 하는 이야기이다. 이러한 점에서 쇼무 천황의 시대에는 출가를 원

해도 모두에게 허락된 시기는 아니었던 것 같다.

한편, 이 이야기는 『곤자쿠모노가타리슈今昔物語集』 17권의 제49화의 바탕이 되었다. 또한, 『후소략키扶桑略記』에도 이 설화와 같은 문장의 기사가 보인다.

제22화

도둑맞은 불상이 기이한 영험을 보여 도둑을 드러나게 한 이야기

이즈미 지방和泉国 히네 군日根郡[1]의 군내에 도둑이 하나 있었다. 그는 길가에서 살고 있었으며 성씨와 이름은 분명하지 않다. 태어날 때부터 심성이 비뚤어져 살인강도를 일삼고 인과因果[2]의 도리를 믿지 않았다. 늘 절간의 동제품을 훔쳐서는 띠 모양으로 늘여서 보란 듯이 팔고 있었다.

쇼무聖武 천황의 시대에 그 군의 진에지尽恵寺 절[3]에 있던 불상이 도둑을 맞았다. 그때 길을 가던 사람이 있었는데 그는 절의 북쪽 길로 말을 타고 가고 있었다. 어디서 무슨 소리가 들리는데 슬피 울부짖는 소리였다.

"아프다, 아프다."

이 사람은 그 소리를 듣고서 때리지 못하게 해야겠다는 생각에 말을 타고 급히 가보았다. 그런데 가까이 다가가니 울부짖는 소리가 점점 약해지다가 들리지 않았다. 말을 멈추고 귀를 기울이니

1_ 지금의 오사카 부(大阪府) 센난 군(泉南郡)이나 센난 시(泉南市)에 속한다.

2_ 불교의 근본교리 가운데 하나로서, 선악의 업에는 반드시 그에 따른 선악의 응보가 있다는 도리.

3_ 미상.

단지 쇠를 두드리는 소리만 들렸다. 그래서 말을 몰아 그냥 지나갔다. 그러자 다시 멀어짐에 따라 아까와 같은 큰 신음소리가 들렸다. 그대로 그냥 지나갈 수 없어서 다시 돌아와 보니 울부짖는 소리는 또 그치고 쇠를 두드리는 소리만 들렸다.

'혹시 사람을 죽이고 있는 것은 아닌지, 분명히 증오받아야 할 일이 일어나고 있는 것이다.'

라고 생각하며 잠시 여기저기 기웃거렸다. 그리고는 살며시 하인을 시켜서 그 집 안을 엿보게 하였더니 도둑이 불상을 눕혀서는 손발을 잘라내고 강철로 된 끌로 목을 자르고 있는 것이었다. 곧바로 그 도둑을 붙잡아 때리고는 물었다.

"어느 절의 불상이냐?"

"진에지 절의 불상입니다."

그래서 사람을 보내서 물었더니 정말로 도둑을 맞았다고 하였다. 심부름 갔던 이가 도둑이 한 말을 들려주고는 자초지종을 말해 주었다. 그 말을 들은 승려들은 시주施主들과 함께 와서 부서진 불상을 둘러싸고는 슬피 울며 한탄하였다.

"아, 슬프고 괴로운 일이다. 우리 대사님께 대체 무슨 허물이 있어서 이렇게 도둑에게 재난을 당하셨는가? 존상尊像께서 절에 있을 때 우리는 이 존상을 대사님으로 모셨는데 이제 입적을 하셨으니 누구를 대사님으로 모시겠소?"

승려들은 가마를 만들어 장식하여 부서진 불상을 싣고 절에 돌아와서는 울면서 장례[4]를 지내고 그 도둑은 처벌하지 않고 추방하였다. 그러나 길 가던 그 사람이 그를 묶어서 관아로 보냈고 도둑은 감옥에 갇혔다.

4_ 여기서는 불상을 사람의 죽음으로 간주하여 취급하고 있다.

부처님이 도둑의 심한 악한 짓을 멈추게 하려고 이런 영험을 보여준 것이다. 지극한 마음은 두려워할 만한 힘을 가지고 있다. 불상에게도 이러한 영험이 있음을 잘 알 수 있다. 『열반경涅槃經』[5] 권12에서 부처님이 설파한 것도 이러하다.

"내 마음은 대승大乘을 중히 여긴다. 바라문婆羅門[6]의 교도가 대승의 가르침[7]을 비방하는 말을 들으면 그자의 목숨을 끊었다. 이러한 까닭으로 그 이후로는 그런 자를 죽여도 지옥에 떨어지지 않는다."

또 그 경전의 권33에서도

"일천제一闡提[8]의 무리는 영원히 멸할 것이다. 그러므로 이런 부처의 가르침 때문에 개미를 죽이면 살생한 죄를 얻으나 일천제를 죽이면 살생한 죄가 없다."

고 하였으니 이를 말하는 것이다. 이 사람[9]은 불법승을 비방하고 중생을 위해 불법을 설하지 않았다. 갚아야 할 만한 은혜와 의리가 없기 때문에 그를 죽여도 죄가 되지 않는 것이다.

원문

仏銅像盗人所捕示霊表顕盗人縁 第廿二

　和泉国日根郡部内、有一盗人。住道路辺、姓名未詳也。天年心曲、殺盗為業、不信因果。常盗寺銅、作帯衒売。聖武天皇御世、其部尽恵寺仏鋛、盗人所取。時有路往人、従寺北路、乗馬而往。聞之有声、而叫哭曰、「痛哉、痛哉」。

5_ 석가모니의 열반을 중심으로 기록하여 편찬된 불교경전이다.

6_ 고대 인도의 사성(四姓) 가운데 가장 높은 계급으로, 제사와 교육을 담당하였다.

7_ 『법화경』이나 『화엄경』 등의 대승경전(大乘經典)에서 설하고 있는 가르침.

8_ 대승불교에서 영구히 깨달음을 얻을 수 없는 존재로 여겨지는 중생에게 붙인 이름.

9_ 이 설화의 도둑과 일천제를 동시에 가리킨다.

人聞、思諫不令打、趁馬疾前、随近叫音、漸失不叫。留馬聞之、唯有鍛音。所以前馬過往。随却如先復呴呻也。不得忍過故、更還来、叫音復止、而有鍛音。疑若殺人、必有異心、良久徘徊、窃入従者、窺看屋内、奉仰仏銅像、剔欠手足、以錠鍗頸。即捕打問、「何寺仏像」。答「尽恵寺之仏像也」。遣使問之、実所盗矣。使者挙語、而具述状。僧並檀越、聞之集来、衛於破仏、而号愁曰、「哀哉、悲哉。我大師、聊何有過失、蒙此賊難。尊像有寺、以像為師。今自滅後、以何為師矣」。衆僧厳轝、安置損仏、哭殯於寺。彼盗人不刑罰而捨。路人繫之以送丁官、閉囚囹圄。定知、聖輙其悪而示是瑞。至誠応懼、非无聖霊。涅槃経十二巻文、如仏説。「我心重大乗。聞婆羅門誹謗方等、断其命根。以是因縁、従是以来、不堕地獄」。又彼経卅三巻云、「一闡提輩、永断滅。故以是義故、殺害蟻了、猶得殺罪。殺一闡提、无有殺罪」者、其斯謂之矣。此人者誹謗仏法僧、為衆生不説法。無恩義故、殺无罪者也。

|도움말| 이 설화는 도둑맞은 불상이 기이한 현상을 보여 도둑을 밝혀낸 불상영험담佛像靈驗譚으로, 불상이 도난이나 위기에 처했을 때 스스로 특별한 영험을 나타내어 위기를 벗어난다는 점에서 불상자구담佛像自救譚이라고도 할 수 있다. 다음의 제23화도 도둑맞은 미륵보살이 소리를 내어 도둑을 나타나게 했다는 영험담이며, 중권 제17화에도 유사한 이야기가 수록되어 있다.

한편, 이 이야기를 바탕으로 『곤자쿠모노가타리슈今昔物語集』의 12권 제13화가 지어졌다.

제23화

도둑맞은 미륵보살이 기이한 영험을 보여 도둑을 드러나게 한 이야기

쇼무聖武 천황 시대에 칙명을 받은 관리[1]가 밤에 순찰을 돌고 있었다. 한밤중이 되어 나라奈良의 길거리를 돌고 있는데 나라 가쓰라기葛木의 아마데라 절尼寺[2] 앞 남쪽 시노하라驀原에서 슬피 우는 소리가 들렸다.

"아프다, 아프다."

이 소리를 들은 칙사가 말을 타고 달려가 보니 도둑이 미륵보살[3] 동상을 훔쳐서 돌로 부수고 있었다. 그래서 도둑을 붙잡아서 물었더니 이렇게 대답했다.

"가쓰라기의 아마데라 절에 있던 불상이오."

칙사는 이 불상을 절에 안치하고 그 도둑을 관아로 보내어 감옥에 가두게 하였다.

원래 불법의 교리를 나타내기 위한 불상은 피와 살로 된 몸이 아

1_ 원문은 '勅信'이다. 칙명을 받아 말을 타고 돌아다니는 순찰관.

2_ 헤이조쿄(平城京)의 남북으로 통하는 큰 길을 '보(坊)'라 하고 동서로 통하는 큰 길을 '조(条)'라 하는데, 아마데라 절은 나라 좌도읍(左京) 고조로쿠보(五条六坊)에서 남쪽으로 있었던 절로 쇼토쿠(聖德) 태자가 세웠다.

3_ 석가모니가 입멸(入滅)한 뒤에 56억 7천만 년 후에 이 세상에 나타나 중생을 구제한다는 미래의 부처.

니다. 어찌 고통을 느낄 수 있겠는가. 단지 상주불변常住不變[4]의 이치를 나타내기 위한 현상이다. 이 또한 기이한 일이다.

원문

弥勒菩薩銅像盗人所捕示霊表顕盗人縁 第廿三

聖武天皇御世、敕信巡夜。行於京中、其半夜時、其諸楽京葛木尼寺前南慕原、有哭叫音。言、「痛哉。痛哉」。敕信聞之馳陳見之、盗人捕弥勒菩薩銅像、以石破之。打捉問之、答之白曰、「葛木尼寺銅像也」。此像置寺、然彼盗人送之於官、閉囚囹圄焉。夫埋法身仏、非血肉身。何有所痛。唯所以示常住不変也。是亦奇異之事也。

|도움말| 이 설화도 앞의 제22화와 마찬가지로 노둑맞은 불상이 소리를 내어 도둑을 잡게 했다는 영험담이다. 앞의 이야기가 다소 수식을 더하여 인간의 사고 등을 전해주고 있는 것에 비하여 상대적으로 제23화는 전승과 사실을 그대로 전하여 문장에 허식이 없고 간결성은 있으나 흥미가 떨어진다고 할 수 있다.

이 이야기는 『곤자쿠모노가타리슈今昔物語集』 17권 제35화의 바탕이 되었다.

4_ 석가모니의 육신은 사라졌어도 그 가르침은 영원히 남아서 사라지지 않는다는 것.

제24화

염라대왕의 사자인 귀신이 잡으러 간 사람에게 대접을 받고 풀어준 이야기

나라노 이와시마楢磐嶋[1]는 나라奈良 좌도읍左京[2] 로쿠조고보六条五坊[3]에서 살던 사람이었다. 다이안지大安寺 절[4]의 서쪽 마을에 살고 있었다. 쇼무聖武 천황 시대에 그는 다이안지 절의 수다라분修多羅分[5]에서 돈 삼십 관貫[6]을 빌려 에치젠 지방越前国 쓰루가敦賀[7] 항구로

1_ 미상.

2_ 헤이조쿄(平城京)・나가오카쿄(長岡京)・헤이안쿄(平安京) 시절, 천황이 있는 다이다이리(大内裏) 남쪽 중앙에 있는 스자쿠몬(朱雀門)에서 도성 남단에 있는 라쇼몬(羅生門)까지 중앙을 남북으로 가르던 길을 스자쿠대로(朱雀大路)라 하며, 스자쿠대로의 동쪽을 좌도읍(左京), 서쪽을 우도읍(右京)이라 하였다.

3_ 헤이조쿄(平城京)의 남북으로 통하는 큰 길을 '보(坊)'라 하고 동서로 통하는 큰 길을 '조(条)'라 하였다. 따라서, 로쿠조(六条)와 고보(五坊)가 교차하는 지점을 가리킨다.

4_ 나라 시(奈良市)에 있는 고야산(高野山) 진언종(真言宗)의 절로서 쇼토쿠태자(聖徳太子)가 617년에 건립한 구마고리데라(熊凝寺) 절이 전신이다. 이것이 639년에는 구다라다이지(百済大寺) 절, 673년에는 다케치다이지(高市大寺) 절로 불리다가 710년에 나라로 천도한 뒤 좌도읍으로 옮겨지면서 다이안지 절로 일컬어졌다. 나라(奈良) 시대부터 헤이안(平安) 시대 초기까지 도다이지(東大寺) 절, 고후쿠지(興福寺) 절과 어깨를 나란히 하는 큰 절이었다.

5_ '수다라'는 경전이라는 뜻으로, 경전을 읽거나 논의를 하는 연구 조직을 가리킨다. 다이안지 절에서는 『대반야경(大般若經)』을 다루었다.

갔다. 거기서 물건을 사서 운반하여 배에 싣고서 집으로 돌아오려고 하던 중 갑자기 병에 걸렸다. 그래서 배를 항구에 정박하고 말을 빌려서 타고 돌아왔다.

그런데 오미 지방近江国 다카시마 군高嶋郡 시가磯鹿[8]의 가라사키辛前에 이르렀을 때 뒤돌아보니 세 사람이 쫓아오고 있었다. 1정町[9] 정도 떨어져 있었다. 야마시로 지방山城国 우지바 시宇治橋 다리[10]에 다다랐을 때는 바싹 뒤따라와서 거의 함께 달리게 되었다. 이와시마가 물었다.

“어디로 가는 사람들입니까?”

그들이 대답하여 말하였다.

“염라대왕의 궁궐에서 나라노 이와시마를 잡으러 가는 저승사자라오.”

이 말을 들은 이와시마가 물었다.

“그 사람은 바로 접니다. 무슨 이유로 잡아가려는 겁니까?”

저승사자가 대답했다.

“우리가 먼저 당신의 집에 가서 물었더니,

‘장사하러 가서 아직 오지 않았다.’

고 하였소. 그래서 항구로 가서 찾았소. 그때 붙잡으려고 했는데 사천왕四天王[11]의 사자가 우리에게

6_ 당시 1관(貫)으로 쌀 120석을 살 수 있었다.

7_ 지금의 후쿠이 현(福井県) 쓰루가 시(敦賀市).

8_ 지금의 시가 현(滋賀県) 오쓰 시(大津市) 북부.

9_ 1정(町)은 약 109m에 해당한다.

10_ 교토(京都)의 남쪽 우지 시(宇治市)를 흐르는 우지가와(宇治川) 강에 걸린 다리이다.

11_ 동쪽의 지국천왕(持國天王), 서쪽의 광목천왕(廣目天王), 남쪽의 증장천왕(增長天王), 북쪽의 다문천왕(多聞天王)을 말한다.

'놓아주시오. 이 사람은 절에서 돈을 빌려서 장사를 하고 있기 때문이오.'[12]
라고 하며 부탁하였소. 그래서 잠시 동안 놓아주었던 것뿐이오. 그런데 당신을 잡으러 왔다가 여러 날이 지나면서 우리는 배고프고 지쳤소. 혹시 먹을 것이 있소?"

이와시마는

"말린 밥밖에 없습니다."
라고 하면서 그걸 주어서 먹게 하였다. 그러자 저승사자가 말하였다.

"당신은 우리 기운에 병들 수 있으니[13] 가까이 오지 마시오. 그러나 두려워하지는 마시오."

이윽고 집에 이르렀고 음식을 차려서 저승사자들을 대접하였다. 저승사자가 말하였다.

"우리는 소고기[14]를 좋아하기 때문에 소고기를 차려주시오. 소를 잡는 귀신이 우리요."

이와시마가 대답하였다.

"우리 집에는 얼룩소가 두 마리 있습니다. 그걸 드릴 테니 나를 놓아주십시오."

"우리는 지금 당신으로부터 많은 걸 얻어먹었소. 그런데 베풀어준 은혜 때문에 당신을 풀어준다면 우리는 무거운 죄를 짓게 되어 쇠 지팡이[15]로 백 대는 맞게 될 것이오. 혹시 당신과 비슷한 연령

12_ 절의 돈을 빌려서 장사를 하는 것은 빌린 돈에 이자를 붙여서 갚는 것이기에 결과적으로는 절의 재정에 도움이 된다.

13_ 저승의 나쁜 기운이 현세의 사람을 죽음에 이르게 한다고 믿었다.

14_ 불교가 전해지고 나서 일본에서도 네 발 가진 동물의 고기를 먹는 것은 죄악시되었다. 하물며 소고기를 먹는다는 것은 그 이전에도 없던 일이므로 여기서 소고기를 먹겠다고 한 것은 독자들을 전율시키는 효과가 있었을 것이다.

의 사람이 있소?"

"나는 그런 사람을 전혀 알지 못합니다."

세 저승사자 가운데 한 명이 물었다.

"당신은 몇 살이오?"

"저는 무인년戊寅年[16] 생입니다."

"내 들으니 이자가와신사率川神社[17]의 근처에서 관상과 점괘를 보는 자가 당신과 같은 무인년 생이라고 하오. 그 사람으로 대신하는 게 좋겠소. 그 사람을 잡아갈 것이오. 다만 우리는 당신에게 소 한 마리만 대접받겠소. 그러니 우리가 지팡이로 맞을 죄에서 벗어나도록 우리 세 명의 이름을 부르고 『금강반야경金剛般若經』[18]을 백 번 독송해 주시오. 첫 번째 이름은 다카사마로高佐麻呂이고, 두 번째 이름은 나카치마로中知麻呂, 세 번째 이름은 쓰치마로槌麻呂요."

저승사자들은 한밤중에 집을 나섰다. 다음날 보니 소 한 마리가 죽어 있었다.

이와시마는 다이안지 절의 남탑원南塔院[19]에 가서 사미승沙彌僧[20]인 닌요仁耀법사[21] 이 때는 아직 구족계를 받지 않았을 때다. 에게 부탁하기를 『금강반야경』을 백 번 독송해 주시기를 바란다고 말하였다. 닌요는 부탁을 받아들이고 이틀 동안 『금강반야경』을 백 번 독송하였

15_ 쇠 지팡이로 맞는 것이 지옥의 형벌이었다.

16_ 무인년은 덴무(天武) 천황 7년(678)이다.

17_ 이자가와 강은 가스가야마(春日山) 산으로부터 사오가와(佐保川) 강으로 흐르는 작은 강으로, 그 부근에 있었던 신사.

18_ 대승불교의 근본을 이루는 경전으로, 『금강반야바라밀다경(金剛般若波羅密多經)』의 약칭이다.

19_ 실제로 다이안지 절의 자재장(資財帳)에 남탑원이 있었다는 기록은 없다.

20_ 불교에 입문한 지 얼마 되지 않아 아직 수행을 충분히 쌓지 않은 승려.

21_ 『겐코샤쿠쇼(元享釈書)』 권12에 의하면 닌요법사는 엔랴쿠(延暦) 15년(796) 일흔다섯에 세상을 떠난 것으로 되어 있으므로 이때는 많아야 28세이다.

다. 사흘이 지나자 저승사자들이 와서 말하였다.

"대승경전大乘經典[22]을 읽어주신 공덕으로 지팡이로 백 번 맞아야 할 죄를 피하고 평소보다 한 되나 더 많은 밥을 먹었소. 기쁘고도 귀한 일이었소. 이제부터는 육재일六齋日[23]마다 우리를 위해 복을 빌고 공양을 드려주시오."

그리고는 금세 사라졌다.

이와시마는 90여 세를 살고 죽었다. 당나라의 덕현德玄[24]도 『금강반야경』의 힘을 입어서 염라대왕이 보낸 저승사자가 잡으러 온 일을 피할 수 있었다. 일본의 이와시마는 절의 돈을 빌려다가 염라대왕이 보낸 사자에게 붙잡혀갈 재난에서 면하였다.

"꽃을 파는 여자는 꽃을 공양한 공덕으로 도리천忉利天[25]에 태어난다. 독으로 부처를 죽이려 한 국다掬多는 오히려 부처님의 신통력으로 인하여 참회하고 선한 마음을 일으켰다."[26]

고 하였는데 바로 이를 두고 말하는 것이다.

22_ 대승불교(大乘佛敎)에서 중요시하는 경전으로 『화엄경(華嚴經)』, 『법화경(法華經)』, 『반야경(般若經)』, 『무량수경(無量壽經)』 등을 지칭한다.

23_ 육재일은 불교에서 신자들에게 경건하게 보낼 것을 권하는 여섯 재일(齋日)로서, 매달 음력으로 8일 · 14일 · 15일 · 23일 · 29일 · 30일의 육일을 몸과 마음을 깨끗이 재계하고 경건하게 보내는 것을 가리킨다.

24_ 당나라 고종(高宗) 시대 사람으로 좌대신(左大臣)에 올랐다. 『금강반야경집험기(金剛般若經集驗記)』에 이야기가 나온다.

25_ 불교의 우주관에서 분류되는 천(天)의 하나. 불교의 27천(天) 가운데 욕계(欲界)의 육욕천(六欲天), 즉 사왕천(四王天) · 도리천(忉利天) · 야마천(夜摩天) · 도솔천(兜率天) · 낙변화천(楽変化天) · 타화자재천(他化自在天)의 두 번째 하늘에 해당한다. 천상계(天上界) 또는 삼십삼천(三十三天)이라고도 한다.

26_ 『대장엄론(大莊嚴論)』 권13에 나오는 이야기이다. 국다가 독이 든 밥을 담아 석가모니를 죽이려 하였으나, 석가모니의 신통력으로 인하여 참회하고 선심을 일으켰다.

원문

閻羅王使鬼得所召人之賂以免縁 第廿四

楢磐嶋者、諾楽左京六条五坊人也。居住于大安寺之西里。聖武天皇世、借其大安寺修多羅分銭卅貫、以往於越前之都魯鹿津、而交易以之運超、載船将来家之時、忽然得病。思留船単独来家、借馬乗来。至于近江高嶋郡磯鹿辛前、而睠之者、三人追来。後程一町許。至于山代宇治椅之時、近追附、共副往。磐嶋問之「何往人耶」。答言曰、「閻羅王闕召於猶磐嶋之往使也」。磐嶋聞問、「見召者我也。何故召耶」使鬼答言、「我等先往汝家而問之、答曰『商往未来』故、至於津而求。当相欲捉者、有四王使、誂言、『可免。受寺交易銭、而奉商故。』故暫免耳。召汝累日、而我飢疲。若有食物耶」磐嶋云、「唯有干飯」、与之令食。使鬼云、「汝病我気故、不依近。而但莫恐」。終望於家、備食饗之。鬼云、「我嗜牛宍味故、牛宍饗。捕牛鬼者我也」。磐嶋云、「我家有斑牛二頭。以之進故、唯免我也」。鬼言、「我今汝物多得食。其恩幸故、今免汝者、我入重罪、持鉄杖、応所打百段。若有与汝同年之人耶」。磐嶋答言、「我都不知」。三鬼之中、一鬼議言、「汝何年耶」。磐嶋答云、「我年戊寅也」。鬼云、「吾聞、率川社許相八卦読、与汝同有戊寅年人。宜汝替者。召将彼人。唯汝饗、受牛一頭也。為令脱我所打之罪、呼我三名、奉読金剛般若経百巻。一名高佐麻呂、二名中知麻呂、三名槌麻呂」。夜半出去、明日見之、牛一死也。磐嶋参入大安寺南塔院、請沙弥仁耀法師、未受戒之時也。語欲奉読金剛般若経百巻。仁耀受請、経二箇日、読金剛般若経百巻訖。歴三箇日、使鬼来云、「依大乗力、脱百段罪、自常食復倍飯一斗而賜。喜、貴。自今以後、毎節為我修福供養」。即忽然失。磐嶋年九十余歳而死。大唐徳玄、被般若力、脱閻羅王使所召之難。日本磐嶋、受寺商銭、脱閻羅王使鬼追召之難也。「売花女人、生忉利天。供毒掬多、返生善心」者、其斯謂之矣。

|도움말| 이 설화는 당나라의 맹헌충孟献忠편의 『금강반야경집험기』에 보이는 『금강반야경』의 영험담을 일본풍으로 개작한 것이다. 다만, 『금강반야경집험기』와의 직접적인 관련성을 찾을 수 있는 명확한 구절은 없으나 이야기의 골격을 이루는 테마가 거의 동일하다. 또한 다이안지 절이나 에치젠 지방의 쓰루가 항구, 시가 지방의 가라사키 등의 일본지명이 사용되고, 나라의 이자가와신사 근처의 점술가까지 등장하여 내용의 실재감을 더해주고 있다. 따라서 시대・인명・지명 등 세부에 이르기까지 완전히 일본화日本化가 이루어진 설화라 할 수 있다.

이 이야기는 『곤자쿠모노가타리슈今昔物語集』 20권 제19화의 바탕이 되었고, 『산보에코토바三宝絵詞』 중권의 제14화에도 수록되어 있다.

제25화

염라대왕의 사자인 귀신이 잡으러 간 사람에게 음식을 대접받고 은혜를 갚은 이야기

사누키 지방讃岐国 야마다 군山田郡[1]에 누노시키노오미 기누메布敷臣衣女[2]라는 사람이 있었다.

쇼무聖武 천황 시대에 이 기누메가 갑자기 병에 걸렸다. 그래서 여러 가지 산해진미를 마련하여 집 문의 양쪽에 차려 놓고 역신疫神에게 바쳤다.[3] 그때 염라대왕이 보낸 저승사자가 기누메를 잡으러 왔다. 그 귀신은 기누메를 찾아 여기저기 뛰어다니느라 지쳐 있었기에 차려놓은 음식을 보자 아양 떠는 몸짓으로 다가가서 식사를 받아먹었다.

저승사자가 기누메에게 말하였다.

"내가 당신에게 음식 대접을 받았으니 은혜를 갚아야겠소. 혹시 성씨와 이름이 같은 사람이 있소?"

기누메가 대답하였다.

1_ 지금의 가가와 현(香川県) 다카마쓰 시(高松市)의 동부와 기타 군(木田郡)을 포함한 곳.

2_ 미상.

3_ 역신이 길가에서 온다고 여겼기 때문에 그 집 문 앞에 알기 쉽게 차려 놓은 것이다.

"이 지방의 우타리 군鵜垂郡[4]에 같은 성씨를 가진 여자가 있습니다."

저승사자는 기누메를 데리고 우타리 군에 사는 여자의 집으로 가서 만나보고는 곧바로 붉은 주머니[5]에서 한 척尺[6]쯤 되는 끌을 꺼내어 그 여자의 이마에 대고 치더니 그대로 바로 데리고 갔다. 야마다 군의 기누메는 몰래 집으로 돌아갔다.

그때 염라대왕은 기누메가 오는 것을 기다리다가 살펴보고는 말했다.

"이 사람은 내가 데려오라고 했던 여자가 아니다. 잘못 데려왔다. 여자는 잠시 여기 머물러 있거라. 곧 야마다 군의 기누메를 데려오너라."

저승사자는 숨길 수가 없어서 다시 야마다 군에 가서 기누메를 데리고 왔다. 기다리던 염라대왕이 이를 보고는 말했다.

"바로 이 사람이 데려오라고 했던 여자다."

그리하여 아까 우타리 군의 여자는 집으로 돌아갔는데 이미 사흘이 지나서[7] 집에서는 그 몸을 화장해 버렸다. 그래서 여자는 되돌아와서 염라대왕에게 하소연하였다.

"제 몸을 잃어버렸습니다. 영혼이 의지할 데가 없습니다."

그러자 염라대왕이 물었다.

"야마다 군 여자의 몸은 있느냐?"

"있습니다."

"그럼 그 몸을 떼어서 너의 몸으로 삼거라."

4_ 지금의 가가와 현 아야우타 군(綾歌郡) 서쪽과 나카타도 군(仲多度郡) 동쪽 지역.

5_ 붉은 색은 저승사자의 물건을 가리켰다.

6_ 1척(尺)은 약 30cm에 해당한다.

7_ 나라(奈良) 시대에도 죽은 후 바로 화장하지는 않고, 삼 일 정도 지난 후에 했던 것 같다.

그리하여 야마다 군의 기누메는 우타리군 여자의 몸이 되어서 되살아나 깨어나자마자 말하였다.

“여기는 내 집이 아니에요. 내 집은 우타리 군에 있습니다.”

기누메의 부모가 말하였다.

“너는 우리 자식이다. 어째서 그런 말을 하느냐?”

기누메는 여전히 듣지 않고 우타리 군 기누메의 집으로 가서 말하였다.

“바로 여기가 내 집이에요.”

그러자 그 부모가 말하였다.

“당신은 우리 자식이 아니오. 우리 자식은 화장하였소.”

이에 기누메는 염라대왕이 말한 것을 자세하게 들려주었다. 그제야 그 말을 들은 양쪽 부모들은 납득하여 여자의 말을 믿었고 두 집의 재산을 모두 물려주었다. 그리하여 현재[8] 기누메는 네 명의 부모를 얻었고 두 집의 재물도 얻었다.

저승사자에게 맛있는 음식을 차려준 공덕은 헛된 것이 아니다. 무릇 재물이 있다면 공물로 바치고 대접을 하는 것이 좋다. 이 또한 기이한 일이다.

원문

閻羅王使鬼受所召人之饗而報恩縁 第廿五

讃岐国山田郡、有布敷臣衣女。聖武天皇代、衣女忽得病。時偉備百味、祭門左右、賂於疫神而饗之也。閻羅王使鬼、来召衣女。其鬼走疲、見祭食、䩄就而受之。鬼語衣女言、「我

8_ 원문에서 ‘현재’라고 한 것은 이 이야기를 하고 있는 시점을 가리키는 것으로, 야마다 군의 기누메가 아직 살아 있는 시점을 말한다.

受汝饗故、報汝恩。若有同姓同名人耶」。衣女答言、「同国鵜垂郡、有同姓衣女」。鬼率衣女、往於鵜垂郡衣女之家而対面、即從緋嚢、出一尺鑿、而打立額、即召将去。彼山田郡衣女、慥帰家也。時閻羅王、待校之言、「此非召衣女。誤召之也。然暫此留。捷往召山田郡衣女」。鬼不得慥、荐召山田郡衣女、而将来也。閻羅王待見而言、「当是召衣女也」。往彼鵜垂郡衣女者、帰家経三日頃、焼失鵜垂郡衣女之身矣。更還愁於閻羅王白、「失体、无依」。時王問言、「有山田郡衣女之体耶」。答言、「有之」。王言、「得其為汝之身」。因為鵜垂郡衣女之身、而甦。即言、「此非我家。我家有鵜垂郡」。父母言、「汝者我子也。何故然言耶」。衣女猶不聴、往於鵜垂郡衣女之家言、「当此我家也」。其父母言、「汝非我子。我子焼滅」。於此衣女、具陳閻羅王詔状。時彼二郡父母聞之、諾信、以二家財許可付嘱。故現在衣女、得四父母、得二家宝矣。備饗賂鬼、此非功虚。凡有物者、猶可賂饗。是亦奇異事矣。

|도움말| 이 설화는 이야기의 발상과 줄거리의 전개 면에서 앞의 제24화와 함께 읽어야 하는 작품이다. 저승사자에게 식사를 대접한 은혜의 보답으로 저승에 가는 것을 면하는 점에서 제24화와 유사하지만, 이 이야기에서는 저승과 이승을 오가는 장면이 특이하다고 할 수 있다. 게다가 불교적인 교훈이나 불교 설화의 특징이 강조되지 않은 점도 특징이다.

한편, 『곤자쿠모노가타리슈今昔物語集』 20권 제18화는 이 설화를 바탕으로 지어졌다.

제26화

불상이 되지 못하고 버려진 나무가 기이한 영험을 보인 이야기

고타쓰広達 선사禪師[1]는 속성이 시모쓰케노아소미下毛野朝臣[2]이고 가미쓰후사 지방上総国 무자 군武射郡[3] 사람이다. 일설에는 아히루 군(畔蒜郡)[4] 사람이라고도 한다. 쇼무聖武 천황 시대에 고타쓰는 요시노吉野의 긴푸센金峯山 산[5]에 들어가서 나무 아래에서 경행經行[6]을 하며 불도를 구하였다. 그때 요시노 군吉野郡[7]의 쓰키 마을桃花里[8]에 다리가 있었다. 그 다리의 밑에는 베어져 쓰러진 배나무가 일 년 이상 놓여 있었다. 그 곳에는 강이 있었는데 이름을 아키가와秋河[9]라고 하였다.

1_ 선사는 고승(高僧)에 대한 존칭으로, 당시 기도에 효험이 있고 병 치료의 능력이 있는 승려를 가리켰다. 고타쓰는 실존 인물로서, 『쇼쿠니혼기(続日本紀)』이 호키(宝亀) 3년(772) 3월 6일 조(条)에 십선사(十禅師)로 나온다.

2_ 아소미(朝臣)는 성씨.

3_ 지금의 지바 현(千葉県) 산부 군(山武郡).

4_ 지금의 지바 현 기미쓰 시(君津市), 훗쓰 시(富津市)에 속한다.

5_ 나라 현(奈良県) 요시노 군(吉野郡) 요시노 마을(吉野町) 서남쪽 높은 봉우리.

6_ 경전을 읽으면서 가볍게 걸으며 수행하는 것.

7_ 지금의 나라 현 요시노 군.

8_ 미상.

9_ 아키노가와(秋野川) 강. 요시노야마(吉野山) 산의 북측에서 나와 북쪽으로 흘러들어 시모이치 마을(下市町)에서 요시노가와(吉野川) 강으로 합류한다.

그 베어진 배나무를 이 강 위에 걸쳐 놓자 사람과 가축들이 이 나무를 밟고 수없이 지나갔다.

어느 날 고타쓰가 일이 있어 마을을 나와 그 다리를 건너가게 되었는데 다리 아래에서 무슨 소리가 들려왔다.

"아, 아프지 않게 밟고 지나가시오."

그 소리를 들은 선사는 기이한 생각이 들어 살펴보았으나 아무도 없었다. 잠시 머뭇거리며 왔다 갔다 하였으나 차마 지나가지 못하였다. 그래서 다리에 손을 대고 발돋움해서 보았더니 불상을 다 만들기도 전에 버려진 나무였다. 선사는 크게 두려워하며 그 나무를 깨끗한 곳으로 옮기고 슬피 울면서 공경하여 절을 하고는 서원誓願을 세웠다.

"인연이 있어 이렇게 만났습니다. 제가 꼭 만들어드리겠습니다."

그리고는 그 나무를 인연이 있는 곳으로 가져가서 사람들에게 권하여 공양물을 받아서 아미타불阿彌陀佛[10]과 미륵불彌勒佛,[11] 관음보살觀音菩薩[12] 등의 상을 조각하여 완성했다. 그 불상들은 지금 요

10_ 서방정토(西方浄土)의 극락세계에 머물면서 중생들을 위해 자비를 베푸는 부처. 무량수불(無量壽佛), 아미타여래(阿彌陀如來), 줄여서 미타(彌陀)라고도 불린다.

11_ 석가모니가 입멸(入滅)한 뒤에 56억 7천만 년 후에 이 세상에 나타나 중생을 구제한다는 미래의 부처.

12_ '세상의 중생(世)'의 '목소리(音)'를 '살펴보시고(観)' 그들을 고뇌로부터 구제하여 준다는 '보살(菩薩)'이다. 관세음보살의 모습은 머리에는 관을 쓰고 있으며, 손에는 버드나무가지 또는 연꽃을 들고 있고 다른 손에는 정병을 들고 있는데, 사람들의 모습에 따라 큰 자비를 베풀기 때문에 천변만화(千變萬化)의 모습을 지닌다고 한다. 관세음보살은 단독으로 조성되기도 하지만, 세지보살(勢至菩薩)과 함께 아미타불(阿彌陀佛)을 가까이서 모시는 협시보살(脇侍菩薩)로 나타나기도 한다.

시노 군 고시베 마을越部村[13]의 오카도岡堂라는 당에 안치되어 있다.

나무에는 원래 마음이 없는데 어떻게 소리를 냈을까. 오로지 부처님의 영혼이 소리를 내어 나타내 보인 것이다. 이 점을 조금도 의심해서는 안 된다.

원문

未作畢仏像而棄木示異霊表縁 第廿六

禅師広達者、俗姓下毛野朝臣、上総国武射郡人。一云畔蒜郡人也。聖武天皇代、広達入於吉野金峯、経行樹下而求仏道。時吉野郡桃花里有椅。椅本伐梨、引置之而歴歳余。同処有河、名曰秋河。彼引桃置梨度于是河。人畜俱践、而度往還。広達有縁出里、度彼椅往、椅下有音曰、「嗚呼莫痛踰耶」。禅師聞之、怪見无人。良久徘徊、不得忍過。就椅起看、未造仏了而棄木也。禅師大恐、引置浄処、哀哭敬礼、発誓願言、「有因縁故遇。我必奉造」。請有縁処、勧人集物、雕造阿弥陀仏·弥勒仏·観音菩薩等像、既訖。今居置吉野郡越部村之岡堂也。木是无心、何而出声。唯聖霊示、更不応疑也。

|도움말| 이 설화는 불상으로 완성되지 못하고 버려진 나무가 영험을 보여서 불상을 완성시키는 불상자구담佛像自救譚으로서, 하권의 제17화에도 보인다. 또한 하권의 제28화는 개미에게 목을 물린 불상이 도움의 소리를 질렀다는 비슷한 이야기가 있다.

13_ 지금의 나라 현 요시노 군 오요도 마을(大淀町).

한편 『곤자쿠모노가타리슈今昔物語集』 12권 제11화는 이 설화를 바탕으로 지어졌고, 이 이야기는 『후소략키扶桑略記』에도 인용되어 있다.

제27화

힘센 여자가 괴력을 보여준 이야기

오와리노스쿠네 구쿠리尾張宿禰久玖利[1]는 오와리 지방尾張国 나카지마 군中嶋郡[2]의 다이료大領[3]로서 쇼무聖武 천황이 나라를 다스릴 때의 사람이다. 그의 아내는 같은 지방의 아이치 군愛知郡 가타와 마을片蕝里[4]에 살던 여자이다. 이 사람은 옛날 간고지(元興寺) 절[5]에 머물었던 도조(道場) 법사[6]의 후손이다. 남편에게 순종하고 부드러워서 성품이 마치 명주나 비단 같았다. 가는 삼베실로 옷을 직접 짜서 남편인 다이료에게 입혔는데 손으로 직접 짠 베는 매우 아름다워서 무엇과도 비할 바가 없을 정도였다.

그때 그 지방을 맡아 다스리던 장관은 와카자쿠라베稚桜部의 아타루任라는 사람이었다. 그 지방관이 다이료가 입고 있던 옷이 무

1_ 덴무(天武) 천황 13년(674)에 오와리노무라지(尾張連)에게 '스쿠네(宿禰)'라는 성씨를 내렸다. '구쿠리(久玖利)'는 이름.

2_ 지금의 아이치 현(愛知県) 나카지마 군.

3_ 군(郡)의 4등관(四等官) 중 제1등관에 해당한다.

4_ 지금의 나고야 시(名古屋市) 나카 구(中区) 후루와타리 마을(古渡町) 부근.

5_ 지금의 아구이(安居院)・아스카(飛鳥) 대불(大佛)이 있는 곳에 있었던 절이다.

6_ 아스카에 있던 간고지 절의 괴력의 승려. 상권 제3화에 나온다.

척 아름다운 것을 보고는 빼앗으며 말하였다.

"그대가 입을 수 있는 옷이 아니군."

그리고는 돌려주지 않았다. 집에 돌아온 다이료를 보고 아내가 물었다.

"무슨 일이예요? 옷은 어떻게 되었나요?"

"지방관이 빼앗아갔소."

"그 옷이 아깝다고 생각하세요?"

"무척 아깝소."

그래서 아내는 곧바로 지방관에게 가서 애원하며 말하였다.

"옷을 돌려주세요."

그러자 지방관이 대답하였다.

"어떤 여자냐? 냉큼 끌어내라."

그러나 끌어내려고 해도 꼼짝도 하지 않았다. 여자는 두 손가락으로 지방관이 앉아 있는 자리의 끝을 잡고서 지방관을 앉아 있는 그대로 관아의 문 밖으로 끌고 나와서 지방관의 옷자락을 갈기갈기 찢으면서 빌듯이 말하였다.

"옷을 돌려주세요."

지방관은 두려움을 느끼고 당황하며 옷을 돌려주었다. 여자는 옷을 받아가지고 집으로 돌아와 깨끗하게 빨아서 잘 개어 두었다. 이 여자의 힘은 오죽呉竹[7]을 뽑아 명주실처럼 만들 수 있을 정도였다. 다이료의 부모는 이를 보고 매우 두려워하며 아들에게 일러 말하였다.

"너는 네 처 때문에 지방관에게서 미움을 사서 뭔가 일을 당할 게다."

7_ 담죽(淡竹)의 일종으로, 잎이 가늘고 줄기가 많다. 중국 오(呉)나라에서 전해진 대나무라는 뜻.

그리고는 다음과 같은 말을 하고는 여자를 본가로 돌려보냈다.

"지방관에게조차 이런 짓을 했으니 만약에라도 네 처 때문에 우리에게 무슨 일이라도 생긴다면 그때는 어떻게 하겠느냐? 걱정이 되어 잘 수도 먹을 수도 없구나. 그러니 본가로 돌려보내는 것이 나을 것 같다."

그 후 이 여자가 고향의 구사쓰가와草津川 강[8]의 나루터에 가서 빨래를 하고 있었다. 그때 장사꾼이 큰 배에 물건을 싣고 지나가고 있었다. 선장이 여자를 보고는 낯을 붉힐 만한 무례한 말을 하며 농지거리를 하였다. 그러자 여자는

"그만 하세요."

라고 하면서 말하였다.

"남에게 무례한 짓을 하면 뺨을 호되게 맞을 거예요."

이 말을 들은 선장은 화를 내며 배를 멈추고는 여자를 때렸다. 그러나 여자는 맞으면서도 아파하지 않고 배를 반쯤 정도 뭍으로 끌어올리자 배는 뒤쪽 절반은 물에 잠기게 되었다. 선장은 나루터 근처의 사람들을 고용하여 배에 실은 물건들을 들어내고 배를 물에 밀어 넣은 다음 다시 물건들을 배에 실었다. 여자가 말했다.

"무례한 행동을 했기 때문에 배를 끌어올린 거예요. 왜 여러분은 미천한 여자를 업신여기는 겁니까?"

그리고는 짐을 실은 그대로 배를 다시 1정町[9]쯤 육지로 끌어올려 놓았다. 그러자 뱃사람들은 매우 두려워하며 무릎을 꿇고 사과하였다.

"잘못했습니다. 맞는 말씀입니다."

그제야 여자는 용서해 주었다. 그런데 그 배는 오백 명이 끌어

8_ 미상.

9_ 1정(町)은 약 109m에 해당한다.

당겨도 움직이지 않았다. 그래서 여자의 힘이 오백 명 이상의 힘을 가지고 있음을 알 수 있다. 어느 경전에

"떡을 만들어 삼보三寶[10]를 공양하면 금강나라연金剛那羅延[11]과 같은 힘을 얻으리라 운운."

이라고 서술되어 있다.

이로서 전생에 큰 떡을 만들어서 삼보를 공양하였기 때문에 이런 대단한 힘을 얻었다는 것을 잘 알 수 있다.

원문

力女示強力縁 第廿七

尾張宿禰久玖利者、尾張国中嶋郡大領。聖武天皇食国之時人也。久玖利之妻、有同国愛知郡片蕝里之女人。是昔、有元興寺道場法師之孫也。随夫柔儒、如練糸綿。織麻細疊而著夫大領。疊妹无比。時其国行主、稚桜部任也。国上視於著大領之衣妹、而取言、「非可著汝之衣」、不返也。妻問、「何衣」答、「国上取」。復問「彼衣心惜思耶」。答言、「甚惜」。妻即往、居国上之前、乞言、「衣賜」。爾国上言、「何女、引捨」。使引不動。女二指以、取国上居床之端、居惣持出於国府門外、国上衣襴、捕粉条然、乞言、「衣賜」。国上惶煩、彼衣返与。取持帰家、洒浄、牒収其衣。于呉竹捕粉如練糸。大領之父母、見之大惶、告其子言、「汝依此妻、国司見怨、行事」、大惶告。「国司作是、事咎動有、我等何作。不能寝食。故送

10_ 불(佛, 부처 또는 불상) 법(法, 부처의 가르침 즉 경전) 승(僧, 승려 및 불교의 신봉자)의 세 가지를 말하는데, 불교를 총괄적으로 의미할 때도 쓰인다.

11_ '금강'은 강하고 견고한 것을 뜻하고, '나라연'은 제석천(帝釋天)의 부하로서 괴력을 가지고 불법을 수호하는 존재를 말한다.

本家而不勝」。然後此孃、至彼里草津川之河津、而衣洗。時商人、大船載荷乗過。船長見孃、言煩嘲啁。女言「黙」。女言、「犯人者頬痛所拍」。船長聞瞋、留船打女。女不痛拍、船半引居、舳下入水。雇津辺人、船物持上、然更載船。孃言、「无礼故引居船。何故諸人令陵賎女」。船荷載惣、亦一町程引上而居。於玆船人大惶、長跪白言、「犯也。服也」。故女聴許。彼船五百人引不動。故知、彼力過五百人力。如経説、「作餅供養三宝者、得金剛那羅延力云々」。是以当知、先世作大枚餅、供養三宝衆僧、得此強力矣。

|도움말| 이 설화에 등장하는 힘센 여자의 조상은 상권 제3화에서 번개의 호의로 얻은 아이로 귀신을 퇴치한 도조법사이다. 이 여자는 중권의 제4화에서도 등장하여 미노 지방의 기쓰네 여인과 힘겨루기를 하고 있다.

중권 제4화와 이 이야기에는 모두 오와리 지방과 미노 지방의 하천을 이용한 상업 교역의 배경이 나타나 있다. 또한 이 27화에는 지방관의 폭정暴政의 단면이 감지된다. 이러한 점에서 이 힘센 여자 이야기는 과장스러운 부분으로 인하여 허구의 느낌이 강함에도 불구하고 그 배경에는 거꾸로 현실감이 있다.

한편, 『곤자쿠모노가타리슈今昔物語集』 23권 제18화는 이 설화를 바탕으로 지어졌다.

제28화

아주 가난한 여자가 장륙존상에게 복을 빌어서 기이한 일이 나타나 현세에서 큰 복을 받은 이야기

쇼무聖武 천황 시대에 나라奈良의 다이안지大安寺 절[1] 서쪽 마을에 한 여자가 살고 있었다. 매우 가난하여 목숨을 부지할 방도가 없어서 굶주리고 있었다. 그러던 중에

"다이안지 절의 장륙존상丈六尊像[2]은 중생이 바라는 것을 즉각 들어 준다."

고 하는 소문을 들었다.

그래서 여자는 꽃과 향, 기름을 사서 장륙존상을 찾아가서 이렇게 빌었다.

"저는 전생에 복이 될 공덕을 쌓지 못했습니다. 그래서 현세에 빈곤이라는 응보를 받고 있습니다. 그러니 부디 저에게 재물을 베

1_ 나라 시(奈良市)에 있는 고야산(高野山) 진언종(真言宗)의 절로서 쇼토쿠태자(聖德太子)가 617년에 건립한 구마고리데라(熊凝寺) 절이 전신이다. 이것이 639년에는 구다라다이지(百済大寺) 절, 673년에는 다케치다이지(高市大寺) 절로 불리다가 710년에 나라로 천도한 뒤 좌도읍으로 옮겨지면서 다이안지 절로 일컬어졌다. 나라(奈良) 시대부터 헤이안(平安) 시대 초기까지 도다이지(東大寺) 절, 고후쿠지(興福寺) 절과 어깨를 나란히 하는 큰 절이었다.

2_ '장륙(丈六)'은 1장(丈) 6척(尺), 즉 약 4.85m에 해당하는 길이를 나타내는 말로서, 석가의 신장이 1장 6척이었다는 점에서 유래된 말이다. 따라서 장륙의 높이의 불상을 말하며, 장륙보다 큰 것을 대불(大佛)이라 한다.

푸시어 가난의 시름에서 벗어나게 해 주십시오."

이렇게 며칠이고 몇 달이고 비는 일을 그치지 않았다. 어느 날 여느 때처럼 복을 바라면서 꽃과 향과 등잔기름을 바친 후 집으로 돌아와 잠을 자고 다음날 일어나보니 문 앞의 다리 쪽에 돈 네 관貫[3]이 있었다. 거기에는 종이가 붙어 있었는데 이렇게 쓰여 있었다.

"다이안지 절의 경전 독송회[4]에 바친 돈."

여자는 두려워서 얼른 그 돈을 절에 보냈다. 마침 그때 독송회 스님들이 돈을 넣어둔 돈궤를 보니 봉인은 그대로였는데 열어서 보자 오로지 돈 네 관만 없었다. 그래서 돈을 받아서 다시 돈궤에 넣어 두었다. 여자는 다시 장륙존상 앞으로 가서 꽃과 향과 등잔 기름을 바치고는 집으로 돌아와서 잠자리에 들었다. 다음날 일어나서 마당을 보니 또다시 돈 네 관이 있었고 거기에 또 종이가 붙어 있었는데 이렇게 쓰여 있었다.

"다이안지 절의 경전 독송회[5]에 바친 돈."

여자는 다시 그 돈을 절로 보냈다. 독송회의 스님들이 돈궤를 들여다보니 봉인은 여전히 그대로였고 열어서 보았더니 돈 네 관만 없었다. 기이하게 여기며 다시 넣고는 봉해 두었다.

여자는 이전처럼 장륙존상 앞으로 가서 자신에게 복을 빌고는 집으로 돌아와 잠자리에 들었다가 다음날 문을 열어서 보니 문지방에 돈 네 관이 있었다. 종이가 붙어 있었는데 이렇게 쓰여 있었

3_ 당시 1관(貫)으로 쌀 120석을 살 수 있었다.

4_ 원문에는 '대수다라공(大修多羅供)'으로 되어 있다. '수다라'는 경전을 읽고 논의하는 집단으로 수다라의 '대법회'의 '공양'이라는 뜻. 다이안지 절의 수다라 독송회에서는 『대반야경(大般若經)』을 다루었다.

5_ 원문에는 '상수다라공(常修多羅供)'으로 되어 있다. 『대반야경』을 읽고 논의하는 집단으로 일반적으로 모이는 규모를 말함.

다.

"다이안지 절의 『성실론成實論』 독송회[6]의 돈."

여자는 이 돈을 절로 보냈다. 이 독송회의 스님들이 돈 궤를 들여다보니 여전히 봉인은 아무 이상이 없었는데 열어서 보았더니 오로지 돈 네 관만 없었다. 이에 육종六宗[7]을 이끄는 스님[8]들이 모여서 기이하게 여기며 여자에게 물었다.

"도대체 무엇을 했습니까?"

"아무것도 한 것이 없습니다. 그저 가난하고 어려운데다 목숨을 부지할 방도도 없고 돌아갈 곳도 기댈 곳도 없어서 이 절의 석가님의 장륙존상에 꽃과 향과 기름을 바쳐서 복을 빌었을 뿐입니다."

승려들은 이 말을 듣고서 서로 의논하더니 말하였다.

"이것은 부처님이 주시는 돈이오. 그러니 우리는 받을 수 없소."

그리고는 여자에게 돈을 돌려주었다. 돈 네 관을 얻은 여자는 증상연增上緣[9]을 계기로 큰 부자가 되어 재물도 많아지고 목숨을 오래 보존했다.

이것으로서 석가모니 장륙존상의 기이한 힘은 여자의 지극한 믿음에 감응하여 나타난 기이한 일임을 잘 알 수 있다.

6_ 『성실론』을 읽고 논의하는 집단. 『성실론』은 남도육종(南都六宗)의 하나.

7_ 나라 시대에 번창했던 대표적인 불교 종파. 화엄종(華嚴宗)・율종(律宗)・법상종(法相宗)・삼론종(三論宗)・성실종(成實宗)・구사종(俱舍宗)의 여섯 종파를 말한다.

8_ 각 종파의 수석 스님.

9_ 다른 것이 생겨나는 데 계기가 되어 증진시키는 인연(因緣).

원문

極窮女於尺迦丈六仏願福分、 示奇表以現得大福縁　第廿八

聖武天皇世、奈羅京大安寺之西里、有一女人。極窮命活无由而飢。流聞、「大安寺丈六仏、衆生所願、急能施賜」。買花香油、而以参往於丈六仏前、奉白之言、「我昔世不修福因。現身受取貧窮之報。故我施宝、令免窮愁」。累日経月、願祈不息。如常願福、献花香灯、罷家而寐、明日起見、于門椅所、有銭四貫。著之短籍、而注謂之、「大安寺大修多羅供銭」。女人恐、急以之送寺。時宗僧等、見入銭蔵、封印不誤、唯无銭四貫。故取納蔵矣。女又参向于丈六前、献花香灯、罷家而寝、明日起見乎庭中、有銭四貫。又短籍注謂、「大安寺常修多羅供銭」。女以送寺。宗之僧等、見銭器、封不誤也。開見之、唯无銭四貫。怪之蔵封。女如先参往丈六前、願白福分、罷家而寝。明日開戸見之、閫前有銭四貫。著短籍謂、「大安寺成実論宗分銭」。女以送寺。宗僧等、見入銭之器、猶封不誤。開見之、唯无銭四貫。爰六宗之学頭僧等、集会怪之、問女人曰、「汝為何行」。答曰、「无所為。唯依貧窮、存命无便、無帰無怙。故我是寺尺迦丈六仏、献花香灯、願福分耳」。衆僧聞之、而商量言、「是仏賜銭。故我不蔵」、返賜女人。女得銭四貫、為増上縁、大富饒財、保身存命。諒知、尺迦丈六不思議力、女人至信奇表之事矣。

|도움말| 이 설화는 가난한 생활에도 꽃과 향과 기름을 사서 장륙불상에게 봉헌하는 여자의 신심信心과 얻은 돈을 다시 돌려주는 정직함, 다이안지 절 석가불의 감응感応에 의한 영험과 현보 등이 이야기의

중심이다.

한편『곤자쿠모노가타리슈今昔物語集』12권 제15화는 이 설화를 바탕으로 지어졌고, 가난한 여자가 여러 부처의 영험에 의해 축복과 덕을 얻는다는 이야기는 중권의 제14화에도 나온다.

제29화

교기 대덕이 혜안으로 여자의 머리에 멧돼지기름이 발라져 있는 것을 보고 꾸짖은 이야기

옛날 도읍 아스카飛鳥에 간고지元興寺 절[1]이 있던 마을에서 법회를 훌륭하게 준비한 후 교기行基 대덕大德[2]을 모셔다가 칠 일 동안 설법을 하시게 하였다. 여기에 승려들과 속인들이 모두 모여서 가르침을 들었다. 청중 가운데 한 여자가 있었는데 그녀는 머리에 멧돼지기름을 바른 채 사람들 가운데 앉아서 가르침을 듣고 있었다. 대덕이 그 여자를 보고는 꾸짖어 말하였다.

"아주 냄새가 심하군. 저기 머리에 피를 바른 여자를 멀리 내쫓아라."

여자는 매우 부끄러워하며 나갔다.

평범한 사람의 눈에는 이것이 머릿기름 색으로만 보이지만 성인의 밝은 눈은 분명히 짐승의 피를 알아보는 것이다. 일본국에서는 교기대덕이야말로 사람의 모습으로 나타난 부처님의 화신[3]이

1_ 지금의 나라 현(奈良県) 나라 시(奈良市) 아구이(安居院)·아스카(飛鳥) 대불(大佛)이 있는 곳에 있었던 절.

2_ 나라 시대의 명승(名僧)으로 쇼무 천황이 그에게 깊이 귀의하였다. 여러 지방을 편력하며 중생을 교화했고, 도다이지(東大寺) 절의 대불(大佛) 건립에 크게 힘쓰는 한편, 토목공사를 추진하였다.

3_ 부처나 보살이 사람의 모습으로 나타나는 것.

시다.

원문

行基大徳放天眼視女人頭塗猪油而呵嘖縁 第廿九

故京元興寺之村、厳備法会、奉請行基大徳、七日説法。于是道俗皆集聞法。聴衆之中、有一女人。髪塗豬油、居中聞法。大徳見之、嘖言、「我甚臭哉。彼頭蒙血女、遠引棄」。女大耻出罷。凡夫肉眼是油色、聖人明眼見視宍血。於日本国、是化身聖也。隠身之聖矣。

| 도움말 | 『산보에코토바三宝絵詞』 중권의 제3화는 이 설화를 바탕으로 지어졌다. 다만, 끝 부분의 "평범한 사람의 눈에는"이라는 문장 뒤에는 "보는 사람들이 모두 기이하게 여기며 놀랐다. 이러한 기이한 이야기는 심히 많다."라고 서술되어 있다. 교기 관련 설화는 상권의 제5화, 중권의 제2화 · 제7화 · 제8화 · 제12화 · 제29화 · 제30화 등에 보이는데, 교기 자신의 영험담을 다룬 것은 이 이야기와 다음의 제30화뿐이다.

한편 『곤자쿠모노가타리슈今昔物語集』 17권의 제36화는 이 설화를 바탕으로 만들어졌고, 교기가 문수보살文殊菩薩의 화신이라고 한 점이 추가되어 있다.

제30화

교기 대덕이 자식을 데리고 온 여자의 과거를 꿰뚫어 보고 아이를 연못에 버리게 한 기이한 이야기

교기行基대덕大德[1]은 나니와難波의 후미[2]를 파서 넓혀서 나루터를 만들고[3] 그곳에서 불법을 설파하며 사람들을 교화시켰다. 승려든 속인이든 귀천을 막론하고 모여들어서 설법을 들었다.

이때 가와치 지방河内国 와카에 군若江郡 가와마타 마을川派里[4]에 한 여자가 있었다. 이 여자가 아들을 데리고 법회에 와서 설법을 들었다. 그런데 그 아이가 큰 소리로 우는 바람에 설법을 들을 수가 없었다. 그 아이는 나이가 열 살이 넘도록 걷지를 못하였다. 큰 소리로 울면서 젖을 먹으며 잠시도 쉬지 않고 무언가를 먹고 있었다. 대덕이 여자에게 말하였다.

"어이 거기 자네는 자식을 데리고 나가서 연못에 버리게나."

사람들은 그 말을 듣고 수군거리며 말하였다.

1_ 나라 시대의 명승(名僧)으로 쇼무 천황이 그에게 깊이 귀의하였다. 여러 지방을 편력하며 중생을 교화했고, 도다이지(東大寺) 절의 대불(大佛) 건립에 크게 힘쓰는 한편, 토목공사를 추진하였다.

2_ 오사카 시(大阪市) 요도가와(淀川) 하구(河口) 부근의 바다.

3_ 교기대덕이 나니와의 후미를 파서 나루터를 만든 이야기는 중권 제7화에 나온다.

4_ 지금의 오사카 부(大阪府) 히가시오사카 시(東大阪市) 가와마타(川俣).

"자비로우신 성인께서 무슨 까닭으로 그런 말씀을 하십니까?"

여자는 자식이 가여워서 버리려 하지 않았다. 오히려 더욱 껴안고서 설법을 들었다.

다음날 여자는 다시 자식을 데리고 와서 설법을 들었다. 아이는 여전히 시끄럽게 울었고 청중들은 그 울음소리 때문에 설법을 들을 수가 없었다. 대덕이 꾸짖으며 말하였다.

"그 아이를 연못에 던져 버리시오."

여자는 기이하게 생각하면서도 그 시끄러움을 더 이상 참지 못하여 아이를 깊은 연못에 던졌다. 아이는 다시 물 위로 떠오르더니 발을 동동거리고 손을 비비며 눈을 부릅뜨더니 원통해 하며 말하였다.

"아, 분하다. 이제 삼 년 동안 당신한테서 얻어먹으려 했는데."

여자는 기이하게 여기며 다시 법회에 돌아와서 설법을 들었다. 대덕이 물었다.

"아이를 버렸는가?"

그러자 여자는 그렇게 했다고 대답하면서 조금 전의 일을 상세히 이야기하였다. 그러자 대덕이 말하였다.

"너는 옛날 전생에 그 사람의 물건을 빌리고는 갚지 않았기 때문에 지금 자식의 모습으로 와서 빚을 받느라고 그렇게 먹어댄 것이다. 그 아이는 옛날 너에게 물건을 빌려준 주인이다."

아, 부끄러운 일이다. 남에게 빌린 것을 갚지 않은 채 어찌 죽을 수 있는가. 후세에 반드시 그 응보를 받게 된다. 그런 까닭에 『출요경出曜經』[5]에서도

5_ 총 30권. 요진(姚秦)의 축불념(竺佛念)이 번역한 경전으로, 부처의 전생과 생애 그리고 부처 제자들의 행적과 중생교화를 목적으로 한 이야기 등이 들어 있다. 본문의 말은 「무상품(無常品)」 하(下)에 나온다.

"남에게서 한 푼어치의 소금을 빌리고 갚지 않은 연유로 소가 되어 태어나 소금을 지고 빌린 주인에게 부림을 당하면서 갚게 된다."
고 하였으니 이를 두고 한 말이다.

원문

行基大徳携子女人視過去怨令投淵示異表縁 第卅

行基大徳、令堀開於難波之江而造船津、説法化人。道俗貴賤、集会聞法。爾時河内国若江郡川派里、有一女人。携子参往法会、聞法。其子哭譴、不令聞法。其児年至于十余歳、其脚不歩。哭譴飲乳、噉物无間。大徳告曰、「咄彼嬢人、其汝之子持出捨淵」。衆人聞之、当頭之曰、「有慈聖人、以何因縁、而有是告」。嬢依子慈不棄。猶抱持、聞説法。明日復来、携子聞法。子猶譶哭、聴衆障囂、不得聞法。大徳嘖言、「其子投淵」。爾母怪之、不得思忍、擲於深淵。児更浮出於水之上、踏足攢手、目大瞻暉、而慷慨曰、「惻哉。今三年徴食耶」。母怪之、更入会聞法。大徳問言、「子擲捨耶」時母答、具陳上事。大徳告言、「汝昔先世、負彼之物、不償納故、今成子形、徴債而食。是昔物主」。嗚呼耻矣。不償他債、寧応死耶。後世必有彼報而已。所以出曜経云、「負他一銭塩債故、堕牛負塩所駈、以償主力」者、其斯謂之矣。

| 도움말 | 이 설화는 앞의 제29화와 마찬가지로 교기 자신의 영험담이다. 이야기 속의 교기는 큰 소리로 울어대는 아이를 강에 버리도록 한다. 너무나도 비정한 말에 사람들은 진의를 알지 못하고 의심하

였지만 그럼에도 교기는 재차 버리도록 명한다. 모친이 어쩔 수 없이 결심을 하고 강에 아이를 던져 버리자 그 아이는 좀 더 얻어먹을 작정이었다고 분해하며 강물 위에서 동동거리며 원통해 했다. 돈을 빌린 사람이 동물로 태어나서는 부림을 당하고 빚을 갚는다고 하는 이야기는 상권의 제10화 등 많이 나오는데, 빌려준 주인이 다시 태어나 받으려 하는 이야기는 매우 이색적이라고 할 수 있다.

한편, 『곤자쿠모노가타리슈今昔物語集』 17권 제37화는 이 설화를 바탕으로 지어졌다.

제31화

탑을 세우려고 서원을 세웠을 때 태어난 딸이 사리를 손에 쥐고 태어난 이야기

니후노아타이 오토카미丹生直弟上[1]는 도토미 지방遠江国 이와타 군磐田郡[2] 사람이다. 오토카미는 불탑을 세우겠다는 서원誓願을 세웠으나 탑을 세우지도 못한 채 여러 해가 지났다. 그럼에도 여전히 서원을 이루겠다고 마음먹으며 늘 가슴 깊이 안타까워했다.

쇼무聖武 천황 시대에 오토카미의 나이는 일흔이었고 그 아내는 예순 둘이었는데 아내가 임신하더니 딸을 낳았다. 그런데 딸아이가 왼손을 꼭 쥔 채로 태어났다. 부모가 기이하게 여겨서 쥔 손을 펴보려 하였으나 더욱더 굳게 쥐고는 일부러 펴지 않는 듯하였다. 부모는 걱정하며 말하였다.

"할멈이 아이를 낳을 나이가 아닌데 자식을 낳아서 근본[3]이 온

1_ '니후(丹生)'는 씨족명이고, '아타이(直)'는 가바네(姓, 세습적인 직위나 직무)를 가리킨다.

2_ 지금의 시즈오카 현(静岡県) 이와타 시(磐田市) 이와타 군(磐田郡)에 속한다.

3_ 원문은 '根'이다. 인간의 정신과 육체가 타고 나는 근본. 여기에 결점이 생기면 후천적으로는 고칠 수 없다고 생각되었다. 따라서 손을 펼 수 없는 것도 선천적인 근원에 문제가 있는 것이기 때문에 고칠 방법이 없다고 생각하는 것이다. 한편, 이즈모지 오사무(出雲路修, 1996)는 '육체의 능력 및 기관'으로 보고 있다.

전하지 않은 거요. 이는 참으로 부끄러운 일이오. 그러나 너는 전생의 인연이 있어서 우리 자식으로 태어난 것일 게다."

그래서 싫어하거나 버리지 않고 사랑으로 먹이고 길렀다. 아이가 점점 자람에 따라 용모도 단정하였다. 나이 일곱이 되자 모친에게 손을 펴 보이면서 말하였다.

"이걸 보세요."

그래서 손바닥을 보니 사리가 두 알 있었다. 부모는 무척 기쁘면서도 기이하게 여겨 사람들에게 알렸다. 사람들은 기뻐서 나뒹굴 정도였다. 그 지방의 장관과 군의 관리들도 모두 기뻐하며 신자들을 불러 모아서 칠층탑을 세워 그 안에 사리를 봉안하고 공양하였다.

지금 이와타 군 내에 세워져 있는 이와타데라磐田寺 절[4]의 탑이 이것이다. 탑을 세운 후 딸아이는 갑자기 죽었다. 서원을 세우면 얻을 수 없는 것이 없고, 이루어지지 않는 일은 없다고 한 것은 이를 두고 한 말임을 분명히 알 수 있다.

원문

将建塔発願時生女子捲舎利所産縁 第卅一

丹生直弟一者、遠江国磐田郡之人也。弟一作塔発願、未造其塔而歴淹年、猶瞻願果、毎軫于懐。聖武天皇御世、弟上年七十歳、妻年六十二歳、懐妊生女。捲左方手、以所産生。父母怪之、開于捲手、弥増固捲、猶故不舒。父母愁曰、「嫗非時産子、根不具。斯為大恥。以因縁故、汝生我子」。酒不嫌棄、而慈哺育。漸随長大、面容端正。年至七歳、開

4_ 군명(郡名)을 딴 이름으로 이와타 시 부근으로 보이나 분명하지 않다.

手示母曰、「見是物」。因瞻掌、有舎利二粒。歓喜異奇、告知諸人。諸人衆喜展転。国司郡卿悉喜、引率知識、建七重塔、安彼舎利以供養了。今磐田郡部内建立磐田寺之塔是也。立塔之後、其子忽死。闔知、願无不得、願无不果者、其斯謂之矣。

|도움말| 이 설화는 탑을 세우고자 발원하였을 때, 딸이 부처님의 사리를 손에 쥐고 태어난 이야기이다. 탑은 원래 불사리를 안치하는 건물로서 조탑造塔의 공덕을 설하는 경전은 많다. 상권의 제27화에서 이시카와石川의 사미승沙彌僧이 탑의 나무를 부숴 태운 행위의 응보로서 비참하게 죽은 이야기나, 하권 제36화에서 후지와라 나가테藤原永手가 사이다이지西大寺 절의 탑을 작게 줄여 지은 것으로 인하여 지옥에서 고통을 당하는 이야기 등을 예로 들 수 있다.

한편, 『곤자쿠모노가타리슈今昔物語集』 12권 제2화는 이 설화를 바탕으로 지어졌다.

제32화

절에서 이자를 받기 위해 빚은 술을 빌려 쓰고 갚지 않고 죽었다가 소로 태어나 부려지며 빚을 갚은 이야기

쇼무聖武 천황 시대에 기노쿠니 지방紀伊国 나쿠사 군名草郡 미카미 마을三上村[1]에 사는 사람이 야쿠오지薬王寺 절[2]을 위해 신자들을 이끌고 약분薬分[3] 기금을 늘이려고 힘썼다. 야쿠오지 절을 지금은 세타데라(勢多寺) 절[4]이라고 부른다. 그 약의 기금을 오카다노스구리岡田村主[5]의 오바메姑女[6] 집에 빌려주고 술을 만들어 이익을 불리고 있었다.

그때 새끼 얼룩소가 한 마리 있었는데 야쿠오지 절에 들어와서는 항상 탑 아래에 엎드려 있었다. 절간 사람들이 내쫓아도 다시 돌아와서 거기에 엎드려 있으며 떠나려 하지 않았다. 사람들이 이상하게 여기며

"누구네 집 새끼소요?"

1_ 지금의 와카야마 현(和歌山県) 가이난 시(海南市) 가메가와(亀川).

2_ 미상.

3_ 약의 재료라는 뜻이지만, 실제로는 술을 빚는 데 필요한 쌀이다.

4_ 야쿠오지 절의 별칭. 『일본국현보선악영이기고증(日本国現報善悪霊異記攷証)』에는 나쿠사 군 야쿠쇼지 마을(薬勝寺村)에 있다고 하는데 야쿠오지 절과 야쿠쇼지 절과의 관계는 분명하지 않다.

5_ 미상. '스구리'는 고대의 가바네(姓, 세습적인 직위나 직무) 중 하나로 귀화인에게 많았으며 부락의 우두머리인 소호족을 칭하였다.

6_ 백모(伯母)・숙모(叔母)를 가리킨다.

하고 물어도 누구 하나 자기 집 새끼소라고 말하는 이가 없었다. 그래서 절에서는 그 새끼소를 붙잡아서 새끼줄로 매서 묶어 두고 길렀다.

새끼소가 점점 자라서 덩치가 커지자 절간의 일에 부렸다. 그 후 다섯 해가 지났을 때 절의 시주施主[7]인 오카다노스구리 이와히토石人가 꿈을 꾸었다. 꿈에서 그 새끼소가 이와히토를 따라오더니 뿔로 들이받고 발로 짓밟았다. 이와히토는 두려워 소리를 지르자 새끼소가 물었다.

"당신은 나를 알겠소?"

"모른다."

그러자 새끼소는 뒤로 물러나서 무릎을 꿇고 엎드려 눈물을 흘리며 말하였다.

"나는 사쿠라 마을桜村[8]에 살았던 모노노베노 마로物部麿[9]라고 하오. 통칭을 시오쓰키(塩春)[10]라고 한다. 이 사람이 살아 있을 때 멧돼지에게 화살을 쏘아 맞히지 못하였는데 자기 화살에 멧돼지가 맞았다고 생각하여 소금으로 절이려고 소금을 짊어서 짊어지고 가서 보니 멧돼지는 없고 화살만 땅에 꽂혀 있었다. 마을 사람들은 이를 비웃으며 '시오쓰키'라고 불렀다. 그래서 그것이 통칭이 되었다. 내가 예전에 약분으로 만든 술을 두 말 빌리고는 갚지 못하고 죽었소. 그래서 지금 소의 몸으로 태어나 빌린 술을 갚기 위해 이렇게 부려지고 있는 것이요. 부림을 당해야 할 햇수는 팔 년이오. 이제껏 오 년 동안 일했고 아직 삼 년이 남았소. 절에 있는 사람들은 인정 없이 내 등을 때리면

7_ 원문은 '檀越'이다. 이들은 대체적으로 지방의 호족들로서 재정적으로 절에 큰 지원을 하던 이들이다.

8_ 미상.

9_ 미상.

10_ 사슴고기를 소금에 절여 저장식품을 만든다는 뜻.

서 마구 부리고 있소. 정말 고통스럽소. 시주 외에는 불쌍하게 여겨줄 사람이 없기 때문에 이렇게 하소연하는 것이오."

이와히토가 물었다.

"무엇으로 그 말이 참말인 줄 알겠는가?"

새끼소가 대답했다.

"사쿠라 마을의 아가씨에게 물어보면 참인지 거짓인지 알 수 있소." 이 아가씨는 술을 빚고 있는 집주인, 즉 이와히토의 누이다.

아주 기이하게 여긴 이와히토는 누이의 집으로 가서 있었던 일을 상세하게 말해 주었다. 그러자 누이가 대답하였다.

"정말로 말한 그대로입니다. 술 두 말을 빌려 쓰고는 갚지 못한 채 죽었습니다."

그래서 절의 일을 관리하는 승려 조타쓰浄達[11]와 시주들은 그러한 인연因緣[12]이 있음을 알고 소를 불쌍히 여기는 마음으로 독경讀經을 해 주었다. 팔 년이 지나자 새끼소는 어디론가 사라져버려 다시는 모습을 볼 수 없었다.

이 일로부터 빚을 지고 갚지 않으면 그 응보가 반드시 있다는 것을 잘 알아야 한다. 그러니 어찌 잊을 수 있겠는가. 그래서 『성실론成實論』[13]에서

"사람이 만약에 빚을 지고 갚지 않으면 소나 양, 사슴, 당나귀 등의 가축이 되어 그 전생의 빚을 갚게 된다."

고 쓰여 있는 것은 이를 말하는 것이다.

11_ 교운(慶雲) 4년(707) 5월에 신라에서 돌아온 승려로 보인다.

12_ 원인이 있어 결과가 일어나는 도리.

13_ 총 16권. 남도육종(南都六宗)의 하나. 구마라집(鳩摩羅什)이 번역하였다. 인용문은 『성실론』 권8의 「육업품(六業品)」 제110에 나온다.

원문

儥用寺息利酒不償死作牛役之償債縁 第卅二

聖武天皇世、紀伊国名草郡三上村人、為薬王寺、率引知識、息晉薬分。薬王寺今謂勢多寺也。其薬料物、寄乎岡田村主姑女之家、作酒息利。時有斑犢。入薬王寺、常伏塔基。寺人擯出、又猶還来而伏不避。怪之問他曰、「誰家犢」。一人而无言我犢者。寺家捉之、著縄繋餧。送年長大、於寺産業所駈使。歳経之五年、時寺之檀越岡田村主石人、夢見、其犢牛、追於石人、以角棠仆、以足蹸之。石人愕叫。於是犢牛問言、「汝知我也」。答、「不覚也」。彼牛放退、屈膝而伏、流涙白言、「我者有桜村物部麿也。字号塩春也。是人存時、不中矢、豬念我当射、春塩往荷見之无豬。但矢立於地。里人見咲、号曰塩春。故以為字也。吾先是、寺薬分之酒貸用二斗、未償以死。所以今受牛身、而償酒債故、役使耳。応役之年、限於八年。所役五年、未役三年。寺人无慈、打於我背、而追駈使。斯甚苦痛。自非檀越、无愍之人故、申愁状」。石人問曰、「何以故知矣」。牡答之曰、「問桜大娘、而知虚実」。大娘者作酒家主、即石人之妹也。独大怪之、往乎妹家、具陳上事。答、「実如言。儥用酒二斗、未償而死」。於茲、知寺僧浄達並檀越等、悟於因縁、垂哀愍心、為修誦経。遂八年已、不知所去。亦更不見。当知、負債不償、非无彼報。豈敢忘矣。所以成実論云、「若人負債不償、堕牛羊麞鹿驢馬等中、償其宿債」。者、其斯謂之矣。

|도움말| 이 설화는 절에서 술을 빌려 사용하고 갚지 않아 소로 환생하여 그 빚을 변상한다는 화우반채담化牛返債譚에 속하는 이야기이

다. 이와 같은 주제의 설화는 상권의 제20화, 중권의 제9화에도 보인다. 한편, 『곤자쿠모노가타리슈今昔物語集』 20권 제22화는 이 설화를 바탕으로 하고 있다.

제33화 여자가 악귀에게 능욕당하여 잡아먹힌 이야기

쇼무聖武 천황 시대에 온 나라 사람들이 다음과 같은 노래를 불렀다.[1]

당신을 아내로 맞이하고 싶다고 하는 이 누구인가. 아무치 마을菴知村 요로즈万 가문의 딸이여. 나무나무야南无々々耶[2] 선인仙人이 술을 한 말이나 마시고 법을 설한 나머지.[3]

그 때 야마토 지방大和国 도치 군十市郡[4] 아무치 마을[5] 동쪽에 무척이나 부유한 집이 있었다. 성씨는 가가미쓰쿠리노 미야쓰코鏡作造[6]였다. 그 집에 딸이 하나 있었는데 이름을 요로즈노코라 하였다. 아직 시집을 가지 않았고 남자와 정을 통하지 않았다. 용모가 반

1_ 사회적으로 유행한 속요(俗謡)가 후에 일어난 사건의 전조였다고 보는 견해는 기키가요(記紀歌謡)에도 보인다. 하권의 제38화의 속요도 마찬가지이다.

2_ 나무(南無)는 불교에서 기도할 때 처음 하는 말이다.

3_ 두 번째 구는 의미 불명.

4_ 지금의 나라 현(奈良県) 시키 군(磯城郡)의 동부.

5_ 지금의 텐리 시(天理市) 니카이도(二階堂) 부근.

6_ 미상.

듯하여 지체 높은 집안의 사람들이 구혼하였으나 계속 거절하면서 여러 해가 지나갔다.

그런데 어떤 남자가 청혼하면서 여러 차례 물건을 보내왔다. 아름다운 색깔의 비단을 세 수레에 싣고 오자 딸은 그것을 보고 마음이 흔들렸고 그래서 남자에게 다가가 가까운 사이가 되었다. 남자의 말에 따라 동침하기로 하고 규방에서 정을 통하였는데 그날 밤 규방에서 소리가 들려왔다.

"아파."

이런 소리가 세 번이나 들렸다. 딸의 부모는 그 소리를 듣고 서로 말하였다.

"아직 익숙하지 않아서 아픈 게지."

이렇게 말하고는 그대로 그냥 잠을 잤다.

다음날 늦게까지 딸 부부가 일어나서 나오지 않자 그 모친이 방문을 두드리며 깨웠으나 대답이 없었다. 기이하다고 여겨서 문을 열어 보았더니 딸의 머리와 손가락 하나만 남아 있고 나머지 몸은 악귀가 모두 먹어치웠다. 이를 본 부모는 크게 두려워하며 슬픈 마음에 예물로 보내온 채색 비단을 보니 짐승의 뼈로 변해 있었고 그것을 싣고 왔던 수레 세 대도 수유나무로 변해 있었다.

사방팔방에서 이 소문을 듣고 몰려온 사람들 가운데 그것을 보고 기이하게 여기지 않은 사람이 없었다. 부모는 삼한三韓에서 가져온 상자[7]에 죽은 딸의 머리를 넣고 초이레 아침에 불전에 두고 재식齋食을 마련하여 공양을 올렸다.

그래서 의심스런 것은 재앙의 조짐이 먼저 나타나는데 그 노래가 이 일의 조짐이었다는 사실이다. 어떤 이는 신이 하신 기이한

7_ 대륙에서 건너온 아름다운 상자. 실제로는 박래품(舶來品)이 아닐지도 모르지만, 훌륭하고 진귀한 물건 등을 박래품이라 하기도 하였다.

일이라고 하였고 어떤 이는 악귀가 잡아먹었다고 하였다. 거듭 생각해 보면 이 역시 전생의 원한이었을 것이다. 이 또한 기이한 일이다.

원문

女人悪鬼見点攸食噉縁 第卅三

聖武天皇世、挙国歌詠之謂、

奈礼乎曾与咩爾保師登多礼、　阿牟知能古牟智能余呂豆能古。南无々々耶、仙佐加文佐加母、持酒々利、法万宇師、夜万能知識、阿万志爾々々々

爾時、大和国十市郡菴知村東方、有大富家。姓鏡作造。有一女子、名曰万之子。未嫁、未通。面容端正。高姓之人伉儷、猶辞而経年祀。爰有人伉儷、品々送物。彩帛三車。見之腼心、兼近親、随語許所、閨裏交通。其夜閨内、有音而言、「痛哉」三遍。父母聞之、相談之曰、「未效而痛」。忍猶寐矣。明日晩起、家母叩戸、驚喚不答。怪開見、唯遺頭一指、自余皆噉。父母見之、悚慄惆懆、睠乎送娉妻之彩帛、返成畜骨、載之三車、亦返成呉朱臾木也。八方人聞集、臨見之无不怪也。韓筥入頭、初七日朝、置三宝前以為斎食。乃疑、災表先現。彼歌是表也。或言神怪、或言鬼啖。覆思之、猶是過去怨。斯亦奇異事。

|도움말| 이 설화는 여자가 악귀에게 능욕당하고 잡아먹힌 이야기이다. 사람을 잡아먹는 악귀는 상권 제3화에서도 등장하는데 도조道場 법사에 의해 퇴치당한다. 이야기는 첫 부분에 당시 유행했던 속요

를 배치하고 나중에 일어난 사건의 전조로서 설명하고 있는 형식으로, 하권 제38화와 함께 표상신앙表相信仰을 나타내는 대표적인 설화라 할 수 있다. 본문 내용 중에 "아파"라는 소리가 세 번 들리자, "아직 익숙하지 않아서 아픈 게지."라고 말하는 부분은 상당히 현실감 있는 표현이지만, '예물로 보내온 채색 비단을 보니 짐승의 뼈로 변해 있었고 그것을 싣고 왔던 수레 세 대도 수유나무로 변해 있었다.'라고 하는 문장에서 다시 환상의 세계로 전개를 이끌고 있다. 이야기의 끝부분에서 여자가 죽은 이유에 대하여 전생의 원한일 것이라고 결론짓고 있는 점에서, 지금까지의 설화와는 달리 불교의 인과응보적인 요소는 찾아볼 수 없다.

한편, 『곤자쿠모노가타리슈今昔物語集』 20권 제37화는 이 설화를 바탕으로 지어졌다.

제34화

홀로된 낭자가 관음동상을 공경하여 믿었더니 기이한 일이 나타나 현세에서 응보를 받은 이야기

나라 우도읍右京[1]에 있는 우에쓰키데라殖槻寺 절[2] 근처 마을에 고아가 된 낭자가 있었다. 아직 시집을 가지 않아서 남편은 없었으며 성씨와 이름은 알 수 없다. 부모가 살아계실 때는 재물이 아주 넉넉하여서 집과 곳간도 여럿 지었으며 관세음보살觀世音菩薩[3] 동상도 하나 만들었다. 높이는 두자 다섯 치로서 집에서 떨어진 곳에 불전을 지어 그 상을 안치해 두고 공양하였다.

쇼무聖武 천황 시대에 부모가 돌아가시자 노비들은 모두 도망가

1_ 헤이조쿄(平城京)・나가오카쿄(長岡京)・헤이안쿄(平安京) 시절, 천황이 있는 다이다이리(大内裏) 남쪽 중앙에 있는 스자쿠몬(朱雀門)에서 도성 남단에 있는 라쇼몬(羅生門)까지 중앙을 남북으로 가르던 길을 스자쿠대로(朱雀大路)라 하며, 스자쿠대로의 동쪽을 좌도읍(左京), 서쪽을 우도읍(右京)이라 하였다.

2_ 지금의 야마토 군(大和郡) 야마 시(山市) 우에쓰키하치만신사(植槻八幡神社) 근처에 있었다고 한다.

3_ '세상의 중생(世)'의 '목소리(音)'를 '살펴보시고(觀)' 그들을 고뇌로부터 구제하여 준다는 '보살(菩薩)'이다. 관세음보살의 모습은 머리에는 관을 쓰고 있으며, 손에는 버드나무가지 또는 연꽃을 들고 있고 다른 손에는 정병을 들고 있는데, 사람들의 모습에 따라 큰 자비를 베풀기 때문에 천변만화(千變萬化)의 모습을 지닌다고 한다.

고 마소도 죽어 버렸다. 재물도 잃고 집도 가난해진 낭자는 홀로 빈 집을 지키며 밤낮으로 슬피 울면서 눈물을 흘렸다. 관세음보살은 바라는 것을 잘 이루게 해준다는 말을 듣고 그 동상의 손에 새끼줄을 걸어 매고는[4] 꽃과 향·등불을 바친 뒤 복을 바라며 이렇게 빌었다.

"저는 이렇게 혼자가 되고 부모님이 안 계십니다. 고아가 되어 혼자 살고 있습니다. 재물을 잃고 집은 가난해져서 살아가려 해도 방도가 없습니다. 부디 저에게 복을 베풀어 주십시오. 얼른 내려 주세요. 빨리 베풀어 주세요."

이렇게 밤낮으로 울면서 애원하였다.

그 마을에 부유한 사람이 있었다. 아내가 죽어 홀아비로 살고 있었는데 이 사람이 이 낭자를 보고 중매인을 보내어 청혼을 하였다. 낭자는 중매인에게 대답하였다.

"저는 지금 가난합니다. 벌거벗은 거나 다름없고 입을 옷도 없습니다. 어찌 부끄러움을 모른 채 시집을 갈 수 있겠습니까?"

중매인은 돌아와서 그 남자에게 사정을 자세히 말해 주었다. 남자는 그 말을 듣고 이렇게 말했다.

"그 낭자가 가난해서 입을 것이 없다는 건 내가 분명히 알고 있는 바요. 다만 혼인을 허락해 주느냐 하는 거요."

중매인은 다시 가서 낭자에게 이 이야기를 전했다. 그러나 낭자는 여전히 싫다며 거절하였다. 그러자 남자는 억지로 낭자의 집으로 가서 치근덕거리자 이에 낭자는 드디어 마음을 허락하고 남자와 정을 통했다.

다음날은 하루 종일 비가 내리고 그치지 않았다. 남자는 비 때

4_ 기원자의 마음이 불상에 걸어 맨 새끼줄을 통하여 직접 불상에게 전해진다고 여겼다. 중권 제21화에도 불상에게 새끼줄을 거는 내용이 나온다.

문에 돌아가지 못하고 사흘을 머물게 되었다. 배가 고파진 남자가 말하였다.

"배가 고프오. 밥을 주시오."

그러자 아내[5]가 말하였다.

"곧 지어서 올리겠어요."

그리고는 일어나서 부엌으로 가서 아궁이에 불을 피우고 빈 솥을 올리고는 턱을 괴고 웅크리고 앉아 있다가 아무것도 없는 집안을 왔다 갔다 하며 한숨을 크게 내쉬었다. 입을 가시고 손을 씻고는 불당 안에 들어가서 동상에 매어 둔 새끼줄을 잡아당기며 울면서 말하였다.

"제발 부끄러움을 당하지 않게 해 주세요. 어서 저에게 재물을 주세요."

그리고 나와서는 부엌으로 가서 아까처럼 빈 가마를 향하여 턱을 괴고 웅크려 앉았다. 그러자 신시申時[6]가 되었을 때 급하게 문을 두드리며 부르는 소리가 들렸다. 나가 보니 이웃의 부잣집 유모였다. 큰 궤에는 갖가지 진기한 음식이 들어 있었고, 맛있는 냄새가 확 풍겼으며 없는 게 없었다. 그릇은 모두 금속제 그릇이거나 옻칠한 것이었다. 유모는 이것을 낭자에게 주면서 말하였다.

"손님이 계시다는 말을 들어서 이웃인 우리 안주인께서 갖가지 먹을 것을 넣어서 드리는 겁니다. 그릇은 나중에 주세요."

낭자는 아주 기뻐하였고 행복한 기분을 감출 수 없어 입고 있던 검은 옷을 벗어서 주며 말하였다.

"보답으로 드릴 만한 게 없습니다. 그저 이렇게 때 묻은 옷뿐입니다. 받아 주셔서 사용해주신다면 다행이겠습니다."

5_ 여기서 아내라고 한 것은 이미 결혼이 성립되었기 때문이다.

6_ 오후 3시부터 5시 사이.

심부름 온 유모는 그 옷을 받아 입었다. 낭자는 급히 남편에게 돌아가서 진수성찬을 차려 대접하였다. 남편은 그 음식을 보고 기이하게 여겨 음식은 보지 않고 아내의 얼굴만 쳐다보았다.

다음 날 남편은 제 집으로 갔고 비단 열 필과 쌀 열 가마니를 아내에게 보내며 말을 전하게 하였다.

"비단으로는 얼른 옷을 짓고 쌀로는 빨리 술을 빚으시오."

낭자는 이웃의 부잣집으로 가서 은혜 입은 마음을 알리고 기뻐하며 고마워했다. 그런데 이웃집 안주인이 말하였다.

"바보 같은 여자로군. 귀신한테 홀렸소? 나는 모르는 일이오."

심부름을 왔던 그 유모도

"저도 모르는 일입니다."라고 말하였다.

낭자는 조롱당한 기분으로 집에 돌아와서 여느 때처럼 공양을 올리려고 불당에 들어갔는데 보니 유모에게 입혔던 검은 옷이 동상에 입혀져 있었다. 이리하여 비로소 관세음보살이 음식을 보내주신 것임을 알았다. 이런 까닭에 불법의 인과因果[7]의 이치를 믿고 더욱더 성심으로 관음보살상을 공경하였다. 이후로 예전같이 큰 부자가 되어 굶주림에서 벗어나고 근심도 없어졌으며 부부 모두 일찍 죽지 않고 목숨을 보전하여 천수를 누렸다. 이는 참으로 기이한 일이다.

7_ 불교의 근본교리 가운데 하나로서, 선악의 업에는 반드시 그에 따른 선악의 응보가 있다는 도리.

원문

孤孃女憑敬観音銅像示奇表得現報縁 第卅四

諸楽右京殖槻寺之辺里、有一孤孃。未嫁无夫。姓名未詳也。父母有時、多饒留財、数作屋倉、奉铸観世音菩薩銅像一体。高二尺五寸。隔家成仏殿、安彼像以之供養。聖武天皇御世、父母命終、奴婢逃散、馬牛死亡。失財貧家、独守空宅、昼夜哀啼流涙。聞観音菩薩者所願能与、其銅像手繋縄牽之、供花香灯、用願福分曰、「我乃一子而无父母。孤唯独居。亡財貧家、存身无便。願我施福。早貺、急施」昼夜哭願。里有富者、妻死而鰥。見之是孃、通媒作伉儷。孃答之言、「我今貧。身裸衣无被。何為障面、参向相語」。媒還告状壮。壮聞之言、「彼身貧窮而无衣服、我明所知。唯聴不也」。媒往告知。孃猶否辞。壮強入嬲。廼心聴許、与壮而交。明日終日降雨不止。障雨不避、三日留之矣。壮飢言、「我飢。賜飯」。妻言、「今進」。起灶燃火、居于空廚、押頬而蹲、入于空屋徘徊、大嗟、嗽口洒手参入堂内、繋像引縄、涕泣白言、「莫令受恥。我急施財」。罷出如先、向空竈戸、押頬而蹲。爰日申時、急叩門喚人。出見、有鄰富家乳母。大櫃具納百味飲食、美味芬馥、无不具物。器皆鋺牒子。即与之言、「聞有客人故、鄰大家、具進納物。唯器後給」。孃大歓喜、不勝幸心、脱著黒衣、与使而言、「无物可献。但有垢衣。幸受用之」。使母取著。急々還去、以食饗。夫見食而怪、不見彼食、猶瞻妻面。明日夫去、以絹十疋米十俵、送妻而言、「絹颯縫衣被、米急作酒」。孃往彼富家、而述幸心、以慶貴之。鄰家室曰、「痴孃子哉。若託鬼耶。我不知也」。彼使猶言、「我亦不知矣」。所嘖帰家、如常将礼、入堂而見、著使黒衣、被銅像。爾廼知之、観音所示。因信因果、増加慇懃、恭敬彼像。従此以来、得本大富、脱飢無愁、夫妻无夭、全命存身也。斯奇異事矣。

|도움말| 이 설화는 고아인 여자가 관음동상을 의지하여 공경하였더니 기이한 일을 통해 현세에서 응보를 받은 이야기이다. 가난한 여인이 부처의 영험에 의하여 복을 받는 주제는 중권의 제14화・제28화・제42화에도 보인다. 일가의 노동력을 잃고 고아가 되어 몰락한 여자 이야기는 고대・중세의 문학작품에도 소재로써 많이 등장하는데, 이 설화는 결과적으로 볼 때 부처를 공경하면 현세에서 복을 받는다고 하는 전형적인 인과응보의 내용이라 할 수 있을 것이다. 또한 불상에 새끼줄을 거는 것을 통해 기원자의 마음이 새끼줄을 타고 직접 불상에게 전해진다고 믿었던 것이 당시의 풍습이었음을 엿볼 수 있다.

한편, 『곤자쿠모노가타리슈今昔物語集』 16권 제8화는 이 설화를 바탕으로 지어졌다. 『元享釈書겐코샤쿠쇼』의 29권에 수록되어 있는 설화도 이 이야기를 간략히 한 것이다.

제35화

법사를 때려 순식간에 나쁜 병에 걸려 죽은 이야기

우지노오키미宇遲王[1]는 태어날 때부터 마음이 사악하여 삼보三寶[2]를 믿지 않았다. 쇼무聖武 천황 시대에 이 오키미는 어떤 일이 있어서 야마시로 지방山城国[3]을 여기저기 돌아다녔다. 그 뒤를 여덟 명의 종자가 따르고 있었다. 나라奈良를 향해 가고 있을 때 시모쓰케노데라下毛野寺 절[4]의 사문沙門인 다이쿄諦鏡[5]가 나라에서 야마시로 지방 쪽으로 오면서 쓰즈키 군綴喜郡[6]을 걷고 있었다. 갑자기 오키미를 만나게 된 법사는 피할 데가 없어 삿갓을 기울여서 얼굴을 가리고는 길옆에 서 있었다. 법사를 본 그 오키미는 말을 멈추더니 종자를 시켜 그를 때리라고 하였다. 법사와 제자는 논으로 들어가 힘껏 달려서 도망가자 더욱더 쫓아가서 법사를 때려잡고는 짊어지고 있던 책상자[7]도 때려서 부수었다. 그때 법사가 외쳤다.

1_ 미상.

2_ 불(佛, 부처 또는 불상) 법(法, 부처의 가르침 즉 경전) 승(僧, 승려 및 불교의 신봉자)의 세 가지를 말하는데, 불교를 총괄적으로 의미할 때도 쓰인다.

3_ 지금의 교토 부(京都府).

4_ 미상.

5_ 미상.

6_ 지금의 교토 부 쓰즈키 군.

"어찌 불법을 지키는 신이 없겠는가."

그런데 오키미는 그리 멀리도 못가서는, 길 가운데서 갑자기 중병에 걸려 큰소리로 외치며 신음하다 땅에서 이삼 척尺[8]이나 펄쩍 펄쩍 뛰었다. 종자들은 그 상황을 보고는 불법수호신에게 용서를 빌어달라고 법사에게 간청하였으나 법사는 거절하였다. 세 번이나 간청하였지만 끝내 받아들이지 않았다. 그저 이렇게만 물었다.

"아픈가?"

종자는 대답하였다.

"대단히 아프다고 하십니다."

"이 비열한 오키미야, 천 번 아프고 만 번 아파 봐라."

그러자 오키미의 친족들이 천황에게 아뢰었다.

"다이쿄법사가 우지를 저주했습니다."

그리고는 법사를 잡아 죽이려고 하였다. 그러나 천황은 사정을 알고서는 그대로 참고 사람들의 말을 들어주지 않으셨다.

오키미는 사흘이 지나자 먹처럼 까맣게 타서는[9] 이 세상을 떠났다. 그러자 그 친족들이 다시 아뢰었다.

"죽음을 당했으니 그 사람을 죽여서 갚을 것입니다. 우지는 이미 죽었으니 다이쿄를 넘겨주셔서 원한을 갚게 해 주십시오."

천황은 조서를 내려 말씀하셨다.

"짐 또한 법사이고,[10] 다이쿄 또한 승려다. 법사가 어찌 법사를 죽이겠느냐. 우지가 재앙을 당한 것은 다이쿄의 잘못이 아니다."

7_ 수도자나 행각승이 불구(佛具), 옷, 식기, 책 등을 넣어서 지고 다니던 다리 달린 상자.

8_ 1척(尺)은 약 30cm에 해당한다.

9_ 현세에서 지옥의 불에 타서 죽은 것을 가리킨다.

10_ 쇼무 천황은 덴표칸포(天平感宝) 원년(749)에 교기(行基) 승정(僧正)을 계사(戒師)로 하여 계를 받고 쇼만(勝満)이라는 법명을 받았다.

천황은 수염과 머리를 깎고 계를 받아 불도를 닦고 계셨기에 법사의 편을 들어 다이쿄를 죽이지 않았다. 광기의 오키미 우지는 너무나 사악했기 때문에 호법의 신이 벌을 내리신 것이다. 불법수호신은 결코 없는 것이 아니다. 어찌 두려워하지 않겠는가.

원문

打法師以現得悪病而死縁 第卅五

宇遅王者、天骨邪見、不信三宝。聖武天皇御世、是王有縁、徘徊山背。八人従之。向於奈良京時、下毛野寺沙門諦鏡、自奈良京、往於山背、歩綴喜郡。師率値王、无所避退、傾笠匿面、立乎路側。彼王見之、留馬令刑。師与弟子、入乎水田、而逃避走。猶強追打師、負持蔵皆撃破損。時法師呼曰、「奚无護法歟」。王去不遠、於其路中、儵受重病、高声叫呻、踴離于地二三尺許。従者知状、勧請法師、師否不受。三遍請之、猶終不受。問曰、「病」。答、「甚為痛」。法師復曰、「斯下賎王。千遍痛病、万遍痛病」。時王眷属、奏於天皇、「諦鏡法師、咀于宇遅」、令捉将殺。天皇知状、猶忍不可。王経三日、如墨而卒。眷属復奏、「殺報之者、殺而報之。宇遅既死。受於諦鏡、以報怨也」。天皇勅詔、「朕亦法師。諦鏡亦僧。法師云何殺於法師。宇遅招災、非諦鏡咎」。天皇剃除鬢髪、受戒行道故、儻比法師、不殺諦鏡。狂王宇遅、邪見太甚、護法加罰。護法非无、何不恐之也。

|도움말| 귀족이 승려를 박해해서 비참한 죽음에 이르는 응보를 받는 주제는 중권의 제1화에 등장하는 나가야 친왕長屋親王이 승려를 박해

한 이야기와 유사하다. 아마도 이 설화가 『곤자쿠모노가타리슈今昔物語集』에 실리지 않은 이유는 중권 제1화의 이야기가 이미 『곤자쿠모노가타리슈』에 수용되었기 때문으로도 생각된다. 『元亨釈書겐코샤쿠쇼』의 29권에 수록되어 있는 설화도 이 이야기를 간략히 한 것이다. 한편, 이 설화의 내용 중에서 종자들이 세 번이나 찾아와 용서를 구하는데도 불구하고, "이 비열한 오키미야, 천 번 아프고 만 번 아파 봐라."라고 한 법사의 말은 인내하는 승려로서 옳은 태도는 아니라고 할 수 있다.

제36화

관음 목상이 기이한 힘을 보여준 이야기

쇼무聖武 천황 시대에 나라奈良 도읍지에 있는 시모쓰케노데라下毛野寺 절[1]의 금당金堂[2] 동쪽에는 협시脇士[3] 관음보살상觀音菩薩像[4]의 목이 아무런 이유도 없이 잘려져 있었다. 시주施主[5]가 그것을 보고는 다음 날에 수리하려고 하였다. 그런데 하루 낮과 밤이 지나고 아침에 보았더니 그 목이 이전처럼 저절로 붙어 있었다. 그뿐 아니라 빛까지 내고 있었다.

이지理智의 법신法身[6]은 항상 존재하신다. 불법을 믿지 않는 중생

1_ 미상.

2_ 사원의 본당.

3_ 본존(本尊)의 좌우에 시립(侍立)한 불상. 여기서는 관음보살(觀音菩薩).

4_ 관음보살은 '세상의 중생(世)'의 '목소리(音)'를 '살펴보시고(觀)' 그들을 고뇌로부터 구제하여 준다는 '보살(菩薩)'이다. 관세음보살의 모습은 머리에는 관을 쓰고 있으며, 손에는 버드나무가지 또는 연꽃을 들고 있고 다른 손에는 정병을 들고 있는데, 사람들의 모습에 따라 큰 자비를 베풀기 때문에 천변만화(千變萬化)의 모습을 지닌다고 한다.

5_ 원문은 '檀越'이다. 이들은 대체적으로 지방의 호족들로서 재정적으로 절에 큰 지원을 하던 이들이다.

6_ 이법신(理法身)과 지법신(智法身)을 말하며, 불신(佛身)의 추상적인 모습을 말한다.

들에게 알려주기 위해서 보여주신 일임을 잘 알 수 있다.

원문

觀音木像示神力緣 第卅六

聖武太上天皇世、 奈良京下毛野寺金堂東脇士觀音之頸、无故断落也。檀主見之、明日将奉継。経一日一夜、而朝見、其頚自然如故継。加以放光。誠知、理智法身、常住非无。為令知於不信衆生所示也。

|도움말| 이 이야기는 관음목상의 기이한 영험담으로, 중권 제17화 · 제37화 · 제42화, 하권의 제7화 등에 보인다. 또한, 앞의 제35화와 함께 시모쓰케노데라 절의 관련 설화이기도하다. 이 설화는 아무런 이유 없이 관음목상의 목이 잘려져 수리하려고 하자 목이 원래대로 붙어있을 뿐만 아니라 빛을 발하고 있었다는 기이한 내용으로, 『곤자쿠모노가타리슈今昔物語集』 16권 제11화의 바탕이 되었다.

제37화

관음 목상이 불에 타지 않고 두려워할 만한 기이한 힘을 보인 이야기

쇼무聖武 천황 시대에 이즈미 지방和泉国 이즈미 군和泉郡[1] 내의 지누珍努[2] 위에 있던 산사에서는 정관자재보살正觀自在菩薩[3]의 목상을 안치하고 공경하며 공양하고 있었다. 어느 날 불이 나서 불전을 다 태웠다. 그런데 그 관음보살觀音菩薩[4]의 목상은 불타는 불전 밖으로 2장丈[5] 정도 나와서 엎어져 있었는데 파손된 부분이 없었다.

삼보三寶[6]의 비색비심非色非心[7]은 비록 눈에는 보이지 않지만 두려

1_ 지금의 오사카 부(大阪府) 이즈미오쓰 시(泉大津市), 기시와다 시(岸和田市), 이즈미 시(和泉市)에 걸쳐있는 지역.

2_ 중권 제13화에 나오는 절.

3_ 육관음(六觀音) 중에서 모든 관음의 근본이 되는 성관음(聖觀音). 모습을 바꾸면, 천수관음(千手觀音) · 십일면관음(十一面觀音) · 여의륜관음(如意輪觀音)으로 나타낸다.

4_ '세상의 중생(世)'의 '목소리(音)'를 '살펴보시고(觀)' 그들을 고뇌로부터 구제하여 준다는 '보살(菩薩)'이다. 관세음보살의 모습은 머리에는 관을 쓰고 있으며, 손에는 버드나무가지 또는 연꽃을 들고 있고 다른 손에는 정병을 들고 있는데, 사람들의 모습에 따라 큰 자비를 베풀기 때문에 천변만화(千變萬化)의 모습을 지닌다고 한다.

5_ 1장(丈)은 약 3m에 해당한다.

6_ 불(佛, 부처 또는 불상), 법(法, 부처의 가르침, 즉 경전), 승(僧, 승려 및 불교의 신봉자)의 세 가지를 말하는데, 불교를 총괄적으로 의미할 때도 쓰인다.

워할 만한 위력을 가지고 계신다는 것을 잘 알 수 있다. 이것은 기이한 일 가운데 첫 번째로 꼽을 만한 일이다.

원문

觀音木像不焼火難示威神力縁 第卅七

聖武天皇世、泉国泉郡部内珍努上山寺、居于正観自在菩薩木像、而敬供之。時失火、焼其仏殿。彼菩薩木像自所焼殿、出二丈許、而伏无損。誠知、三宝之非色非心、雖不見目、而非无威力。此不思議第一也。

|도움말| 이 설화는 앞의 제36화에 이은 관음보살의 영험담이다. 불전이 불에 탔을 때에 관음상은 2장6m 정도 밖에 나와 있었기 때문에 화염에 휩싸이지 않았다고 하는 내용이다. 유사한 이야기로 불경이 불에 타지 않은 영험을 보인 설화로는 상권의 제33화, 하권의 제10화 등이 있다.

한편, 이 이야기는 『곤자쿠모노가타리슈今昔物語集』 16권 제12화의 바탕이 되었다.

7_ 물질계의 것도 아니고, 감각이 있는 것도 아니다.

제38화

인색하고 욕심을 부리다가 큰 뱀이 된 이야기

쇼무聖武 천황의 시대에 나라奈良 도읍지에 있는 마니와馬庭[1]의 산사에 한 승려가 오랫동안 살고 있었다. 그 승려는 죽음이 가까워지자 제자들에게 이렇게 말했다.

"내가 죽은 후 삼 년이 될 때까지 방문을 열어서는 안 된다."

그리고는 죽은 뒤 49일[2]이 지나자 커다란 독사가 그 방문에 엎드려 있었다. 제자들은 그 까닭을 알고서 뱀을 잘 타이르고는 방문을 열어서 보았더니 돈 삼십 관貫[3]이 숨겨져 있었다. 그 돈으로 독경을 하고 부처님께 공양을 하고 사자死者의 명복을 빌었다.

이것은 승려가 돈을 탐하여 숨긴 나머지 커다란 뱀으로 다시 태어나 그 돈을 지켰다는 것을 알 수 있다. 수미산須弥山[4]의 정상은 볼 수 있을지라도 담욕이라는 산의 정상은 볼 수 없다고 한 것은 바로 이를 두고 한 말이다.

1_ 미상.

2_ 이 기간을 중유(中有)라고 하여, 죽은 후 아직 다시 태어나는 것이 결정되지 않은 시기이다.

3_ 당시 1관(貫)으로 쌀 120석을 살 수 있었다.

4_ 불교의 세계관에 나오는 상상의 산으로서, 세상의 중심에 가장 높이 솟아 있다는 산.

원문

因慳貪成大蛇縁 第卅八

聖武天皇御世、諾楽京馬庭山寺、一僧常住。其僧臨命終時、告弟子言、「我死之後、至于三年、室戸莫開」。然死後、経七々日、在大毒蛇、伏其室戸。弟子知因、教化而開室戸見之、銭卅貫隠蔵也。取其銭以為誦経、修善贈福矣。誠知、貪銭因隠、得大蛇身、返護其銭也。雖見須弥頂、不得見欲山頂者、其斯謂之矣。

|도움말| 이 설화는 인색하고 욕심이 많은 탓에 큰 뱀이 된 이야기이다. 3년간은 방문을 열지 말라고 유언하고 죽은 승려가 49일이 지나 큰 뱀이 되어 나타났다. 실제로 방에 넣어둔 돈 30관에 집착하여 뱀이 되었기 때문에 그 돈을 가지고 추선 공양을 행하였다는 내용이다.

이처럼 돈에 대한 집착이 뱀으로 태어나게 한 것으로서 『곤자쿠 모노가타리슈今昔物語集』 20권 제24화는 이 이야기를 바탕으로 지어졌다. 또한, 『곤자쿠 모노가타리슈』 14권 제1화도 이 이야기를 바탕으로 지어졌는데, 승려가 금전에 집착한 이유가 제자들을 위한 것이라는 설정이 다르긴 하지만 죽은 후 뱀이 된다는 기본적인 모티프는 동일하다.

약사불 목상이 물에 떠내려가 모래에 묻혀 기이한 일을 보여준 이야기

스루가 지방駿河国과 도토미 지방遠江国의 경계에 강이 하나 있다. 이름을 오이가와大井河라고 한다. 그 강 근처에 우다 마을鵜田里[1]이 있는데 이 마을은 도토미 지방의 하리하라 군榛原郡[2] 내에 있다.

나라奈良의 궁에서 천하를 다스리던 오이大炊 천황[3] 시대의 일이다. 덴표호지天平宝字 2년758 봄 3월[4]에 이 우다 마을의 강가 모래 속에서 어떤 소리가 들렸다.

"나를 꺼내줘, 나를 꺼내줘."

이때 어떤 승려가 그 지방을 지나다가 그곳을 지나게 되었다. 그때

"나를 꺼내줘"

라고 하는 소리가 여전히 끊이지 않았다. 승려가 이 도움을 외치는 소리를 우연히 듣게 되었는데 소리는 모래 속에서 들려오고 있

1_ 미상.

2_ 지금의 시즈오카 현(静岡県) 하리하라 군.

3_ 제47대 준닌(淳仁) 천황(재위 733-765). 오이는 이름이다.

4_ 오이 천황의 즉위는 이 해 8월 1일이고, 봄 3월은 고켄(孝謙) 천황(재위 718-770)이 재위할 때이다. 그러나 대체적으로 그 해를 새로운 천황의 시대라고 말하는 것이 통례이다.

었다. 토사에 죽어서 묻혔던 사람이 되살아난 것이라고 생각하여 모래를 파서 보니 약사불藥師佛의 목상이었다. 높이는 6척尺[5] 5촌寸[6] 이었고 좌우의 귀가 없었다. 승려는 공경하여 절을 하고는 울면서 말하였다.

"우리 약사여래님이여, 무슨 허물이 있으시기에 이 수난水難을 당하셨습니까? 인연이 있어 우연히 이렇게 만났으니 제가 수리해 드리겠습니다."

그리고는 신자들을 모으고 불상을 만드는 장인을 불러 목상의 귀를 수리한 후에 우다 마을의 법당에 안치하여 공양하였다. 지금은 이 법당을 우다도鵜田堂라 부른다.

이 불상은 영험이 있어서 빛을 발하고 바라는 것을 잘 들어준다고 해서 승려들과 속인들이 귀의하여 공경하였다. 전해 듣기로 우전왕優塡王이 단향목으로 만든 불상이 일어서서 부처를 공손하게 맞이하였고[7] 정란丁蘭이 만든 모친의 목상은 움직이며 살아 있는 모습을 보였다[8]고 하는데 이는 바로 이 이야기를 두고 한 말이다.

5_ 1척은 약 30cm에 해당한다.

6_ 1촌은 약 3cm에 해당한다.

7_ 인도의 우전왕의 명으로 만들어진 단향목의 불상이 도리천(忉利天)으로부터 돌아온 석가를 일어서서 맞이하였다고 한다.

8_ 『유향효자전(劉向孝子傳)』, 『몽구(蒙求)』 등을 비롯하여 많은 설화집에 수록되어 있다. 한(漢)나라 때 효자인 정란은 어머니가 돌아가신 후 어머니의 목상을 만들어 생전의 어머니를 모시듯 받들었는데, 어느 날 그의 아내가 잘못하여 목상의 얼굴을 태웠더니 마치 살아 있는 어머니가 상처를 입은 듯이 목상의 머리카락이 빠져 떨어지고 살갗이 갈라진 듯 피가 흘렀다고 한다.

원문

薬師仏木像流水埋沙示霊表縁 第卅九

駿河国与遠江国之堺、有河。名曰大井河。其河上有鵜田里。是遠江国榛原郡部内也。奈良宮治天下大炊天皇御世、天平宝字二年戊戌春三月、彼鵜田里河辺沙之中、有音而曰、「取我矣、取我矣」。于時有僧。経国而行過彼、当時「取我」之曰音、猶不止。僧呼求之、邂逅得聞。沙底有音。思埋死人之蘇還也、堀見有薬師仏木像。高六尺五寸、左右耳欠。敬礼哭言、「我大師哉、何有過失、遇是水難。有縁偶値。願我修理」。引率知識、勧請仏師、令造仏耳、鵜田里造堂、居尊像以之供養。今号曰鵜田堂矣。是仏像、有験放光、所願能与故、道俗帰敬。伝聞、優填檀像、起致礼敬、丁蘭木母、動示生形者、其斯謂之矣。

|도움말| 이 설화는 하권의 제11화와 마찬가지로 약사불 목상의 영험담으로 불상자구담佛像自救譚에 속하는 이야기이다. 모래 속에서 살려달라는 소리가 들려 죽은 자가 되살아난 것인가 하여 파보니 약사불의 목상이 있었기에 즉시 불당을 세워서 공양하였다는 내용으로, 정란이 만든 모친의 불상 이야기는 상권의 제17화에도 나온다.

한편, 『곤자쿠모노가타리슈今昔物語集』의 12권 제12화는 이 설화를 바탕으로 지어졌고, 『겐코샤쿠쇼元享釈書』의 28권에도 이 이야기가 수록되어 있다.

제40화

나쁜 짓을 일삼던 자가 벌로써 날카로운 칼날에 베이고 비참하게 죽은 이야기

다치바나노아손 나라마로橘朝臣諾楽麻呂[1]는 가즈라기노오키미葛木王의 아들이다. 억지를 부려 신분에 맞지 않는 야망을 품고 나라를 무너뜨리려는 마음으로 모반자들을 모아서 그 방도를 모의하였다.[2] 승려의 모습을 그림으로 그려서 그것을 표적으로 세우고는 승려의 검은 눈동자를 쏘는 연습을 하였다.[3] 여러 가지 사악한 짓을 좋아한다 해도 이보다 더 심한 일은 없을 것이다.

어느 날 나라마로가 나라야마奈良山 산[4]에서 매사냥을 하였는데 그 산에 많은 여우 새끼들이 있었다. 나라마로는 새끼 여우를 잡아 나무로 찔러 꿰고는 동굴 입구에 세워 두었다. 이 나라마로에게는 어린 자식이 있었다. 어미 여우가 이 나라마로에게 원한을

1_ (?-757). 나라(奈良) 시대의 귀족이자 정치가로서 다치바나노 모로에(橘諸兄)의 아들이다. 쇼무(聖武) 천황이 퇴위한 후, 후지와라노 나카마로(藤原仲麻呂) 일파가 세력을 확장하였다. 이에 다치바나씨는 나카마로를 제거하려는 계획을 세웠으나, 일이 발각되어 형에 처해졌다.

2_ 쇼무 천황을 폐위시키려 한 일.

3_ 쇼무 천황은 덴표칸포(天平感宝) 원년(749)에 교기(行儀) 승정(僧正)을 계사(戒師)로 하여 계를 받고 쇼만(勝満)이라는 법명을 받았다. 여기서 승려의 모습이란 바로 쇼무 천황의 모습을 암시한다.

4_ 나라(奈良)와 교토(京都) 사이의 구릉.

품고는 사람으로 변신하여 이 아이의 할머니 모습을 하였다. 할머니는 아이를 안고 자신의 동굴 입구에 이르러 자신의 새끼가 나무에 꿰인 것처럼 나라마로의 아들을 찔러 꿰어서는 굴 입구에 세워 두었다.

비록 미천한 짐승이라도 원수를 갚는 방법이 있다. 현세에 받는 응보는 바로 나타난다. 그러니 자비심이 없어서는 안 된다. 자비심이 없는 행동을 하면 무자비한 원한을 사게 될 것이다. 그 후 오래되지 않아 나라마로는 천황의 미움을 받아 날카로운 칼날에 베어졌다. 먼저 저지른 악행[5]은 날카로운 칼날을 만나서 죽임을 당할 조짐이었다는 사실을 알 수가 있다. 이는 참으로 기이한 일이다.

원문

好於悪事者以現所誅利鋭得悪死報縁 第四十

橘朝臣諸楽麻呂者、葛木王之子也。強窺非望、心繫傾国、招集逆党、当頭其便。画作僧形、以之立的、效射僧黒眼之術。好諸悪事、无過斯甚。諸楽麻呂之奴、於諸楽山為鷹鳥獦而見之、其山多有狐子。奴捉狐子、用木刺串、立其穴戸。奴有嬰児。母狐結怨、返身化、作奴児之祖母。抱奴子、迄于己穴戸、如串己子、貫奴子立穴戸。雖賤畜生、報怨有術。現報甚近。不无慈心。為无慈行、致无慈怨。然後不久、諸楽麻呂、天皇見嫌、利鋭攸剔。則以知之、先悪行者、令逢利鋭、所殺之表也。斯亦奇事也。

5_ 승려의 눈동자를 쏘는 연습을 한 일과 새끼 여우를 나무로 찔러 꿴 일.

|도움말| 이 설화는 다치바나노나라마로橘奈良麻呂와 후지와라노나카마로藤原仲麻呂의 정치세력의 싸움 결과, 나라마로가 몰락하게 된 것을 승려에 대한 박해 때문이라고 보고 있다. 또한, 승려를 그린 그림의 눈에 예리한 화살을 쏜 것이 원인이 되어 자신도 예리한 것에 의해 목숨을 잃는 응보를 받은 것으로 표현되었다. 이와 같이, 귀족의 몸으로 불교를 박해하고 조롱하며 승려를 욕되게 한 결과 비참한 죽음을 맞이한 이야기로는 상권 제5화의 유게노오무라지弓削大連, 중권 제1화의 나가야 친왕長屋親王, 제35화의 우지노오키미宇遲王 등이 있다. 또한 하권의 제36화에는 후지와라노 나가테藤原永手의 사건이 서술되어 있다.

제41화

여자가 큰 뱀에게 능욕당하고 약의 힘으로 목숨을 구한 이야기

가와치 지방河内国 사라라 군更荒郡[1]의 우마카이 마을馬甘里[2]에 한 부유한 집이 있었는데 그 집에 딸이 있었다.

오이大炊[3] 천황 시대 덴표호지天平宝字 3년759 여름 4월에 그 딸이 뽕나무에 올라가서 잎을 따고 있었다. 그때 커다란 뱀이 여자가 올라가 있던 뽕나무를 칭칭 감고 올라갔다. 길 가던 사람이 그것을 보고 여자에게 조심하라고 하였다. 뱀을 본 딸은 너무나도 놀라서 나무에서 떨어지자 뱀도 같이 떨어져서는 여자를 칭칭 감아서 범하였고 딸은 기절하여 쓰러져 있었다. 부모가 이를 보고 의원을 불러와서 딸과 뱀을 함께 평상에 실어서 집으로 데려와 마당에 두었다. 수수지푸라기 세 묶음을 태워서 세 척(尺)을 한 묶음으로 하여 세 묶음으로 하였다. 끓인 물과 섞어 즙을 서 말 정도 짜고 그것을 나시 달여서 두 말로 만들었다. 그리고는 멧돼지 털 열 줌을 잘게 썰어 갈은 후 즙과 섞었다. 그 후 딸의 머리와 발 양쪽에 못을 박아 두

1_ 지금의 오사카 부(大阪府) 다이토 시(大東市), 네야가와 시(寝屋川市), 시조나와테 시(四条畷市) 근처.

2_ 미상.

3_ 제47대 준닌(淳仁) 천황(재위 733-765). 오이는 이름이다.

손과 두 발을 묶어 매달고는 벌어진 음부에 즙을 부었다.[4] 즙이 한 말 정도 들어가자 뱀이 여자의 몸에서 떨어졌다. 그래서 뱀을 죽이고 내다 버렸다. 뱀의 새끼는 하얗게 뭉쳐져 있어 올챙이와 같았는데 멧돼지 털이 뱀의 새끼에 꽂혀서 음부에서 닷 되升[5] 가량이 나왔다. 또 입에 즙을 두 되가량 붓자 뱀의 새끼들이 모두 나왔다. 기절했던 딸은 곧 깨어나서 입을 열었다. 양친이 묻자 이렇게 대답했다.

"제 생각에는 무슨 꿈을 꾼 것 같았어요. 이제 깨어나고 보니 원래대로네요."

약을 먹은 효과가 이러했다. 그러니 어찌 조심해서 사용하지 않겠는가.

그로부터 3년이 지나서 그 딸은 다시 뱀에게 교접당하고는 죽었다. 그런데 딸은 뱀에 대한 애정이 아주 깊었기에 죽을 때 부부사이였던 것을 그리워하고, 또한 부모와 자식 간의 정을 그리워하며 이런 말을 하였다.

"저는 죽지만, 내세에서는 반드시 뱀의 아내가 될 거예요."

영혼은 전생에 지은 업의 인연을 따른다. 어떤 이는 뱀이나 말・소・개・새 등으로 태어나며 전생에 맺은 악한 인연으로 말미암아 뱀으로 태어나서 교접하고 혹은 더러운 축생으로 다시 태어난다. 애욕이 나타나는 모습은 한둘이 아니다. 경전[6]에 이런 이야기가 나온다.

「옛날에 부처님과 아난阿難[7]이 무덤 근처를 지나는데 어떤 남편

4_ 두 다리가 벌어지게 하고 두 말뚝에 매달아 음부에 약을 넣기 쉽도록 하였다.

5_ 1되(升)는 약 1.8리터에 해당한다.

6_ 출전 미상.

7_ 석가의 종제(從弟)로서 십대제자(十大弟子)의 한 사람. 견문(見聞)이 많고 기

과 아내 두 사람이 같이 음식을 차려놓고 제사를 지내면서 그리움에 통곡을 하고 있었다. 남편은 죽은 아내를 그리워하며 울고,[8] 여인은 엄마로서 자식의 죽음을 애도하고,[9] 또한 아내로서는 남편을,[10] 여자로서 애인을 그리워하며 울고 있었다.[11] 부처는 아내의 슬픈 울음을 듣고서 소리를 내며 한탄하였다. 아난이

"무슨 연유로 여래께서는 한탄하십니까?"

라고 물으니 부처가 말하였다.

"이 여자는 전생에 한 사내아이를 낳았다. 그러나 사랑하는 마음이 너무 깊어서 입으로 그 자식의 성기를 빨았다. 삼 년이 지난 뒤 이 어미는 갑자기 병이 들었다. 죽음이 다가왔을 때 자식을 어루만지고 성기를 빨면서

'나는 이제부터 태어나는 다음 후세에서는 항상 너와 부부가 되겠다.'

고 말하였다. 그래서 이웃집 여자로 태어나 마침내 제 자식의 아내가 되었고 제 남편의 유골을 제사지내면서 이제 그리워서 통곡하고 있는 것이다. 이런 자초지종을 알기 때문에 이 여자가 만든

억력이 좋아 석가의 입멸 후에 경전의 대부분은 이 사람의 기억에 의하여 결집(結集)되었다고 함.

8_ 남편 A가 죽은 아내 B를 그리워하며 울고 있다.

9_ 아내 B가 죽은 자신의 아이 C의 죽음을 애도하고 있다. B는 죽은 후 다시 태어나 C의 아내인 D가 된다.

10_ 전생에서 B였던 D는 다시 태어나 전생의 자식이었던 C와 결혼하였다. 여기서는 D가 죽은 남편 C를 그리워하며 울고 있다.

11_ 이웃집 여자 E(전생에서는 B였고, C와 결혼하여 D가 된다)가 C를 애인으로서 그리워하며 울고 있다. 따라서 위 이야기를 정리하면, A와 B는 부부이고, B는 죽어서 이웃집 여자 E로 태어나 자식 C와 결혼하여 C의 아내인 D가 된다. 즉, D는 전생에 B였으므로 B와 E, D는 동일인물인 것이다. 다음에 이어지는 부처가 아난에게 들려준 이야기도 이와 같은 이야기이다.

나쁜 인연을 한탄하고 있는 것이다."」

이것은 바로 이 이야기를 두고 한 말이다. 또 어떤 경전[12]에는 다음과 같은 말이 나온다.

"옛날 어떤 사람에게 자식이 있었다. 그 몸이 매우 가벼워서 빨리 걷는 모습은 나는 새와 같았다. 그 아비는 늘 깊이 사랑하여 제 눈처럼 지키고 길렀다. 아비는 그 자식의 가벼움을 보고는 이렇게 비유하며 말했다.

'멋지구나. 내 아들. 여우처럼 날쌔구나.'

그러자 그 아들은 죽어서 여우의 몸으로 태어났다."

고 한다.

설령 말뿐이라 하더라도 좋은 비유를 드는 것이 좋다. 나쁜 비유를 생각해서는 안 된다. 반드시 그 응보가 있기 때문이다.

원문

女人大蛇所婚頼薬力得全命縁 第四十一

河内国更荒郡馬甘里、有富家。家有女子。大炊天皇世天平宝字三年己亥夏四月、其女子、登桑揃葉。時有大蛇。纏於登女之桑而登。往路之人、見示於嬢。嬢見驚落。蛇亦副堕、纏之以婚、慌迷而臥。父母見之、請召薬師、嬢与蛇倶載於同床、帰家置庭。焼稷藁三束、三尺成束為三束。合湯、取汁三斗、煮煎之成二斗、猪毛十把剋末合汁、然当嬢頭足、打橛懸釣、開口入汁。汁入一斗。乃蛇放往殺而棄。蛇子白凝、如蝦蟆子。猪毛立蛇子身、従閪出五升許。口入二斗、蛇子皆出。迷惑之嬢、乃醒言語。二親問之、答、「我意如夢。

12_ 출전 미상.

今醒如本」。薬服如是。何謹不用。然経三年、彼嬢復蛇所婚而死。愛心深入、死別之時、恋於夫妻及父母子、而作是言、「我死復世必復相也」。其神議者、従業因縁。或生蛇馬牛犬鳥等、先由悪契、為蛇愛婚、或為怪畜生。愛欲非一。如経説、「昔仏与阿難、自墓辺而過、夫妻二人、共備飲食、祠墓慕哭。夫恋、母啼、妻詠、姨泣。仏聞妻哭、出音而嘆。阿難白言、『以何因縁、如来嘆之』。仏告阿難、『是女先世産一男子。深結愛心、口嗽其子閉。母経三年、儵条得病、臨命終時、撫子唼閉、而斯之言。『我生々世、常生相之』、生隣家女、終成子妻、祠自夫骨、而今慕哭。知本末事故、我哭耳』者、其斯謂之矣。又如経説。「昔有人児。其身甚軽、疾走如飛鳥。父常重愛、守育如眼。父見子軽、譬之而言『善哉我児。疾走如狐』。其子命終、後生狐身」。応願善譬。不欲悪譬。必得彼報故也。

|도움말| 이 설화는 뱀에게 능욕당한 딸이 처음에는 치료를 통해 뱀을 퇴치할 수 있었지만 후일에 다시 뱀과 교접하고 죽는 내용으로, 악한 인연은 반드시 악한 결과를 낳는다는 것을 이야기하고 있다. 일종의 사혼蛇婚 설화라고 할 수 있는데, 다만 이 설화에서는 약간 다른 취향도 살펴볼 수 있다. 주인공 여자가 뱀을 적극적으로 받아들이는 자세에 대하여 이를 전세의 애욕이 원인이 되었다고 해석하고 있다는 점이다. 또한, 이야기의 후반부에서 자식에게 애욕을 품는 여인의 일화를 통해 후대까지 나타나는 애욕의 집착이 얼마나 뿌리 깊은가를 보여주고 있다. 따라서 이 설화는 가장 고대적이면서 세속적인 이야기를 불교설화로 끌어들였다고 할 수 있다. 기이한 윤

회를 전한다고 하는 점에서는 흥미가 깊지만, 세속설화가 왜곡된 부분은 아쉬움으로 남는다. 음부로부터 뱀을 꺼내는 치료법 등은 과장적인 부분이 있긴 하지만 이야기로서는 재미있다.

한편, 『곤자쿠모노가타리슈今昔物語集』의 24권 제9화는 이 설화의 전반부에 해당하는 뱀에게 능욕당한 딸이 약의 힘으로 뱀을 퇴치하나 3년 후 다시 뱀에게 교접당하고 죽은 이야기만을 차용하고 있다.

제42화

매우 가난한 여자가 천수관음상을 공경하여 부를 소원하고 부자가 된 이야기

아마노쓰카이 미노메海使蓑女[1]는 나라奈良 좌도읍左京[2]의 구조니보九条二坊[3] 사람이다. 자식을 아홉이나 낳았는데 매우 가난하여 비할 바가 없을 정도였다. 살아갈 방도가 없어 호즈미데라穴穗寺 절[4]의 천수관음상千手觀音像[5]에게 부자가 되게 해 달라고 빌은 지 1년이 채 못 되었을 즈음이다.

1_ 미상.

2_ 헤이조쿄(平城京)·나가오카쿄(長岡京)·헤이안쿄(平安京) 시절, 천황이 있는 다이다이리(大内裏) 남쪽 중앙에 있는 스자쿠몬(朱雀門)에서 도성 남단에 있는 라쇼몬(羅生門)까지 중앙을 남북으로 가르던 길을 스자쿠대로(朱雀大路)라 하며, 스자쿠대로의 동쪽을 좌도읍(左京), 서쪽을 우도읍(右京)이라 하였다.

3_ 헤이조쿄(平城京)의 남북으로 통하는 큰 길을 '보(坊)'라 하고 동서로 통하는 큰 길을 '조(条)'라 하였다. 따라서 구조(九条)와 니보(二坊)가 교차하는 지점을 가리킨다.

4_ 미상.

5_ '천수관음(千手觀音)'은 원래 '천수천안관세음보살(千手千眼觀世音菩薩)'이라 한다. 이십칠면(二十七面)과 천수천안(千手千眼)을 가지고 중생을 구제한다는 보살이다. 여기에서 '천'은 '무량, 원만'의 뜻으로서 '천수'는 자비의 광대함을 뜻하고, '천안'은 지혜의 원만함을 나타내며, 천개의 손바닥 하나하나에 눈이 있어 모든 사람들의 괴로움을 본다고 한다.

오이大炊 천황이 다스리던 덴표호지天平宝字 7년763 겨울 10월 10일에 생각지도 않게 친정 동생이 찾아왔는데 제 언니에게 가죽 궤짝을 맡기고 갔다. 여동생의 다리에는 말똥이 묻어 있었다.

"내 곧 올 테니까 이걸 맡아 두세요."

그런데 기다려도 오지 않았으므로 언니는 가서 남동생에게 물었다. 남동생은

"나는 몰라요."

라고 대답하였다. 이에 언니는 내심 이상하게 여겨 궤짝을 열어 보니 거기에는 돈이 백 관貫[6]이나 들어 있었다. 그래서 늘 하던 대로 꽃과 향과 기름을 사서 천수관음상 앞에 들고 갔는데 보니 천수관음상의 발에 말똥이 묻어 있었다. 그래서 이상한 생각이 들었다.

'보살님이 주신 돈인가?'

그 후로 삼 년이 지났다. 그 절의 센주인千手院[7]에 넣어두었던 수리비용의 돈 백 관이 없어졌다. 그래서 가죽 궤짝의 돈이 그 절의 돈인 줄을 알게 되었다. 이는 모두 관음이 주신 것임을 잘 알 수 있다.

이에 논찬하여 말하였다.

"좋은 일이다. 아마노쓰카이의 늙은 어미여. 아침에 주린 자식을 보고는 피눈물을 흘리며 울었다. 저녁에는 향을 피우고 등불을 켜 관음의 덕을 바랐다. 이에 감응感應하여 돈이 집에 들어오니 가난에 대한 걱정이 없어졌다. 관음에게 그 소원이 통하여 행복이 주어지고 커다란 재물을 얻었다. 자식을 기르면서 충분히 배부르고 의복도 쌓였다. 자비로운 천수관음보살이 와서 도와주신 것으

6_ 당시 1관(貫)으로 쌀 120석을 살 수 있었다.

7_ 호즈미데라에 부속된 절. 천수관음을 안치하였기 때문에 이렇게 일컬었다.

로 향을 사서 공양하며 복을 바란 대가임을 분명히 알 수 있다."

『열반경涅槃經』[8]에서

"어미가 자애로써 자식을 기르니 이로 말미암아 저절로 천계天界[9]에 태어났다."[10]

고 하였는데 바로 이를 두고 한 말이다. 이것은 참으로 기이한 일이다.

『일본국현보선악영이기』 중권
제1교정을 마침

원문

極窮女憑敬千手観音像願福分以得大富縁 四十二

海使薇女者、諾楽左京九条二坊之人也。産生九子、極窮无比。不能生活。穴穂寺於千手像而願福分、一年不満。大炊天皇之世天平宝字七年癸卯冬十月十日、不慮之外、敢其妹来、以皮櫃寄姉而往之。脚染馬屎。曰、「我今来故、是物置也」。待之不来故、往問弟。弟答、「不知」。爰内心思怪、開櫃而見。有銭百貫。如常買花香油、擎往千手前而見、其足著之馬屎。爾乃疑思、「菩薩貺銭歟」。過三年。所収千手院修理分之銭、无百貫。因皮櫃、知彼寺之銭。闓委、是咸観音所賜。

賛曰、「善哉、海使氏長母。朝視飢子、流泣血涙。夕焼香

8_ 석가모니의 열반을 중심으로 기록하여 편찬된 불교경전이다.

9_ 원문은 '梵天'이다. 욕계를 떠난 깨끗하고 맑은 천계. 이곳의 주인은 대범천왕(大梵天王)으로, 사바(娑婆)세계를 주재하는 신이다.

10_『열반경』 제10의 「일체대중소문품(一切大衆所問品)」 제5에서 인용한 글.

灯、願観音徳。応銭入家、滅貧窮愁。感聖留福、流大富泉、養児飽発、衣苑。晰委、慈子来祐、買香得価」。如涅槃経説。「母慈子、因自生梵天」者、其斯謂之矣。斯奇異之事矣。

日本国現報善悪霊異記 中巻
一交了

|도움말| 이 설화는 가난한 여자가 천수관음상에게 복을 빌고 그 응보로서 부자가 된 이야기이다. 어느 날 여동생이 물건을 맡기고 가서는 찾으러 오지 않자 언니가 이상하게 생각하여 궤짝을 열어보니 그 속에는 돈 백 관이 들어 있었다. 후일 사정을 확인해보니 절의 수리비용으로 쓸 돈으로 천수관음이 주신 것임을 알 수 있었다는 내용이다. 이야기의 끝부분에 '저녁에는 향을 피우고 등불을 켜 관음의 덕을 바랐다. 이에 감응하여 돈이 집에 들어오니 가난에 대한 걱정이 없어졌다. 관음에게 그 소원이 통하여 행복이 주어지고 커다란 재물을 얻었다.'라는 논평을 통해 불상에 대한 공양이 강조되고 있음을 엿볼 수 있다.

한편, 『곤자쿠모노가타리슈今昔物語集』 16권 제10화는 이 설화를 바탕으로 지어진 것이다.

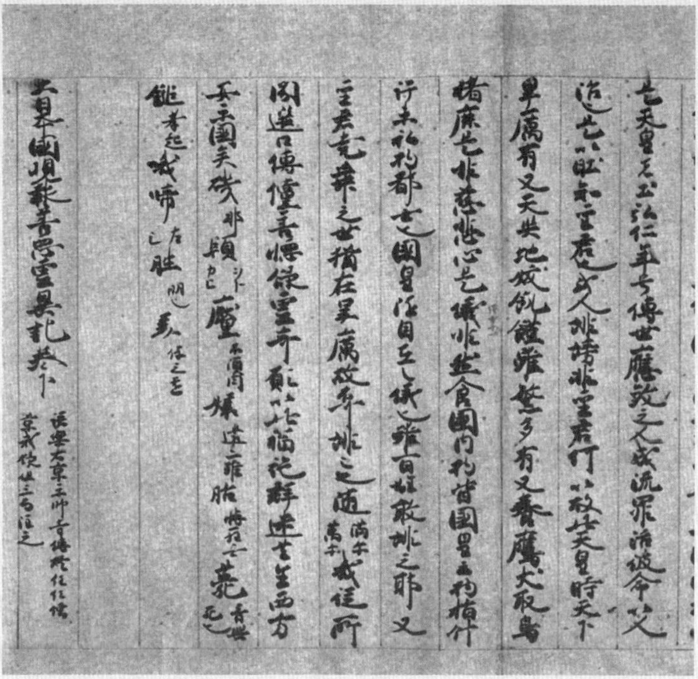

일본국현보선악영이기 | 하권

A Translated Annotation of "Nihonryoiki" a Punitive Justice Story of Japan

일본국현보선악영이기日本国現報善悪霊異記 하권下巻

나라奈良 우도읍右京 야쿠시지薬師寺 절의 승려 교카이景戒 쓰다

원래 선과 악의 인과응보의 법칙은 내경内經[1]에 적혀 있고 길흉으로 인한 이해득실은 여러 외전外典에 적혀 있다. 지금 현재 석가가 평생 동안 가르치신 말씀을 찾아보면 세 개의 시기로 구분할 수 있다.

첫 번째는 정법正法 오백 년[2]이다. 두 번째는 상법像法 천 년[3]이다. 세 번째는 말법末法 만 년[4]이다. 석가가 돌아가신 후 지금 엔랴쿠延暦 6년787에 이르기까지 1722년이 지나[5] 이미 정법과 상법의 두

1_ '내경'은 불교관련 서적을 말한다. 불서 이외의 서적을 뜻하는 '외전(外典)'과는 반대되는 말이다.

2_ 석가가 죽은 후 500년간을 말한다. 教(교법)・行(실천)・証(증과)가 갖추어진 시대로 부처님의 말씀이 쇠퇴하지 않고 잘 계승되어 사람들이 구제되는 시기이다.

3_ 정법이 끝난 후의 천 년간을 말하며, 교법과 실천만 있는 시대이다. 이 시기는 믿음보다는 형식을 중시하여 진정한 수행보다는 사찰과 탑을 세우는 데에만 힘쓰기 때문에 '증과'인 깨달음을 얻는 이가 없다.

4_ 상법이 끝난 후의 1만 년 간을 말하며, 이 시기에는 교법만 있고 실천과 증과는 없는 시대이다. 이 말법의 시대가 끝나면 교법조차 없는 법멸(法滅)의 시대가 온다.

5_ 석가의 입멸(入滅)은 여러 설이 있어 명확하지 않다. 본서의 기술대로 엔랴쿠 6년이 1722년째에 해당한다면 석가의 입멸은 기원전 935년이 된다. 그러나 당

시기가 지나고 지금은 말법의 시기에 접어들었다. 그리고 일본에 불교가 처음으로 전해지기 시작한 지 지금의 엔랴쿠 6년에 이르기까지 236년이 지났다.[6]

원래 꽃은 피어도 소리가 없고, 닭은 울어도 눈물을 흘리지 않는다.[7] 지금 이 세태를 보니 선을 행하는 사람은 돌산에 핀 꽃처럼 거의 찾아볼 수 없으나 악을 행하는 사람은 흙산에 자란 풀처럼 많이 있다. 인과응보의 법칙이 있음에도 불구하고 행동을 고치지 않고 죄를 행하는 것은 장님이 걸어갈 때 호랑이의 꼬리가 있어도 주의하지 않는 것과도 같다. 명예나 이익을 원하여 살생을 저지르는 이는 미친 사람이 독사를 껴안은 것과도 같다. 썩어 없어지지 않는 것은 악한 것들이며, 눈에 좀처럼 보이지 않는 것은 선한 일들이다. 악한 일에 대한 보답이 빨리 찾아오는 것은 물에 다가가면 모습이 금방 나타나는 것과도 같다. 선한 일에 대한 보답으로 행복이 순식간에 찾아오는 것은 계곡에 외친 메아리처럼 소리를 외치면 반드시 돌아오는 것과도 같다.

'현보現報'란 바로 이런 것이니 어찌 인간은 조심하지 않을 수 있겠는가. 이 일생을 허무하게 보내 버리면 나중에 후회해도 소용이 없다. 인간이란 잠시 육체를 빌려 태어난 것으로서 누가 오랜 세월동안 살 수가 있겠는가. 덧없는 목숨이니 누가 영원하다고 믿을

시의 통설로는 『주서이기(周書異記)』에 의해 기원전 949년으로 생각하고 있었기 때문에 교카이(景戒)가 어떤 근거로 기원전 935년에 석가가 입멸하였다고 생각하였는지는 알 수 없다.

6_ 『니혼쇼키(日本書紀)』에 의하면 긴메이(欽明) 천황 13년(552)에 백제로부터 불교가 전해졌으므로, 엔랴쿠 6년까지는 236년이 된다.

7_ 출전미상. 사물이 감추어져 있어 잘 나타나 있지 않은 것을 비유하는 말이다. 다음에 이어지는 인과응보가 현생에 신속히 나타난다는 것에 대한 대비되는 의미로 사용되었다.

수 있겠는가. 이미 말법의 시대에 들어서 있으니 누가 선을 행하지 않을 수 있겠는가.

아아, 나는 모든 것이 마음이 아프도다. 어찌 말법 시대의 재난을 피할 수 있겠는가. 그러나 승려들에게 한 줌의 먹을 것이라도 공양을 하는 이가 있다면, 선을 행한 것에 대한 보답으로서 앞으로 다가올 기근의 재난을 피할 수 있을 것이다. 몸가짐과 언행을 조심하며 불법을 믿고 하루를 살아가면서 살아 있는 것을 죽이지 않는다는 계율을 지킨다면 불도를 수행한 공덕으로 인해 말세에 전란의 재난을 당하지 않을 것이다.

옛날에 한 승려가 있었다. 산에 살면서 좌선을 하고 있었는데 식사 때마다 자신의 음식을 나누어 까마귀에게 주었다. 까마귀는 항상 승려가 주는 음식을 먹는 것에 익숙해져 매일 와서 먹었다. 이 승려가 식사를 마치고 이쑤시개를 입에 물고 입을 헹군 후 손을 씻고 작은 돌을 손에 쥐며 놀고 있었다. 그때 까마귀는 울타리 밖에 있었는데 그 승려가 밖에 있는 까마귀를 보지 못하고 돌을 던지자 까마귀가 맞아버렸다. 까마귀의 머리는 깨져 그 자리에서 죽었다. 그 후 까마귀는 다음에는 멧돼지로 태어났다. 멧돼지는 그 산에 살면서 승려가 살고 있는 방 위에서 돌을 파헤치며 먹을 것을 찾고 있었다. 그런데 그 돌이 굴러 떨어져 승려에게 맞아 승려가 죽어버렸다. 멧돼지는 원수를 갚으려고 생각하지도 않았는데도 돌이 저절로 굴러 떨어져 승려가 죽은 것이다.

이와 같이 자신도 모르는 사이에 죄를 저지른다면 자신도 모르는 사이에 원한에 대한 응보가 돌아온다. 그런데 하물며 악한 마음을 가지고 살생을 한다면 그 원한에 대한 응보가 어찌 없을 수가 있겠는가. 나쁜 씨앗을 심은 것으로 인한 결과로서 원망하는 마음을 가지게 하는 것은 자신의 미혹된 마음에서 비롯된 것이다. 복을 생기게 하는 원인을 만들고 불도에 들어가려 정진하는 것은 자신이 깨닫고자 하는 마음이 있기 때문이다.

나와 같이 어리석은 승려 교카이景戒는 배움에 있어서는 아직 천태종天台宗[8]의 지샤智者[9] 스님처럼 불교의 교리에 대해서 문답을 나눌 수 있는 술법을 익히지 못하였다.[10] 또한 깨달음에 있어서도 신통력을 얻은 이나 변술에 능한 이처럼 대답하는 방법을 익히지 못하였다. 이것은 역시 조개로 바닷물을 퍼 담고 관으로 하늘을 보려는 이와도 같다.[11] 나는 불교의 훌륭한 전통을 전할 수 있는 뛰어난 승려는 아니지만 사람들로 하여금 곰곰이 불도에 대하여 돌이켜보게 하며, 극락정토로 길을 이끌게 하고, 마음은 깨달음의 길을 달리게 하도록 하고자 한다. 또한 먼 과거의 죄를 부끄러워하게 하며 영원히 후세의 선을 바라도록 하는 마음에 이와 같은 기이한 일들을 적은 것이다. 이에 귀를 잡아당기며 손을 끌듯이 친절하게 가르쳐야 할 중생들에게 손을 내밀어 선을 권하도록 하며, 발은 선한 곳으로 향하도록 이끌고자 한다.

바라건대 이 세상 모든 사람들과 서방의 극락정토에서 함께 태어나고자 한다. 또한 새집과도 같은 곳에서 벗어나 모두 함께 하늘의 보물이 가득한 궁전에서 살았으면 한다.

8_ 대승불교(大乘佛教)의 한 종파로 『법화경(法華經)』을 근본 경전으로 한다. 천태종은 당나라에서 유학한 사이초(最澄)에 의해 헤이안(平安) 시대 초기에 일본으로 전래되었다.

9_ 538-597. 중국 천태종의 시조로서 18세 때 출가하여 575년부터는 천태산(天台山)에 머물면서 천태교학(天台教學)을 확립하였다.

10_ 원효(元曉)의 『열반종요(涅槃宗要)』에 사종(四宗)과 오교(五教)에 관하여 지샤 스님이 신인(神人)과 문답을 나누었다는 이야기가 실려 있다.

11_ 원효의 『열반종요』에 있는 구절을 인용한 것이다.

日本国現報善悪霊異記 巻下

諾楽右京薬師寺沙門景戒録

夫善悪因果者、著於内経。吉凶得失、載諸外典。今探是賢劫尺迦一代教文、有三時。一正法五百年。二像法千年。三末法万年。自仏涅槃以来、迄于延暦六年歳次丁卯、而逕一千七百廿二年。過正像二而入末法。然日本従仏法伝適以還、迄于延暦六年而逕二百卅六歳也。夫花咲無声。鶏鳴無涙。観代修善之者、若石峯花。作悪之者、似土山毛。匪磍因果作罪、以比無日之人履叵失虎尾。甘嗜名利殺生、疑託鬼之人抱毒蛇。莫朽之号悪種。叵見之号善根。悪報遄来如水鏡。向之即現。夸力颸被如谷響。喚之必応。現報若之。人不慎乎。此生空過、後悔無益。暫爾身詎伯存之。泛爾命孰常恃之。既入末劫。何弗仂矣。喃汎言惻。那免劫災。唯資施衆僧一搏食、於修善之福而不逢当来飢饉之災。苦頼持一日不殺戒、於行道之力而不値末劫刀兵之怨。昔有一比丘。住山坐禅。毎斎食時、拆飯施烏。烏常啄効、毎日来候。比丘斎食訖後、嚼楊枝、嗽口洒手、把礫而翫。烏居籬外。時彼比丘、不瞪居烏、投礫中烏。烏頭破飛即死、死生猪。猪住其山。彼猪至於比丘室上、頽石求食、俓下中比丘而死。猪不思賊、石自来殺。無記作罪、無記報怨。何況乎発悪心殺、無彼怨報歟。殖悪之因、怨悪之果、是吾迷心。作於福因而鑒菩提、是我寤懐。羊僧景戒、所学者未得天台智者之問術。所悟者未得神人弁者之答術。是猶以螺酌海因管闚天者矣。匪伝灯之良匠、而強訂瞻斯事。尅轍浄刹、奔心覚路。

遠愧前非、長祈後善。注奇異事、示言提流。授手欲勸、濡足欲導。庶掃地共生西方極楽。傾巣同住天上宝堂者矣。

|도움말| 하권의 서문은 말법사상으로부터 시작되고 있다. 정법 오백 년, 상법 천 년, 말법은 만 년으로, 교카이는 지금의 엔랴쿠 6년787은 말법의 시대에 해당한다고 하고 있다.

말법의 시대는 악업惡業이 성행하며, 악업은 반드시 악한 결과를 낳는다. 따라서 사람들은 악업으로부터 벗어나 선인善因을 심어야 한다는 것이 교카이의 주장이며, 이것은 『일본영이기』 전체의 주장으로서 이 설화집을 편집하게 된 근본적인 동기이다. 따라서 교카이는 인과응보의 법칙을 널리 이 세상 사람들에게 알리는 것이야말로 당시의 국가사회에 존재했던 악폐惡弊와 쇠퇴로부터 사람들을 구제하기 위해 무엇보다 필요하다고 생각하였던 것이다.

서문에서 교카이는 선과 악에 대한 응보가 곧바로 일어난다는 인과응보의 법칙을 강조하고 있다. 특히 자신도 모르는 사이에 행한 악한 행위라도 그것은 자신이 모르는 사이에 악한 결과로 돌아오기 때문에, 자신이 알고 있으면서도 악한 행위를 했다면 그것이 악한 결과로 되돌아오는 것은 불을 보듯 당연한 일이라는 것이다.

이 부분에 대한 설명으로 교카이는 까마귀와 승려와 멧돼지를 예로 들고 있는데 이것은 『일본영이기』의 어느 설화보다도 강렬한 인상을 준다. 이것은 현 시대의 독자라도 수긍할 수 있는 부분으로서, 어쩌면 당시의 독자 또는 이야기를 듣던 청중들도 가장 공감하였던 이야기였을 것이라 생각된다.

교카이는 자기 자신은 지혜도 깨달음도 부족한 승려이긴 하지만, 선인선과善因善果와 악인악과惡因惡果의 법칙이 지배하는 이 세상에서 선인을 심으면서 모두 함께 서방정토에서 태어나자고 열망하고 있다. 이처럼 상·중·하권의 각 권의 서문을 살펴보면, 교카이의 겸허하고 경건한 자세와 함께 그의 구도심求道心을 느낄 수 있다.

『일본영이기』의 편찬자인 교카이는 난토南都 야쿠시지薬師寺 절에서 살았으나 소위 말하는 성승聖僧이나 학승學僧은 아니었다. 그는 세속에 있으면서 세속적인 생활자로서의 과거와 경험을 가지고 있었으며, 이같은 과거의 또는 현재의 세속적인 생활에 대한 경험이 『일본영이기』의 편찬의 밑바탕이 되었던 것이다. 따라서 『일본영이기』는 성승이나 학승을 위해 편찬된 것이 아니라 그보다는 낮은 일반 서민들을 위해 편찬된 것이며, 그들에게 구두口頭로 이야기를 전하기 위한 자료집이었다고 생각된다. 그 결과, 현재의 독자들에게는 나라奈良 시대 말기에서 헤이안平安 시대 초기의 일반 서민들의 생활상을 여실히 보여주기 때문에 문학작품으로서 뿐만 아니라 역사·민속학·문화적으로도 큰 의의를 지니는 작품이 되었다고 할 수 있다.

제1화

마음속으로 법화경을 읊은 이의 혀가 비바람을 맞은 해골 안에 붙어 썩지 않은 이야기

나라奈良에서 대팔주국大八洲国[1]을 통치하신 여제女帝 쇼토쿠称徳 천황[2] 시대의 일이다. 기노쿠니 지방紀伊国 무로 군牟婁郡 구마노 마을熊野村[3]에 에이고永興선사禪師[4]라는 이가 살고 있었다. 그는 바닷가의 사람들을 가르치고 있었는데, 당시 사람들은 에이고의 행동을 공경하고 칭송하여 보살菩薩[5]이라 불렀다. 천황이 계신 나라의 남쪽

1_ 일본의 옛 명칭으로 많은 섬으로 이루어진 것에서 유래되었다. '대팔주'는 여덟 개의 섬을 의미하는 것으로, 아와지시마(淡路島) 섬, 시코쿠(四国), 오키노시마(隠岐島) 섬, 규슈(九州), 이키(壱岐) 섬, 쓰시마(対馬) 섬, 사도가시마(佐渡島) 섬, 혼슈(本州)를 말한다.

2_ 제48대 천황(재위 764-770). 원래는 제45대 쇼무(聖武) 천황에 이어 제46대 고켄(孝謙) 천황(재위 749-758)으로 즉위하였으나 후에 48대 천황으로 다시금 즉위하여 쇼토쿠 천황이 되었다. 하권은 쇼토쿠 천황 시대의 이야기가 대부분을 차지하므로, 각 이야기에서의 쇼토쿠 천황에 관한 설명은 생략하기로 한다.

3_ 지금의 와카야마 현(和歌山県) 히가시무로 군(東牟婁郡) 신구 시(新宮市) 근방에 해당한다.

4_ 생몰년 미상. 나라 시대의 고승(高僧)으로『쇼쿠니혼기(続日本紀)』호키(宝亀) 3년(772) 3월조에는 10명의 고승 중의 한 명이라는 기록이 있다. 선사는 고승을 존경하여 부르는 말이다.

5_ 부처 다음에 해당하는 칭호로서, 깨달음을 구하고 중생을 구제하기 위해 많은 수행을 거듭한 이를 말한다. 문수(文殊)・관음(觀音)・미륵(弥勒)・세지(勢至)・보현(普賢) 등이 있으며, 원래는 석가의 전생의 칭호였으나 대승불교(大

에서 살고 있었기 때문에 남보살南菩薩이라고도 하였다. 그때 한 선사가 에이고선사에게 찾아왔다. 가지고 있는 것은 『법화경法花經』 1부部 글자를 작게 써서 권수를 줄여 한 권으로 해서 가지고 있었다. 백동白銅 물병[6] 하나, 새끼줄을 꼬아 만든 의자[7] 하나였다. 승려는 항상 『법화경』을 외우면서 오로지 이것만을 업으로 삼고 있었다.

1년여가 지난 어느 날 선사는 에이고선사를 떠나려 생각하고, 공손하게 인사를 드린 후 의자를 바치면서 말하였다.

"지금 선사님을 떠나 산에서 수행을 하려 합니다.[8] 이세 지방伊勢国[9]으로 넘어가려 합니다."

에이고선사는 이 말을 듣고 찰밥을 말려 가루로 만든 것[10] 2두斗[11] 정도를 승려에게 주고 우바새優婆塞[12] 두 명에게 배웅을 하도록 하였다. 이 선사는 하루 정도 길을 같이 가다가 『법화경』과 주발, 찹쌀가루 등을 우바새에게 주고 돌아가게 하고는 자신은 마麻로 만든 새끼줄 20심尋[13]과 물통 한 개만을 가지고 작별인사를 나눈

乘佛敎)가 일어나자 장래에 부처가 될 인물이라는 의미로 사용되어 있다. 『일본영이기』 내에서도 교기보살(行基菩薩, 중권 제7화), 곤스보살(金鷲菩薩, 중권 제22화)이 있다.

6 백동은 동과 주석이 합금이다. 이 물병은 승려의 소지품 중 하나로서 음료나 세정용에 필요한 물을 넣던 용기이다. 특히 산에서 수행하는 이에게는 반드시 필요한 물품이었다.

7 주로 승려가 좌선을 행할 때 사용하던 의자로, 나무로 골격을 만들고 엉덩이로 앉는 부분은 새끼줄로 꼬아 팽팽히 잡아당겨 만들었다.

8_ 앞에서 에이고선사는 바닷가의 사람들을 교화하였으므로, 이와는 대비되는 산에서 수행을 하고자 한 것이다.

9_ 현재의 미에 현(三重県) 대부분에 해당한다.

10_ 당시에는 휴대용 식량으로서 찹쌀로 밥을 만들고 이것을 말린 후 절구로 가루를 내어 가지고 다녔다.

11_ 1두(斗)는 약 18리터에 해당한다.

12_ 속세인이면서 불문에 들어 오계(五戒)를 받고 수행하는 자로, 반승반속(半僧半俗)적인 존재였다. 남자는 우바새, 여자는 우바이(優婆夷)라고 한다.

후 떠났다.

2년이 지난 후 구마노 마을 사람들이 구마노가와熊野河 강[14] 상류의 산에 가서 나무를 베어 배를 만들고 있었다. 그런데 어디선가 소리가 들려오는데 알고보니 『법화경』을 읊는 소리였다. 며칠이 지나고 몇 달이 지나도 『법화경』을 읽는 소리가 끊이지 않았다. 배를 만드는 사람들은 『법화경』을 읽는 소리를 듣고 불심을 일으켰다. 그래서 이를 공경하고 자신의 음식물을 바치려고 소리가 나는 곳을 찾아보았으나 어디에 있는지 찾을 수 없었다. 하는 수 없이 숙소로 돌아와 있었는데, 경을 읊는 소리가 방금과 같이 끊이지 않았다.

그 후 반년이 지나 배를 끌어내기 위해[15] 사람들은 산으로 올라갔다. 그런데 『법화경』을 읊는 소리가 여전히 멈추지 않는 것이었다. 사람들은 이것을 이상하게 생각하고 에이고선사에게 여쭈어 보았다. 에이고선사도 이것을 이상하게 생각하고 가서 자세히 들어보자 정말로 『법화경』을 읊는 소리가 들리는 것이었다. 소리가 나는 곳을 찾아가 보자 시체 하나가 있었는데, 마로 된 새끼줄로 두 발을 묶은 채 뛰어내린 몸이 바위에 걸려 죽어 있는 것이었다.[16] 뼈 옆에는 물통이 있었고 이것으로 그가 에이고선사로부터 헤어진 선사라는 것을 알 수 있었다. 에이고선사는 이를 보고 슬

13_ 1심(尋)은 양팔을 벌렸을 때의 길이로 약 1.5m에 해당한다.

14_ 현재의 와카야마 현(和歌山県)과 미에 현(三重県)의 경계를 흐르는 강이다.

15_ 겨울에 산에 들어가 나무를 베어 배를 만든 후, 반 년 후인 여름에 강물이 불었을 때 배를 운반했을 것이라 생각된다.

16_ 스스로 자살한 것임을 알 수 있다. 그 때문에 식량과 식기와 『법화경』을 다른 우바새에게 건네준 것이다. 구마노 산(熊野山)은 영산(靈山)이라는 믿음이 있었고, 극락과 가까이 있다고 생각하여 몸을 던져 죽은 것이라 생각된다. 또한, 구마노나다(熊野灘)라는 여울도 이와 같은 믿음에서 물에 빠져 죽는 일이 많았다.

피 울며 돌아왔다.

그리고 3년이 지난 어느 날 나무꾼이 말하였다.

"경을 읊는 소리가 예전처럼 그치지 않습니다."[17]

에이고선사는 이 말을 듣고 다시금 찾아가서 그 유골을 수습하려 해골을 보자 3년이 지나도 그 혀가 썩지 않고 살아 있을 때와 똑같았다. 이것은 『법화경』[18]의 기이한 힘으로 경을 읊고 공덕을 쌓은 영험이라는 것을 정말로 알 수 있다.

이에 논찬하여 말하였다.

"고귀하구나 선사여. 인간의 육신[19]을 얻어 태어나 항상 『법화경』을 읊어 영험을 얻었구나. 몸을 던져 뼈는 비바람에 맞아도 해골 안에 붙어있는 혀는 썩지 않았구나. 이것은 분명히 성인聖人이며 보통사람이 아니로구나."

또 요시노吉野의 긴부센金峰山[20]이라는 산에 한 선사가 있었다. 높은 봉우리를 다니며 수행을 하고 있었는데, 어느 날 선사가 가는 길 앞에서 『법화경』과 『금강반야경金剛般若經』[21]을 읊는 소리가 들

17_ 3년 전에 몸을 던져 죽은 이의 유골은 절벽에 걸려 있었으므로 수습을 할 수 없는 상태였기 때문이다.

18_ 원문은 '大乘'이다. 대승불교는 자신의 해탈만을 목적으로 하는 것이 아니라 모든 인간이 구제받고 성불할 수 있도록 설법하며, 이것이 부처의 진정한 가르침이라 하고 있다. 대승불교의 경전은 『법화경』이다.

19_ 원문은 '血肉'이다. 부처의 몸에 대한 상대적인 개념으로, 살아 있는 인간의 몸을 지칭한다.

20_ 나라 현(奈良県) 요시노 군(吉野郡)에 있는 산으로 수험자(修驗者)의 신앙의 대상이 되는 곳으로 유명하며, 특히 엔노교자(役の行者, 생몰년미상)가 영장(靈場)을 연 곳으로 잘 알려져 있다.

21_ 대승불교의 경전 중 하나로 공(空)과 무아(無我)를 설법하며, 특히 선종(禪宗) 계통에서 중시되었다. 『금강반야경』을 읊으면 영험이 있다는 것은 잘 알려져 있지만, 이것을 읊은 이의 혀가 죽어도 썩지 않았다는 이야기는 『금강반야경집험기(金剛般若經集驗記)』나 『금강경구이(金剛經鳩異)』 등에는 보이지

려왔다. 선사는 이 소리를 듣고 발걸음을 멈추어 풀을 헤치고 들어가 보니 해골 하나가 있었는데 오랜 세월이 지나 햇볕을 계속 받고 있어도 그 혀는 썩지 않고 살아서 붙어 있었다. 선사는 해골을 깨끗한 장소로 옮긴 후 말하였다.

"당신과 나 사이에 인연이 있었기 때문에 당신은 나를 만난 것입니다."

그리고는 풀로 해골 위를 덮고 함께 살면서 경을 읊으며 하루에 여섯 번 근행勤行[22]을 하였다. 선사가 『법화경』을 읊을 때마다 해골도 함께 경을 읊었는데, 그 혀를 보니 혀가 움직이고 있었다. 이것도 또한 기이한 일이다.

원문

憶持法花経者舌著曝髑髏中不朽縁 第一

諸楽宮御宇大八洲国之帝姫阿倍天皇御代、紀伊国牟婁郡熊野村、有永興禅師。化海辺之人。時人貴其行。故美称菩薩。従天皇城有南故、号曰南菩薩。爾時有一禅師、来之於菩薩所。所持之物、法花経一部、字細少書、減巻数成一巻持之。白銅水瓶一口、縄床一足也。僧常誦持法華大乗、以之為宗。歴一年余、而思別去、敬礼禅師、奉施縄床、而語之曰、「今者罷退、欲居山。踰於伊勢国」。禅師聞之、糯干飯舂篩二斗、以之施師、優婆塞二人副、共遣使見送。是禅師一日道

않는다. 단, 『대지도론(大智度論)』에는 『반야바라밀경(般若波羅蜜經)』을 읊었기 때문에 혀가 불에 타지 않았다는 구절이 있다.

22_ 하루를 신조(晨朝, 아침)・일중(日中, 낮)・일몰(日沒, 해질녘)・초야(初夜, 초저녁)・중야(中夜, 밤중)・후야(後夜, 새벽)의 여섯으로 나누어 이 시각 때마다 염불(念佛)이나 독경(讀經) 등을 하는 것을 말한다.

所送、而以法花経并鉢干飯粉等与優婆塞、自此令還、唯以麻縄廿尋水瓶一口而別去。逕送二年、熊野村人、至于熊野河上之山、伐樹作船。聞之有音、誦法花経。累日逕月、猶読不止。造船之人、聞読経音、発心貴之、擎自分粮、以推求之、不瞰形色。故還而居、読経之音、如先不息。後歴半年、為引船人入山。聞之読経音猶不止。怪白禅師。禅師怪往而聞有実。尋求見之、有一屍骨。以麻縄繋二足、懸巌投身而死。骨側有水瓶。乃知、別去之禅師也。永興見之、悲哭而還。然歴三年、山人告云、「読経之音、如常不止」。永興復往、将取其骨、見髑髏者、至于三年、其舌不腐。菀然生有。諒知、大乗不思議力、誦経積功験徳也。

賛曰、「貴哉、禅師。受血肉身、常誦法華、得大乘験。投身曝骨、而髑髏中、著舌不爛。是明聖也。不凡矣」。

又吉野金峯、有一禅師。往峯行道。禅師聞、往前有音。読於法花経金剛般若経。聞之留立、排開草中而見之者、有一髑髏。歴久日曝、其舌不爛而生者著有。禅師取収浄処、語髑髏言、「以因縁故、汝値於我」。便以草葺覆於其上、共住読経、六時行道。禅師随読法花、髑髏共読故、見彼舌、舌振動矣。是亦奇異之事也。

|도움말| 이 설화는 크게 두 이야기로 나뉘어 있다. 하나는 에이고선사에게 찾아온 선사가 죽어도 혀만은 썩지 않고 『법화경』을 읊었다는 이야기이고, 또 하나는 긴부센 산에서 죽은 이의 해골이 혀만 썩지 않고 『법화경』을 읊었다는 이야기이다. 이 두 이야기에서 공통되는 요소는 죽어서 해골이 되어도 혀는 썩지 않고 『법화경』을 계

속 읊는다는 테마로서, 이는 중국 수대隋代의 『정이기旌異記』나 당대唐代의 『홍찬법화전弘贊法華傳』을 비롯한 중국의 고승담高僧譚뿐만 아니라 일본의 고승담에도 많이 보이는 이야기이다.

이 설화에는 수행자의 소지품 등 당시의 불교풍속사를 엿볼 수 있는 대목이 많아 흥미를 끌고 있다. 또한, 배를 만드는 목수가 기슈紀州 지방의 산속으로 들어가 나무를 베는 모습도 나타나 있는데, 이것은 해안가 근처의 낮은 산에는 좋은 목재를 얻을 수 없기 때문에 육지 안까지 들어가 나무를 베어야 할 필요성이 있었던 것으로 보인다.

제2화

살아 있는 것을 죽여 원한을 품게 하고 여우와 개로 다시 태어나 다시 원한을 갚은 이야기

에이고永興 선사禪師[1]는 나라奈良 좌도읍左京[2]에 있는 고후쿠지興福寺 절의 승려였다. 불도에 귀의하기 전에는 아시야노 기미노우지葦屋君氏[3]라 부르기도 하였고, 이치키노우지一往氏[4]라고도 하였다. 그는 쓰노 지방摂津国 데지마 군手嶋郡[5] 사람으로 기노쿠니 지방紀伊国 무로 군牟婁郡 구마노 마을熊野村[6]에 살면서 수행하고 있었다.

1_ 생몰년미상. 나라(奈良) 시대의 고승(高僧)으로 『쇼쿠니혼기(続日本紀)』 호키(宝亀) 3년(772) 3월조에는 10명의 고승 중의 한 명이라는 기록이 있다. 선사는 고승을 존경하여 부르는 말이다.

2_ 헤이조쿄(平城京)・나가오카쿄(長岡京)・헤이안쿄(平安京) 시절, 천황이 있는 다이다이리(大内裏) 남쪽편 중앙에 있는 스자쿠몬(朱雀門)에서 도성 남단에 있는 라쇼몬(羅生門)까지 중앙을 남북으로 가르던 길을 스자쿠대로(朱雀大路)라 하며, 스자쿠대로의 동쪽을 좌도읍(左京), 서쪽을 우도읍(右京)이라 하였다.

3_ 헤이안 시대의 여러 씨족의 계보를 모은 『신센쇼지로쿠(新撰姓氏録)』에 의하면 '葦屋漢人'이라 하여 귀화인 출신이라 되어 있다. 여기에서 아시야(葦屋)는 씨(氏)이며, 기미(君)는 가바네(姓, 세습적인 직위나 직무)이다.

4_ 『신센쇼지로쿠』에 의하면 백제(百濟) 명왕(明王)의 자손이라 되어 있다.

5_ 현재의 오사카 부(大阪府) 도요노 군(豊能郡)에 해당한다.

6_ 지금의 와카야마 현(和歌山県) 히가시무로 군(東牟婁郡) 신구 시(新宮市) 근방에 해당한다.

그때 그 마을에 한 환자가 있었다. 사람들이 에이고선사가 살고 있는 절로 데리고 와서 병이 어떤지 보도록 부탁하자 에이고선사가 주문을 외울 때에는 나았다가 주문을 그치자마자 다시 아프기 시작하는 것이었다. 이렇게 하여 계속 살다보니 많은 날이 지났고 병은 낫지 않았다. 에이고선사는 반드시 병이 나을 수 있을 것이라 맹세하며 계속 주문을 외우니 환자에게 악령이 들어붙어 말하였다.

"나는 여우이다. 간단히 물러서지는 않을 것이다. 에이고선사여! 억지로 주문을 외우지 말거라."

이 말을 듣고 에이고선사가 물어보았다.

"그것은 무슨 이유인가?"

그러자 악령이 다시 대답하였다.

"이 사람은 전생에 나를 죽였기 때문에 나는 그 원한을 갚고 있는 것이다. 이 사람이 죽으면 곧바로 개로 태어나 다시금 나를 죽일 것이다."

선사는 이 말을 듣고 이상히 생각하여 올바른 길로 설득하려 하였으나 악령은 환자를 떠나지 않고 죽여버렸다.

일 년 후, 그 죽은 이가 누워 있던 방에 에이고선사의 제자가 병에 걸려 누워 있었다. 그때 어떤 이가 개를 데리고 에이고선사의 옆에 오자 그 개가 갑자기 으르렁 짖어대며 발톱으로 긁어 목끈에서 벗어나 쇠사슬을 끊고 내달리려고 하였다. 에이고선사는 이상히 생각하여 개의 주인에게 말하였다.

"개를 풀어주고 왜 내달리려 하는지 알아보도록 하시오."

그리고는 그 개를 풀어주자 곧바로 병들어 누워 있는 제자의 방에 달려 들어가 제자에게 붙어 있던 여우를 물어 끌어내었다. 에이고선사는 개를 말려보려 하였으나 개는 이를 놓지 않고 물어 죽여버렸다. 이것은 전에 죽었던 환자가 개로 다시 태어나 그 원한을 갚았다는 것을 분명히 알 수 있다.

아아. 생각해 보니 원한은 없어지지 않는 것이다. 어찌하여 그런지 그 이유를 말하자면, 비루리왕毗瑠璃王[7]은 전생의 원한을 갚으려고[8] 석가족 9,990만 명을 죽였다. 그러나 원한으로 원한을 갚으면 원한은 전혀 없어지지 않으며 이것은 마치 차바퀴가 굴러가는 것과도 같은 이치이다. 만약 어떤 사람이 모욕을 잘 참으려는 마음[9]을 일으킨다면, 원수를 만나더라도 나의 스승으로 생각할 수 있을 것이다. 왜냐면 그 원한을 갚지 않는 것은 곧 '인내'라 할 수 있기 때문이다. 그렇기 때문에 원수는 곧 인내심을 얻기 위한 스승이 될 수 있는 것이다. 따라서 서전書伝[10]에 이르기를,

'만일 인내하는 마음을 기르지 않는다면 아마도 어머니조차 때려 죽일 것이다'

라 한 것은 이것을 말하는 것이다.

7_ 사위국(舍衛國) 파사익왕(波斯匿王)의 아들이다. 어머니가 비천한 출신이라며 모욕을 당한 일에 대한 원한을 품어 즉위 후 석가족(釋迦族)을 멸망시켰다.

8_ 전생의 원한을 현세에서 풀었다는 것을 말한다. 『증일아함경(增一阿含經)』에 의하면 나열성(羅閱城)의 사람들이 구소어(拘璅魚)를 잡아먹은 일이 있었는데 그 구소어가 현생의 비루리왕이 되고 나열성의 사람들은 석가족이 되었다고 한다.

9_ 원문은 '忍辱'이다. 다른 사람에게서 받은 모욕이나 고난을 참고 견디는 것을 말하며, 불교에서는 보살도(菩薩道)를 수행하는 여섯 조항 중의 하나로서 이와 같은 인욕의 수행을 중요시하고 있다.

10_ 미상. '서(書)'는 '서적'의 뜻으로 옛 성현들의 저서를 말하며, '전(伝)'은 이들 경전에 주석을 붙인 것을 말한다.

원문

殺生物命結怨作狐狗互相報縁 第二

禅師永興者、諾楽左京興福寺沙門矣。俗姓葦屋君氏、一云市往氏。摂津国手嶋郡人也。住于紀伊国牟婁郡熊野村而修行。時彼村有病者。是将来於禅師住寺、勧請禅師而令看病、咒之時愈、即退発病。如是生経多日不輟。強盟猶咒。病者託曰、「我是狐矣。無用不伏。禅師莫強」。問之「何故」。答、「斯先殺我。我報彼怨。是人纔死、生犬殺我」。聞怪教化、不放而殺。一年之後、其死人臥室、禅師之弟子臥病。爾時有人、繋犬於禅師而来。彼犬嘷吠、抓脱枷断鏁欲奔。禅師怪之、告犬主言、「応放知由」。纔放走入病弟子室、咋狐引出。禅師禁犬、不免齰殺。晰委、斃人還報彼怨。鳴呼惟也、怨報不朽。何以故、毗瑠璃王、報過去怨、而殺釈衆九千九百九十万人。以怨報怨、怨猶不滅。如車輪転。若有人、能発忍辱時見怨人者、為我恩師。不報彼怨、以之為忍。是故怨者即忍之師。所以書伝云、「若不買忍心、凡打殺其母」者、其斯謂之矣。

|도움말| 이 이야기는 앞의 이야기에 이어 구마노의 에이고선사의 체험담을 소재로 한 설화이다. 환자에게 주문을 외우는 점, 여우가 악령이 되어 환자에게 붙는 점, 축생도畜生道로 다시 태어난다는 점 등 흥미깊은 이야기들이 인과응보의 원리에 의해 전개되고 있다. 또한, 병자에게 주문을 외우자 낫고, 주문을 멈추자 다시금 발병하는 것은 일본에서의 모노노케物の怪의 양상과도 밀접한 관련성이 있으며, 여우가 인간에게 달라붙는다는 것은 당시 일본의 민간신앙이 반영된 것이다.

모노노케는 생령生靈(살아 있는 채로 영혼이 빠져나와 다른 이를 괴롭히는 것)이나 사령死靈, 요괴 등이 사람에게 달라붙어 병을 일으키거나 죽음에까지 이르게 하는 것을 말한다. 헤이안平安 시대의 『겐지모노가타리源氏物語』에는 로쿠조노미야슨도코로六条御息所의 생령이 임신중인 아오이노우에葵の上를 괴롭히는 장면이 있는데, 이는 모노노케의 이야기 중 가장 유명한 이야기이다.

이 모노노케에 걸리면 승려나 수험자修驗者를 불러 가지기도加持祈禱를 행함으로써 모노노케를 쫓아버렸으며, 이 이야기에서 에이고 선사가 주문을 외운 것은 이와 동일한 맥락에서 이해할 수 있다.

제3화

승려가 십일면관세음상에게 빌어 현세에서 복을 얻은 이야기

승려 벤소弁宗[1]는 다이안지大安寺 절[2]의 승려이다. 태어날 때부터 언변이 뛰어나 기도하는 사람들의 소원을 본존불本尊佛에게 대신 전하는 역할을 하였으며, 많은 시주施主[3]들을 알고 있어 여러 신도들로부터 많은 인기를 얻고 있었다.

여제女帝 쇼토쿠称德 천황 시대의 일이다. 벤소가 다이안지 절의 『대반야경大般若經』[4] 독송회의 기금 30관貫[5]을 빌렸으나 갚지 못하였다. 절의 사무를 담당하던 승려들이 돈을 갚도록 독촉하였으나

1_ 미상.

2_ 나라 시(奈良市)에 있는 고야산(高野山) 진언종(真言宗)의 절로서 쇼토쿠태자(聖德太子)가 617년에 건립한 구마고리데라(熊凝寺) 절이 전신이다. 이것이 639년에는 구다라다이지(百済大寺) 절, 673년에는 다케치다이지(高市大寺) 절로 불리다가 710년에 나라로 천도한 뒤 좌도읍으로 옮겨지면서 다이안지 절로 일컬어졌다. 나라(奈良) 시대부터 헤이안(平安) 시대 초기까지 도다이지(東大寺) 절, 고후쿠지(興福寺) 절과 어깨를 나란히 하는 큰 절이었다.

3_ 원문은 '檀越'이다. 이들은 대체적으로 지방의 호족들로서 재정적으로 절에 큰 지원을 하던 이들이다.

4_ 반야(般若)를 설명한 여러 경전을 집대성한 것으로, 중국 당(唐)의 현장(玄奘)이 번역했다. 모두 600권.

5_ 당시 1관(貫)으로 쌀 120석을 살 수 있었다.

도저히 빌린 것을 갚을 방법이 없었다. 그래서 하쓰세泊瀬[6]의 위쪽 편에 있는 산사山寺에 올라가 십일면관음보살十一面觀音菩薩[7]에게 참배하면서 관음보살의 손에 끈을 묶고 그 끈을 잡아당기면서 말하였다.

"제가 다이안지 절의 『대반야경』 독송회의 기금을 빌렸으나 갚을 길이 없습니다. 바라옵기는 저에게 돈을 베풀어 주시옵소서."

이렇게 말하며 나무아미관세음보살을 외우며 빌었다. 그러자 이곳에도 사무를 담당하는 승려들이 와서 돈을 갚기를 재촉하였다.

벤소는 대답하였다.

"잠시만 기다려 주십시오. 제가 보살님께 돈을 베풀어달라고 기도하였으니 갚겠습니다. 오래 걸리지는 않을 것입니다."

그때 후나노미코船親王[8]가 때마침 좋은 인연[9]이 있어 이 산사에 참배하고 법회를 열었다. 한편 벤소는 불상에게 끈을 걸고 당기며 계속 말하였다.

"돈을 속히 저에게 주십시오. 승려들이 독촉하는 돈을 빨리 갚

6_ 현재의 나라 현(奈良県) 사쿠라이 시(桜井市)의 하세(初瀬)에 해당한다. 산 위에 하세데라(長谷寺) 절이 있다.

7_ 정식 명칭은 십일면관세음보살(十一面觀世音菩薩)로서 '세상의 중생(世)'의 '목소리(音)'를 '살펴보시고(觀)' 그들을 고뇌로부터 구제하여 준다는 '보살(菩薩)'이다. 머리 위에 11개의 조그만 얼굴이 있는데, 이것은 중생을 구제하는 역할이 다양함을 의미한다.

8_ 생몰년 미상. 나라 시대의 황족으로 덴무(天武) 천황의 손자이며 도네리신노(舍人親王)의 아들로서, 준닌(淳仁) 천황의 형에 해당한다. 후지와라노 나카마로(藤原仲麻呂)의 난에 연루되어 현재의 시마네 현(島根県) 북동부에 있는 오키노시마(隠岐島) 섬으로 유배되었다.

9_ 원문은 '善縁'으로, 불교에서 말하는 좋은 인연이나 불도의 인연이 되는 것을 말한다. 이 이야기에서는 벤소를 만나 돈을 갚음으로써 선한 행위를 하게 될 것을 말한다.

고자 합니다.”

그때 후나노미코가 이 말을 듣고 제자에게 물어보았다.

“무슨 이유가 있어 지금 이 승려가 이처럼 말하는가?”

제자들이 지금까지의 일을 상세히 대답하자 후나노미코는 이 이야기를 듣고 돈을 주어 절에게 갚도록 하였다.

이것으로 관음보살님의 커다란 자비와 승려 벤소의 신앙심이 깊다는 것을 정말로 알 수 있다.

원문

沙門憑願十一面観世音像得現報縁 第三

沙門弁宗者、大安寺之僧也。天年有弁。白堂為宗、多知檀越、高得衆気。帝姫阿倍天皇代、弁宗受用于其寺大修多羅供銭卅貫、不得償納。維那僧等、徴銭而逼。償債無便故、登於泊瀨上山寺、参向十一面観音菩薩。観音菩薩之手縄繋、引之而白言、「我用大安寺修多羅宗分銭、而償無便。願我施銭」、称名以願求。是維那等来、徴之猶逼。答言、「暫待。我於菩薩白銭将償。敢久不延」。于時船親王、有善縁、参至其山寺、備法事而行。弁宗法師、繋像引縄、猶白之曰、「銭速賜我。徴銭速償」。親王聞之、問弟子言、「以何因縁、今斯禅師、如是白耶」。弟子答之、如上具述。親王聞状、出銭償寺。方知、観音大悲、法師深信矣。

|도움말| 이 이야기는 선한 일을 행한 보답으로 좋은 응보를 얻는 현보설화이다. 다이안지 절의 독송회의 기금은 중권 제24화와 제28화에도 등장하며, 이들 설화에서도 가난한 이를 구제하고 있다. 그리

고 기원할 때 끈을 매달고 잡아당기는 것은 중권 제21화, 제34화에서도 볼 수 있는데 당시 부처에게 기원하는 방법 중 한 가지였다고 생각된다.

한편, 『곤자쿠모노가타리슈今昔物語集』 16권 제27화는 이 이야기를 바탕으로 지어진 것이다.

제4화

승려가 방광경을 외워 바다에 빠져서도 죽지 않은 이야기

나라奈良에 한 고승高僧이 있었다. 이름은 알 수 없다. 그 승려는 항상 『방광경전方廣經典』[1]을 읊으며 속세에 살면서 남에게 돈을 빌려주고 아내와 아이를 먹여 살렸다. 그에게는 딸 한 명이 있었는데 시집가서 다른 곳에서 남편과 함께 살고 있었다.

여제女帝 쇼토쿠称徳 천황 시대의 일이다. 그 사위가 무쓰陸奥[2] 지방에 조掾[3]의 벼슬을 얻어 부임하게 되었다. 그래서 승려인 장인으로부터 20관貫[4]을 빌려 옷을 차려입은 후 임명받은 지방으로 향했다. 일 년여가 지나자 갚아야 할 돈은 이자까지 두 배가 되었으나 겨우 원금만 갚고 아직 이자는 갚지 못하였다. 이윽고 세월이 더

1_ 대승(大乘)의 가르침을 기록한 『반야경(般若經)』, 『법화경(法華經)』, 『화엄경(華嚴經)』 등을 가리킨다. 『대통방광경(大通方廣經)』이란 것도 있으나 이것은 위경(僞經)이며, 본 이야기의 후반부에서 '대승경의 신통한 영험'이란 구절이 나오므로 『대통방광경』은 맞지 않는다.

2_ 현재의 후쿠시마 현(福島県), 미야기 현(宮城県), 이와테 현(岩手県), 아오모리 현(青森県)의 4개현에 해당한다.

3_ 일본에서는 7세기 후반-8세기 초기에 당의 율령제를 모방하여 사등관제(四等官制)도 함께 도입되었는데, 그 중에서 '조'는 중앙에서 지방으로 파견된 국사(国司) 중 삼등관(三等官)에 해당한다.

4_ 당시 1관(貫)으로 쌀 120석을 살 수 있었다.

흘러 장인은 돈을 갚으라고 재촉하자 사위는 몰래 마음속으로 이를 원망하고 미워하는 마음을 가지게 되어

'기회가 되면 장인을 죽여야겠다.'

고 생각하였다. 장인은 이 사실도 모르고 여전히 돈을 갚으라며 재촉하였는데, 어느 날 사위가 장인에게 말하였다.

"무쓰 지방으로 함께 가시면 돈을 갚겠습니다."

장인은 이 말을 듣고 가기로 하였다. 배를 타고 무쓰 지방으로 가고 있는데 사위가 뱃사공들과 함께 악한 일을 꾸미고 장인의 손과 발을 묶어 바다 속으로 던져 빠지게 하였다. 그리고는 무쓰 지방에 가서 아내에게 거짓말로 말하였다.

"당신의 아버지가 당신을 보고 싶어 하시길래 함께 모시고 바다를 건너고 있는데 갑자기 험한 파도를 만나 배[5]는 물에 가라앉고 장인어른도 물에 빠져 떠내려갔다오. 구하려고 하였으나 어찌할 방도가 없었소. 결국 파도에 떠내려가 물에 잠겨 돌아가시고 나만 겨우 살아남아 왔소."

아내는 그 말을 듣고 크게 슬퍼하고 울며 한탄하였다.

"나는 불행하게도 아버지를 잃어버렸습니다. 어찌하여 이와 같은 소중한 사람을 잃게 되었단 말입니까. 죽음이란 것이 어떤 것인지 이제야 몸소 알았습니다. 아버지의 모습을 찾으려면 바다로 들어가는 것밖에 방법이 없습니다. 그러나 바닷속이라 하더라도 옥玉을 구할 수는 있겠지만, 아버지의 유골은 도저히 찾을 수 없을 것입니다.[6] 슬픈 일입니다. 마음이 아픈 일입니다."

한편, 그 승려인 장인은 바다에 빠져도 마음을 다하여 『방광경』

5_ 원문은 '駅船'으로, 각 항구까지 운항하던 공영(公營)의 배를 말한다.

6_ 만날 수 없는 사람을 바닷속의 진주에 비유하는 예는 『만요슈(万葉集)』 권7의 1317, 1318, 1319, 1320 등의 노래에도 실려 있다.

을 읊자 바닷물이 움푹 패어들어가 밑바닥에서 웅크리고 있어도 죽지 않았다.[7] 이틀낮 이틀밤이 지나 다른 배의 뱃사공이 무쓰 지방을 향해 바다를 건너오고 있었다. 뱃사공이 문득 보니 밧줄의 끝부분이 물에 떠 있었다. 그런데 그것이 다른 곳으로 떠내려가지 않고 바닷물 위에 둥둥 떠 있는 것이었다. 뱃사공이 밧줄을 잡아 당겨보자 승려가 끌려 올라왔다. 그 승려의 모습은 보통 사람의 모습과 전혀 다를 바 없어 뱃사공은 매우 이상히 생각하여 물어보았다.

"당신은 누구시오."

"저는 아무개 아무개입니다. 제가 해적을 만났는데 해적들이 저를 끈으로 묶고 바다에 던졌습니다."

"스님. 당신은 무슨 술법이 있기에 물에 빠져도 죽지 않았습니까?"

"저는 항상 『방광경』을 읊고 있습니다. 그 신령한 힘[8]을 어찌 의심할 수 있겠습니까."

이렇게 이야기를 하고는 사위의 이름은 누구에게도 이야기하지 않았다. 그리고 뱃사공에게 부탁하였다.

"저를 무쓰 지방으로 데리고 가 주십시오."

뱃사공은 승려의 부탁에 따라 무쓰 지방까지 데려가 주었다.

한편 사위는 무쓰 지방에서 물에 던진 장인을 위해 약간의 제사 음식을 준비하고 삼보三寶[9]에게 공양을 바쳤다. 장인인 승려는 고

7_ 『묘법연화경(妙法蓮華經)』에는 "물에 빠지더라도 얕은 곳을 얻을 수 있다"는 구절이 있으며, 『관세음삼매경(觀世音三昧經)』에는 "물에 빠지면 그 물이 마를 것이다"는 구절이 있으나 『방광경』 자체에는 이와 같은 내용은 없다.

8_ 원문은 '威神'이다. 사람의 힘으로는 알 수 없는 영묘하고 이상한 힘을 말하며, 특히 부처가 가지고 있는 힘을 가리킨다.

9_ 불(佛, 부처 또는 불상), 법(法, 부처의 가르침, 즉 경전), 승(僧, 승려 및 불교의

생하고 돌아다니며, 음식을 구걸하여 먹으면서 다니다가 우연히 사위가 베푼 법사法事에 마주치게 되었다. 장인은 사도승私度僧[10]들 틈에 섞여 얼굴을 감추며 그 공양을 받았다. 그때 사위는 스스로 음식을 들고 여러 승려들에게 나누어 주다가 바닷속에 내던진 장인이 손을 뻗어 음식을 받는 것을 보았다. 사위는 이를 보더니 눈을 휘둥그레 뜨고 얼굴이 새빨개지며 놀랍고 두려워 숨어버렸다. 장인은 웃음을 머금으며 화를 내지 않고 참으면서 마지막까지 사위의 악한 일을 말하지 않았다.

이처럼 바다에 빠져서도 물이 움푹 패어들어가 죽지 않았으며, 큰 물고기[11]에게 잡아먹히지도 않아 목숨을 잃지 않았다. 이것으로 대승경大乘經[12]의 신통한 영험과 여러 부처님의 가호가 있다는 것을 잘 알 수 있다.

이에 논찬하여 말하였다.

"아름다운 일이로다. 타인의 악한 일을 드러내지 않고 이를 잘 참는 것이야말로. 정말로 이 법사는 고난을 참는 훌륭한 행동을 하였다."

이런 이유로 『장아함경長阿含經』[13]에 이르기를,

"원한을 가지고 원한에 보답하는 것은 풀을 가지고 불을 끄는

신봉자)의 세 가지를 말하는데, 불교를 총괄적으로 의미할 때도 쓰인다.

10_ 관의 허가 없이 승려나 비구니가 된 사람.

11_ 원문은 '毒魚'이다. 글자 그대로 해석하면 '독이 있는 물고기'이나 여기에서는 '사람을 잡아먹는 큰 물고기'로 해석하였다.

12_ 대승불교(大乘佛教)에서 중요시하는 경전으로 『화엄경(華嚴經)』, 『법화경(法華經)』, 『반야경(般若經)』, 『무량수경(無量壽經)』 등을 지칭한다.

13_ 『장아함경』은 소승경(小乘經)의 경전으로, 인용문은 『장아함경』에는 없고 사실은 『범망경(梵網經)』에 실려 있다. 풀은 한순간 불을 끄는 역할을 하지만 사실은 불이 더 활활 타오르게 하는 원인이 된다는 뜻으로 원한은 끊이지 않고 계속 반복된다는 것에 대한 비유이다.

것과도 같다. 자비를 가지고 원한에 보답하는 것은 물을 가지고 불을 끄는 것과도 같다."

라는 말씀은 이번 일을 말하는 것이다.

원문

沙門誦持方広大乗沈海不溺縁 第四

諸楽京有一大僧。名未詳也。僧常誦於方広経典、即俗貸銭、蓄養妻子。一女子嫁、別住夫家。帝姫阿倍天皇代之時、聟任於奥国椽。則舅僧貸銭廿貫、為装束、向於所任之国。歴歳余、謝銭一倍、僅償本銭、未償利銭。弥逕年月、猶徵乞之。聟窃懐嫌、而作是念、求便殺舅。舅不知、猶平心而乞。聟語舅曰、「将共奥」。舅聞之往、乗船度奥。聟与船人、同心謀悪、縛僧四枝、擲陥海中、往語妻曰、「汝之父僧、欲瞵汝面、率共度来。忽值荒浪、駅船沈海、大徳溺流、救取無便。終漂沈亡。但我僅活耳」。其女聞之、大哀哭言、「無幸亡父。何図失宝。我別知之。能見父儀、寧視底玉、亦得父骨。哀哉痛哉」。僧沈海、至心読誦方広経、海水凹開、踞底不溺。逕二日二夜後、他船人向於奥国而度。見之縄端泛、有於海而漂留。船人取縄牽之、忽僧上。形色如常。於是船人大怪問之、「汝誰」。答云、「我某。我遭賊盜、繫縛陥海」。又問、師何有要術故、沈水不死」。答、「我常誦持方広大乗。其威神力、何更疑之」。唯聟姓名、向他不顕。「具我泊奥」。船人随冀、送之於奥。彼聟奥国而為陥舅、聊備斎食、供於三宝。舅僧展転乞食、偶值法事、有於自度例。匿面而居、受其供養。聟掾、自捧於布施、献於衆僧。於是捨海中僧、申手受施行。掾見之、目瞟青面赫然、驚恐而隠。法師含咲、不瞋而忍、終後不顕乎彼悪事。是沈海、水汚不溺、毒魚不呑、身命不亡。誠知、大乗威験、諸仏加護。

贊曰、「美哉、不挙彼悪、猶能忍之。寔斯法師、鴻立忍辱高行」。所以長阿含経云、「以怨報怨、如草滅火。以慈報怨、如水滅火」者、其斯謂歟矣。

|도움말| 이 설화는 『방광경』의 공덕의 위대함을 나타내고자 하는 것이 주제이다. 이 이야기의 후반부에서 장인이 사위와 재회하며, 범인을 만나도 용서한다는 이야기는 상권 제7화와도 공통된다. 이것은 이야기의 전체적인 구조상 후일담의 성격을 지니지만 이 후일담이 오히려 더욱더 드라마틱하게 묘사되어 있어 깊은 인상을 준다.

한편, 지방의 관리가 되어 부임하는 사위가 장인에게 돈을 빌려 옷을 샀는데 돈을 갚고자 하니 이자까지 두 배로 불어 도저히 갚을 수가 없었으며, 사위는 돈을 갚으라며 재촉하는 장인을 죽인다는 이 설화의 서두부분은 나라 시대의 서민들의 세속적인 모습을 잘 나타내고 있는 부분이다.

제5화

묘견보살이 다른 모습으로 나타나 도둑이 누구인지 알려준 이야기

가와치 지방河内国 아스카베노 군安宿郡[1] 안에 시데하라信天原라는 산사山寺[2]가 있다. 이곳은 묘견보살妙見菩薩[3]에게 등명燈明을 봉납하는 곳으로서[4] 기나이畿内 지방[5]에서는 해마다 등명을 바치고 있었다.

여제女帝 쇼토쿠称德 천황 시대의 일이다. 신자들이 좋은 인연을 만들고자 등명을 보살에게 바치고 이와 함께 주지에게도 돈과 재물을 드렸다. 그런데 시주한 돈 중에서 5관貫[6]을 주지의 제자가 몰

1_ 현재의 오사카 부(大阪府) 하비키노 시(羽曳野市)와 후지이데라 시(藤井寺市)의 동쪽에 해당한다.

2_ 지금의 미나미가와치 군(南河内郡) 다이시 초(太子町) 가스가(春日)에 있는 묘켄지(妙見寺) 절이다.

3_ 북극성(北極星)을 신격화한 보살이다. 국토를 지키고 재난을 막아주며 장수하도록 해 준다. 일본에서는 눈병을 낫게 해 주며, 임산부는 순산을 하고, 좋은 인연을 맺기 위해 이 보살을 본존(本尊)으로 하여 행하는 기도의식이 있으며, 밀교(密敎) 및 일연종(日蓮宗)에서 제사를 지낸다.

4_ 부처에게 등명을 봉납하는 것도 공양의 한 가지이다.

5_ 도성 부근의 야마시로(山城, 교토부 남동부), 야마토(大和, 나라현), 가와치(河内, 오사카부 남동부), 이즈미(和泉, 오사카부 남부), 셋쓰(摂津, 오사카부 북서부와 효고현 남동부)의 다섯 지방을 말한다.

6_ 당시 1관(貫)으로 쌀 120석을 살 수 있었다.

래 훔쳐서 숨겨두었다.

그런데 그 후에 제자가 돈을 다시 찾으려고 숨겨둔 곳으로 가 보았더니 돈은 없고 사슴이 활에 맞아 쓰러져 죽어 있을 뿐이었다. 그래서 사슴을 끌어내기 위해 가와치시의 근처에 있는 이노에데라井上寺 절[7]의 마을로 돌아와 사람들을 데리고 와서 보니 사슴은 없고 5관이 있을 뿐이었다. 따라서 이 일을 통해 도둑이 누구인지 드러났다.

이것은 정말로 실제의 사슴이 아니라 보살님이 나타내신 것이라는 것을 알 수 있다. 이것은 기이한 일이다.

원문

妙見菩薩変化示異形顕盗人縁 第五

河内国安宿郡部内、有信天原山寺。為妙見菩薩献燃灯処。畿内毎年、奉於燃灯。帝姫阿倍天皇代、知識縁依例、献於燃灯菩薩、並室主施於銭財物。其布施銭之中五貫、師之弟子、窃盗而隠。後為取銭、往見之無銭。但鹿負箭而仆死之。仍為荷鹿、返于河内市辺井上寺之里、率人等而至見之、非鹿。唯銭五貫。因顕盗人。定知、是非実鹿。菩薩所示矣。是奇異之事矣。

|도움말| 상권 제34화에도 묘견보살이 도적이 누구인지 나타낸 이야기가 있으며, 이 이야기도 공통적으로 묘견보살 · 도적 · 사슴 · 시市

7_ 미상. 이야기의 전체적인 문맥으로 보아 서두부분의 시데하라 산사를 지칭하며 제자는 결국에는 돌고 돌아 원래의 자리로 돌아오게 되는 결과로 해석할 수 있는데 이 부분의 서술은 명확하지 않다.

라는 이미지가 연결되어 있어 도난을 테마로 한 묘견보살의 영험담이다. 사슴과 묘견보살의 연관성에 대하여는 알 수 없으나, 이 설화의 제목과 마지막 부분에서 사슴은 곧 묘견보살이 모습을 바꾼 것이라는 것을 알 수 있다.

한편, 상권의 이야기는 환상적인 느낌을 자아내는 이야기로 구성되어 있는 데 비해 이 설화는 오히려 더 현실적인 이야기로 되어 있는 것이 특징이다. 또한, '묘견妙見' 또는 '묘현妙現'이라는 글자 자체가 '숨겨져 있는 것을 나타낸다'는 뜻을 지니고 있으므로, 이 이야기에서 도둑을 찾아내는 데 영험이 있다는 점과 연결시키고자 한 의도가 보인다.

제6화

승려가 먹으려 한 생선이 법화경으로 변하여 속인들의 비난을 면한 이야기

요시노야마吉野山 산[1]에 절이 하나 있다. 그 절의 이름은 아마베노미네海部峯[2]라 하였다. 여제女帝 쇼토쿠称徳 천황 시대에 한 고승이 있었는데, 그는 그 산의 절에서 살면서 열심히 불도를 수행하였다. 어느 날 몸이 피곤해지고 기력도 쇠약해져 일어서는 것도 불가능할 지경이 되었다. 그래서 생선을 먹고 싶어 제자인 동자童子에게 말하였다.

"내가 생선이 먹고 싶구나. 네가 구해 와서 나에게 먹게 해 주거라."

동자는 스승의 말을 듣고 기노쿠니 지방紀伊国[3]의 해변에 가서 신선한 숭어 여덟 마리를 사서 작은 통에 넣어 돌아가는 길을 떠났다. 그때 전부터 알고 있던 시주施主[4] 세 명을 길에서 만났다. 시주

1_ 현재의 나라 현(奈良県)에 있는 산으로 긴푸센지(金峰山寺) 절을 비롯하여 신사가 많아 많은 수행자들이 참배하였다.

2_ 미상. 『신편일본고전문학전집(新編日本古典文学全集)』의 주석에 의하면 요시노 군(吉野郡) 오가와소(小川莊) 아자미가다케(薊ヶ嶽)에 있었을 것이라 추정하고 있다.

3_ 현재의 와카야마 현(和歌山県)과 미에 현(三重県) 남부에 해당한다.

4_ 원문은 '檀越'이다. 이들은 대체적으로 지방의 호족들로서 재정적으로 절에 큰

가

"네가 들고 있는 것은 무엇인가?"

라 묻자 동자는

"이것은 『법화경法華經』입니다."

라 대답하였다. 그런데 가지고 있는 통에서 생선의 물이 떨어지고 있었고 그 냄새는 생선의 비린내와도 같았다. 이것을 보자 시주들은 『법화경』이 아닐 것이라 생각하였다. 곧 야마토 지방大和国[5]에 도착하여 시장이 열린 곳 부근에 도착했을 때 시주들과 함께 잠깐 쉬어가게 되었는데 시주들이 다시 캐묻기 시작했다.

"네가 가지고 있는 것은 『법화경』이 아니다. 이것은 생선이다."

그러자 동자가 대답하였다.

"생선이 아닙니다. 정말로 『법화경』입니다."

그러자 시주들은 억지로 그 통을 열어보도록 하였다. 동자는 하는 수 없이 통을 열어 보니 정말로 『법화경』 여덟 권이 들어 있었다. 시주들은 이를 보고 두려워하고 이상히 여기면서 떠나갔다.

그 중에서 한 시주가 생각하였다.

'더욱더 이상하구나. 어찌된 일인지 확인해 보아야겠다'

그리고는 몰래 동자를 쫓아갔다. 동자는 산사에 도착하여 스승에게 상세하게 시주들과의 일을 말하였다. 스승은 이 말을 듣고 한편으로는 이상히 생각하면서도 한편으로는 기뻐하며 이것은 부처님이 보살펴주신 것을 알게 되었다. 그리고는 그 생선을 먹었는데 그때 몰래 쫓아오던 시주가 이것을 보더니 납작 엎드려 공경하여 절하며 스승에게 말하였다.

"원래는 생선이었습니다만, 스님의 음식이 되고자 『법화경』으

지원을 하던 이들이다.

5_ 현재의 나라 현(奈良県)에 해당한다.

로 변하였습니다. 저는 어리석고 못나며 잘못된 생각으로 인과因果[6]의 도리를 분별하지 못하였습니다. 그래서 동자의 말을 믿지 않고 괴롭혔습니다. 바라옵기는 죄를 용서하여 주시옵소서. 지금부터 저를 이끌어주시는 높은 스님으로 공경하고 존경하며 공양을 다하겠습니다."

그 후로는 절에서도 유력한 시주가 되어 그 고승을 공경하였다.

불도수행에 정진하면 몸이 살 수 있다는 것을 정말로 알아야 한다. 먹는 음식에서는 독이 섞인 것을 먹는다고 하더라도 감로甘露[7]가 되며, 생선과 고기를 먹는다고 하더라도 죄가 되지 않는다.[8] 생선이 모습을 변하여 『법화경』이 되었고, 하늘이 감동하여 불도를 도와주셨다. 이것도 또한 기이한 일이다.

원문

禅師将食魚化作法花経覆俗誹縁 第六

吉野山有一山寺。名号海部峯也。帝姫阿倍天皇御世、有一大僧、住彼山寺。精懃修道。疲身弱力、不得起居。念欲食魚、語弟子言、「我欲噉魚。汝求養我」。弟子受師語、卒於紀伊国海辺、買鮮鯔八隻、納小櫃而帰上。時本知檀越三人、遭道而問之言、「汝持物何物之也」。童子答言、「此法花経也」。従持小櫃、垂魚之汁、其臭如魚。俗念非経。即至於

6_ 불교의 근본교리 가운데 하나로서, 선악의 업에는 반드시 그에 따른 선악의 응보가 있다는 도리.

7_ 단맛이 나는 신령한 물로서 불교에서는 이것을 마시면 장수하며, 죽은 이도 되살릴 수 있다고 한다.

8_ 불교에서는 승려의 수행을 방해하는 술과 날것의 냄새가 나는 것, 즉 짐승·생선·냄새가 강한 야채를 먹는 것은 금지되어 있다.

大和国内市辺、俗等倶息。俗人逼言、「汝之持物非経。此魚也」。童子答言、「非魚。当経也」。俗強令開。不得逆拒、開櫃見、化法花経八巻也。俗等見之、恐奇而去。彼一俗念猶奇見遂、而窃窺往。童子至於山寺、向師具陳於俗等事。禅師聞之、一怪一喜、知天守護。然食彼魚。時窺往俗見、五体投地、白禅師言、「雖実魚体、而就聖人之食物者、化法花経也。我愚痴邪見、不知因果、而犯逼悩乱。願罪脱賜。自今已後、為我大師、恭敬供養」。自爾俗成大檀越、供養禅師。当知、為法助身。於食物者、雖食雑毒而成甘露、雖食魚宍而非犯罪。魚化成経、天感斉道。此復奇異事也。

|도움말| 불교에서는 육식을 금하고 있지만 이 설화를 보면, 승려는 생선을 먹으며, 동자를 의심하여 몰래 좇아온 시주는 자신의 잘못을 순순히 인정한다. 얼핏 보기에는 논리적으로 맞지 않는 이야기인 것처럼 보이지만 이 설화에서 주목해야 할 점은 두 가지이다. 첫 번째는 제목에서 나타난 바와 같이 『법화경』을 믿는 이들에게는 부처의 가호가 있으며 모욕을 받는 일이 없다는 점과, 두 번째는 불도를 수양하던 고승의 기력이 쇠약해져 일어서는 것도 불가능할 지경이 되었기 때문에 어쩔 수 없이 생선을 먹는 것을 통하여 영양을 보충할 수밖에 없는 필연적인 상황이 되었다는 점이다. 즉, 이 승려가 생선을 먹는 것은 한편으로는 불법을 어기는 것이 될 수도 있겠으나 또 다른 한편으로는 불법을 계속 지키기 위한 방법이 될 수도 있는 것이다. 이에 이 설화에서는 후자 쪽을 택하여 승려가 생선을 먹을 수 있도록 부처가 지켜준 것이라는 것을 강조하고 있는 것이다.

조선에서는 이와 비슷한 예로, 『삼강행실도三綱行實圖』 효자편孝子

篇 제34화 「석진단지石珎斷指」에 실린 유석진의 일화가 있다. 조선의 유석진의 아버지가 악한 병을 얻었는데 어떤 이로부터 산 사람의 뼈를 피에 타서 마시면 나을 것이라는 이야기를 듣고 석진은 자신의 왼손의 무명지를 잘라 그 말대로 하여 바치니 그 병이 곧 나았다는 이야기이다. 이 이야기에서도 자신의 손가락을 잘라 아버지의 병을 고치는 것은 '효'라 할 수 있으나 한편으로는 "신체와 머리카락과 피부는 부모에게서 물려받았으니 이를 훼손하지 않는 것이 효의 시작이니라身体髪膚、受之父母、不敢毀傷、孝之始也"라는 『효경孝經』의 「개종명의장開宗明誼章」에 기술되어 있는 '효의 시작'을 범하는 '불효'가 될 수도 있는 것이다.

위에서 소개한 두 사례 모두 어떤 행동이 법도를 지킴과 동시에 법도를 어기는 것으로도 해석이 가능한 경우, 보다 중요하다고 판단되는 것을 선택하도록 한다는 점에서 공통점이 보인다고 할 수 있다.

제7화

관음목상의 도움을 받아 국왕으로부터의 처벌을 면한 이야기

정육품의 벼슬[1]을 하고 있는 오마노 야마쓰기大真山継[2]는 무사시노 지방武蔵国 다마 군多磨郡 오가와 마을小河郷[3]의 사람이었다. 그의 아내는 시라가베白髪部 씨의 딸이었다. 야마쓰기는 무사로서 천황의 명령에 따르지 않는 북쪽 지방의 오랑캐[4]를 치러 파견되었다. 남편이 북쪽 지방을 순회하고 있을 때 그 아내는 오랑캐로부터의 위험을 피하기를 바라는 마음에 나무로 관음상을 만들어 열심히 공경하며 빌었다. 그 후 남편은 아무 탈 없이 북쪽 지방에서 돌아와 부처님의 가호를 기뻐하며 아내와 함께 이 관음상을 공양하였다.

몇 년이 지나 여제女帝 쇼토쿠称徳 천황 시대인 덴표호지天平宝字 8

1_ 원문은 '正六位上'으로 지방차관에 해당한다. 5품 이상이 귀족이었으므로 황궁으로의 진급은 허락되지 않았다.

2_ 미상.

3_ 현재의 동경도(東京都) 아키가와 시(秋川市) 오가와(小川)에 해당한다.

4_ 원문은 '毛人'이다. 일본인보다 털이 짙었기 때문에 붙여진 명칭으로, 고대에 무쓰(陸奥, 후쿠시마 현에서 아오모리 현에 이르는 지방) 지방에서 홋카이도(北海道) 지방에 살았다. 현재의 아이누족이라는 설도 있고 일본인의 일부라는 설도 있다.

년764 12월에 야마쓰기는 반역을 일으킨 신하인 후지와라노 나카마로藤原仲麻呂의 난[5]에 연루되어 사형죄를 선고받은 열세 명 중의 한 명에 들어가게 되었다. 망나니가 열두 명의 목을 베고 나자 야마쓰기는 두렵고 불안하였다. 그러자 아내가 만들어 빌었던 관음목상이 야마쓰기를 꾸짖으며 말씀하셨다.

"이보게, 자네. 어찌하여 이 더러운 사형장에 있는가?"

그리고는 발을 드시더니 각반脚絆 모양으로 야마쓰기의 목이 베이지 않도록 감싸주셨다. 곧 야마쓰기의 목을 잡아당기고 베어 죽이려 할 때 칙사가 황급히 뛰어와서 말하였다.

"혹시 오마노 야마쓰기가 이 중에 있지 않느냐?"

"있습니다. 지금 막 목을 베어 죽이려던 참입니다."

그러자 칙사가 꾸짖으며 말하였다.

"죽이지 말고 시나노信濃[6] 지방으로 유배를 보내거라."

야마쓰기가 유배간 후 얼마 되지 않아 죄를 용서받고 벼슬을 얻어 다마 군의 쇼료少領[7]로 임명되었다. 야마쓰기가 사형을 당하기 전에 목을 잡아당겼던 흔적은 아직도 남아있다. 야마쓰기가 사형을 모면하고 목숨을 부지할 수 있었던 것은 관음의 보살핌이 있었

5_ 후지와라노 나카마로(706-764)는 나라(奈良) 시대의 귀족으로 후에는 개명하여 후지와라에미노 오시카쓰(藤原恵美押勝)라 하였다. 다치바나노 나라마로(橘奈良麻呂)의 난(757)을 미연에 방지하여 준닌(淳仁) 천황을 옹립하고 자신은 태정대신(太政大臣)이 되어 권세를 장악하였다. 후에 고켄(孝謙)상황이 승려인 도쿄(道鏡)와 손을 잡고 준닌 천황과 대립하자 후지와라노 나카마로는 이 세력을 제거하고자 하였으나 실패하여 처형당하였다. 이를 에미노 오시카쓰의 난(恵美押勝の乱)이라고 한다.

6_ 현재의 나가노 현(長野県)에 해당한다.

7_ 중앙정부에서 파견받아 군을 통치하는 지방관으로, 다이료(大領), 쇼료(少領), 슈세이(主政), 슈초(主帳)의 사등관(四等官) 중에서 두 번째에 해당한다. 특히 다이료와 쇼료는 권한이 강했다.

기 때문이다.

이런 이유로 자신이 좋은 공덕을 쌓고, 신앙심을 일으켜 마음을 다한다면 큰 기쁨을 얻을 수 있으며, 보살핌을 얻어 환난을 피하도록 하여 주신다.

원문

被観音木像之助脱王難縁 第七

正六位上大真山継者、武蔵国多磨郡小河郷人也。其妻白髪部之氏女也。山継為征人、賊地毛人打所遣。廻賊地之頃、彼妻為令脱賊難、作観音木像、慇懃敬供。夫无災難、自賊地還来、発歓喜心、与妻相供。経之数年、帝姫阿倍天皇御世天平宝字八年甲辰十二月、山継遭賊臣仲麿之乱、而羅於殺罪之例、入十三人類。誅十二人頚訖時、山継心迷惑。彼奉作敬供観音木像、呵嘖而言、「咄、汝何居此穢地哉」、挙足従項蹹通、而為行籐。即見其頚張曳、将打殺時、勅使馳来言、「若大真山継在此類耶」。答曰、「有之。今将誅殺」。使諌、「莫殺。唯当流罪於信濃国」。所流、然後不久召上、令官而多磨郡少領所任也。逢難所張曳其痕猶残也。山継脱殺全命之者、観音助救也。故於己作善功徳、発信至心、即大歓喜、被助脱災故。

|도움말| 『법화경法華經』 제25장 「관세음보살보문품觀世音菩薩普門品」에는 관세음보살의 이름을 외우면 자신을 죽이려는 이의 칼이 부러지며, 자신을 묶은 쇠사슬이 끊어진다는 구절이 있다. 이 설화는 이와 같은『법화경』의 내용과 관련지어 생각해 볼 수 있다.

관음보살의 도움에 의해 도적의 난, 처형의 난을 피한 이야기는 많이 있다. 이 이야기는 『쇼쿠니혼기續日本紀』에 실린 에미노 오시카쓰의 난을 배경으로 한 것으로, 나가야왕長屋王의 난을 소재로 한 중권 제1화, 다치바나노 나라마로의 난을 소재로 한 중권 제40화 등과 공통된다.

제8화

미륵보살이 소원에 응답하여 다른 형태로 모습을 나타내신 이야기

오미 지방近江国 사카타 군坂田郡 오에 마을遠江里[1]에 돈 많은 부자 한 명이 살고 있었다. 그 성명은 알 수 없다. 『유가론瑜伽論』[2]을 옮겨 쓰려고 마음을 먹었으나 아직 쓰지 못한 채 오랜 시간이 흘렀다. 그동안 집안도 점차 기울고 생활을 해 나갈 방법도 없어 하는 수 없이 집을 떠나 처자식을 버리고 불도를 수행하며 행복을 기원하였다. 그래도 오로지 『유가론』을 옮겨 쓰려고 생각하며 항상 마음속으로 고민하고 있었다.

여제女帝 쇼토쿠称徳 천황 시대인 덴표진고天平神護 2년766 가을 9월에 한 산사山寺를 찾아가 며칠 동안 머물렀다. 그 산사 안에는 큰 잡목이 한 그루 있었는데 그 나뭇가지 위에 갑자기 미륵보살상弥勒菩薩像이 나타났다. 그때 수행자들이 이것을 우러러보며 나무 주위를 돌면서 소원을 빌고, 많은 사람들이 이것을 전해 듣고 찾아와

1_ 현재의 시가 현(滋賀県) 아사이 군(浅井郡) 아사히 무라(朝日村) 오가미(尾上)라 추정된다.

2_ 100권으로 구성되어 있다. 인도 북부 간다라국에 살던 대승불교의 논사(論師)인 무저(無著, 310-390년경)가 도솔천에 있는 미륵보살에게 물어 저술한 것이라 하며, 법상종(法相宗)에서 가장 중요시하는 논서(論書)이다.

그 불상에게 절하였다. 어떤 이는 벼가 들어 있는 가마니를 바쳤고 어떤 이는 돈과 옷을 바쳤다. 이로서 공양으로 바친 모든 재물들로 『유가론』 100권을 깨끗이 서사하여 바치고 법회法會를 열자 그 미륵상은 갑자기 모습을 감추어 버렸다.

미륵보살은 높은 천상계의 도솔천兜率天[3]에 계시면서 소원에 보답하여 나타나신 것이다. 사람이 소원을 빌면 비록 번뇌로 가득한 저 아래의 인간세계에 있다 하더라도, 진심으로 믿으면 행복을 불러올 수 있다는 것을 잘 알 수 있다. 어찌 이제 와서 의심할 수 있겠는가.

원문

弥勒菩薩応於所願示奇形縁 第八

近江国坂田郡遠江里、有一富人。姓名未詳也。将写瑜伽論、発願未写而淹歴年。家財漸衰、生活無便。離家捨妻子、修道求祐。猶睠願果、常愁于懐。帝姫阿倍天皇御世天平神護二年丙午秋九月、至一山寺、累日止住。其山寺内、生立一柴。其柴枝皮上、忽然化生弥勒菩薩像。時彼行者、見之仰瞻、巡柴哀願。諸人伝聞、来見彼像。或献俵稲。或献銭衣。及以供上一切財物、奉繕写瑜伽論百巻、因設斎会。既而其像奄然不現。誠知、弥勒之高有兜率天上、応願所示。願主下在苦縛凡地、深信招祐。何更疑之也。

3_ 불교에서 말하는 욕계(欲界) 육천(六天) 중의 넷째 하늘이다. 내원(內院)과 외원(外院)으로 구성되어 있으며, 내원은 장차 부처가 될 보살이 사는 곳으로서 석가도 현세에 태어나기 이전에 이 도솔천에서 머물며 수행했다고 하며 현재는 미륵보살이 이곳에서 설법하면서, 인간들이 살고 있는 땅으로 내려가 성불할 시기를 기다리고 있다. 외원은 천인(天人)이 유락(遊樂)하며 산다는 곳이다.

| 도움말 | 미륵보살에 대한 영험담은 중권 제23화와 하권 제28화에도 보인다. 미륵보살에 대한 신앙은 인도에서는 기원전 2세기부터 시작되어 상당히 역사가 깊다. 일본에서도 나라 시대의 귀족 및 정치가인 소가노 우마코蘇我馬子(?-726)가 최초로 모신 것이 미륵의 만상萬像이었다. 미륵은 석가가 입멸한 후 56억 7천만 년 후에 인간계로 내려와 중생을 구제한다는 보살로서, 현재는 도솔천의 내원에서 천인天人들에게 설법을 한다고 한다. 미륵을 믿으면 도솔천에 올라가 살 수 있다는 내용은 『관미륵상생도솔경觀彌勒上生兜率經』과 『대보적경大寶積經』 등에 실려 있으며, 나라奈良 시대부터 헤이안平安 시대에 걸쳐 이와 같은 신앙은 널리 퍼져 있었다.

이 이야기의 주제는 오로지 불도를 믿은 결과 결국에는 자신이 원하던 바를 이루었다는 이야기이며, 주인공은 이것을 '행복'으로 생각하고 있다. 그러나 이 이야기를 현재적인 관점에서 본다면, 오로지 『유가론』을 쓰려 한 결과 결국 집안은 점차 기울었고, 생활을 해 나갈 방법도 없어 하는 수 없이 집을 떠나 처자식을 버리게 되어, 불교 측의 입장만 언급되어 있고 다른 부분에 대한 배려는 전혀 보이지 않는다.

그러나 당시 불교가 전성기를 맞이하였던 사상적인 배경을 생각해 본다면 이와 같은 소재의 설화도 설법을 위해 충분히 이용될 수 있었던 것이다.

제9화

염라대왕이 기이한 모습을 나타내시어 사람들에게 권고하여 선을 닦도록 하신 이야기

후지와라노아손 히로타리藤原朝臣広足[1]는 여제女帝 쇼토쿠称徳 천황 시대에 갑자기 병에 걸렸다. 그 병을 고치기 위해 진고케이운神護景雲 2년768 2월 17일에 야마토 지방大和国 우다노 군菟田郡 마키하라真木原[2]의 산사山寺에 가서 살면서 세속의 수행자가 지켜야 할 여덟 가지 계율[3]을 지키고, 붓을 들고 글을 배우며 책상에 마주하여 저녁

1_ 미상. '아손(朝臣)'은 7세기경 덴무(天武) 천황이 제정한 8계급의 가바네(姓, 세습적인 직위나 직무) 중에서 두 번째 위치에 해당한다. 원래는 황족에서 내려앉은 유력 씨족들에게 부여되었으나 헤이안(平安) 시대 이후에는 천황의 아들 및 손자에게도 부여되었다.

2_ 현재의 나라 현(奈良県) 우다 시(宇陀市)에 있는 고즈이 고개(香酔峠) 부근에 해당한다.

3_ 세속의 신자들이 1개월에 6회, 해가 떴을 때 이 계율을 지키기 시작하여 다음날 아침에 해가 뜰 때까지 지킨 계율로서, ① 살아 있는 것을 죽이지 않는 것(不殺生), ② 남의 물건을 훔치지 않는 것(不偸盗), ③ 음란한 행위를 하지 않는 것(不淫), ④ 거짓말을 하지 않는 것(不妄語), ⑤ 술을 마시지 않는 것(不飮酒), ⑥ 땅위에 있는 침상에서만 자며 호화스런 자리는 사용하지 않는 것(不高廣大床), ⑦ 낮부터 다음날 새벽까지의 비시(非時)기간에 식사를 하지 않는 것(不非時食), ⑧ 가무(歌舞)를 보거나 듣지 않는 것(不歌舞觀聽), ⑨ 장식이나 향료를 사용하지 않는 것(不香油塗身)이 있다. 그중 종파에 따라 ⑧과 ⑨를 통합하는 경우도 있고, 둘 중 한 가지를 채택하는 경우도 있다.

이 되어도 움직이지 않았다. 허드렛일을 하는 동자童者들이 히로타리가 잠을 자고 있다고 생각하여 이를 깨우려고 흔들며 말하였다.

"해질 녘[4]이 되었으니 부처님께 예비드리십시요."

그러나 히로타리는 눈을 뜨지 않았다. 세게 밀며 흔들자 손에 들고 있던 붓을 떨어뜨리더니 손과 다리를 구부린 채 그 자리에서 쓰러졌다. 이를 자세히 보니 죽어 있었던 것이었다. 동자는 무서워서 벌벌 떨며 집으로 달려가 집안사람들에게 이 일을 알렸다. 집안사람들은 이 이야기를 듣고 히로타리의 시신을 빈소[5]에 안치해 두었다. 그 후로 삼 일이 지난 후 가서 보니 히로타리가 다시 살아나서 일어나 기다리고 있었다. 집안사람들이 영문을 묻자 히로타리가 대답하였다.

"어떤 사람이 있었는데 구레나룻이 뺨 위로 자라 있었으며 아래는 붉은 옷을 입고, 위에는 갑옷을 입었고 무기들을 몸에 두른 채 창을 들고 있었다네. 그 남자는

'히로타리야'

라고 부르시면서 말씀하셨다네.

'대왕님께서 갑자기 자네를 부르셨다.'

사자는 이렇게 말하고는 창으로 나의 등을 찌르면서 앞으로 가도록 재촉하였다네. 나의 앞에 한 명이 있고, 뒤에서 두 명, 이렇게 세 명의 사자使者 사이에 나를 세우고 급히 뛰어가도록 하였다네. 그런데 앞으로 나아가는 길이 도중에 끊기더니 깊은 강이 나타났

4_ 원문은 '일몰(日沒)'이다. 불교에서 하루를 신조(晨朝)·일중(日中)·일몰(日沒)·초야(初夜)·중야(中夜)·후야(後夜)의 여섯으로 나눈 것에서 유래된 말로서 이 시각 때마다 염불(念佛)이나 독경(讀經) 등의 근행(勤行)을 행하였다.

5_ 죽은 이를 매장하기 전까지 일정 기간 동안 제단을 설치하여 영혼을 제사지내는 것.

다네. 물의 빛깔은 거무스름하여 흐르지도 않았고 깊고 조용했다네. 다리가 없었기에 그 대신에 가늘고 어린 나뭇가지를 강 위에 올려놓아도 이쪽에서 저쪽 끝까지 나무가 이르지 못했다네. 앞에 선 사자가 말하였다네.

'너는 이 강에 들어가거라. 그리고 나의 발자국을 따라 잘 밟으면서 오거라.'

사자는 이렇게 말하고는 자신의 뒤를 따라 강을 건너가도록 하였다네. 가는 길 옆에 지붕이 겹쳐진 높은 누각이 있었는데 반짝반짝 빛을 내고 있었다네. 사방에는 보석을 꿰뚫어 만든 발이 걸려 있었고 그 안에 사람이 있었는데 얼굴은 보이지 않았다네. 사자 한 명이 달려 들어가 여쭈어 올렸다네.

'데리고 왔습니다.'

그러자 안에서 말씀이 들렸다네.

'들여보내거라.'

사자는 분부를 받들고 나를 그 안으로 들여보내자 그 사람은 발을 높이 걷어 올리고 물으셨다네.

'자네 뒤에 서 있는 사람을 알고 있는가?'

뒤를 돌아보니 임신한 채 아이를 낳지 못하고 죽은 나의 아내가 있었다네. 그래서 대답하였다네.

'이 사람은 틀림없는 저의 아내입니다.'

그러자 말씀하셨다네.

'이 여인의 하소연으로 자네를 이곳으로 부른 것이니라. 이 여인이 받아야 할 고통은 육 년으로서, 그중에서 삼 년간은 받았으나 아직 삼 년이 남아 있느니라. 이 여인이 하소연하는 바로는 자네의 아이를 임신하여 이것이 원인이 되어 죽었기 때문에 지금 남아 있는 삼 년간의 고통을 자네와 함께 받고자 한다고 하느니라.'

그래서 나는 대답하였다네.

'저는 저의 아내를 위해 『법화경法華經』을 서사書寫하고, 강의하고 읽으며, 공양하여 아내가 받고 있는 고난으로부터 구제하려고 합니다.'

그러자 아내가 말하였다네.

'정말로 남편이 말하는 대로라면 곧바로 용서하여 돌려보내 주십시오.'

그리고는 곧바로 아내의 말을 따라 분부를 내리셨다네.

'신속히 돌아가 곧바로 불도를 수행하거라.'

나는 분부를 받들고 대왕님이 계신 궁전 문까지 물러나왔다가 갑자기 나를 부른 사람이 누구인지 알고 싶어졌다네. 그래서 다시 돌아가서 여쭈어보았다네.

'당신이 누구신지 알고 싶습니다.'

그러자 대답하시기를

'내가 누구인지 알고 싶다면 말하겠다. 나는 염라대왕이니라. 자네의 나라에서는 지장보살地藏菩薩[6]이라 부르는 이가 바로 나이니라. 그리고는 오른손을 내려 나의 머리를 어루만지시더니 말씀하셨다네.

'내가 표시를 해 두었으니 재난을 피할 수 있을 것이니라. 얼른 다시 돌아가거라.'

6_ 석가가 입멸한 지 56억 7천만 년 후에 미륵보살(弥勒菩薩)이 이 세상에 나타나 중생을 구제하게 되는데, 그때까지의 부처가 존재하지 않는 56억 7천만 년 동안 육도(지옥도, 아귀도, 축생도, 수라도, 인도, 천도)를 윤회하는 중생을 구제한다는 보살이다. 이것이 도교의 시왕사상(十王思想)과 결합되어 지장보살이 염라대왕과 동일한 존재라는 신앙이 태어났으며, 염라대왕은 사람들의 행동과 모습을 하나하나 지켜보고 있기 때문에 죽은 이를 재판할 수 있다는 관념이 태어났다.

그 손가락의 크기가 열 아름[7]이 넘었다네.”

히로타리는 지옥에서 본 일을 이렇게 이야기하고 죽은 아내를 위해 『법화경』을 서사하여 바치고, 강독하며 공양하였다. 그리고 그 공덕을 죽은 아내에게로 돌려 아내가 받는 고통을 씻었다. 이것은 기이한 일이다.

원문

閻羅王示奇表勧人令修善縁 第九

藤原朝臣広足者、帝姫阿倍天皇御代、倏病嬰身。為差身病、神護景雲二年二月十七日、至大和国菟田郡於真木原山寺而住。持八斎戒、取筆書習、就机迄于暮而不動。侍者童男、思之睡眠、驚動白言、「臻日没時故、応礼仏」。然猶不驚。強押振動、堕手取筆、四支曲屈、樹仆不気。訂瞪之死。従者悚怖慄、走帰家、告知親属。親属聞之、備喪殯物。経之三日、往見之、蘇甦起居待。属等問之、答語、「有人、鬢生逆頬、下著緋上著鉀、佩兵持梓。喚『広足』言、『闕急召汝』、以戟棠背立、前逼将。先見一人、後見二、使之中立我、追忩走往。往前道、中断有深河。水色黒黛不流。沖寂。以楉置中、彼方此方二端不及。前立人言、『汝没此河、能践我蹤』、踏躅令度。前道之頭、有重楼閣。炫耀放晃。四方懸簾、其中居人。不覩面貌。一使走入而白之言、『召将来也』。告之、『召入』。奉詔召入、聳簾問告、『知於汝後立人不也』。瞻広足妻、懐妊不得産児而死也。乃答之曰、『是実我妻』。

7_ 한 아름은 두 팔을 벌린 길이로 약 1.5m이므로, 열 아름은 약 15m에 해당한다.

復告、『依此女患事故、召汝耳。斯女可受苦、六年之中三年受、未受三年。今愁之白、孕於汝児、而嬰之死。故今残苦、与汝倶受』。広足白言、『我為此女、写法華経、講読供養、救所受苦』。妻白言、『実如白、儵忽免応還』。便随女白、而告之曰、『速還疾修』。広足受詔、罷至闕門、即念欲知召我之人、我更還白也、『欲知御名』。爰告、『欲知我、我閻羅王、汝国称地蔵菩薩、是也』。即下右手、摩我頂告、『我印点故之、不逢災。速忽還往』。彼手指大、抱如十抱余」。広足朝臣、如之語伝。為彼死妻、奉写法花経、講読供養、追贈福聚、贖祓彼苦。斯奇異事矣。

|도움말| 『법화경』에서는 '오장五障'이라 하여 여성은 태어나면서부터 다섯 가지의 장해가 있으며, 범천왕梵天王, 제석천帝釋天, 마왕魔王, 전륜성왕転輪聖王, 불佛이 될 수 없다고 한다. 그러나 이 설화에서는 "저는 저의 아내를 위해 『법화경』을 서사하고, 강의하고 읽으며, 공양하여 아내가 받고 있는 고난으로부터 구제하려고 합니다."라는 대목으로부터 『법화경』을 여성을 구제하기 위한 경전으로 파악하고 있다는 점이 주목할 만하다.

한편, '산즈노카와三途の川'는 우리에게 '삼도천三途川'이라는 명칭으로 잘 알려져 있으며, 이승과 저승의 경계선에 있는 강으로서 사람이 죽은 지 칠 일째 되는 날에 저 세상으로 갈 때 건넌다. 이 강에는 깊이가 다른 세 개의 나루터가 있는데, 선한 사람은 다리를 건너며, 죄가 가벼운 사람은 얕은 강가를, 죄가 무거운 사람은 수심이 깊은 강을 건넌다. 이와 같이 생전의 행위에 따라 건너는 곳이 다르기 때문에 '삼도천'이라는 명칭이 붙여진 것이다. 여기에서 히로타

리가 삼도천을 건널 때 저승사자의 발자국을 따라 건넌 것은 히로타리가 가벼운 죄를 지었음을 상징한다. 이것은 곧 죽은 아내의 호소에 의해 저승으로 소환되었으나, 아직 히로타리가 자신이 행한 선한 일에 대한 해명을 하지 않은 상태이기 때문이다.

제10화

법도에 따라 서사한 법화경이 불에 타지 않은 이야기

무로牟婁[1] 지방에 한 승려가 살고 있었다. 성은 에노모토榎本 씨로서 관의 허락을 받지 않고 승려가 되었기 때문에 승명僧名이 없었다. 기노쿠니 지방紀伊国 무로 군牟婁郡 출신이었기 때문에 이름을 무로의 승려라 불렀다. 그는 아테노 군安諦郡 아라타 마을荒田村[2]에 살면서 수염과 머리를 깎고 승복을 입은 채 속인의 생활을 하면서 집안을 꾸리고 생계를 이어갔다.

어느 날 무로의 승려는 지켜야 할 법도를 따라[3] 몸과 마음을 청결히 하여 『법화경法華經』 한 부를 옮겨 써야겠다고 생각하더니 오로지 자신의 힘으로 옮겨 쓰기 시작하였다. 대변과 소변을 볼 때마다 물을 뒤집어쓰고 몸을 청결히 한 후 서사하는 자리에 앉기를 6개월이 지난 후에 비로소 옮겨 쓰는 작업을 마쳤다. 그리고는 그

1_ 무로 지방은 기이 반도(紀伊半島)의 남부에 해당하는 지역이었다가 1879년에 동서남북의 네 지역으로 분리되어, 북무로(北牟婁)와 남무로(南牟婁)는 미에 현(三重県)으로, 동무로(東牟婁)와 서무로(西牟婁)는 와카야마 현(和歌山県)으로 편입되었다.

2_ 현재의 와카야마 현 아리타 군(有田郡) 아리타가와 초(有田川町)에 해당한다.

3_ 본문에서 제시된 몸과 마음을 청결히 하는 것 이외에는 구체적으로 어떤 법식인지는 알 수 없다.

『법화경』을 공양한 후 옻을 칠한 가죽상자에 넣어 다른 곳에는 두지 않고 방안의 선반[4]에 두어 때때로 이것을 읽었다.

진고케이운神護景雲 3년769 여름 5월 23일 정오쯤 되었을 때 화재가 일어났다. 집안 전체가 모두 불에 타 없어져 버렸으나 그 『법화경』을 넣어 두었던 상자만이 활활 타오르는 불길 속에 있었으면서도 전혀 불에 훼손되지 않았다. 상자를 열어 보자 『법화경』의 모습은 엄연儼然한 모습으로 남아 있었으며 글자는 처음 옮겨 적은 그대로였다. 이것을 보고 들은 주위의 사람들이 모두 이상히 여기지 않는 이가 없었다.

황하黃河 동쪽의 연행練行이라는 비구니가 법도에 따라 서사한 『법화경』의 글자가 보였다는 이야기[5]와 진陳나라 때의 왕여王與라는 여인이 읊던 『법화경』이 화재를 모면하였다는 이야기[6]도 그 법력法力이 다시금 나타나신 것이라는 것을 정말로 알 수 있을 것이다.

이에 논찬하여 말하였다.

"귀한 일이로구나. 에노모토 씨여! 깊은 신앙심으로 공덕을 쌓고 『법화경』 한 부를 모두 옮겨 적었구나. 불법의 수호신이 지켜 주시고 화재가 일어나도 영험을 나타내셨도다. 이것은 신앙심이 없는 이의 마음을 고치게 하는 좋은 이야기이며, 사악한 이가 악한

4_ 원문은 '翼階'로서 미상이다. 한자의 의미와 문맥상 실내의 천정 가까운 곳에 만들어 놓은 선반으로 생각되며, 아마도 이곳에 귀중한 것들을 넣어 두었을 것이라 생각된다.

5_ 연행은 황하의 동쪽에 있는 위(魏)나라에서 수행을 쌓은 비구니의 이름이다. 연행이 옮겨 쓴 『법화경』이 다른 승려에게는 보이지 않았으나 연행이 칠 일간의 수행을 한 후 다시 펼치자 글자가 나타났다고 하며, 이 일화는 『명보기(冥報記)』 상권, 『곤자쿠모노가타리슈(今昔物語集)』 7권의 제18화에도 실려 있다.

6_ 미상.

행동을 그만두게 하는 좋은 스승이로다."

원문

如法奉写法華経火不焼縁 第十

牟婁沙弥者、榎本氏也。自度無名。紀伊国牟婁郡人。故字号牟婁沙弥者。居住安諦郡之荒田村、剃除鬢髪、著袈裟、即俗収家、営造産業。発願如法清浄奉写法花経一部。専自書写。毎大小便利、洗浴浄身、自就書写莚以還、逕六箇月、乃繕写畢。供養之後、入於塗漆皮筥、不安外処、置於住室之翼階、時々読之。神護景雲三年歳次己酉夏五月廿三日丁酉午時、発火燃家、皆悉焼滅。唯彼納経之筥、有於盛燗火之中、都無所焼損。開筥見之、経色儼然、文字菀然。八方人視聞之、無不奇異。諒知、河東練行尼、所写如法経之功茲顕、陳時王与、読経免火難之力再示。

賛曰、「貴哉、榎本氏。深信積功、写一乗経。護法神衛、火呈霊験。是不信人改心之能談。邪見人輟悪之穎師矣」。

|도움말| 이 설화와 비슷한 이야기로 상권 33화에는 아미타阿弥陀의 그림이 영험으로 불에 타지 않았다는 이야기가 있으며, 중권 37화에는 관음상이 화재의 난을 피하는 영험을 나타냈다는 설화가 있다.

이 설화의 출전은 『명보기冥報記』 상권 제4화 「하동연행니전河東練行尼傳」이다. 중국에는 이 이야기 외에도 비슷한 이야기가 많이 있는데, 예를들면 『양고승전梁高僧傳』에는 서역에서 가져온 불경의 영험을 증명하고자 불에 던지자 타지 않았다는 이야기가 있고, 『명상기冥祥記』에는 진晉나라의 주민周閔이 영가永嘉의 난 때 불경을 불에

태웠으나 잿더미 속에서도 불경이 원래의 모습대로 있었다는 이야기가 있다.

한편 나라奈良 시대에는 가죽으로 만든 상자에 옻을 칠해 굳힌 것에 불경 등을 보관하던 풍습이 있었으므로, 이 이야기에서 『법화경』을 서사한 후 그것을 옻칠한 가죽상자에 넣었다는 부분은 당시의 풍습을 엿볼 수 있는 대목이다.

제11화

두 눈이 멀었던 여인이 약사불의 목상을 믿어 눈을 뜨게 된 이야기

나라奈良의 고시타越田 연못[1] 남쪽에는 다데하라 마을蓼原里[2]이 있다. 그곳에 있는 다데하라도蓼原堂라는 당에 약사여래藥師如來[3]의 목상이 있었다.

여제女帝 쇼토쿠称德 천황 시대의 일이다. 그 마을에 두 눈이 보이지 않는 여인이 있었는데, 이 여인이 낳은 딸 하나는 나이가 일곱 살이었고, 이 여인은 과부가 되어 남편이 없었다. 매우 가난한 것은 이루 말할 수 없을 정도였으며 음식을 얻지 못하여 굶어 죽을 지경에 이르자 여인은 생각하였다.

'이것은 전생의 업보일 것이다. 단지 현생의 응보 때문만은 아닐 것이다. 허무하게 굶어 죽기보다는 선을 행하여 불경을 암송하는 것이 좋을 것이다.'

그리고는 아이에게 손을 이끌게 하여 다데하라도에 도착하여

1_ 『일본국현보선악영이기고증(日本国現報善悪霊異記攷証)』에 의하면 나라의 서쪽 지방에 있는 호렌 마을(法蓮村)에 연못이 있던 자리가 현재에도 남아 있다고 하나 확실하지 않다.

2_ 미상.

3_ 『일본영이기』의 작자인 교카이가 야쿠시지(薬師寺) 절의 승려였기 때문에 약사불(藥師佛)에 대한 관심이 깊었으리라 생각된다.

약사불상에게 눈을 뜨게 해 달라고 기도하였다.

"저의 목숨 하나는 아깝지 않으나 제 아이의 목숨이 안타깝습니다. 한꺼번에 두 명이 죽을 지경에 이르렀습니다. 바라옵건대 저의 눈을 뜨게 해 주시옵소서."

그러자 시주施主[4]들이 이를 보고 불쌍히 여겨 문을 열고 안으로 들여보낸 후 목상을 향하여 나무아미타불을 외우며[5] 예배를 올리도록 시켰다. 이렇게 하기를 이틀이 지났을 때 옆에 있던 아이가 보니 목상의 가슴에서 복숭아 나무의 진액같은 것이 갑자기 나와 떨어졌다. 아이가 이것을 여인에게 말하자 여인은 이 말을 듣더니 먹고 싶어 아이에게 말하였다.

"그것을 집어 나의 입에 넣어 주거라."

여인이 이것을 먹어 보자 매우 달콤한 맛이 났다. 그러더니 갑자기 두 눈이 떠졌다.

마음을 다하여 소원을 세우고 바라면 이루어지지 않는 일이 없다는 것을 분명히 알 수 있다. 이것은 기이한 일이다.

원문

二目盲女人帰敬薬師仏木像以現得明眼縁 第十一

諸楽京越田池南蓼原里中蓼原堂、在薬師如来木像。当帝姫阿倍天皇之代、其村有二目盲女。此生一女子年七歳也。寡而無夫。極窮無比。不得索食、将飢而死。自謂、「宿業所招。非唯現報。徒空飢死、不如行念善」。使子控手、迄于其

4_ 원문은 '檀越'이다. 이들은 대체적으로 지방의 호족들로서 재정적으로 절에 큰 지원을 하던 이들이다.

5_ 아미타불(阿弥陀佛) 또는 나무아미타불(南無阿弥陀佛)을 듣거나 외우면 그 공덕으로 인해 자신이 바라던 일이 일어난다고 믿고 있기 때문이다.

堂、向薬師仏像、願眼而曰、「非惜我命一。惜我子命。一旦已二人之命也。願我賜眼」。檀越見矜、開戸入裏、向像之面、以令称礼。逕之二日、副子見之、従其像臆、如桃脂物、忽然出垂。子告知母。母聞欲食故、告子曰、「搏含吾口」。食之甚甜。便二目開。定知、至心発願、願者無不得之也。是奇異之事矣。

|도움말| 약사여래는 중생들의 병을 낫게 하는 부처로서 극락왕생을 약속하는 부처인 아미타여래阿弥陀如来와 함께 일본인들이 가장 많이 찾는 부처이다. 특히, 대부분의 부처는 내세에 복을 얻는다는 것을 설법하고 있는 데 비해 약사불은 현세에 재난이 없어지고 질병이 낫게 된다는 것을 설법하여 현실문제와 밀접하게 관련되어 있기 때문에 일반 민중들에게 강한 설득력을 지닌 부처라 할 수 있다.

약사여래는 과거세에 약왕藥王이라는 이름의 보살로 수행하면서 중생의 아픔과 슬픔을 없애기 위해 열두 가지 대원大願을 세웠는데, 이것이 약사십이대원藥師十二大願이며 그 공덕으로 부처가 되어 중생의 고통을 없애 준다고 한다.

복숭아나무의 진액 같은 것을 눈에 넣는 것이 아니라 맛보았을 때 눈이 떠졌다고 하는 점이 흥미로우며, 이를 맛보는 여인의 행위를 통하여 당시 서민들의 모습이 생생히 묘사되어 있다. 부처의 영험에 의해 눈을 뜨는 이야기는 이 이야기 다음에 이어지는 제12화에도 있으며, 상권 제8화는 귀가 들리는 이야기, 하권 제34화는 목에 난 부스럼이 낫는 이야기가 있다.

한편, 한국에도 『삼국유사』에 병을 치유해 주는 약사신앙이 유포되어 있는데, 그 내용은 다음과 같다.

선덕여왕이 병에 걸리자 법척法惕승려를 불러 이를 낫게 해 달라고 청하였다. 그래도 효험이 없자 신하들은 법력이 높기로 유명한 밀본법사密本法師를 불러 선덕여왕의 병을 치유할 것을 부탁하였다. 밀본법사가 침실 밖에서 『약사경藥師經』을 읊자 지팡이가 침실 안으로 날아가더니 늙은 여우 한 마리와 법척승려를 찔러 마당 아래로 내던졌고 그 후 선덕여왕의 병이 나았다는 이야기이다.

제12화

두 눈이 먼 장님이 천수관음의 일마니수를 외워 현세에서 눈을 뜨게 된 이야기

나라奈良 야쿠시지薬師寺 절의 동쪽 마을[1]에 눈이 보이지 않는 사람이 있었다. 두 눈은 모두 뜨기는 했으나 사물을 보지 못하는 장님으로서 관음보살觀音菩薩[2]에 귀의하여 일마니수日摩尼手를 외워[3] 어두운 눈을 밝게 뜨게 하여 줄 것을 기원하였다. 낮에는 야쿠시지 절의 동쪽에 있는 문에 앉아 수건을 펼쳐 깔고 일마니수의 이름을 외웠는데, 오고 가는 사람들 중에서 이를 보고 가엾게 여기는 이들은 돈, 쌀, 곡식을 수건 위에 올려 놓았다. 어떤 때는 길거리에 앉아서 평소처럼 일마니수의 이름을 외우다가 정오[4]가 되어 이를 알

1_ 현재의 나라 현(奈良県) 북쪽을 흐르는 아키시노가와(秋篠川) 강 근처에 해당한다.

2_ '세상의 중생(世)'의 '목소리(音)'를 '살펴보시고(觀)' 그들을 고뇌로부터 구제하여 준다는 '보살(菩薩)'이다. 관세음보살의 모습은 머리에는 관을 쓰고 있으며, 손에는 버드나무가지 또는 연꽃을 들고 있고 다른 손에는 정병을 들고 있는데, 사람들의 모습에 따라 큰 자비를 베풀기 때문에 천변만화(千變萬化)의 모습을 지닌다고 한다.

3_ 일마니수를 외웠다는 것은 『천수다라니(千手陀羅尼)』, 즉 『천수경(千手經)』을 반복하여 읊었다는 것을 의미한다.

4_ 승려들은 정오가 지나면 식사를 하지 않았기 때문에 승려들이 남긴 음식을 구걸하여 먹은 것이다.

리는 종소리가 울리면 그 절에 가서 여러 승려들에게 먹을 것을 구걸하여 살아가기를 몇 년의 세월이 흘렀다.

여제女帝 쇼토쿠称徳 천황 시대에 낯선 두 사람이 찾아오더니 말하였다.

"자네를 불쌍히 여겨 우리 두 사람이 자네의 눈을 낫게 해 주겠네."

두 사람은 좌우의 두 눈을 모두 치료한 후 이렇게 말하였다.

"우리가 이틀이 지나 반드시 이곳으로 오겠네. 잊지 말고 꼭 기다려주게."

그 후 얼마 지나지 않아 갑자기 두 눈이 열리고 예전처럼 다 나았다. 그런데 약속한 날이 되어 두 남자를 기다렸으나 결국 나타나지 않았다.

이에 논찬하여 말하였다.

"훌륭한 일이다. 그 두 눈이 보이지 않던 이가 현세에서 두 눈이 모두 열리고 멀리 영원한 부처의 길까지 통하게 되었다. 지팡이를 버리고 손을 짚지 않고도 잘 볼 수 있으며 잘 걸을 수 있다."

이것으로 관음보살님의 은혜의 힘과 장님의 믿음이 깊은 것을 정말로 잘 알 수 있다.

원문

二目盲男敬称千手観音日摩尼手以現得明眼縁 第十二

奈良京薬師寺東辺里、有盲人。二眼精盲。帰敬観音、称念日摩尼手、明眼闇。昼坐薬師寺於正東之門、披敷布巾、称礼日摩尼手之名。往来之人、見哀之者、銭米穀物、施置巾上。或坐巷陌、称礼如上。日中之時、聞打鐘之音、参入其寺、而就衆僧乞飯、命活而経数年。至帝姫阿倍天皇之代、不知二人来云、「汝矜故、我二人治汝盲目」。左右各治了、語言、「我逕二日、必来是処。慎待不忘」。其後不久、倐二眼明、平復如故。当期日待、終復不来。

賛曰、「善哉、彼二目盲者。現生開眼、遠通太方。捨杖空手、能見能行」。誠知、観音徳力、盲人深信也。

|도움말| 두 남자가 이틀 후에 오겠다고 약속하였으나 약속한 날이 되어도 두 남자는 나타나지 않았다. 여기에서 두 남자가 오겠다는 것은 실제로 오겠다는 것을 의미하는 말이 아니라 눈을 뜨게 되어 광명光明으로서 남자를 찾아오겠다는 관음보살의 깊은 뜻을 말하는 것이다. 따라서 마지막 부분은 약속대로 광명이 찾아온 것이지만 남자는 그 말의 본뜻을 알지 못한 채 두 남자가 나타나지 않았다는 것만을 생각하였다는 내용으로 해석할 수 있다.

'천수관음千手觀音'은 원래 '천수천안관세음보살千手千眼觀世音菩薩'이라 한다. 여기에서 '천'은 '무량, 원만'의 뜻으로서 '천수'는 자비의 광대함을 뜻하고, '천안'은 지혜의 원만함을 나타내며, 천 개의 손바닥 하나하나에 눈이 있어 그 눈을 통하여 모든 사람들의 괴로움을 보고 그 손으로 구제한다는 보살이다.

'일마니수日摩尼手'에서 '마니'는 구슬의 뜻이다. 천수관음의 오른쪽에서 여덟 번째 손은 불의 구슬을 쥐고 있으며 봉사의 눈에 이 구슬이 닿으면 눈을 뜬다는 속설이 있다. 따라서 이 설화는 천 개의 눈이라는 점과 광명을 상징하는 불의 구슬이라는 점도 결합되어 있다.

한편, 한국에도 『삼국유사』 제3권 「탑상塔像」에는 경덕왕景德王

때에 한기리漢岐里에 사는 희명希明이라는 여인의 아이가 태어난 지 5년 만에 갑자기 눈이 멀었는데 아이를 안고 분황사의 천수관음 앞에 나아가서 아이를 시켜 노래를 지어 빌게 했더니 멀었던 눈이 떠졌다는 설화가 있다.

제13화

법화경을 옮겨 쓰려고 서원을 세운 사람이 바깥세상과 단절된 어두운 동굴 속에 떨어졌으나 믿음의 힘으로 목숨을 구한 이야기

미마사카 지방美作国 아이타 군英多郡[1]의 군내에는 관에서 운영하여 철을 캐는 산이 있다. 여제女帝 쇼토쿠称徳 천황 시대의 일이다. 미마사카 지방의 관리가 인부 열 명을 불러 철광산에 올라 갱도에 들어가 철을 캐내도록 시켰다. 그때 갱도의 입구가 갑자기 무너져 막혀 버렸다. 인부들은 놀라 무서워하며 갱도에서 앞다투어 빠져나와 아홉 명은 겨우 목숨을 건졌으나 한 명만 늦어서 나오지 못한 이가 있었다. 그 남자는 갱도의 입구가 막혀 안에 갇히게 된 것이었다. 그러자 관리를 비롯하여 지위 고하를 막론하고 흙에 깔려 죽었다고 생각하여 한탄하며 슬퍼하였다. 아내와 아이들도 울고 슬퍼하며 관세음보살觀世音菩薩[2]의 모습을 그리고 불경을 옮겨 쓰며 명복을 빌고 공양을 한 지 일주일[3]이 지났다.

1_ 현재의 오카야마 현(岡山県) 아이다 군(英田郡)에 해당한다.

2_ '세상의 중생(世)'의 '목소리(音)'를 '살펴보시고(觀)' 그들을 고뇌로부터 구제하여 준다는 '보살(菩薩)'이다. 관세음보살의 모습은 머리에는 관을 쓰고 있으며, 손에는 버드나무가지 또는 연꽃을 들고 있고 다른 손에는 정병을 들고 있는데, 사람들의 모습에 따라 큰 자비를 베풀기 때문에 천변만화(千變萬化)의 모습을 지닌다고 한다.

3_ 여기에서 일주일이라는 기간은 '중음(中陰)'을 상징한다. 사람이 죽은 후 다음

그때 혼자서 갱내에 갇힌 남자는 생각하였다.

"제가 옛날에 『법화경』을 옮겨 쓰려고 서원誓願을 세웠으나 아직 전부 옮겨 쓰지 못하였습니다. 저의 목숨을 살려 주신다면 반드시 전부 옮겨 쓰겠습니다."

그리고는 어두운 동굴 안에서 한탄하며 슬퍼하였다. 철이 들고 나서 오늘에 이르기까지 이렇게 슬퍼한 적은 없었다. 그런데 그 동굴 입구에서 손가락이 들어갈 정도의 틈새가 생기더니 햇빛이 들어오기 시작하였다. 그리고는 한 사미승沙彌僧[4]이 틈새로부터 들어와 주발에 맛있는 진수성찬을 가득 담아 남자에게 주면서 말했다.

"자네의 아내와 아이가 나에게 음식을 공양하고 부탁하면서 자네를 구해달라고 하고 있다네. 자네 또한 울면서 한탄하고 있기에 내가 이곳으로 왔다네."

그리고는 사미승은 틈새로부터 빠져나갔다. 얼마 지나지 않아 남자가 앉아 있던 동굴의 천장쪽이 열리더니 햇빛이 들어오기 시작하였는데, 구멍의 넓이는 2척尺[5]이 넘고, 높이는 5장丈[6]쯤 되었다. 그때 30여 명의 사람들이 칡을 캐러 산에 들어왔다가 구멍 부근까지 지나게 되었는데, 구멍 아래에 있던 남자가 사람들의 그림자를 보고 소리쳐 말하였다.

"나의 손을 끌어주시오."

산에서 일하던 사람들은 희미한 목소리가 들려와 귀를 기울여

생을 이어받기까지의 기간을 말하며, 일주일을 제1기(期)로 하고 제7기에 해당하는 49일까지를 한도로 한다. 자세한 사항은 하권 제37화 도움말 참조.

4_ 불교에 입문한 지 얼마 되지 않아 아직 수행을 충분히 쌓지 않은 승려.

5_ 1척(尺)은 약 30cm에 해당한다.

6_ 1장(丈)은 약 3m에 해당한다.

보니 모기가 우는 것 같은 소리가 들렸다. 그 소리를 듣고 이상히 생각하여 칡 가지에 돌을 매달아 바닥까지 내려다보내고 지시를 내렸다. 동굴 바닥에 있던 남자가 칡 가지를 잡아 끌어당기자 바닥에 있는 것은 틀림없이 사람이라는 것을 알게 되었다. 그래서 칡을 꼬아 새끼줄을 만들고 칡을 엮어 바구니를 만들어 네 가닥의 새끼줄로 바구니의 네 귀퉁이를 연결하였다. 그리고는 활차滑車[7]를 입구에 세우고 천천히 바구니를 동굴 아래쪽으로 내려보냈다. 밑에 있던 남자가 바구니에 올라타자 활차로 끌어올려 부모가 사는 집으로 돌려보낼 수 있었다. 친족들은 이것을 보고 더할 나위 없이 기뻐하였다.

지방의 관리가 이 이야기를 듣고 물어보았다.

"자네는 어떠한 선행을 하였는가?"

남자는 지금까지 있었던 일들을 이야기하였다. 지방의 관리는 이 이야기를 듣고 크게 감동하여 신자들을 모아 『법화경法華經』을 옮겨쓰도록 서로 도와주고 공양을 다하였다. 이것은 곧 『법화경』의 신비로운 영험이 있기 때문이며, 관음보살이 도와주시기 때문이다. 결코 의심해서는 안 된다.

원문

将写法花経建願人断内暗穴頼願力得全命縁 第十三

美作国英多郡部内、有官取鉄之山。帝姫阿倍天皇御代、其国司召発役夫十人、令入鉄山入穴堀取鉄。時山穴口、忽然崩塞動。役夫驚恐、従穴競出、九人僅出。一人有後出。

7_ 홈을 판 후 끈을 걸어 회전시켜 작은 힘으로 무거운 것을 드는 데 사용한 도르래와 비슷한 도구라 생각된다.

彼穴口塞合留。国司上下、思之所圧而死故、惆悵之。妻子哭愁、図絵観音像、写経追贈福力而逕七日已訖。于時独居穴裏念、「吾先日願奉写法花大乗、 而未写断。 我命全給、我必奉果」。居于闇穴、而惆悵之。自生長時、至于今日、無過此哀。彼穴戸隙、指刺許開、日光被至。故有一沙弥。自隙入来、鉢甂饌食、以与之語、「汝之妻子、供我飲食、雇吾勧救。汝復哭愁故、我来之」。自隙出去。去後不久、当乎居頂、而穴開通、日光照被及也。穴開通、広方二尺余、高五丈許。于時卅余人、取葛入山、自穴辺往。穴底人、見人影叫言、「取我手」云。山人側聞、如蚊音。即聞怪之、取葛繋石、下底而誠。底人取引、明知人也。結葛為縄、編葛為籠、以四葛縄繋籠四角、機立穴門、漸下穴底。底人乗籠、以機牽上、持送親家。親属見之、哀喜無比。国司問云、「汝作何善」。答曰如上。国司聞之大悲、引率知識、相助造法花経、供養已畢。是乃法花経神力、観音贔屭。更莫疑之矣。

|도움말| 오카야마 현岡山県은 예부터 철광석으로 유명하였다. 따라서 주인공이 어두운 갱 속에 떨어졌다는 것은 근거가 있는 설정이다. 또한 활차는 중국에서는 상당히 오래전부터 사용되어 한漢나라 때에 이르면 일반적으로 많이 사용되었으나 일본에서의 사용은 알 수 없다. 그러나 이 이야기에서 활차라 생각되는 것으로 구출작업에 사용하였다는 것을 통하여, 당시 광산에서 광석을 운반할 때도 이와 같은 기술을 이용하였다는 것을 유추할 수 있다.

한편, 갱도에 갇힌 남자에게 사미승이 주발에 맛있는 진수성찬을 가득 담아 준 것은 아내와 아들이 명복을 위해 바쳤던 음식을 상

징하는데, 죽은 이의 명복을 위해 음식을 바치는 행위는 최종적으로는 죽은 이에게 도달한다고 생각하였기 때문이다.

이 설화의 집필에 있어 교카이景戒가 참조하였을 것이라 생각되는 비슷한 설화가 『명보기冥報記』 상권에도 있어 그 내용을 간략히 소개하면 다음과 같다.

산으로 은을 채굴하러 간 남자가 갱도에 갇혀버렸다. 그러자 남자의 아버지는 명복을 빌기 위해 음식을 바쳤다. 이것을 받은 승려의 기도에 의해 탁발에 음식을 담은 사미승이 갱도 안으로 찾아와 남자가 굶주리지 않도록 하여 주었으며, 10여 년을 지내던 끝에 구출된다.

제14화

천수경을 마음속으로 읊은 사람을 때려 현세에서 나쁜 응보를 받은 이야기

에치젠 지방越前国 가가 군加賀郡[1]에 부랑자들을 단속하는 관리가 있었다. 그는 부랑자들을 찾아 잡역에 마구 부리고 조세와 노역을 강요하였다.

그때 교토京都에 호적을 둔 오노노아손 니와마로小野朝臣庭麿[2]라는 이가 있었다. 그는 우바새優婆塞[3]가 되어 항상 『천수경千手經』을 읊는 것을 업으로 삼으면서 가가 군 군내의 산을 다니며 수행을 하였다.

진고케이운神護景雲 3년769 봄 3월 27일 정오쯤 그 관리가 가가 군의 미마카와 마을御馬河里[4]에 있었을 때의 일이다. 니와마로를 만나더니 물었다.

"자네는 어느 지방 사람인가?"

"저는 불도를 수행하고 있는 사람으로서 세속의 사람이 아닙니다."

관리는 이 말을 듣고 화가 나서 꾸짖으며 말하였다.

1_ 현재의 이시카와 현(石川県) 서남부에 해당한다.

2_ 미상.

3_ 속세인이면서 불문에 들어 오계(五戒)를 받고 수행하는 자로, 반승반속(半僧半俗)적인 존재였다. 남자는 우바새, 여자는 우바이(優婆夷)라고 한다.

4_ 현재의 가나자와 시(金沢市) 민마(三馬) 부근에 해당한다.

"자네는 부랑자이다. 왜 세금을 내지 않는가?"

그리고는 니와마로를 묶어 채찍으로 때리고 마구 일을 시켰으나 니와마로는 계속 부인하면서 마음속으로 깊이 슬퍼하며 한탄하였다.[5] 그리고는 다음과 같이 비유하여 말하였다.

"옷에 붙은 이가 머리로 올라가면 검게 변하고, 머리의 이가 옷으로 내려가면 하얗게 변한다고 합니다.[6] 또한 이러한 비유가 있습니다. 머리위에 『천수경』의 경전을 올리고 등에 대승경大乘經[7]을 짊어지고 있는 이유는 세속에 있으면서 환난을 당하지 않기 위해서입니다. 무슨 이유로 대승경을 가지고 있는 저를 때리고 욕보이도록 하시는지요. 실제로 『천수경』의 영험과 공덕이 있을 것입니다. 지금 곧 그 위력을 나타내 보이실 것입니다."

이 말을 듣고도 관리는 남자가 가지고 있던 『천수경』을 끈으로 묶어 땅에 질질 끌면서 갔다. 수행자를 때린 곳과 관리의 집까지는 1리里[8]정도였다. 그런데 관리가 자신의 집 문 앞에 도착하여 말에서 내리려고 하자 몸이 딱딱하게 굳어 내릴 수 없었다. 그리고는 갑자기 자신이 탄 말과 함께 하늘로 날아오르더니 수행자를 때린 곳에 도착하여 하늘에 걸린 채로 하루종일 지난 후 다음날 오시午時[9]쯤 되자 하늘에서 떨어져 죽어버렸다. 죽은 관리의 몸을 보니

5_ 니와마로가 한탄하는 것은 뒤에 이어지는 문장의 내용으로 보아 자신의 신세를 한탄하기보다는 상대방 관리가 분별이 없음을 한탄하고 있는 것이다.

6_ 자신의 모습은 우바새이지만 승려와 똑같은 입장이라는 것을 주장하는 말이다. 한편, 이 부분의 전거는 이선(李善)이 지은 『문선(文選)』의 주석서를 보면 『포박자(抱朴子)』에서 인용하였다고 되어 있으나 현존하는 『포박자』에는 이와 같은 문장은 없다.

7_ 대승불교(大乘佛敎)에서 중요시하는 경전으로 『화엄경(華嚴經)』, 『법화경(法華經)』, 『반야경(般若經)』, 『무량수경(無量壽經)』 등을 지칭.

8_ 1리(里)는 약 4km에 해당한다. 한편, 중국에서의 1리는 약 500m, 한국에서는 약 400m에 해당한다.

마치 물건을 셀 때 쓰는 나무를 주머니에 넣어 둔 것처럼 산산이 부서져 있었다. 사람들은 이 광경을 보고 무서워하지 않는 이가 없었다.

이것은 『천수경』에서

"절대적인 부처님의 주문은 마른 나무에서조차 나뭇가지를 나게 할 수 있으며, 그 나뭇가지에서도 작은 나뭇가지가 나고, 또 꽃과 열매를 맺게 할 수 있다. 만약 이와 같은 주문을 비난하는 이가 있다면 그것은 곧 99억 개나 되는 갠지스 강의 모래알 수[10]와 같은 부처님을 비난하는 것이 된다."

라 설법되어 있던 내용과 틀림없었다.

『방광경方廣經』[11]에는 이러한 말이 있다.

"현명한 이를 비난하는 자는 팔만사천 군데의 나라의 탑과 절을 파괴하는 사람의 죄와 같은 것이다."

이것은 바로 이와 같은 일을 말하는 것이다.

원문

拍于憶持千手咒者以現得悪死報縁 第十四

越前国加賀郡、有浮浪人之長。探浮浪人、駈使雑傜、徴乞調庸。于時有京戸小野朝臣庭麿。為優婆塞、常誦持千手之咒為業。展転彼加賀郡部内之山而修行。神護景雲三年歳次己

9_ 오전 11시부터 오후 1시까지를 의미하는데, 이러한 시간 설정은 미마카와 마을(御馬河里) 그리고 말(馬)과 이미지가 겹친다.

10_ 원문은 '恒河沙'로서, 10의 52승에 해당한다.

11_ 대승(大乘)의 가르침을 기록한 『반야경』, 『법화경』, 『화엄경』 등을 가리킨다. 『대통방광경(大通方廣經)』이란 것도 있으나 이것은 위경(僞經)이며 이 책에는 이 구절은 없다.

酉春三月廿七日午時、其長有其郡部内御馬河里。遇行者曰、「汝何国人」。答、「我修行者、非俗人也」。長瞋嘖言、「汝浮浪人。何不輸調」。縛打駈徭。猶拒逆之、懇引譬言、「衣虱上於頭而成黒、頭虱下於衣而成白。如是有譬。頂載陀羅尼、負経也意、不遭俗難。何故持大乗之我令打辱。実有験徳。今示威力」。以縄繫千手経、従地引之而去。刑行者之処、与長家之程一里許。長至己家門、従馬将下、堅不得下。忽与乗馬、騰空而往、到捶行者之処、懸空逕一日一夜、明日午時、自空落死。彼身摧損、如笇入嚢。諸人見之、無不懼恐。如千手経説。「大神咒、乾枯樹尚得生枝柯華菓。若有謗此咒者、即為謗彼九十九億恒河沙諸仏云々」。方広経云、「誹謗賢人者、等於破壊八万四千国塔寺之人罪」者、其斯謂之矣。

| 도움말 | 승려를 학대하여 비참한 죽음을 당하는 이야기는 이 설화 외에도 상권 제15화와 제29화, 중권 제1화와 제35화, 하권 제15화와 제33화에도 있다.

이 설화의 경우 부랑인과 이를 단속하는 관리의 모습 등 당시의 사회를 사실적으로 그리고 있어 흥미로운 이야기이다. 부랑인을 단속하는 관리의 경우 다른 이보다 더욱 관용을 베풀거나 또는 다른 이보다 더욱 엄격해지기 쉬운데, 이 설화는 부랑인의 말을 절대로 믿지 않는 엄격한 이로 묘사되어 있다. 한편, 관리가 죽은 모습을 살펴보면, 땅에 떨어진 그에게 피가 흘렀다는 묘사가 아니라 몸이 완전히 부서진 것으로 묘사되어 있어 이채롭다.

제15화

걸식하는 사미승을 때려 현세에서 비참한 죽음을 당한 이야기

이누카이노스쿠네 마오유犬養宿祢真老[1]는 나라奈良의 스이닌垂仁 천황[2] 능의 북쪽에 있는 사키 마을佐岐村[3]에서 살고 있었다. 그는 태어나면서부터 생각이 비뚤어져 걸식승을 싫어하고 미워하였다.

여제女帝 쇼토쿠称德 천황 시대의 일이다. 한 사미승沙彌僧[4]이 마오유의 집 문 앞에 와서 음식을 구하였다. 그러자 마오유는 승려에게 음식을 주지 않고 오히려 옷을 빼앗고 노려보면서 위협하고 괴롭히며 물었다.

"자네는 어떤 승려인가?"[5]

그러자 걸식승이 대답하였다.

1_ 미상. 이누카이씨(犬養氏)는 개를 사육하거나 이용하는 것을 통하여 그 능력을 인정받아 중앙정권에서 일을 하던 이누카이부(犬養部)를 담당하였으며, 궁중의 경호도 담당하였다.

2_ 『고지키(古事記)』나 『니혼쇼키(日本書紀)』에 실려 있는 신화속의 인물로서 제11대 천황(재위 기원전29년-서기70년). 스이닌 천황 능은 현재의 나라 시(奈良市) 아마가쓰지 초(尼辻町)에 있다.

3_ 현재의 나라 시 사키 초(佐紀町)에 해당한다.

4_ 불교에 입문한 지 얼마 되지 않아 아직 수행을 충분히 쌓지 않은 승려.

5_ 이 질문은 음식을 구하고 있는 승려가 나라의 허락을 얻은 승려인지 아니면 자신의 마음대로 승려가 된 사도승인지의 여부를 물어보는 것이다.

"저는 나라의 허락을 받지 않은 사도승私度僧입니다."

이 말을 듣자 마오유는 그를 때리고 쫓아내자 사미승은 크게 원망하며 떠나갔다. 그날 저녁이 되자 마오유는 잉어를 졸여 굳히도록 하였다.[6] 다음날 진시辰時[7]쯤 일어나 그 자리에 앉아서 잉어요리를 입에 넣고 술잔을 들어 마시려고 하자 갑자기 입에서 검은 피를 토하며 옆으로 쓰러져 버렸다. 그리고는 갑자기 정신을 잃고 잠자는 듯하더니 목숨이 끊어져 버렸다.

비뚤어진 생각은 자신의 몸을 베는 날카로운 칼이다. 분노하는 마음은 화를 부르는 귀신이다. 인색한 것은 굶주림의 고통을 받는 원인이 된다. 탐욕스러운 것은 자비를 베푸는 것을 방해하는 무성한 덤불과도 같은 것이라는 것을 잘 알 수 있다.

따라서 찾아와서 공양을 구하는 이를 보면 불쌍하게 생각하는 마음가짐을 가지고 안색을 부드럽게 하며 기뻐하여야 한다. 그리고 사람들에게 불법을 들려주며 재물을 베풀어야 한다. 이에 『장부론丈夫論』[8]에는 다음과 같은 구절이 적혀있다.

"인색한 마음이 많은 이는 진흙이라 하더라도[9] 금과 옥보다 더 소중히 여긴다. 자비심이 많은 이는 금과 옥을 베푼다고 하더라도 이것을 풀과 나무보다 가볍게 여긴다. 또한 걸식하는 이를 보았을 때 아무것도 베풀 수 없으면, 이를 참지 못하고 슬피 울며 눈물을 흘린다."

6_ '니코고리(煮こごり)'라는 음식으로 생선이나 고기 등에 간을 맞추어 국물까지 굳힌 것.

7_ 오전 일곱시부터 아홉시까지이다.

8_ 2권으로 구성되어 있으며 자비심을 가지고 베푸는 보시(布施)의 공덕에 대하여 설법한 책이다. 이 구절은 『장부론(丈夫論)』 시간품(施慳品), 재물시품(財物施品)에 실려 있다.

9_ 원문은 "진흙을 베푼다 하더라도"로 되어 있으며, 그 외에는 모두 원전과 문장이 동일하다.

원문

撃沙弥乞食以現得悪死報縁 第十五

犬養宿祢真老者、居住諾楽京活目陵北之佐岐村也。天骨邪見、厭悪乞者。当帝姫阿倍天皇之代、有一沙弥。就真老之門而乞食。真老不施乞物、返奪袈裟、諸問逼悩言、「汝曷僧也」。乞者答曰、「我是自度」。真老亦拍逐之、沙弥大恨而去。於其日夕、煮鯉寒凝。明日辰時起、居朝床、彼鯉含口、取酒将飲。自口黒血返吐傾臥。如幻絶気、如寐命終。諒知、邪見切身之利剣。瞋心是招禍之疾鬼。慳貪受餓鬼之苦因。多欲障慈施之猛薮。唯見来乞者、可生憐愍、和顔悦色、法施財施。所以丈大論云、「慳心多者、雖是泥土、重於金玉。悲心多者、雖施金玉、軽於草木。見乞人時、不忍言無、悲泣堕涙云々」。

|도움말| 앞 이야기에 이어 이 이야기도 승려를 박해하여 비참한 죽음을 당한 것을 테마로 하였다. 잉어를 입에 넣고 술을 마시려고 했을 때 피를 토하며 죽었다는 것은 억지로 지어낸 듯한 인상을 주지만, 당시에는 의학적인 지식이 거의 없었던 시대였다. 따라서 태어나면서 성격이 비뚤어져 있으며 승려들을 박해한 이가 당한 응보담으로서 이와 같은 이야기는 나름대로의 설득력을 지니고 있었던 이야기였던 것으로 보인다.

또한 이 이야기의 후반부에서 걸식을 하고 있는 사도승에 대한 시주施主를 강조하고 있는데, 교카이 자신도 사도승이었음을 고려하여 보았을 때, 그리고 시주는 사도승의 중요한 재원財源이었음을 고려하여 보았을 때 결국 자기자신을 위한 언설이었다고도 할 수 있다.

제16화

여인이 함부로 남자들과 관계를 맺어 아이를 낳았으나 아이에게 젖을 굶게 하여 현세에서 비참한 응보를 받은 이야기

요코에노오미 나리토지메横江臣成刀女는 에치젠 지방越前国 가가 군加賀郡[1] 사람이다. 태어날 때부터 음란한 성격으로 아무 남자와 관계를 맺으며 살았다. 그러다가 아직 한창때[2]가 되지도 않았는데 얼마 살지도 못하고 죽은 지 오랜 시간이 지났다.

기노쿠니 지방紀伊国 나쿠사 군名草郡 노오 마을能応村[3]에 사는 자쿠린寂林법사[4]는 고향을 떠나 다른 지방을 돌아다니면서 불법을 수행하고 도를 구하고 있었다. 어느 날 가가 군 우네다 마을畝田村[5]에 도착하여 몇 년간 그곳에 머물며 살고 있었다.

나라奈良에서 천하를 통치하신 고닌光仁 천황[6] 시대 호키宝亀 원년

1_ 현재의 이시카와 현(石川県) 서남부에 해당한다.

2_ 원문은 '丁'으로 남성은 21세 이상(757년 이후에는 22세)에 해당하며 병역이나 세금의 부담에 대한 의무가 있는 연령을 뜻한다. 여성은 이에 해당하는 용례가 없으므로 정확히 알 수 없으나 남성의 경우로 보았을 때 21세쯤으로 생각할 수 있다.

3_ 현재의 와카야마 현(和歌山県) 가이소 군(海草郡) 노카미 초(野上町)에 해당한다.

4_ 미상.

5_ 현재의 이시카와 현 가나자와 시(金沢市) 오노 초(大野町)에 해당한다.

770 겨울 12월 23일 밤의 일이다. 자쿠린법사가 꿈을 꾸었는데, 자신이 야마토 지방大和国 이카루가鵤鵤[7]에 있는 쇼토쿠聖德태자의 궁전 앞에 있는 길을 지나 동쪽으로 가고 있었다. 그 길은 거울과도 같았으며, 넓이는 1정町[8]이 넘었고 곧은 것으로 치자면 먹으로 선을 그은 것[9]과도 같았다. 주위에는 나무와 풀이 자라 있었다.

자쿠린 법사가 풀 속을 바라보니 매우 건강하고 통통한 여인이 옷을 한 겹도 걸쳐 입지 않은 채 웅크리고 있었다. 양쪽 가슴이 크게 부어올라 있었고 아궁이[10]처럼 처져 있었으며, 가슴에서는 고름이 흘러내리고 있었다. 여인은 무릎을 꿇고 손으로 무릎을 누르며 아픈 가슴을 보면서 말하였다.

"가슴이 아프구나!"

이렇게 신음하면서 고통스러워 하였다. 이를 보고 자쿠린법사가 물었다.

"당신은 어느곳의 여인인지요."

"저는 에치젠 지방 가가 군 오노 마을의 우네다라는 곳에 있는 요코에노오미 나리히토横江臣成人의 어미되는 사람입니다. 저는 젊었을 때 함부로 남자들과 관계를 맺고 음란하여 어린 아이를 버리고 젊은 남자들과 잠을 잤습니다. 오랜 나날동안 아이들에게 젖에 굶주리게 하였습니다. 그 아이 중에서 나리히토가 가장 굶주려 있

6_ 제49대 천황(재위 770-781)으로서 쇼토쿠(称德) 천황의 다음을 이어 즉위하였다. 나라 시대 마지막 천황이다.

7_ 현재의 나라 현(奈良県) 이코마 군(生駒郡) 이카루가 초(斑鳩町) 부근에 해당한다.

8_ 1정(町)은 약 109m에 해당한다.

9_ 원문은 '墨縄'이다. 목재 등에 먹으로 곧은 선을 그리기 위해 사용하였으며, 똑바로 되어 있기 때문에 직선을 비유하는 상투적인 표현이다.

10_ 반원의 둥근 모양으로 푹 패어 있는 모양을 염두에 두고 묘사한 것이다. 이와 같은 비유표현에 대한 다른 용례는 볼 수 없으며 인상적인 표현이다.

었습니다. 그래서 살아생전에 어린 아이에게 젖을 주지 않아 굶주리게 한 죄가 있었기에 지금 이렇게 가슴이 부어오르는 병을 응보로 받고 있습니다."

그러자 자쿠린법사가 물었다.

"어찌하면 이 죄로부터 벗어날 수 있겠는지요?"

"나리히토가 이 이야기를 들으면 제가 죄로부터 용서받을 수 있을 것입니다."

자쿠린법사는 놀라 꿈에서 깨어 혼자 마음속으로 이상히 생각하고 여인이 알려준 마을을 둘러보며 물어보았다. 그러자 어떤 이가 대답하였다.

"정말로 제가 나리히토입니다."

자쿠린법사는 꿈에서 본 대로 이야기하였다. 그러자 나리히토는 이 말을 듣고 말하였다.

"제가 어릴 때 어머니와 헤어져 아무것도 모릅니다. 하지만 저의 누나가 있으니 누나라면 이 일을 잘 알 것입니다."

그리고는 누나에게 물어보자 누나가 대답하였다.

"정말로 말씀하신 대로입니다. 우리들의 어머니는 용모가 아름다웠기 때문에 많은 남자들로부터 사랑을 받았습니다. 그러나 함부로 남자들과 관계를 가졌고, 젖을 아껴 저희들에게는 젖을 주지 않았습니다."

이렇게 이야기를 하고 아이들이 모두 슬퍼하며 말하였다.

"우리들은 어머니를 원망하지 않습니다. 어찌하여 자비로운 어머니가 이같은 죄로 고통을 당하는 것입니까?"

아이들은 이렇게 말하고 불상을 만들어 불경을 옮겨쓰고 어머니의 죄의 용서를 빌었다. 이와 같은 법사法事가 끝나자 다시 자쿠린법사의 꿈에 여인이 다시 나타나 말하였다.

"지금 저의 죄가 용서를 받았습니다."

어머니의 양쪽의 달콤한 젖은 정말로 은혜가 깊다. 그러나 아껴서 주지 않을 때에는 오히려 재앙과 죄가 될 수 있다는 것을 잘 알 수 있다. 어찌 아이에게 젖을 주지 않을 수 있겠는가.

원문

女人濫嫁飢子乳故得現報縁 第十六

横江臣成刀自女、越前国加賀郡人也。天骨婬泆、濫嫁為宗。未尽丁齢死、淹歴年。紀伊国名草郡能応里之人、寂林法師、離之国家、経之他国、修法求道、而至加賀郡畝田村。逕年止住。 奈良宮御宇大八嶋国白壁天皇世宝亀元年庚戌冬十二月廿三日之夜夢見。従大和国聴鵤聖徳王宮前之路、指東而行。其路如鏡、広一町許。直如墨縄。辺木草立。林佇看之、於草中有太快肥女。裸衣而踞。両乳脹大、如竈戸垂、自乳流膿。長跪以手押膝、臨之病乳而言、「痛乳乎」、呻吟苦病。林問、「汝何女」。答、「我有越前国加賀郡大野郷畝田村之横江臣成人之母也。我齢丁時、濫嫁邪婬、幼稚子棄、与壮夫倶寐。逕之多日、而子乳飢。唯子之中、成人甚飢。先由幼子飢乳之罪故、今受乳脹病之報」。問、「何脱此罪」。答、「成人知之、我罪免也」。林自夢驚醒、独心怪思、巡彼里訊。於是有人、答言、「当余是也」。林述於夢状。成人聞之言、「我稚時離母不知。唯有我姉、能知事状」。問姉之時答、「実如語。我等母公、面姿姝妙、為男愛欲、濫嫁、惜乳不賜子乳」。爰諸子悲言、「我不思怨。何慈母君、受是苦罪」。造仏写経、贖母之罪。法事已訖後、悟夢曰、「今我罪免之矣」。誠知、母両甘乳、寔雖恩深、惜不哺育、返成殃罪。豈不令飲哉。

|도움말| 『일본영이기』에서 상권 23화 등 불효를 저지른 자식이 현세에서 응보를 받는 이야기는 자주 볼 수 있다. 그러나 반대로 자녀를 양육하지 않은 부모에 관한 설화는 이 이야기뿐으로 고통을 당하는 여인에 대한 묘사가 생생히 그려져 있는 것이 특징이다.

나쿠사 군은 이 이야기 외에도 상권 제5화, 중권 제32화, 하권 제16화 · 제28화 · 제30화 · 제34화 · 제38화의 무대로 설정되어 있는 것으로 보았을 때 『일본영이기』의 저자인 교카이의 출신지이거나 주로 설법을 행하던 장소라 생각된다.

자쿠린법사가 여인에게 어찌하면 이 죄로부터 벗어날 수 있는지 물어보자 여인은 나리히토가 이 이야기를 들으면 자신이 죄로부터 용서받을 수 있을 것이라 대답한다. 여인은 나리히토에게 가장 큰 죄를 지었으나, 나리히토는 이에 대하여 전혀 기억하지 못하고 있다는 것을 고려하여 보았을 때, 여인은 나리히토에게 자신의 죄를 고백하려고 했던 것이며, 한편으로는 나리히토가 자신의 죄를 용서하여 줄 것이라는 것을 기대하고 있는 장면이다.

제17화

흙으로 만든 불상이 아직 다 만들어지지 않았는데도 신음소리를 내며 기이한 일을 나타낸 이야기

사미승沙彌僧[1] 신교信行[2]는 기노쿠니 지방紀伊国 나가 군那賀郡 야케 마을弥気里[3] 사람이다. 출가하기 전의 성은 오토모노 무라지노 오야大伴連祖[4]이다. 그는 속인俗人으로서의 생활을 버리고 스스로 출가하여 머리와 수염을 깎고 가사袈裟를 입어 복이 되는 인연을 구하였다.

그 마을에 절이 하나 있었다. 이름은 미케弥気의 야마무로도山室堂[5]라 불렸다. 그 마을사람들이 스스로 만든 당이기 때문에 이렇게 불리게 된 것이다. 불교식 명칭으로는 자씨선정당(慈氏禅定堂)[6]이라 불렸다. 그 곳에는 흙으로 만든 불상 두 개가 있었는데 아직 다 만들어지지 않은 채로 있었다. 그것은 미륵보살弥勒菩薩의 양 옆에서 시중을 드는 부

1_ 불교에 입문한 지 얼마 되지 않아 아직 수행을 충분히 쌓지 않은 승려.

2_ 미상.

3_ 현재의 와카야마 현(和歌山県) 기노카와 시(紀の川市) 근처라 생각된다.

4_ 오토모씨(大伴氏)의 일족이라 생각되며, '오야(祖)'는 이름인지 잘못 옮겨 적은 것인지 분명하지 않다.

5_ 미상.

6_ '자씨'는 '석가여래(釋迦如來)'나 '미륵보살(弥勒菩薩)'을 뜻하며, '선정'은 '선(禪)'을 뜻한다. 따라서 '미륵보살이 마음을 조용히 하고 깨달음을 얻는 당'이라는 뜻이다.

처였는데 팔이 부러진 채로 떨어져 종당鐘堂에 놓여 있었기 때문에 시주施主[7]들이 서로 의논하며 말하였다.

"이 불상을 산의 신성한 곳에 숨겨 모시자."

사미승 신교는 항상 그 당에 있으면서 종을 치는 것을 주된 일로 하고 있었다. 그는 불상의 팔이 전부 만들어지지 않은 것을 보고 이를 마음 아파하며 떨어진 팔을 실로 매어 연결하고 불상의 머리를 어루만지며 항상 소원을 빌었다.

"꼭 성인聖人이 오셔서 불상이 완성될 수 있는 인연을 만들어 드리겠습니다."

수년의 오랜 시간이 지나 고닌光仁 천황[8] 시대 호키宝亀 2년771 가을 7월 중순에 한밤중에 신음소리가 들렸다.

"아프도다! 아프도다!"

그 목소리는 가늘고 작았으며 여인의 목소리처럼 길게 끌며 신음하였다. 신교는 처음에는 산을 넘는 사람이 갑자기 병에 걸려 머물고 있는 것이라 생각하고 곧바로 일어나 승방을 둘러보며 찾아보았으나 환자는 보이지 않았다. 신교는 이를 이상히 여기고 잠자코 있자 그 환자가 신음하는 듯한 목소리가 매일 밤마다 끊이지 않았다. 그는 더 이상 견딜 수 없어 일어나 살펴보자 신음소리는 종당에서 나는 것이었는데, 그 불상에서 나는 것이라는 것을 확실히 알 수 있었다. 신교는 그 불상을 보고 한편으로는 이상하게도 생각하면서 한편으로는 슬퍼하였다.

그때 좌도읍左京[9]의 간고지元興寺 절[10]에 있는 사미승 호쿄豊慶[11]가

7_ 원문은 '檀越'이다. 이들은 대체적으로 지방의 호족들로서 재정적으로 절에 큰 지원을 하던 이들이다.

8_ 제49대 천황(재위 770-781). 쇼토쿠(称徳) 천황의 다음을 이어 즉위하였으며, 나라 시대 마지막 천황이다.

그 당에 항상 살고 있었다. 그래서 신교는 그를 깨우려고 방문을 두드리며 말했다.

"여보세요. 대법사[12]님. 일어나서 들어보세요."

그리고는 자세하게 신음소리가 나는 일을 이야기하였다. 호쿄도 이것을 듣자 신교와 함께 매우 이상히 생각하며 슬퍼하였다. 그리고는 도울 수 있는 이들을 모아 흙으로 불상을 완성하여 법회를 열고 공양하였다.

지금 이 불상은 미케도弥気堂라는 당에 안치되어 있으며, 미륵보살의 양 옆에 두는 보살이 바로 이것이다. 왼쪽에는 대묘성보살(大妙聲菩薩), 오른쪽에는 법음륜보살(法音輪菩薩)[13]이다. 소원을 빌면 얻지 못하는 것이 없으며, 소원을 빌면 이루지 못하는 일이 없다는 것은 바로 이것을 말하는 것임을 알 수 있다. 이것도 또한 기이한 일이다.

원문

未作畢捻塲像生呻音示奇表縁 第十七

沙弥信行者、紀伊国那賀郡弥気里人。俗姓大伴連祖是也。捨俗自度、剃除鬚髪、著福田衣、求福行因。其里有一道場。

9_ 헤이조쿄(平城京)・나가오카쿄(長岡京)・헤이안쿄(平安京) 시절, 천황이 있는 다이다이리(大内裏) 남쪽편 중앙에 있는 스자쿠몬(朱雀門)에서 도성 남단에 있는 라쇼몬(羅生門)까지 중앙을 남북으로 가르던 길을 스자쿠 대로(朱雀大路)라 하며, 스자쿠 대로의 동쪽을 좌도읍(左京), 서쪽을 우도읍(右京)이라 하였다.

10_ 현재의 아구이(安居院)・아스카 대불(飛鳥大仏)이 있던 곳에 있었던 절이다.

11_ 미상.

12_ '대법사(大法師)'의 직위는 760년에 제정된 사위십삼계(四位十三階)의 승위(僧位) 중 제1위에 해당한다.

13_ 이 설화가 음성과 관계된 내용이기 때문에 '성(聲)'과 '음(音)'자가 이용된 것이다.

号曰弥気山室堂。其村人等、造私之堂故、以為字。法名曰慈氏禅定堂者。未作畢有捻塊像二体。弥勒菩薩之脇士也。臂手折落、居於鐘堂。檀越量曰、「斯像隠蔵乎山浄処」。信行沙弥、常住其堂、打鐘為宗。見像未畢、猶以為患、落臂之者、以糸縛副、撫於像頂、毎願之言、「当有聖人令得因縁」。淹逕数年、白壁天皇代宝亀二年辛亥秋七月中旬、従夜半有呻声。言、「痛哉、痛哉」。其音細小、如女人音、而長引呻。信行初思越山之人得頓病宿、即起巡坊、覓無病人。怪之嘿然。彼病呻音、累夜不息。不得乎忍。起窺見之、呻有鐘堂。実知、彼像。信行見之、一怪一悲。時左京元興寺沙門豊慶、常住其堂。驚彼沙門、叩室戸白、「咄大法師、起応聞之矣」、具述呻状。於茲豊慶与信行、大怪大悲。率引知識、奉捻造畢。設会供養。令安置弥気堂、以居乎弥勒脇士之菩薩是也。左大妙聲菩薩、右法音輪菩薩。誠知、願無不得、無願不果者、其斯謂之也。斯亦奇表之事也。

|도움말| 아직 완성되지 않은 불상이 기이한 일을 나타낸다는 이야기는 중권 제26화, 하권 제28화에도 보이며, 불상이 스스로 소리를 내는 경우 주로 미륵상이 많다. 또한 이야기의 마지막 부분에서 "소원을 빌면 얻지 못하는 것은 없으며, 소원을 빌면 이루지 못하는 일이 없다"는 구절은 중권 제31화에서 탑을 세우려고 소원을 빌었을 때 태어난 여자아이가 부처님의 사리를 쥐고 있었다는 이야기에도 나온다.

이 이야기에서 누가 소원을 빌고 누가 이루었는지는 두 가지로 해석할 수 있다. 하나는 "불상이 완성될 수 있는 인연을 만들어 드리겠습니다."라며 신교가 불상의 머리를 어루만지면서 소원을 빈 것을 말하며, 또 하나는 불상 자신이 "아프도다!"라며 신음소리를 내었는데 이것은 하루빨리 자신이 불상으로서 완성되기를 바라는 마음에 소원을 빌었다는 것으로 해석할 수 있다.

제18화

법화경을 서사하는 일을 하는 이가 사악하고 음란한 짓을 하여 현세에서 비참한 죽음을 당한 이야기

사경사寫經師 다지히丹治比는 가와치 지방河内国 다지히 군丹治比郡[1]의 사람이다. 성이 다지히이기 때문에 다지히라고 통칭하여 불렀다. 그 군내에 불도를 수행하는 도량道場이 한 군데 있었는데 그 이름은 노나카도野中堂[2]라 불렀다.

이때 불경을 옮겨 써서 공양하려고 소원을 세운 이가 있었다. 호키宝亀 2년771 여름 6월에 다지히 사경사를 그 당에 초청하여 『법화경』을 옮겨쓰도록 부탁하였다. 그때 여신도들이 모여와서 깨끗한 물을 사경사가 쓰는 먹에 부었다.[3] 그런데 미신未申시[4]쯤 되자 갑자기 구름이 끼더니 비가 내리기 시작하였다. 여신도들이 비를 피하려고 안으로 들어오자 당 안이 좁아 사경사와 여신도들이 한 곳에 있게 되었다. 그때 사경사의 마음에 음란한 생각이 들어 여

1_ 현재의 오사카 부(大阪府) 미나미가와치 군(南河内郡)에 해당한다.

2_ 『니혼코키(日本後紀)』 엔랴쿠(延暦) 18년(799) 3월조에 가와치 지방 다히 군(丹比郡)에 노나카데라(野中寺)라는 절이 있었다는 기록이 있다. 현재의 오사카부(大阪府) 하비키노시(羽曳野市)에 해당한다.

3_ 여신도들의 이와 같은 행위는 불법과 조금이라도 인연을 맺기 위해 봉사하는 것으로 성불(成佛)이나 득도(得道)를 목적으로 한 것이다.

4_ '未'는 오후 1시부터 3시까지, '申'은 오후 3시부터 5시까지이다.

신도를 뒤에서 껴안고 옷을 올린 후 교접하였다. 남근이 여자의 음부로 들어가자 두 사람은 손을 잡은 채 함께 죽었는데, 여인은 입에서 거품을 내뿜으며 죽어 있었다.

이것은 불법을 수호하는 신이 내리신 벌이라는 것을 분명히 알 수 있다. 애욕의 불꽃이 몸과 마음을 태운다고 하더라도 음란한 마음으로 불결한 행동을 해서는 안 된다. 어리석은 사람이 애욕을 탐하는 것은 나방이 불에 달려드는 것과 같다. 그렇기 때문에 율법서[5]에는 다음과 같이 쓰여 있다.

"사려가 부족한 젊은이는 정욕을 탐하여 스스로 음란한 행위를 한다."

또한 『열반경涅槃經』[6]에는 이렇게 쓰여 있다.

"오욕五欲[7]의 실체가 공허하다는 것을 알면 환락이라는 것은 있을 수가 없다. 잠시동안이라도 환락 속에 머무를 수 없다. 이것은 고기가 없는 뼈를 개가 빨아먹으면서 싫증내지 않는 것과 같은 어리석은 짓이다."

이렇게 쓰여 있는 것은 바로 이 점을 말하는 것이다.

원문

奉写法花経経師為邪婬以現得悪死報縁 第十八

丹治比経師者、河内国丹治比郡人。姓丹治比故、以為字。其郡部内、有一道場。号曰野中堂。有発願人、以宝亀二年

5_ 불법의 계율을 규정한 『비나야율(毘奈耶律)』을 지칭한다.

6_ 석가모니의 열반을 중심으로 기록하여 편찬된 불교경전이다.

7_ 원래는 눈・귀・코・혀・몸의 다섯 가지 감각기관이 각각 색(色)・성(聲)・향(香)・미(味)・촉(觸)의 다섯 가지 감각대상에 집착하여 생기는 다섯 종류의 욕망을 말하는데, 여기에서는 다섯 가지의 욕망에만 국한된 것이 아니라 세속적인 인간의 욕망 전반을 뜻한다.

辛亥夏六月、請其経師於其堂、奉写法花経。女衆参集、以浄水加経之御墨水。時未申之間、段雲雨降。避雨入堂、堂裏狭少故、経師与女衆居同処。爰経師婬心熾発、踞於嬢背。挙裳而婚。随閇入閫、携手倶死。唯女口漚噏齧出而死。断知、護法刑罰。爰欲之火、雖燋身心、而由婬心、不為穢行。愚人所貪、如蛾投火。所以律云、「弱眷自婬面門」。復涅槃経云、「知五欲法、無有歓楽。不得暫停。如犬齧枯骨無飽厭期」者、其斯謂也矣。

|도움말| 이 설화에서 가장 인상적이며 특이한 점은 노골적인 성 표현과 잔혹하리만치 사실적인 여성의 죽음의 묘사이다. 『일본영이기』에서 성적인 관계를 다루는 설화는 15화정도 있다. 그런데 상권 제1화 '婚合', 하권 제38화 '交通' 등의 용례에서 알 수 있듯이 모두 성적인 관계를 암시하는 낱말로 되어 있으며, 이 설화처럼 구체적으로 성적인 관계를 표현하는 설화는 보이지 않는다. 뿐만 아니라, '閇'나 '閫'와 같이 남녀의 성기를 의미하는 단어가 등장하는 설화는 중권 제11화, 중권 제41화 등이 있지만, 이 설화처럼 성적인 관계를 직접적으로 표현한 것은 없으며, 하권 제38화에서 남성의 성기를 '薦槌(검은 철망치)'로 표현한 것도 있으나 이것은 비유표현이라는 점에서 이 설화의 특징이 두드러진다.

이 설화는 제목에서 나타난 바와 같이 '사음邪婬'을 경계하는 설화이다. '사음'은 불교도가 지켜야 하는 가장 기본적인 생활규범인 오계五戒, 즉 살생하지 말라不殺生, 도둑질 하지 말라不偸盜, 음행을 하지 말라不邪淫, 거짓말을 하지 말라不妄語, 술을 마시지 말라不飮酒 중 하나이다. 그런데 불경을 서사할 때는 하권 제10화에서처럼 대변과 소변을 볼 때마다 목욕재계를 하고 몸을 청결히 할 정도로 깨끗해야 하고 또 경건한 장소에서 서사해야 하는데도 불구하고, 이와 같은 성스러운 공간에서 불법을 무시하고 음란한 행위를 하였기 때문에 다지히 사경사와 여인은 비참한 죽음을 당하게 된 것이다.

이 설화의 또 다른 특징으로는 성스러운 공간을 무대로 하여, 그것이 붕괴되고 음란한 행위를 하기까지의 경위가 자연스럽게 그리고 구체적으로 서술되어 있다는 점이다. 다지히가 불경을 서사하고 있을 때 갑자기 비가 내려 여신도들이 비를 피하려고 당 안으로 들어왔다. 이것으로 보았을 때 여성들의 옷은 젖어 있었을 것이며, 좁은 공간에서 여신도들과 함께 있었다는 묘사로 보았을 때, 이같은 상황은 다지히 사경사의 시각·취각·촉각·청각을 자극하였을 것이다. 이것은 곧 불교에서 훈계하고 있는 '오욕'에 해당하는 것으로 다지히는 이것을 참지 못하여 음란한 행위를 하기에 이른 것이다.

이 설화를 통하여 교카이는 음란한 행위에 대하여 앞으로 다가올 재앙조차 생각하지 못하는 어리석은 행위이며, '고기가 없는 뼈를 개가 빨아먹으면서 싫증내지 않는 것'과 같은 이치로 풀이하고 있는 것이다.

가네오카 리에兼岡理恵, 2004에 의하면, 당시 이와 같은 불당은 남녀가 몰래 만나는 장소로 자주 이용되었으며, 성스러운 공간에서 남녀가 계율을 배반한 음란한 행위가 빈번히 이루어졌기 때문에 이것을 훈계하기 위해 이 설화가 생성되었을 가능성을 제기하고 있다. 즉, 성적인 표현 및 죽음의 표현을 구체적으로 그리고 잔혹하게 표현함으로써 청자 또는 독자에게 설화의 장면을 상기시키고 현실성을 부여하게 되며, 따라서 이와 같은 음란한 행위는 삼가야 할 것이라는 것을 효과적으로 제시하고 있다고 지적하고 있으며 일리 있는 의견이라 생각된다.

제19화

고깃덩어리에서 태어난 여자가 불법을 수행하여 사람들을 교화시킨 이야기

히고 지방肥後国 야쓰시로 군八代郡 도요부쿠 마을豊服郷[1]에 도요부쿠노 히로기미豊服広公라는 사람이 살고 있었다. 그의 아내가 임신하여 호키宝亀 2년771 겨울 11월 15일 인시寅時[2]에 고깃덩어리 하나를 낳았다. 그 형태는 알같은 모양이었다. 부부는 불길한 징조라 생각하고 대나무 용기에 넣어 산의 돌 속에 감추어 두었다. 칠 일이 지난 후 다시 찾아가서 보자 고깃덩어리의 껍질이 깨지면서 여자아이가 태어났다. 그러자 부모는 아기를 데리고 젖을 먹이면서 길렀고 이 일을 보고 들은 사람들은 모두 이상하게 생각하지 않는 이가 없었다.

그런데 이 아이가 여덟 달이 지나자 몸이 갑자기 커졌다. 하지만 머리와 목이 붙어 있었고 다른 사람들과는 달리 턱이 없었으며 키는 3척尺 5촌寸[3]이었다. 이 아이는 어릴 적부터 사물을 잘 이해하고 머리가 좋았으며 총명하여 일곱 살이 되기 전에 이미 『법화경法

1_ 현재의 구마모토 현(熊本県) 우키 시(宇城市) 마쓰바시 초(松橋町) 도요후쿠(豊福)에 해당한다.

2_ 새벽 세 시에서 다섯 시까지이다.

3_ 1척은 약 30cm이며, 1촌은 1척의 1/10로서 약 3cm이다.

華經』과 『화엄경華嚴經』 80권[4]을 모두 읽었다. 그러나 묵묵히 자랑하지 않았으며 결국에는 출가하기를 원하여 머리를 깎고 가사袈裟를 입고 선을 행하며 사람들을 교화시키니 사람들은 모두 그녀의 가르침을 믿지 않는 이가 없었다. 목소리도 크고 아름다워 듣는 사람들은 모두 감동하였다. 그런데 그 몸은 다른 여인들과는 달리 음부가 없어서 결혼할 수가 없었다. 단지 소변이 나오는 구멍만 있었다. 그래서 어리석은 속인들은 이를 사이비 승려라 비웃으며 말하였다.

당시 다쿠마 군託磨郡[5]에 있는 고쿠분지国分寺 절[6]의 승려와 부젠 지방豊前国 우사 군宇佐郡[7]에 있는 야하타矢羽田의 다이진지大神寺 절[8]의 승려 두 명이 이 여승을 시기하며 말하였다.

"당신은 사이비 신자요."

이렇게 비웃고 조롱하며 놀리자 불교를 수호하는 신이 하늘에서 내려와 창으로 승려들을 찌르려 하였다. 승려는 두려워 소리치더니 결국 숨이 끊어졌다.

또 다이안지大安寺 절[9]의 승려인 가이묘戒明[10] 법사가 쓰쿠시 지방

4_ 『화엄경』은 석가모니가 깨달은 내용을 그대로 설법한 경문이다. 한역본은 불타발타라(佛陀跋陀羅)가 번역한 60권본(418-420), 실차난타(實叉難陀)가 번역한 80권본(695-699), 반야(般若)가 번역한 40권본(795-798)이 있으며, 이 이야기의 80권은 실차난타가 번역한 80권본을 이르는 것으로 생각된다.

5_ 현재의 구마모토 시(熊本市) 이즈미 초(出水町)에 해당한다.

6_ 741년에 쇼무(聖武) 천황의 명령으로 전국의 각 지역에 고쿠분니지(国分尼寺) 절과 함께 건립된 절이다.

7_ 현재의 오이타 현(大分県) 우사 시(宇佐市)에 해당한다.

8_ '야하타'는 '야하타(八幡)'와 같은 의미로서, 우사하치만 궁(宇佐八幡宮)을 말하며 전국에 있는 4만 4천 군데의 하치만 궁의 총 본궁(本宮)이다. 따라서 다이진지 절은 신사에 부속된 절이다.

9_ 나라 시(奈良市)에 있는 고야산(高野山) 진언종(真言宗)의 절로서 쇼토쿠태자(聖徳太子)가 617년에 건립한 구마고리데라(熊凝寺) 절이 전신이다. 이것이

筑紫国[11]의 관내에서 대국사大国師[12]를 맡았을 때의 일이다. 호키 7-8년776-777쯤에 히젠 지방肥前国 사가 군佐賀郡[13]을 통치하던 정7품[14]의 벼슬을 지내던 사가노기미 고기미佐賀君児公[15]가 안거회安居會[16]를 열었다. 그때 가이묘 법사를 초청하여『화엄경』80권을 강의하도록 하였는데 비구니가 된 히로기미의 딸도 빠지지 않고 청중들과 함께 앉아서 듣고 있었다. 그 때 가이묘법사가 이를 보고 꾸짖으며 말하였다.

"자네는 어느 곳의 비구니이길래 함부로 사람들과 함께 섞여 있는가?"

비구니가 대답하였다.

"부처님은 누구에게나 공평한 자비심을 가지고 계십니다. 따라

639년에는 구다라다이지(百済大寺) 절, 673년에는 다케치다이지(高市大寺) 절로 불리다가 710년에 나라(奈良)로 천도한 뒤 좌도읍으로 옮겨지면서 다이안지 절로 일컬어졌다. 나라 시대부터 헤이안(平安) 시대 초기까지 도다이지(東大寺) 절, 고후쿠지(興福寺) 절과 어깨를 나란히 하는 큰 절이었다.

10_ 생몰년미상. 나라 시대의 승려로 다이안지 절의 게이 (慶俊)에게 화엄종(華嚴宗)을 배웠으며, 호키(宝亀 770-780) 연간에 칙명으로 당나라로 유학을 다녀왔다.

11_ 현재의 규슈(九州) 지방에 해당한다.

12_ 각 지역의 고쿠분지 절에 배치된 고승. 승려와 비구니들을 관리하며 경전을 가르치는 임무를 맡았다.

13_ 현재의 사가 현(佐賀県) 사가 시(佐賀市) 및 사가 군(佐賀郡)에 해당한다.

14_ 원문은 '正七位上'으로 군사(郡司)의 장관이다. 군사도 사등관(四等官)으로 나뉘어지며 그 중 제1등관리(第一等官吏)에 해당한다.

15_ 미상.

16_ 승려가 일정기간 동안 외출하지 않고 수행하는 것을 '안거'라 하며, 이때 불경을 강의하는 법회를 '안거회'라 한다. 실제로 749년부터 794년까지 해마다 고쿠분지 절에서 안거때에 대국사(大国師)와 소국사(小国師)가『묘법연화경(妙法蓮華經)』과『금광명경(金光明經)』을 강의하는 법회가 열렸다. 그러나『화엄경』과의 관계는 미상이다.

서 모든 중생들을 위해 올바른 가르침을 전하고 계십니다. 무슨 이유로 저만 따로 제외시키시는 것입니까?”

그리고 그 자리에서 비구니가 게송偈頌[17]의 형식으로 질문하자 가이묘 법사는 게송으로 대답하지 못하였다.[18] 여러 유명하고 지혜가 있는 이들은 이를 이상히 생각하여 오로지 비구니에게만 질문하며 시험하자 비구니는 굴하지 않고 모두 대답하였다. 그래서 비구니는 부처님이 인간의 모습으로 나타나신 것임을 알고 이름을 지어 사리보살舍利菩薩[19]이라 부르고 승려와 속인들 모두 이 비구니에게 귀의하며 존경하고 스승으로 모셨다.

옛날에 석가가 살아계셨을 때 사위성舍衛城[20]의 수달須達[21]의 딸인 소만蘇曼이 알 열 개를 낳았다. 그 알이 열려 열 명의 남자가 태어났는데, 이들이 출가하여 모두 아라한과阿羅漢果[22]의 경지에 이르렀다. 또한 가비라위성迦毘羅衛城[23]에 사는 부자의 아내는 임신하여 고깃덩어리를 하나 낳았는데 칠 일이 지나자 그 고깃덩어리가 열리

17_ 경전 중에서 시구(詩句)의 형식을 빌려 불덕(佛德)을 찬미하거나 교리를 서술한 것이다. 4글자, 5글자 또는 7글자를 1구(句)로 하며, 4구(四句)로 이루어진 것이 많다.

18_ 시구를 짓는 것은 어려우며, 비구니가 가르침의 내용을 시구의 형식으로 질문하였을 때 가이묘 법사가 시구의 형식으로 대답하지 못하였다는 것을 의미한다.

19_ 미상. 앞서 나온 ‘사이비 승려’의 원문이 ‘사루(さる)’이고 ‘사리’의 원문이 ‘샤리(しゃり)’이므로 이와 비슷한 이름을 붙인 것이라 생각된다.

20_ 현재의 우타르프라데시주(Uttar Pradesh州)의 사헤트(Saheth)와 마헤트(Maheth)에 해당하며, 석가가 25년간 설법과 교화를 하였다는 곳이다. 성 밖에는 석가가 지냈다는 기원정사(祇園精舍)가 있다.

21_ 석가에게 귀의하여 기원정사를 기증하였다는 대부호이다.

22_ 불제자들이 도달하는 최고의 계위(階位)로서 더 이상 배우고 닦을 만한 것이 없는 경지에 이른 것.

23_ 석가의 탄생지로서 네팔의 타라이(Tarai) 지방에 해당한다. 석가 생존시에 사위국(舍衛國)에게 망하였다.

더니 동자 백 명이 태어났다. 그들은 모두 출가하여 백 명 모두 아라한과의 경지에 이르렀다.

우리 성스러운 일본처럼 손톱으로도 눌릴 만한 작은 나라에 이처럼 뛰어난 신자가 있었다는 것은 기이한 일이다.

원문

産生肉団之作女子修善化人縁 第十九

肥後国八代郡豊服郷人、豊服広公之妻懐任、宝亀二年辛亥冬十一月十五日寅時、産生一肉団。其姿如卵。夫妻謂為非祥、入筍以蔵置之山石中。逕七日而往見之、肉団殻開、生女子焉。父母取之、更哺乳養。見聞人、合国無不奇。経八箇月、身俄長大、頭頸成合、異人無顊。身長三尺五寸。生知利口、自然聡明。七歳以前、転読法華八十花厳。黙然不逗。終楽出家、剃除頭髪、著袈裟、修善化人。無人不信。其音多出、聞人為哀。其体異人、無閪無嫁。唯出尿有竇。愚俗呰之、号曰猴聖。時託磨郡之国分寺僧、又豊前国宇佐郡之矢羽田大神寺僧二人、嫌彼尼言、「汝是外道」、嘲呰嬲之、神人自空降、以桙将棠僧。僧恐叫終死也。大安寺僧戒明大徳、任彼筑紫国府大国師之時、宝亀七八箇年比頃、肥前国佐賀郡大領正七位上佐賀君児公、設安居会。請戒明法師、令講八十花厳之時、彼尼不闕、坐衆中聴。講師見之、呵嘖之言、「何尼濫交」。尼答之言、「仏平等大悲故、為一切衆生、流布正教。何故別制我」因挙偈問之、講師不得偈通。諸高名智者怪之、一向問試。尼終不屈。及知聖化、而更立名、号舎利菩薩。道俗帰敬、而為化主。昔仏在世時、舎衛城須達長者之女蘇曼、所生卵十枚、開成十男、出家皆得羅漢果。迦毘羅衛城長者之妻、懐任生一肉団、到七日頭、肉団開敷、有百童子。一時出家、而百人倶得阿羅漢果。我聖朝所弾圧之土、有是善類。斯亦奇異之事矣。

|도움말| 이 설화는 난생卵生 설화라는 이상탄생담異常誕生譚에 갑자기 몸집이 커지는 모티프가 섞여 있어 상권 제3화와도 관련성이 있다. 여인의 모습이 턱이 없고 얼굴이 몸통과 붙어 있었다는 것은 개구리의 몸을 상상하여 만들어 낸 것으로 보인다.

우리나라에도 『삼국유사三國遺事』「가락국기駕洛國記」 수로왕首露王 편, 『삼국사기三國史記』「고구려본기高句麗本紀」 동명왕東明王 주몽朱蒙 편에도 알에서 태어나 왕이 된 이야기가 있으며 외국의 신화에서도 난생설화가 많이 있는데 그중 대표적인 것이 백조로 변한 제우스와 사랑하여 황금의 알을 낳은 레더의 이야기이다.

이 이야기의 마지막 부분을 보면, 일본은 중국이나 인도에 비하여 국토는 좁지만 그래도 이와 같은 기이한 이야기가 많이 있다는 것은 상권 서문에서, "어찌 외국에서 전래된 것만을 경외하고 자기 나라의 기이한 일들을 믿고 두려워하지 않을 수 있겠는가."라며 교카이가 자부심을 갖고 언급하고 있는 내용을 가장 잘 반영한 부분이다.

제20화

법화경을 서사하여 바치려는 여인의 실수를 비난하여 현세에서 입이 비뚤어진 이야기

아와 지방粟国 나카타노 군名方郡 하니 마을埴村[1]에 한 여인이 살고 있었다. 이름은 인베노 오비토忌部首[2]라 하였다. 통칭은 다야스코(多夜須子)라 한다. 고닌光仁 천황[3] 시대에 이 여인은 『법화경法華經』을 오에노 군麻殖郡[4]에 있는 소노야마데라菀山寺라는 절[5]에서 서사하였다. 이때 오에노 군의 사람인 인베노무라지 이타야忌部連板屋[6]라는 이가 그 여인의 실수를 들추어내며 비난하였다. 그러자 갑자기 입이 비뚤어지고 얼굴이 뒤로 돌아가더니 결국에는 낫지 않게 되었다.

1_ 현재의 도쿠시마 현(德島県) 묘자이 군(名西郡) 이시이 초(石井町)에 해당한다.

2_ 미상. 인베 씨는 나카토미 씨(中臣氏)와 함께 조정의 제사를 담당하였다.

3_ 제49대 천황(재위 770-781). 쇼토쿠(称德) 천황에 이어 즉위하였으며, 나라(奈良) 시대 마지막 천황이다.

4_ 나카타노 군의 서쪽에 있으며, 현재의 도쿠시마현 오에 군(麻植郡)에 해당한다.

5_ 미상.

6_ 미상. '무라지(連)'라는 성은 고대의 성 중에서 '오미(臣)'와 함께 최고의 가문에 해당하며, 무라지 성 중에서 유력자는 '오무라지(大連)'라 하여 '오오미(大臣)'와 함께 정권을 장악하였다. 따라서 이 이야기의 인베노무라지 이타야는 이 지방의 유력자였던 것으로 생각된다.

『법화경』에는 다음과 같이 쓰여 있다.

“『법화경』을 받들어 모시는 이를 비난하면 몸의 여러 기관이 둔해지고 난장이의 추한 모습이 되어 손과 발이 움직이지 않고 눈과 귀가 멀며 등은 굽어버릴 것이다.”[7]

또 이렇게 쓰여 있다.

“『법화경』을 받들어 모시는 이를 보고 그 실수를 들추어내면 만약 그것이 정말이라 하더라도 또는 만약 그것이 거짓이라 하더라도 그 사람은 현세에 피부에 하얀 얼룩이 생기는 백전풍白癜風[8]의 병에 걸릴 것이다.”[9]

이렇게 쓰여 있는 것은 바로 이것을 말하는 것이다. 따라서 마땅히 삼가며 믿는 마음을 가지고 그 공덕을 칭송하여야 한다. 그 사람의 실수를 비난해서는 안 된다. 큰 화를 입기 때문이다.

원문

誹奉写法花経女人過失以現口喎斜縁 第廿

粟国名方郡埴村、在一女人。忌部首。字曰多夜須子。白壁天皇代、是女奉写法花於麻殖菀山寺。于時、麻殖郡人忌部連板屋、挙顕彼女人之過失、以誹謗故、即口喎斜、面戻於後、而終不直。法花経云、「謗受持此経者、諸根闇鈍、矬陋攣躄、盲聾背傴」。又云、「見受持是経者、出其過悪、若実若不実、此人現世得白癩病」者、其斯謂也矣。当慎信心。応讃彼徳。不謗其欠。蒙大災故矣。

7_『법화경』「비유품(譬喩品)」에 나오는 구절이다.

8_ 국소적으로 멜라닌 색소의 생산이 정지되어 피부에 하얀 얼룩이 생기는 병이다.

9_『법화경』「보현보살권발품(普賢菩薩勸發品)」에 있는 구절이다.

|도움말| 이 설화는 『법화경』을 믿지 않는 이가 현세에서 악보를 얻는다는 내용으로서, 이것은 『일본영이기』의 주된 테마이기도 하다상권 제15화 도움말 참조. 이 이야기에서 여인이 어떠한 실수를 하였는지 구체적으로 나타나 있지는 않지만, 글자를 옮겨 쓰는 데 있어 오탈자가 생긴 것이 아닌가 추측할 수 있다.

한편, 『곤자쿠모노가타리슈今昔物語集』 권14의 제27화는 이 설화를 바탕으로 한 것이다.

제21화

한쪽 눈이 먼 승려가 금강반야경을 읊어서 눈을 뜬 이야기

조기長義라는 승려는 나라奈良 우도읍右京[1]의 야쿠시지薬師寺 절의 승려이다. 호키宝亀 3년772에 조기의 눈이 점점 어두워지더니 결국 멀게 되어 5개월 정도가 지났다. 낮이고 밤이고 이를 부끄러워하고 슬퍼하며 많은 승려들을 초청하여 삼 일 밤낮에 걸쳐 『금강반야경金剛般若經』을 독송하자 눈이 떠지고 훤히 보였으며 원래대로 나았다.

『금강반야경』의 영험한 힘은 실로 크고 높은 것이로다. 굳게 믿고 소원을 빌면 그 소원에 답하시지 않는 일이 없기 때문이다.

1_ 헤이조쿄(平城京)・나가오카쿄(長岡京)・헤이안쿄(平安京) 시절, 천황이 있는 다이다이리(大内裏) 남쪽편 중앙에 있는 스자쿠몬(朱雀門)에서 도성 남단에 있는 라쇼몬(羅生門)까지 중앙을 남북으로 가르던 길을 스자쿠대로(朱雀大路)라 하며, 스자쿠대로의 동쪽을 좌도읍(左京), 서쪽을 우도읍(右京)이라 하였다.

원문

沙門一目眼盲使読金剛般若経得明眼縁 第廿一

沙門長義者、諾楽右京薬師寺之僧也。宝亀三年之間、長義眼闇盲、逕五月許。日夜恥悲、屈請衆僧、三日三夜、読誦金剛般若経。便目開明、如本平也。般若験力、其大高哉。深信発願、無願不応故也。

|도움말| 불경을 믿거나 독송하자 눈이 떠지고 귀가 들리는 이야기로는 상권 제8화, 하권 제11화와 제12화가 있다. 그중에서 『금강반야경』의 경우 하권 제34화에서 악한 병에 걸린 고세노 아사메巨勢呰女가 병을 고치기 위하여 읽은 여러 경전 중에도 『금강반야경』이 있다.

『금강반야경』은 2세기에 성립된 공空사상의 기초가 되는 반야경전으로, 인도의 사위국舍衛國을 배경으로 하여 제자인 수보리須菩提를 위하여 설법한 경전이다. 모든 모습은 모양이 없으므로 한 곳으로 마음을 집착하지 않으며, 부처의 경우에도 모양으로 보는 것이 아니라 진리로서 존경한다면 곧 진리인 여래如來를 보게 된다는 것을 설법하고 있다.

이 설화는 일명 『반야경』의 공덕담이다. 당시에는 『반야경』의 공덕담과 『법화경』의 공덕담이 서로 경쟁하면서 각 분야에서의 영험담이 지어졌던 시기이다. 현대의 독자들은 불교의 종파에 대하여는 별다른 치우친 견해를 지니지 않는 경우가 많지만, 당시의 불교에 대한 관점에 섰을 때 어째서 한쪽편의 불전에서만 기이한 일을 강조하고 있는지 생각해 보아야 하는 대목이다.

이 설화에서의 승려 조기는 일본영이기』의 편자인 교카이景戒와 같은 야쿠시지 절의 승려이다. 따라서 아마도 교카이 자신이 알고 있는 이라 생각되며, 이와 같이 자신이 알고 있는 이가 실제로 경험한 일인 것으로 서술하는 것을 통하여 이야기에 대한 신빙성을 높이고 있다.

제22화

무거운 저울을 이용하여 다른 이에게 빌려 준 물건을 부당하게 빼앗았으나 법화경을 서사하였기 때문에 현세에서 좋고 나쁜 두 가지 응보를 얻은 이야기

오사다노토네리 에비스他田舍人蝦夷[1]는 시나노 지방信農国 지사가타노 군小県郡 아토메 마을跡目里[2] 사람이다. 재산이 풍부하여 사람들에게 돈과 벼를 빌려주고 많은 이자를 받았다. 한편 에비스는 『법화경法華經』을 두 번 서사하여 바치고 그때마다 법회를 열어 강독講讀[3]을 마쳤다. 나중에 다시 생각하여 보니 아무래도 만족스런 생각이 들지 않아 다시 한번 정중하게 『법화경』을 서사하였으나 아직 공양을 하지는 않았다.

호키宝亀 4년773 여름 4월 하순에 에비스가 갑자기 죽자 아내와 자식은 의논하며 말하였다.

"병년丙年에 태어난 사람이니 화장을 하지 맙시다."[4]

그리고는 묻을 장소를 택하여 무덤을 만들고 일단 가매장해 두었는데 죽은 지 칠 일이 지나 다시 살아나더니 저승에서 있었던 일

1_ 미상. '도네리'는 친왕(親王), 태정대신(太政大臣), 좌우대신(左右大臣), 다이나곤(大納言) 및 1품부터 5품까지에게 부여된 신하들을 의미한다.

2_ 현재의 나가노 현(長野県) 우에다 시(上田市)에 해당한다.

3_ 서사한 『법화경』을 소리내어 읽거나 외우며, 강론하여 설명하는 것.

4_ '병(丙)'은 십간(十干)의 세 번째로 음양오행설에서는 불의 성질을 지니고 있다. 따라서 불에 불을 더하는 화장(火葬)을 하는 것은 금기시되었다.

을 들려주었다.

"저승사자 네 명이 나를 데리고 가겠다고 말하였다네. 처음에는 넓은 들판이 나왔고 다음에는 급한 비탈길이 나왔다네.[5] 언덕 위에 올라 보니 커다란 건물이 있었다네. 그곳에 서서 저 멀리 앞쪽 길을 보자 많은 사람들이 있었는데 저마다 빗자루를 들고 길을 쓸면서 말하였다네.

'『법화경』을 옮겨 쓰고 바치신 분이 이 길로 지나가시기 때문에 우리들이 쓸어 깨끗하게 하는 것입니다.'

곧이어 그 곳으로 가자 사람들이 기다리고 있다가 절을 하였다네. 앞에는 깊은 강이 있었는데 폭은 1정町[6] 정도 되었고 그 강 위에 다리가 놓여 있었다네. 그 곳에도 많은 사람들이 있었는데 그 다리를 수리하면서 말하였다네.

'『법화경』을 옮겨 쓰고 바치신 분이 이 다리를 건너시기 때문에 우리들이 수리하는 것입니다.'

그곳에 도착하니 사람들이 저마다 기다리고 있다가 절하였다네. 다리를 건너 건너편에 도착하자 황금의 궁전이 있었고 그 궁전 안에 염라대왕님께서 계셨다네. 다리 밑에는 세 갈래의 길이 나왔는데 하나는 넓고 평탄하고, 또 하나는 풀이 조금 자라 있었으며, 다른 하나는 풀이 우거져 길을 막고 있었다네. 내가 그 갈림길에 다다르자 그중에서 한 사람이 궁전에 들어가서 아뢰었다네.

'데리고 왔습니다.'

염라대왕님은 나를 보시더니 말씀하셨다네.

5_ 저세상에서 처음에는 들판이 나온 후 나중에 언덕을 오르는 것은 당나라 시대의 승려 도세(道世)에 의해 편찬된 『법원주림(法苑珠林)』(668)에도 실려 있다.

6_ 1정(町)은 약 109m에 해당한다.

'이 사람은 『법화경』을 옮겨 적어 바친 사람이노라.'

그리고는 풀이 조금 자란 길을 가리키며 말씀하셨다네.

'이 길로 가도록 하여라.'

네 명의 저승사자는 나를 데리고 뜨거운 철기둥에 도착하더니 그 철기둥을 안게 하였다네. 그것은 철을 엮은 후 뜨겁게 달군 것인데 저승사자는 이것을 나의 등에 밀어붙였다네. 삼 일 밤낮을 지나니 이번에는 동으로 된 기둥을 안게 하였다네. 그것도 동을 엮은 것으로 대단히 뜨거웠는데 나의 등에 대고 밀어붙였다네. 이렇게 삼 일 밤낮을 지났는데 매우 뜨거워 마치 활활 타오르는 숯불과도 같았다네. 철기둥과 동기둥은 뜨겁기는 하였으나 참을 수 없이 뜨겁지는 않았고 그렇다고 편하지도 않았다네. 엮은 철기둥은 무겁기는 하였으나 참을 수 없이 무겁지는 않았고 그렇다고 가볍지도 않았다네. 이것은 생전에 행한 악한 일의 업보라 생각하니 당연히 껴안아 짊어져야 한다고 생각했다네. 그렇게 하면서 육 일[7]이 지나 나올 수 있었다네. 세 명의 승려가 나에게 물었다네.

'자네는 이렇게 하는 이유를 알고 있는가?'

'모르옵니다.'

승려는 다시 나에게 물었다네.

'자네는 어떤 선한 일을 하였는가?'

'저는 『법화경』을 세 부 옮겨써서 바쳤습니다. 하지만 한 부는 아직 공양을 올리지 못하였습니다.'

승려는 나의 생전에 선악을 기록한 패 세 장을 꺼내 놓았는데 두 장은 금으로 된 패였고, 한 장은 철로 된 패였다네. 또 저울을 두 개 내놓았는데 하나는 같은 무게라도 벼 한 줌 만큼 무게가 많이

7_ 앞의 문장에서 칠 일째에 소생한 것으로 되어 있기 때문에 소생한 것은 그 다음날이라는 것을 알 수 있다.

나가는 것이었고, 다른 하나는 같은 무게라도 벼 한 줌만큼 무게가 적게 나가는 것이었다네. 이때 승려가 말하였다네.

'패를 조사하여 보니 실제로 자네가 말한 대로 마음을 다하여 세부의 『법화경』을 옮겨 바쳤구나. 그러나 『법화경』을 옮겨 썼다고는 하더라도 중한 죄를 범하였도다. 그 이유는 자네는 저울을 두 개를 사용하여 빌려줄 때에는 가볍게 무게가 나가는 저울을 사용하고, 받아내는 날에는 무겁게 무게가 나가는 것을 사용하였다. 그렇기 때문에 자네를 이곳에 부른 것이다. 이제는 되었으니 그만 돌아가거라.'

돌아올 때 보니 올 때와 마찬가지로 많은 사람들이 빗자루를 가지고 길을 쓸고 다리를 고치면서 말하였다네.

'『법화경』을 서사하여 바치신 분이 염라대왕님의 궁전에서 돌아가신다.'

그 다리를 다 건너자마자 문득 돌아보니 살아서 돌아온 것이라네."

그 후로 에비스는 옮겨 쓴 『법화경』을 받들어 더욱더 신앙심을 깊게 가지고 이것을 읽고 뜻을 헤아리며 공양하였다.

선한 일을 하면 복이 찾아오고 악한 일을 하면 재난이 찾아온다는 것을 정말로 알 수 있다. 선악의 응보는 절대로 사라지는 것이 아니기 때문에 두 가지 응보를 한꺼번에 받은 것이다. 사람은 오로지 선을 행해야 하며 악한 행동을 하지 말지어다.

원문

重斤取人物又写法花経以現得善悪報縁 第廿二

他田舎人蝦夷者、信農国小県郡跡目里人也。多富財宝、銭稲出挙。蝦夷奉写法花経二遍、毎遍設会、講読既了。後復思議、猶不足心、更敬繕写。唯未供養。宝亀四年癸丑夏四月下旬、蝦夷忽率而死。妻子量言、「丙年之人故、不焼失」点地作塋、殯以置之。死経七日、而甦告言、「使有四人。告副将往。広野、次有卒坂。登於坂上、観有大観。於是峙視前路、多有数人、以箒掃路言、『奉写法花経之人、従此路往故、我等掃浄』。即至待礼。前有深河、広一町許。其河度椅。有数人衆。其椅修理言、『奉写法花之人、従此椅度故、我修理』。到便待礼。到椅彼方、有黄金宮、其宮有王。椅本有三衢。一道広平、一道草小生、一道以藪而塞。立蝦夷於其衢、一人入宮曰、『召』。王見之言、『此奉写法花経之人』、即示於草小生道言、『従此道将来』。四人副至熱鉄柱所、令抱彼柱。編鉄熱焼、著背而押。歴三日夜、令抱銅柱。編銅其熱。著背而押。又逕三日、極熱如熁。鉄銅雖熱、非熱非安。編鉄雖重、非重非軽。悪業所引、唯欲抱荷。合歴六日乃出。三僧問蝦夷言、『汝知此意不也』。答、『不知也』。僧復問言、『汝作何善』。答、『我奉写法華経三部。唯一部未供養之也』。札出三枚、二枚金札。一枚鉄札。亦斤出二枚、一枝重倍稲一把。一枝軽減稲一把。于時僧言、『校札之者、実如汝曰。敬写三部法花大乗也。雖写大乗、而作重罪。所以者何。汝用斤二、出挙之時、用於軽斤、徴納之日、用於重斤故、召汝耳。今者忽還』。還来、如前多人以箒掃道、作椅言、『奉写法花経之人、従閻羅王宮還来之』。度彼椅畢、纔見甦還」。然而後戴所写之経、増発信心、講読供養。誠知、作善来福、作悪来災。善悪之報、終不朽失、並受二報。唯専作善、不可作悪矣。

|도움말| 에비스가 다리를 건너자마자 마주친 것은 세 갈래의 길이었다. 하나는 넓고 평탄하며, 하나는 풀이 조금 자라 있었고, 하나는 풀이 우거져 길을 막고 있었다. 이 설화에서는 세 갈래의 길이 어떤 의미를 지니는지 나타나 있지 않으나 하권 제9화의 도움말에서 언급한 삼도천三途川을 염두에 두고 본다면, 넓고 평탄한 길은 생전에 선을 행한 이가 가는 길이며, 풀이 우거진 길은 악행을 저지른 이가 가는 길이다. 그리고 염라대왕이 에비스에게 풀이 조금 자란 길을 가도록 명령한 것은 에비스가 선한 일도 하였으나 한편으로는 악한 일도 하였기 때문에 그 중간에 해당하는 길을 가도록 한 것으로 풀이할 수 있다.

뿐만 아니라 에비스가 지옥에 떨어져 활활 타오르는 숯불과도 같은 철기둥을 안은 것은 그가 생전에 악한 일을 하였기 때문이다. 그러나 그것이 참을 수 없는 뜨거움은 아니었고 그렇다고 편하지도 않았다는 것은 그가 생전에 선한 일도 하였기 때문에 지옥에 떨어지더라도 그 고통이 경감되었기 때문이다. 철기둥의 경우에도 마찬가지로 무겁기는 하였으나 참을 수 없이 무겁지는 않았고 그렇다고 가볍지도 않았다는 것도 생전에 선한 일과 악한 일을 한 것에 대한 응보를 동시에 받은 것으로 해석할 수 있다.

그러나 에비스는 결국 용서받아 현실세계로 돌아왔다는 점으로 보았을 때 이 설화에서는 두 가지 저울을 사용한 죄보다 『법화경』을 서사한 공덕의 가치가 더 크다는 점이 제시되어 있다.

제23화

절의 물건을 마음대로 사용하였으나 대반야경을 서사하려 서원을 세웠기 때문에 현세에서 좋고 나쁜 두 가지 응보를 함께 받은 이야기

오토모노무라지 오시카쓰大伴連忍勝[1]는 시나노 지방信農国 지이사가타 군小県郡 온나 마을壤里[2] 사람이다. 오토모노무라지의 씨족들은 합심하여 그 마을 안에 당을 만들고 이것을 일족이 기도를 올리는 씨사氏寺[3]로 삼았다. 이때 오시카쓰는 『대반야경大般若經』[4]을 서사하려 서원誓願을 세워 물건들을 모았다. 그리고는 머리를 깎고 가사를 입었으며 계율을 받고 불도를 수행하며 그 당에 항상 살았다.

호키宝亀 5년774 봄 3월에 오시카쓰는 갑자기 다른 사람에게 모함을 당하여 당의 시주施主[5]들에게 맞아 상처를 입고 죽었다. 시주들은

1_ 미상. 오토모 씨(大伴氏)는 고대 일본의 유력한 성씨 중 하나이다. 그중 무라지(連)는 야마토(大和)정권에서 사용된 가바네(姓, 세습적인 직위나 직무)의 하나로 가신(家臣) 중에서는 최고위에 해당한다.

2_ 현재의 나가노 현(長野県) 지이사가타 군(小県郡) 우에다 시(上田市) 부근에 해당한다.

3_ 일족의 번영과 사후의 행복을 위해 지어진 절.

4_ 반야(般若)를 설명한 여러 경전을 집대성한 것으로, 중국 당(唐)의 현장(玄奘)이 번역했다. 모두 600권.

5_ 원문은 '檀越'이다. 이들은 대체적으로 지방의 호족들로서 재정적으로 절에 큰 지원을 하던 이들이다.

오시카쓰와 같은 씨족이다. 일가 사람들은 회의하며 이야기하였다.

"오시카쓰를 죽인 자를 살인죄로 하여 재판하자. 그렇기 때문에 곧바로 화장을 해서는 안 된다."[6]

그리고는 매장할 장소를 정하여 무덤을 만들고 일단 가매장해 두었다. 그런데 오시카쓰가 죽은 지 닷새가 지나자 다시 되살아나 친족들에게 이야기하였다.

"저승사자가 다섯 명이 있었는데 나를 데리고 서둘러 갔다네. 가는 길 옆에 매우 험한 비탈길이 있었다네. 언덕 위에 올라가서 어찌할지 주저하면서 둘러보고 있자니 세 개의 커다란 길이 있었다네. 한 길은 평탄하고 넓었으며 다른 한 길은 풀이 거칠게 자라 있었고 한 길은 덤불이 자라 있어 길을 막고 있었다네. 이 갈림길의 한가운데에 대왕님께서 계셨다네. 저승사자들이

'데리고 왔습니다.'

라며 아뢰자 대왕님은 평평한 길을 가리키시며 말씀하셨다네.

'이쪽 길로 데리고 가거라.'

대왕님의 사자들은 나를 감시하면서 갔는데 길이 끝난 곳에 다다르자 커다란 솥이 있었다네. 가마에서는 김이 불꽃처럼 피어올랐고 물이 끓는 모습을 보니 파도와도 같았으며 물이 끓는 소리는 천둥소리와도 같았다네. 그때 저승사자들이 산채로 나를 잡더니 첨벙하고 그 가마 속에 던졌다네. 그러자 가마가 식어서 갈라지더니 네 동강이 나서 깨졌다네. 세 명의 승려가 다가와서 말을 걸었다네.

'자네는 무슨 좋은 일을 하였는가?'

그래서 나는 대답하였다네.

6_ 오시카쓰를 죽인 시주를 재판하기 위해서는 증거보존이 필요하였기 때문이다.

'저는 이렇다 할 좋은 일은 하지 않았습니다. 다만 『대반야경』 600권을 옮겨쓰고자 예전부터 서원을 세웠으나 아직까지 서사하기를 마치지 못하였습니다.'

그때 승려들이 세 장의 철패[7]를 꺼내어 조사해 보자 내가 한 말과 틀림이 없었다네. 승려는 나에게 이렇게 말하였다네.

'자네는 정말로 서원을 세우고 출가하여 불도를 수행하였다. 이와 같은 선한 행위가 있다고는 하여도 살고 있던 당의 물건을 많이 사용하였기 때문에 자네의 신세를 망친 것이다. 지금 돌아가서 『대반야경』을 서사하고자 하는 서원을 이룩하고 그 후에 절의 물건을 보상하거라.'

이렇게 말하자마자 일단 풀려 이 세상으로 돌아오게 되어 세 갈래의 커다란 갈림길을 지나 언덕길을 내려왔다네. 그리고 문득 보니 살아 돌아와 있었던 것이라네. 이것은 곧 불경을 옮겨쓰려 서원을 세운 공덕의 힘 덕분이라네. 그러나 절의 물건을 사용하였기 때문에 당한 재난은 내가 스스로 초래한 죄로 인한 것으로서 지옥이 마음대로 나를 부른 것은 아니라네."

라고 말하였다.

『대반야경』에 이러한 말이 있다.[8]

"무릇 돈 한 푼은 이자로서 매일 두 배로 늘려 20일이 지나면 174만 3관貫 968푼이 된다.[9] 따라서 한 푼의 돈이라도 몰래 훔쳐

7_ 앞의 제22화에서 승려가 생전에 선악을 기록한 패 세 장을 꺼낸 것과 같은 발상에 의한 설정이다.

8_ 이 구절은 『대반야경』에는 없으며, 『잡아함경(雜阿含經)』에 유사한 표현이 있다.

9_ 당시 1관(貫)으로 쌀 120석을 살 수 있었으며, 1,000푼은 1관에 해당한다. 또한, 첫째 날 한 푼, 둘째 날 두 푼, 셋째 날 네 푼, 이런 식으로 하여 20일이 지나면 524,288푼이 되므로 이 계산과는 맞지 않는다.

사용하지 말지어다.”

이렇게 쓰여 있는 것은 이것을 말하는 것이다.

원문

用寺物復将写大般若建願以現得善悪報縁 第廿三

大伴連忍勝者、信農国小県郡嬢里人也。大伴連等、同心其里中作堂、為氏之寺。忍勝為欲写大般若経、発願集物、剃除鬢髪、著袈裟受戒修道、常住彼堂。宝亀五年甲寅春三月、倏被人讒、堂檀越所打損而死。檀越者即忍勝之同属。眷属議曰、「令断于殺人之罪」。故軠不焼失、点地作冢、殯収而置。然歴五日乃甦、語親属言、「召使五人、共副疾往。往道頭有甚峻坂。登於坂上、而躊躇見、有三大道。一道平広、一道草生荒、一道以藪而塞。衢中有王。使白言、『召』。王示平道言、『従是道将』。王使衛往。道末有大釜。釜湯気如焔。涌沸如波。吼鳴如雷。即生取忍勝、井投彼釜。釜冷破裂、而成四破。爰三僧出来、問忍勝言、『汝作何善』。答、『我不作善。唯欲写大般若経六百巻故、先発願、而未書写』。于時出三鉄札、挍之如白。僧告之言、『汝実発願、出家修道。雖有是善、而多用于住堂之物故、摧汝身。今還畢願、後償堂物』。纔放還来、過三大衢、従坂而下。即見甦返。斯乃発願之力。用物之災、是我招罪。非地獄咎矣」。大般若経云、「凡銭一文、至廿日、倍一百七十四万三貫九百六十八文在。故窃一文銭莫盗用也」者、其斯謂之矣。

|도움말| 이 설화도 앞의 제22화와 마찬가지로 선한 행위와 악한 행위를 동시에 한 시나노 지방의 호족이 두 가지의 응보를 동시에 받는다는 테마로 이루어져 있다. 즉, 물이 펄펄 끓는 가마 속에 빠지게 된 것은 절의 물건을 자기 마음대로 몰래 사용한 죄로 인한 응보이며, 가마가 깨져 더 이상 고통을 받지 않은 것은 불경을 옮겨 쓴 선한 행위에 의한 보답이다.

한편, 저승의 묘사를 보면, ① 비탈길의 존재, ② 세 개의 커다란 길과 그 묘사, ③ 승려의 존재와 "자네는 무슨 좋은 일을 하였는가?"라는 질문, ④ 승려가 꺼낸 철패 등으로 보아 앞의 제22화와 동일한 저승에서 일어난 두 가지 사건이라 해석할 수 있다.

한편, 절의 물건 또는 돈을 사용하였으나 갚지 않았기 때문에 화를 입는다는 이야기는 중권 제9화 · 제24화 · 제32화에도 있으며, 『곤자쿠모노가타리슈今昔物語集』 14권 제30화는 이 설화를 바탕으로 한 것이다.

제24화

수행하는 사람을 방해하였기 때문에 원숭이의 몸으로 다시 태어난 이야기

오미 지방近江国 야스 군野州郡[1]에 있는 미카미산御上嶺에 신사神社가 있다. 이름은 다가노 다이진陁我大神으로서 운영비용은 집 여섯 채에서 나오는 세금으로 지원받고 있었다. 신사 옆에 불당이 하나 있었다.

고닌光仁 천황[2] 시대인 호키宝亀 770-781 연간의 일이다. 그 불당에 다이안지大安寺 절[3]의 승려 에쇼恵勝[4]가 잠깐 머물며 수행하고 있었다. 그때 꿈에서 어떤 사람이 나타나더니 말하였다.

"나를 위하여 불경을 읽어 주시오."

에쇼는 놀라 눈을 뜨고 곰곰이 생각해 보니 이상한 일이었다.

1_ 현재의 시가 현(滋賀県) 야스 시(野洲市)에 해당한다.

2_ 제49대 천황(재위 770-781). 쇼토쿠(称徳) 천황에 이어 즉위하였으며, 나라(奈良) 시대 마지막 천황이다.

3_ 나라 시(奈良市)에 있는 고야산(高野山) 진언종(真言宗)의 절로서 쇼토쿠태자(聖徳太子)가 617년에 건립한 구마고리데라(熊凝寺) 절이 전신이다. 이것이 639년에는 구다라다이지(百済大寺) 절, 673년에는 다케치다이지(高市大寺) 절로 불리다가 710년에 나라로 천도한 뒤 좌도읍으로 옮겨지면서 다이안지 절로 일컬어졌다. 나라(奈良) 시대부터 헤이안(平安) 시대 초기까지 도다이지(東大寺) 절, 고후쿠지(興福寺) 절과 어깨를 나란히 하는 큰 절이었다.

4_ 미상.

그런데 다음날 작고 하얀 원숭이가 찾아오더니 말하였다.

"이 도량道場에 머물면서 저를 위해 『법화경法華經』을 읽어주시오."

에쇼는 이 말을 듣고 물었다.

"자네는 누구인가?"

원숭이는 대답하였다.

"나는 동천축국東天竺國[5]의 대왕이다. 그 나라는 수행승에게 천여 명이 따라다니면서 봉사하였기에 농업에는 게을리하였다. 여기에서의 '수천'이란 천여 명의 수천을 의미하는 것이다.[6] 그 때문에 나는

'봉사하는 이가 많아서는 안 된다'

라며 막고 봉사하는 인원수가 많은 것을 금지하였으나 불도를 수행하는 것 자체는 방해하지 않았다. 그러나 불도를 수행하는 것을 금지하지 않았다고는 하여도 봉사하는 인원을 제한한 것으로 인해 그 죄에 대한 업보를 받게 되었다. 그래서 죽은 후 다시 태어나 이처럼 원숭이의 몸이 되어 이 신사의 신이 된 것이다. 이 때문에 원숭이의 몸에서 벗어나기 위해 이 불당에서 살면서 나를 위해 『법화경』을 읽어달라고 부탁한 것이다."

그러자 에쇼가 말하였다.

"그렇다면 공양供養을 하시오."

그러자 원숭이가 대답하였다.

"원래 공양할 만한 것이 없소."

5_ 천축(天竺)은 현재의 인도를 말하며, 인도를 다섯으로 나누었을 때 동쪽에 해당하는 지역을 의미한다.

6_ 이 부분은 원문에 쓰인 '수천(数千)'이라는 단어의 의미가 5천, 6천 등을 나타내는 '수천'의 뜻이 아니라 '천여 명'의 뜻으로 쓰인 것이라는 의미로서, 작자가 직접 작품 속에 나타나 독자들에게 오해하지 말 것임을 전하고 있다.

이 말을 듣자 에쇼가 말하였다.

"이 마을에 벼가 많이 있소. 이것을 공양을 하는 비용으로 충당해서 나에게 경을 읊도록 하시오.

그러자 원숭이가 대답하였다.

"이 벼는 집 여섯 채에서 나오는 세금으로 나에게 바쳐야 할 것이오. 하지만 신사의 관리들이 자신의 것이라 생각하고 나에게 주지 않았소. 그래서 내가 마음대로 사용할 수 없소. 신사의 관리란 곧 그 신사의 우두머리 신관인 궁사(宮司)를 말한다."

에쇼는 이 말을 듣고 대답하였다.

"공양할 물건도 없이 어찌 나에게 불경을 읊어달라고 하는가."

원숭이는 대답하였다.

"그렇다면 아사이 군浅井郡[7]에 승려들이 많이 있소. 그 곳에서 『육권초六卷抄』[8]를 읽으려 하니 나도 그곳에 가서 말씀을 들어야겠소. 아사이 군은 같은 지방에 있는 군이다. 육권초는 계율서(戒律書)의 이름이다."

에쇼는 이상하게 생각하고 원숭이의 말대로 아사이 군에 갔다. 그곳에서 시주施主[9]인 야마시나데라山階寺 절[10]의 만요滿預[11]라는 대

7_ 현재의 시가 현(滋賀県) 히가시아사이 군(東浅井郡)과 이카 군(伊香郡) 일대에 해당한다.

8_ 당나라의 도선(道宣, 596-667)이 지은 『사분률산번보궐행사초(四分律刪繁補闕行事鈔)』를 말한다. 총 6권으로 구성되어 있으므로 '육권초'라 한 것이다.

9_ 원문은 '檀越'이다. 이들은 대체적으로 지방의 호족들로서 재정적으로 절에 큰 지원을 하던 이들이다.

10_ 나라 시대에 조정의 보호를 받은 7대 사찰 중의 하나인 고후쿠지 절을 지칭한다. 후지와라노 가마타리(藤原鎌足)의 발원에 의해 지어진 것으로 후지와라 씨(藤原氏)의 씨사(氏寺, 일족의 번영과 사후의 행복을 위해 지어진 절)이며 고대에서 중세에 걸쳐 강력한 세력을 지녔다.

11_ 미상. 전체적인 문맥으로 보면 만요는 불경을 강독하는 인물이기도 하며 시주이기도 하였다.

법사大法師를 찾아가 원숭이가 부탁한 것을 말하였다. 그러자 만요는 그 말을 받아들이지 않고 이렇게 말하였다.

"이것은 원숭이가 한 말이다. 따라서 나는 믿을 수 없으니 그의 제안을 받아들일 수 없어 듣지 않겠다."

그래서 에쇼 스스로 『육권초』를 읽으려고 준비를 하자 불당의 동자童子[12]와 우바새優婆塞[13]가 황급히 달려와 말하였다.

"작고 하얀 원숭이가 불당 위에 있습니다. 그러자 곧바로 기둥이 아홉 개[14]나 되는 커다란 불당이 쓰러지더니 작은 먼지처럼 모두 완전히 부서져 산산조각이 났습니다. 불상도 모두 부서지고 승방도 모두 무너졌습니다."

그 말을 듣고 보니 정말로 말 그대로 이미 산산조각이 나서 부서져 있었다. 만요법사는 승려들에게 말하여 다시 일곱 간間 크기의 불당을 짓게 하였다. 그리고 다가노 다이진이라는 원숭이의 말을 믿고 강독회에 참가하도록 하고 『육권초』를 읽게 하여 원숭이가 바라는 바를 이루게 하여 주었다. 그 후 『육권초』의 강독이 끝나자 더 이상 아무런 재난도 일어나지 않았다.

무릇 불도를 수행하는 것을 방해하는 이는 원숭이가 되는 업보를 받는다. 그렇기 때문에 승려가 신도에게 권하여 법회를 여는 것을 방해해서는 안 된다. 그것은 악한 업보를 받기 때문이다. 옛날에 석가의 아들인 라후라羅睺羅가 전생에 국왕이었을 때 한 독각승獨覺僧[15]이 음식을 동냥하는 것을 금지시켰다. 또한 국내에 들어

12_ 절 안에서 잡다한 일을 맡아서 하던 아이들을 가리킨다.

13_ 속세인이면서 불문에 들어 오계(五戒)를 받고 수행하는 자로, 반승반속(半僧半俗)적인 존재였다. 남자는 우바새, 여자는 우바이(優婆夷)라고 한다.

14_ 원문은 '九間'이다. 여기에서 '間'은 건물의 기둥과 기둥 사이의 간격을 말하므로, '구간'은 기둥과 기둥사이의 간격이 아홉 개가 있는 커다란 불당을 말한다.

15_ 스승이 없이 홀로 수행하고 있는 승려.

오는 것도 허락하지 않아 칠 일간 굶게 하였다. 그 죄에 대한 응보로 인해 라후라는 육 년간 태어나지 못하여 어머니의 뱃속에 있었다고 하는 것은 이것을 가리키는 것이다.

원문

依妨修行人得猴身縁 第廿四

近江国野州郡部内御上嶺有神社。名曰陁我大神。奉依封六戸。社辺有堂。白壁天皇御世之宝亀年中、其堂居住大安寺僧恵勝、暫頃修行時、夢人語言、「為我読経」。驚覚念怪。明日小白猴、現来言、「住此道場、而為我読法華経」云。僧問言、「汝誰耶」。猴答言、「我東天竺国大王也。彼国有修行僧従者数千所。農業怠。数千者千余数之数千也。因我制言、『従者莫多』。其時我者、禁従衆多、不妨修道。雖不禁修道、因妨従者、而成罪報。猶後生受此獼猴身、成此社神。故為脱斯身、居住此堂。為我読法華経」。言、「然者供養行也」。時獼猴答曰、「無本応供物」。僧言、「此村籾多有。此乎充我供養料、令読経」。獼猴答言、「朝庭臣貺我。而有典主、念之己物、不免我。我恣不用」。典主者即彼神社司也。僧言、「無供養者、何為奉読経」。獼猴答言、「然者浅井郡有諸比丘、将読六巻抄故、我入其知識」。浅井郡者同国内有郡也。六巻抄者是律名也。此僧念怪、随獼猴語、往告檀越曰山階寺満預大法師、陳猴誂語。其檀越師、不受而言、「此猴語也。我者不信、不受不聴」。即将読抄、為設之頃、堂童子優婆塞、忩々走来言、「小白猴居堂上。纔見、九間大堂仆如微塵。皆悉折摧。仏像皆破、僧坊皆仆」。見誠如告、既悉破損。檀越曰僧、更作七間堂。信彼陁我大神題名猴之語、同入知識、而読所願六巻抄、并成大神所願。然後乎至于願了、都無障難。夫妨修善道儻、得成獼猴報。故僧勧催、猶不可妨。得悪報故。往昔過去羅、作国王時、制一独覚、不令乞食。入境不得、七日頃飢。依此罪報、羅睺羅不生六年、在母胎中者、其斯謂也矣。

|도움말| 이 설화는 현대적인 관점이 아니라 『일본영이기』의 관점에서 해석해야 할 부분이 몇 가지 있다.

첫 번째로, 원숭이가 전생에 문제삼은 것은 수행승에게 천여 명이 따라다니며 봉사하였기 때문에 사람들이 농사를 게을리한 것이며, 이 때문에 봉사하는 인원을 제한하였다. 그리고 그 죄로 인한 업보로 원숭이로 태어났다. 원숭이의 이러한 전생의 행위는 문제가 될 것이 없지만 이것을 『일본영이기』의 논리로 본다면, 승려에게 봉사하는 이가 적어진다는 것은 그만큼 불교의 융성에 방해가 되기 때문이다.

두 번째로 원숭이가 자신을 위해 『법화경』을 읽어주기를 부탁하자 에쇼는 자신에게 공양供養을 해 달라고 한다. 공양은 승려에게 재물을 주고 불경의 독경讀經을 부탁하는 것으로서, 재물을 주어야만 불경을 읽어줄 수 있다는 것은 속물적인 행위로 생각할 수도 있다. 그러나 불교적인 관점에서 보았을 때 재물을 불제자佛弟子인 승려에게 바치는 것은 물질욕을 없애는 것을 의미하며, 이것은 불교의 가르침을 실행하는 것을 의미한다. 따라서 공양은 불교에서는 중요한 덕목 중 하나로 생각되었던 것이다.

세 번째로 원숭이는 원숭이의 몸에서 벗어나기 위해 공양을 부탁하나 거절당한다. 그러자 그에 대한 보복으로 불당을 파괴시킨다. 이것도 『일본영이기』의 논리로 본다면, 사원寺院이나 불각佛閣의 수호보다는 출가出家한 이나 수행자에 대한 보호, 전생轉生을 한 인물에 대한 보호, 즉 인간이 더 중요하다는 논리가 담겨 있음을 알 수 있다.

제25화

큰 바다로 표류하였으나 공손히 부처님의 이름을 외워 목숨을 구한 이야기

기노오미우마카이紀臣馬養[1]는 성인成人[2]으로 기노쿠니 지방紀伊国 아테노 군安諦郡 기비 마을吉備郷[3]에 사는 사람이다. 아직 16세도 안 된[4] 나카토미노무라지 오지마로中臣連祖父麿[5]는 같은 지방 아마노 군海部郡 하마나카 마을浜中郷[6] 사람이다.

기노마로아손紀万侶朝臣[7]은 같은 기노쿠니 지방 히다카 군日高郡[8]의 항구에 살면서 그물을 쳐 물고기를 잡으며 살았다. 우마카이와 오지마로 두 사람은 일 년 단위로 마로아손에게 고용되어 돈을 받으면서 일을 하였는데, 밤낮을 가리지 않고 사정없이 부려먹으며 그

1_ 미상.

2_ 당시의 성인은 21세 이상(757년 이후에는 22세)이었다.

3_ 현재의 와카야마 현(和歌山県) 아리타 군(有田郡) 유아사 초(湯浅町) 또는 기비 초(吉備町)에 해당한다.

4_ 원문은 '小男'으로 16세 이하.

5_ 미상. 나카토미 씨(中臣氏)는 조정에서 신에 관한 행사를 담당한 씨족이다.

6_ 현재의 와카야마 현(和歌山県) 가이소 군(海草郡) 가이난 시(海南市)에 해당한다.

7_ 미상. 우마카이(馬養)와 성이 같으나 인척관계에 있었는지의 여부는 알 수 없다.

8_ 현재의 와카야마 현 히다카 군에 해당하며, 아리타 군의 남쪽에 있다.

물을 쳐서 물고기를 잡게 하였다.

고닌光仁 천황[9] 시대 호키宝亀 6년775 여름 6월 6일[10]의 일이다. 하늘에서 갑자기 강한 바람이 불고 세찬 비가 내렸다. 항구에는 홍수가 일어나 물이 넘치고 땅에서 뽑힌 나무들은 바다로 떠내려갔다. 마로아손은 두 사람을 시켜 떠내려 간 나무들을 건져오게 하자 우마카이와 오지마로 두 사람은 나무를 가지고 뗏목을 엮어서 타고 비바람에 맞서 바다로 향했다. 그러나 물살이 매우 험하고 세차 순식간에 줄이 끊어져 뗏목은 산산조각이 났다. 항구에서 멀어져 바다로 밀려나자 두 사람은 각각 나무 하나씩 잡아타고 바다로 떠내려가게 되었다. 두 사람은 하는 수 없이 오로지 이렇게 읊었다.

"부디 이 커다란 재난에서 구해주시기를 비옵나이다. 석가모니 부처님."

이렇게 읊으며 계속 울며 소리쳤다. 오지마로는 5일이 지나 그날 저녁 무렵에 아와지 지방淡路国의 남서쪽에 있는 다초노田町野 해안[11]의 소금을 구우며 사는 사람의 집 앞으로 겨우 떠밀려 내려왔다. 우마카이이는 6일 후 인묘寅卯시[12]에 같은 곳으로 떠밀려 내려왔다. 마을 사람들은 이 두 사람을 보고 이곳으로 떠밀려 온 이유를 물어보았다. 둘의 사정을 알게 되자 불쌍히 여겨 보살펴주고, 그

9_ 제49대 천황(재위 770-781). 쇼토쿠(称徳) 천황에 이어 즉위하였으며, 나라(奈良) 시대 마지막 천황이다.

10_ 당시 일본에서는 763년부터 당나라때 쓰던 역법인 대연력(大衍曆)을 사용하고 있었다. 이것은 하지(夏至)를 5월로 하였으므로, 6월은 장마가 끝나 태풍이 불던 시기였다.

11_ 아와지 지방 남서쪽은 현재의 효고 현(兵庫県) 미나미아와지 시(南淡路市)에 해당하며, 다초노 해안은 미상이다.

12_ 원문은 '寅卯'로서 새벽 3시부터 아침 7시까지.

지방의 관리에게 이 일을 보고하였다. 관리는 이야기를 듣자 슬퍼하고 불쌍히 여겨 식량을 주었다. 오지마로는 한탄하며 말하였다.

"살생을 하는 사람을 섬기면 고통을 당하는 것이 끝이 없다. 내가 다시금 돌아간다면 마로아손은 다시 나에게 일을 시킬 것이기 때문에 더욱더 살생의 길을 벗어나지 못할 것이다."

이렇게 말하고 아와지 지방의 고쿠분지国分寺 절[13]에 머물며 그 절의 승려를 따랐다.

그러나 우마카이는 두 달 후 원래 살던 고향으로 돌아왔다. 아내와 아이들은 우마카이를 눈앞에 보더니 눈이 휘둥그레지면서 놀라 이상해하며 물어보았다.

"당신이 바다에 빠져 죽었기에 49일[14]이 지나 법회를 열고 공양도 이미 끝났습니다. 생각지도 못했는데 어떻게 살아서 돌아오신 것입니까? 이것이 꿈인가요? 아니면 당신은 유령인가요?"

우마카이는 아내와 자식에게 지금까지의 일들을 상세하게 이야기하였다. 아내와 자식은 이야기를 듣고 한편으로는 함께 슬퍼하기도 하고 한편으로는 기뻐하기도 하였다.[15] 우마카이는 불도에 귀의하고자 하는 마음이 생겨 속세를 버리고 산에 들어가 불도를 수행하였다. 이것을 보고 들은 사람은 이상하게 생각하지 않는 사

13_ 741년에 쇼무(聖武) 천황의 명령으로 전국의 각 지역에 고쿠분니지(国分尼寺)와 함께 건립된 절이다. 아와지 지방의 고쿠분지 절은 현재의 미나미아와지 시(南淡路市) 야하라(笑原)에 있었다.

14_ 불교에서는 '중음(中陰)'이라 하여 사람이 죽은 뒤 다음 생(生)을 받아 다시 태어나기까지 49일이 걸린다고 하며, 이 기간에는 전생에 행한 선악의 대가로 내세에 어느 곳에서 태어날지 결정된다고 한다. 따라서 49일이 지나면 죽었던 이는 더 이상 다시 살아날 수 없음을 의미한다.

15_ 슬퍼한 이유는 남편이 인정사정없이 혹사당해 왔고, 조난당한 후 돌아오기까지 온갖 고난을 겪었기 때문이며, 기뻐한 이유는 바다에 빠졌음에도 불구하고 무사히 살아 돌아왔기 때문이다.

람이 없었다.

바다에서의 재난은 많다고 하여도 목숨을 건지고 몸이 살아서 온 것은 정말로 석가여래의 고귀하신 은혜 덕분이며, 바다에서 표류한 사람의 신앙심의 깊었기 때문이다. 현세에서 받은 응보가 이와 같은데 하물며 내세에서 받는 선악의 응보는 얼마나 크겠는가.

원문

漂流大海敬称尺迦仏名得全命縁 第廿五

長男紀臣馬養者、紀伊国安諦郡吉備郷人也。小男中臣連祖父麿者、同国海部郡浜中郷人也。紀万侶朝臣、居住於同国日高郡之潮、結網捕魚。馬養祖父丸二人、傭債而受年価、従万侶朝臣、昼夜不論、苦行駈使、引網捕魚。白壁天皇世宝亀六年乙卯夏六月六日、天卒吹強風、降暴雨、潮漲大水、流出離木。万侶朝臣、遣于駈使、取於流木。長男小男二人、取木編桴、乗於同桴、拒逆而往。水甚荒、忽絶縄解桄、過潮入海。二人各得一木、以乗漂流於海。二人無知、唯称誦「南無無量災難令解脱尺迦牟尼仏」、哭叫不息。其小男者、逕之五日、其日夕時、淡路国南西田町野浦、焼塩之人住処、僅依泊也。長男馬養、後六日寅卯時、同処依泊也。当土人等見之、問来由、状知愍養、申当国司。国司聞見之、悲賑給糧。小男歎曰、「従殺生人、受苦無量。我亦還到、彼又駈使、猶聿不止殺生之業」、留淡路国国分寺、従其寺僧。長男逕二月、帰来本土。妻子見之、面目瀰青。驚怪之言、「入海溺死、逕七々日、而為斎食、報恩既畢。不思之外、何活還来。若是夢矣。若是魂矣」。馬養向妻子、具陳先事。於是妻子聞之、相悲相喜。馬養発心厭世、入山修法。見聞之者、無不奇矣。海中雖多難、而全命存身、寔尺迦如来之威徳、海中漂人之深信矣。現報猶如是。況後報也。

|도움말| 이 설화는 위험에 처하였으나 부처님의 이름을 외워 목숨을 살렸다는 단순한 주제가 아니다. 즉, 막연히 부처의 공덕을 예찬한 설화가 아니라 우마카이와 오지마로의 사례를 들어 불도로 귀의하게 된 계기가 제시되었다는 점에서 의의를 찾아볼 수 있는 설화이다.

인간이 불도에 귀의하는 계기는 여러 가지가 있다. 우연히 겪게 된 사소한 사건으로 인해, 또는 죽을 뻔한 위험에서 구사일생으로 빠져나온 것을 계기로 인해 남은 여생을 불도에 바치는 경우 등 그 사례는 다양하다. 여기에서 우마카이와 오지마로는 후자라 볼 수 있겠는데, 이들은 비록 살아 남았다고는 하나 "살생을 하는 사람을 섬기면 고통을 당하는 것이 끝이 없다. 내가 다시금 돌아간다면 마로아손은 다시 나에게 일을 시킬 것이기 때문에 더욱더 살생의 길을 벗어나지 못할 것이다"라 한 바와 같이 불교에 귀의하지 않는 이상 어차피 운명은 반복될 것이라는 것을 깨달았기 때문이다.

한편, 하권 제4화는 승려가 바다에 빠져서도 죽지 않은 이야기이며, 하권 제32화는 표류하였으나 구조당한 설화로서 이 설화와 비슷한 주제의 설화이다. 그러나 두 설화는 『방광경』을 읊자 바닷물이 움푹 파여 죽지 않았다거나, 방생한 거북이가 구해주어 죽지 않았다는 기적이 일어났다는 비현실적인 기적이 서술되어 있는 데 비해 본 설화는 산산조각이 난 뗏목에 매달려 있다가 항구로 떠밀려 갔다는 현실적인 이야기가 그려져 있다는 점에서 청중들에게는 더욱더 설득력을 지니는 설화라 할 수 있다.

제26화

빌려준 것을 부당하게 징수하고 많은 이자를 받아 현세에서 비참한 죽음의 업보를 당한 이야기

다나카노마히토 히로무시메田中真人広虫女[1]는 사누키 지방讃岐国 미키 군美貴郡[2]에서 다이료大領[3] 외종육품[4]의 벼슬을 하던 오야노아가타누시 미야테小屋県主宮手[5]의 아내로서 여덟 명의 아들을 낳았다. 부유하고 재산도 많아 소와 말, 노비, 벼, 돈, 논밭 등이 있었다.

히로무시메는 태어날 때부터 불도를 믿는 마음이 없었으며, 탐욕스럽고 인색하여 남에게 베푸는 일이 없었다. 술을 팔 때는 물을 타서 양을 부풀려 팔아 많은 이익을 얻었고, 빌려줄 때에는 작은 되로 빌려주면서 받아낼 때는 큰 되로 돌려받았다. 벼나 재물을 빌려줄 때[6]에는 작은 저울을 사용하고 받아낼 때에는 큰 저울

1_ 미상.

2_ 현재의 가가와 현(香川県) 기다 군(木田郡) 근방에 해당한다.

3_ 군(郡)의 4등관(四等官) 중 제1등관에 해당한다.

4_ 원문은 '外従六位上'이다. 종육위(従六位)는 정육위(正六位)의 아래, 정칠위(正七位)의 위에 해당하며, 종육위상(従六位上)과 종육위하(従六位)로 세분된다. 중무성(中務省)의 소승(少丞), 중감물(中監物), 기타 성(省)의 소판사(少判事), 중궁직(中宮職)의 대진(大進)과 소진(少進), 상국(上国)의 차관(次官) 등의 관직에 상당하는 벼슬을 가졌다.

5_ 미상. '오야노'는 씨(氏), '아가타누시'는 가바네(姓, 세습적인 직위나 직무), '미야테'가 이름이다.

을 사용하였으며, 이자를 강제로 징수하는 것은 매우 심하여 도리에 어긋날 정도였다. 어떤 때에는 열 배로 징수하고 어떤 때에는 백 배로 징수하였고, 빌려간 사람으로부터 강제로 빼앗아도 만족하지 않았다. 많은 사람들은 슬퍼하며 집을 버리고 도망가기도 하고 다른 나라를 방랑하기에 이르러 이보다 더 비참한 일은 없을 정도였다.

히로무시메는 호키宝亀 7년776 6월 1일에 병으로 자리에 누웠다. 그 후 많은 날들이 지나 7월 20일이 되자 남편과 여덟 명의 아들들을 불러 모아 꿈에서 본 모습을 이야기하였다.

"나는 염라대왕의 부름을 받고 세 가지 죄를 지적받았다. 첫 번째는 절의 물건을 많이 사용하였으나 돌려주지 않은 죄이다. 두 번째는 술을 팔 때 물을 섞어 양을 부풀려 많은 이익을 얻은 죄이다. 세 번째는 곡식을 담는 되와 저울을 두 가지를 사용하여 다른 이에게 빌려줄 때에는 눈금이 7목目짜리인 작은 것을 사용하고, 되돌려 받을 때에는 눈금이 12목짜리인 큰 것을 사용하여 거두어들인 것이다. 이 때문에 염라대왕이

'이런 죄로 인해 너를 부른 것이다. 현세에 응보를 받아야 하나 지금 너에게 가르쳐주는 것이다.'

라고 말씀하셨다."

히로무시메는 꿈에서 본 것을 이야기하고는 그날 죽었다. 집안 식구들은 칠 일이 지날 때까지 화장하지 않고 두었다가 고승高僧과 우바새優婆塞[7] 32명을 불러 구 일[8]동안 소원을 빌고 죽은 이의 명복

6_ 원문은 '出挙'로서, 고대에서 중세 시대까지 벼나 금전, 재물을 빌려주고 이자와 함께 받아냈던 제도이다. 국가가 관여하여 빌려주는 경우와 개인이 빌려주는 경우가 있었다.

7_ 속세인이면서 불문에 들어 오계(五戒)를 받고 수행하는 자로, 반승반속(半僧

을 빌었다. 그런데 칠 일째 되는 날 저녁에 히로무시메는 다시 살아 돌아왔다. 관 뚜껑은 저절로 열려 있었고, 그 안을 들여다보자 이루 비할 수 없이 매우 고약한 냄새가 났다. 그런데 히로무시메의 모습을 보니 허리부터 위쪽은 소로 바뀌어 있었고 이마에는 길이 4촌寸[9] 정도의 뿔이 자라 있었다. 그리고 두 손은 소의 발이 되고 손톱은 갈라져 소의 발등과도 닮아 있었다. 그러나 허리부터 아래쪽은 사람의 모습을 하고 있었다. 밥을 싫어하고 풀을 먹었으며 다 먹으면 되새김질을 하였다. 벌거벗고 옷은 입지 않았으며, 똥으로 범벅이 된 흙 위에 누웠다. 여기저기에서 사람들이 황급히 달려와 모여들어 이상히 여기며 보았는데 구경꾼은 잠시도 끊이지 않았다. 히로무시메의 남편과 아들딸들은 이것을 부끄러워하고 슬퍼하며 애통해하면서 온몸을 땅에 던지듯 엎드려 끊임없이 소원을 빌었다. 그리고 히로무시메의 죄에 대한 업보를 갚기 위해 미키데라三木寺 절[10]에 많은 재산을 바치고 도다이지東大寺 절[11]에 소 70마리, 말 30필, 전답 20정町,[12] 벼 4,000단을 바치고 타인에게 빌려준 것은 모두 받지 않기로 하였다. 지방의 관리와 군의 관리가 이것을 보고 정부에 보고서를 올리려고 하였으나 오 일이 지나 그 소가 죽어버렸다. 이것을 보고 들은 마을과 군의 사람들 모두 한

半俗)적인 존재였다. 남자는 우바새, 여자는 우바이(優婆夷)라고 한다.

8_ 남편과 여덟 명의 아들을 더하면 아홉 명이 되는데, 이것이 9일과는 어떠한 관계가 있는지 알 수 없다.

9_ 1촌(寸)은 약 3cm에 해당한다.

10_ 이 이야기의 배경이 미키 군이므로, 지명에서 유래한 절 이름으로 생각된다. 절의 역사 및 세워진 장소 등은 미상이다.

11_ 이 대목에서 무슨 이유로 도다이지 절에 재물을 바쳤는지는 미상이다. 당시 사누키 지방에는 도다이지 절의 봉호(封戶, 세금을 내는 세대)가 150세대가 있었다.

12_ 1정(町)은 약 9,917.4㎡(3,000평)에 해당한다.

탄하며 슬퍼하였다.

히로무시메는 인과因果[13]의 도리도 분별하지 못하고 도리에도 어긋나며 인정도 없었다. 이것을 통하여 도리에 어긋나고 무자비한 이는 현세에서 비참한 응보를 받는다는 것을 알 수 있다. 현세에서의 응보조차 이럴진대 하물며 내세의 응보는 어떨 것인가.

불경에서는 다음과 같은 말씀이 있다.

"물건을 빌리고 갚지 않을 때에는 말이나 소가 되어 갚는다."[14]

물건을 빌린 사람은 노예와 같으며, 물건을 빌려준 사람은 임금과 같다. 물건을 빌린 사람은 꿩과 같고 물건을 빌려준 사람은 매와 같다. 그러나 아무리 물건을 빌려주었다 하더라도 도리에 맞지 않게 징수하면 오히려 말과 소가 되어 거꾸로 빌린 사람이 부려 먹는다. 따라서 도를 넘어 징수하지 말지어다.

원문

強非理以徵債取多倍而現得悪死報縁 第廿六

田中真人広虫女者、讃岐国美貴郡大領、外従六位上小屋県主宮手之妻也。産生八子、富貴宝多。有馬牛奴婢稲銭田畠等。天年無道心、慳貪無給与。酒加水多、沽取多直。傷日与小升、償日受大升。出挙時用小斤、償収大斤。息利強徵太甚。非理或十倍徵、或百倍徵。債人渋取、不為甘心。多人方愁、棄家逃亡、跉跰他国、無逾此甚。広虫女、以宝亀七年六月一日、臥病床而歴数日故、至七月廿日、呼集其

13_ 불교의 근본교리 가운데 하나로서, 선악의 업에는 반드시 그에 따른 선악의 응보가 있다는 도리.

14_ 중권 제32화에도 비슷한 구절이 있으며, 『성실론(成實論)』에서 인용한 것임을 밝히고 있다.

夫並八男子、語夢見状而言、「閻羅王闕所召、而示三種之罪。一者三宝物多用不報之罪。二者沽酒加多水、取多直之罪。三者斗升斤両種用之、与他時用七目、乞徴時用十二目而収。『依此罪召汝。応得現報今示汝耳』」。伝語夢状、即日死亡。逕于七日、不焼而置、請集禅師優婆塞卅二人、九日之頃、発願修福。其七日夕、更甦還之、棺蓋自開。於是望棺而見、甚臭無比。自腰上方、既成牛、額生角長四寸許。二手作牛足、爪皴似牛足甲。自腰下方成人形。嫌飯噉草、食已齝齝。裸衣下著、臥於糞土。東西之人、忩々走集怪視、隙頃莫息。大領男女之、愧恥慼慟、五体投地、発願無量。為贖罪報、三木寺進入家内雑種財物、東大寺進入牛七十頭馬卅疋治田廿町稲四千束、負他人物、皆既免之。国司郡司見、将送解官之比頃、経五日而死。挙国郡見聞之人、嘈然慄然。不瞻因果、非理無義。是以定知、非埋現報、無義悪報矣。現報猶然。況亦後報乎。如経説。「債物不償、作馬牛償云々」。負人如奴、物主如君。負人如鴙、物主如鷹。唯雖負物、而徴非分、返作馬牛、更役償人故、莫過徴迫也。

|도움말| 저울을 사용하여 부당하게 징수하는 테마는 하권 제22화에서도 있으며, 다른 이에게 물건을 빌리거나 훔쳐 쓴 후 소로 다시 태어나 가혹한 일을 당하게 되는 이야기는 상권 제10화를 비롯한 많은 사례가 있다. 그중에서 이 설화의 특징으로는 상반신만 소의 모습이 된다는 것과, 그것도 현세에서 이와 같은 응보를 받게 된다는 점이다. 이것은 이 작품의 원제인 『일본국현보선악영이기日本国現報善悪霊異記』에서 악한 행위에 대한 응보가 현세에서 곧바로 나타

난다는 제목의 의미를 생각해 보았을 때 교카이의 편찬의도를 가장 적절히 반영한 이야기라 할 수 있다.

한편, 히로무시메가 소로 환생하였으나 오 일만에 죽었다는 설정은 절에 재물을 바쳤기 때문에 생전의 죄가 용서받은 것을 의미한다. 또한, 『신일본고전문학대계新日本古典文学大系』의 주석에서처럼 정부에 보고서를 올리려고 하였다는 대목과 도다이지 절에 바친 재물의 내역이 상세히 나타나 있는 것으로 보아 재물의 내역이 보고서에 기재되어 있었을 것이며, 이 설화는 이것을 바탕으로 지어진 것이라 생각된다.

제27화

해골의 눈에서 죽순을 뽑아주고 기도하여 영험한 일이 나타난 이야기

고닌光仁 천황[1] 시대의 호키宝亀 9년778 겨울 12월 하순의 일이다. 빈고 지방備後国 아시다 군葦田郡[2] 오야마 마을大山里 사람인 혼치노마키히토品知牧人[3]는 설날에 쓸 물건을 사기 위해 같은 지방의 후카쓰 군深津郡[4] 후카쓰深津 시장을 향하여 가고 있었다. 길 가는 도중에 날이 저물어 아시다 군 아시다葦田[5]의 대나무 숲에서 잠을 자게 되었는데 잠자고 있는 곳 근처에서 신음소리가 들려오는 것이었다.

"눈이 아프구나."

마키히토는 그 소리를 듣고 밤새도록 잠도 자지 못하고 웅크리고 있었다. 다음날 아침 날이 밝아 소리나는 곳을 찾아가보자 한 해골이 있었는데 죽순이 눈의 구멍에서 자라나서 꿰뚫고 있었다.

1_ 제49대 천황(재위 770-781). 쇼토쿠(称徳) 천황에 이어 즉위하였으며, 나라(奈良) 시대 마지막 천황이다.

2_ 현재의 히로시마 현(広島県) 후추 시(府中市)와 진세키 군(神石郡) 근처에 해당한다. 오야마 마을은 미상.

3_ 미상. '혼치'는 빈고 지방의 군명이므로 이것을 이름으로 한 것이라 생각된다.

4_ 현재의 히로시마 현 후쿠야마 시(福山市)에 해당한다. 후카쓰 시장은 후쿠야마 시 북동쪽 자오 초(蔵王町)와 히가시후카쓰 초(東深津町) 부근에 있었다.

5_ 현재의 히로시마 현 후추 시를 지나는 아시다가와(芦田川) 강의 강가.

그래서 죽순을 뽑아주고 자신이 먹는 건반乾飯[6]을 바치면서 말했다.

"저에게 복을 내려 주시옵소서."

그 후 시장에 도착하여 물건을 샀는데 사려고 했던 물건을 모두 자신이 원하는 대로 살 수 있었다. 그래서 그 해골에게 기도하였기 때문에 은혜로 보답한 것이 아닌가 하고 생각하였다. 이윽고 시장에서 돌아오는 길에 같은 대나무 숲에서 잠을 자게 되었다. 그러자 그 해골이 생전의 모습으로 나타나 말하였다.

"저는 아시다 군 야나쿠니 마을屋穴国郷[7]에 사는 사람으로 성은 아나노키미穴君이고 이름은 오토키미弟公입니다. 저는 원수인 작은아버지[8] 아키마루秋丸에게 죽임을 당하여 바람이 불어 해골이 움직일 때마다 저의 눈이 매우 아팠습니다. 다행히 당신의 은혜를 입어 고통이 모두 사라졌습니다. 그리고 지금 배불리 공물도 받았으니 은혜를 잊지 않겠습니다. 이 기쁨을 감출 수 없어 당신의 은혜에 보답하고자 합니다. 저의 부모님의 집은 야나쿠니 마을에 있습니다. 이번 달 그믐날 저녁에 저의 집으로 오십시오. 그날 저녁이 아니면 은혜를 갚을 수 없습니다."

마키히토는 이 이야기를 듣고 더욱더 이상하게 생각하였지만 아무에게도 말하지 않았다. 그리고 그믐날 저녁이 되자 약속대로 그의 집으로 갔다. 오토키미의 영혼이 마키히토의 손을 잡고 방안으로 안내하고 제사음식으로 준비된 진수성찬을 주어 대접하며 함께 먹고 남은 음식은 모두 싸서 재물과 함께 주었다. 그런데 잠시 후 오토키미의 영혼이 갑자기 사라져 버렸다. 부모님이 여러

6_ 도시락으로 사용하기 위해 밥을 말려 휴대하기 편하도록 한 것.

7_ 미상.

8_ 원문에는 '백부(伯父)'로 되어 있으나, 전체적인 문맥상 아버지의 동생에 해당한다.

영혼들에게 절을 드리려고 방안으로 들어오자 마키히토가 있는 것을 발견하고 놀라며 무슨 이유로 이 방에 들어왔는지 물었다. 마키히토는 지금까지 있었던 이야기를 상세하게 말하고, 오토키미의 아버지는 아키마루를 붙잡아 자신의 아들을 죽인 이유를 물었다.

"자네가 전에 말했던 바로는 자네는 나의 아이 오토키미와 함께 시장에 갔다고 하였다. 그때 자네는 다른 사람에게 물건을 빌려서 아직 돌려주지 않고 있었는데, 돌아오는 도중에 빌려준 주인을 만나 돌려달라고 독촉을 받았기에 오토키미를 버리고 도망쳐 왔다고 말했다. 그리고 자네는 나에게

'오토키미는 돌아왔습니까?'

라고 묻자 그때 나는

'아직 오지 않았다. 보이지 않는구나.'

라고 대답하였다. 그런데 지금 마키히토에게 말을 들어보니 어찌하여 전의 말과 다른가?"

도적인 아키마루는 모든 것이 들어맞자 마음속으로 두려워하며 더 이상 죄를 숨길 수가 없었다. 그리고는 사실대로 대답하였다.

"작년 12월 하순에 설날에 쓸 물건을 사려고 저는 오토키미와 함께 시장으로 데리고 갔습니다. 오토키미가 가지고 있던 것은 말, 포목, 면綿, 소금이었습니다. 그런데 가는 도중에 날이 저물어 아시다의 대나무 숲에서 잠을 자게 되었습니다. 그때 몰래 오토키미를 죽이고 그가 가지고 있는 물건을 빼앗아 후카쓰 시장에 가서 말은 사누키 지방讃岐国[9] 사람에게 팔고 나머지 물건은 지금 꺼내서 사용하고 있습니다."

9_ 현재의 가가와 현(香川県)에 해당한다.

부모는 이 말을 듣고 한탄하며 말하였다.

"아아! 나의 소중한 자식이 너에게 죽임을 당하였구나. 다른 도적에게 죽임을 당한 것이 아니로구나."

오토키미의 아버지에게 있어 아키마루는 부모가 같은 동생이었고, 둘 사이는 매우 가까운 형제[10] 사이였다. 그렇기 때문에 남동생 아키마루의 잘못을 숨기고 그를 쫓아내어 이 일이 알려지지 않도록 하였다. 그리고는 마키히토에게 예를 올리고 음식을 대접하였다. 마키히토는 돌아와서 지금까지 있었던 일을 전하였다.

무릇 바깥으로 드러나 있던 해골도 이와 같다. 음식을 베풀면 복을 받고 은혜를 베풀면 은혜를 입는 법이다. 그런데 하물며 어찌하여 살아 있는 사람이 은혜를 잊을 수 있겠는가?

『열반경涅槃經』[11]을 보면,

"은혜를 입으면 은혜를 보답한다."[12]

라는 구절은 바로 이것을 말하는 것이다.

10_ 원문은 '葦蘆之隙'이다. '葦'과 '蘆' 모두 갈대를 뜻하며, 둘 사이의 구별이 불가능함을 의미하는 것으로 풀이할 수 있으며, 한편으로는 갈대와 갈대의 사이가 촘촘히 붙어 있으므로 매우 친밀한 관계라는 것을 비유하는 말로도 풀이할 수 있다.

11_ 석가모니의 열반을 중심으로 기록하여 편찬된 불교경전이다.

12_ 『열반경』「사자공보살품(師子吼菩薩品)」에는 "은혜를 입으면 능히 보답한다(受恩能報)"라는 구절이 있으며, 이 이야기의 구절과는 정확히 일치하지는 않는다. 『신편일본고전문학전집(新編日本古典文学全集)』의 주석에 의하면, 교카이는 『열반경』의 대체적인 내용을 소개하려 한 것이기 때문에 구체적으로 어느 부분을 말하는지까지는 지적할 수 없었던 같다고 하고 있다.

髑髏目穴笋掲脱以祈之示霊表縁 第廿七

白壁天皇世宝亀九年戊午冬十二月下旬、備後国葦田郡大山里人、品知牧人、為買正月物、向同国深津郡於深津市而往。中路日晚。次葦田郡於葦田竹原。所宿之処、有呻音言、「痛目矣」。牧人聞之、竟夜不寝而踞。明日見之、有一髑髏。笋生目穴而所串之。掲竹解免、自所食餉以饗之言、「吾令得福」。到市買物、毎買如意。疑彼髑髏、因祈報恩矣。従市還来、次同竹原。時彼髑髏、及現生形、而語之言、「吾者葦田郡屋穴国郷穴君弟公也。賊伯父秋丸所殺是也。風吹毎、動我日甚痛。蒙仁者慈、痛苦既除。今飽得慶。不忘其恩。不勝幸心。欲酬仁者恩。我父母家、有于屋穴国里。今月晦夕、臻於吾家。非彼宵者、無由報恩」。牧人聞之、増怪不告他人。期之晦暮、至於彼家。霊操牧人之手、控入屋内、譲所具饌、以饗共食、所残皆裹、并授財物。良久彼霊倏忽不現。父母為拝諸霊、入其屋裏、見牧人而驚、問於入来之縁。牧人於是、如先具述。因捉秋丸、問殺所由。「如汝先言、汝与吾子倶向於市。時汝負他物、未償其債。遇於中路而微乞之、弟公捨而来之。『若来不也』。我答汝言、『未来不視』。今所聞、何違于先語」。賊盗秋丸惚意悸然、不得隠事。乃答之言、「去年十二月下旬、為買正月元日物、我与弟公率往于市。所持之物、馬布綿塩。路中日晚、宿于竹原、窃殺弟公、而擲彼物、到于深津市、馬売讃岐国人、自余物等、今出用之」。父母聞之、「嗟呼我愛子、為汝所殺。非他賊」。同父母之弟、如葦蘆之隟故、匿内其過失、擯出不見之。外便礼牧人、更饗飲食。牧人還来、以状転語。夫日曝髑髏、尚故如是。施食報福、与恩報恩。何況、現人豈忘恩乎。如涅槃経説。「受恩報恩」者、其斯謂之矣。

|도움말| 이 이야기는 고골보은형枯骨報恩型에 해당하는 설화로서 해골이 과거에 일어났던 사건의 전말을 밝힌다는 점에서 상권 제12화의 설화와 깊은 관련성이 있다. 상권 12화의 경우 해골을 승려인 도토道登가 불쌍히 여겨 하인인 마로万侶에게 시켜 나무위에 올려두게 하였다는 이야기로서, 해골을 땅 속에 파묻지 않고 나무 위에 올려둔 점, 불쌍히 여겨 나무 위에 올려두도록 명령을 한 도토가 아니라 마로에게만 해골이 감사를 표현하는 점 등 논리적으로 수긍하기 어려운 점이 있으나 이 이야기의 경우 그와 같은 부자연스러운 점이 보이지 않는다.

한편, 마키히토에게 사례로서 환대를 베푸는 때는 선달 그믐날로 설정되어 있다. 고대에는 선달 그믐날부터 정월 초하루에 걸쳐 다마마쓰리魂祭り라 하여 조상의 영혼을 집에 맞이하여 제사를 지내는 풍습이 있었다. 따라서 오토키미가 "그날 저녁이 아니면 은혜를 갚을 수 없습니다."라 말한 것과 부모님이 여러 영혼들에게 절을 드리려고 방안으로 들어왔다는 대목은 다마마쓰리 때 영혼들이 찾아온다는 믿음을 반영한 것이다.

그 외에도 이 이야기는 12월 하순에 정월에 사용할 용품을 구매하는 등 당대의 풍속이 잘 나타나 있어 흥미로운 이야기이다.

제28화

미륵의 장륙불상이 목을 개미에게 물려 기이한 현상을 나타낸 이야기

기노쿠니 지방紀伊国 나쿠사 군名草郡 기시 마을貴志里[1]에 불법을 수행하는 한 도량道場이 있었다. 이름은 기시데라貴志寺 절[2]이라 하였다. 이 절은 마을 사람들이 사재를 모아 만들었기 때문에 이렇게 이름을 붙였다.

고닌光仁 천황[3] 시대에 한 우바새優婆塞[4]가 그 절에 살고 있었다. 어느 날 절 안에서 신음하는 소리가 들렸다.

"아프구나! 아프구나!"

그 소리는 마치 노인의 신음소리 같았다. 우바새는 초저녁에는 여행을 하는 이가 병을 얻어 머물고 있는 것이라 생각하여 자리에서 일어나 당 안을 돌아보며 찾아보았지만 아무도 보이지 않았다. 그때 그곳에 탑을 쌓기 위한 목재가 있었다. 아직 만들지 않고 오랫동안 쓰러진 채로 썩어 있어 우바새는 이 탑의 영혼이 신음하는

1_ 현재의 와카야마 현(和歌山県) 와카야마 시(和歌山市)에 해당한다.

2_ 지명의 이름을 따라 붙인 명칭으로 정확한 위치 및 내력은 미상이다.

3_ 제49대 천황(재위 770-781). 쇼토쿠(称德) 천황에 이어 즉위하였으며, 나라(奈良) 시대 마지막 천황이다.

4_ 속세인이면서 불문에 들어 오계(五戒)를 받고 수행하는 자로, 반승반속(半僧半俗)적인 존재였다. 남자는 우바새, 여자는 우바이(優婆夷)라고 한다.

소리일 것이라 생각하였다. 그런데 그 병에 걸린 듯한 신음소리는 밤마다 끊이지 않았다. 우바새는 그 소리를 더 이상 참을 수 없어 일어나서 찾아보았지만 여전히 환자를 찾을 수 없었다. 동틀 무렵[5]이 되자 소리가 평상시보다도 배로 커져 대지를 울릴 정도로 크게 아파하며 신음하였다. 우바새는 여전히 탑의 영혼이 신음하는 소리일 것이라 생각하였다.

다음날 아침 우바새는 일찍 일어나 당내를 둘러보았다. 그러자 그곳에 장륙丈六[6] 미륵불상의 목이 잘린 채 떨어져 흙 위에 뒹굴고 있었다. 그리고 큰 개미가 천 마리 정도 모여 불상의 목을 물며 부수고 있었다. 우바새는 이것을 보고 시주施主[7]들에게 알리자 시주들은 슬퍼하며 다시 불상을 만들어 바치고 정중하게 공경하면서 공양하였다.

무릇 불상 자체는 살아 있는 육신이 아니다. 어찌하여 병들고 아파하는 일이 있을 수 있겠는가. 이것은 정말로 불상에 깃든 고귀한 불심이 나타나신 것이라는 것을 잘 알 수 있다. 석가가 입멸入滅하신 후라고는 하지만 불법佛法으로서의 몸은 항상 존재하시고 항상 머물면서 변함이 없으시다. 이것을 결코 의심하지 말지어다.

5_ 원문은 '최후야(最後夜)'이다. 불교에서 하루를 신조(晨朝)·일중(日中)·일몰(日没)·초야(初夜)·중야(中夜)·후야(後夜)의 여섯으로 나눈 것에서 유래된 말로서 이 시각때마다 염불(念佛)이나 독경(讀經) 등의 근행(勤行)을 행하였다. '최후야'는 '후야(後夜)'의 마지막 부분을 일컫는다.

6_ '장륙'은 1장(丈) 6척(尺), 즉 약 4.85m에 해당하는 길이를 나타내는 말로서, 석가의 신장이 1장 6척이었다는 점에서 유래된 말이다. 따라서, 장륙의 높이의 불상을 말하며, 장륙보다 큰 것을 대불(大仏)이라 한다.

7_ 원문은 '檀越'이다. 이들은 대체적으로 지방의 호족들로서 재정적으로 절에 큰 지원을 하던 이들이다.

원문

弥勒丈六仏像其頸蟻所嚙示奇異表縁 第廿八

紀伊国名草郡貴志里、有一道場。号曰貴志寺。其村人等、造私之寺故、以為字也。白壁天皇代、有一優婆塞、而住其寺。于時寺内音而呻言、「痛哉、痛哉」。其音如老大人之呻。優婆塞初夜思疑行路之人得病参宿。起巡堂内、見堂無人。其時有塔木。未造淹仆伏而朽。疑斯塔霊矣。彼病呻音、每夜不息。行者不得聞忍故、起窺看、猶無病人。然最後夜、倍於常音、響于大地、而大痛呻。猶疑塔霊也。明日早起、見堂内、其弥勒丈六仏像頚、断落在土。大蟻千許集、嚙摧其頸。行者見之、告知檀越。檀越等悵、復奉造副、恭敬供養矣。夫聞、仏非肉身。何有痛病。誠知、聖心示現。雖仏滅後、而法身常存、常住不易。更莫疑之焉。

|도움말| 이 이야기는 나쿠사 군 기시 마을의 사람들이 손수 지은 기시데라라는 절의 연기담縁起譚의 성격을 지니는 이야기이다.

도난당하거나 파괴되거나 미완성인 채로 방치된 불상이 자신의 상태를 알리는 이야기는 중권 제17화를 비롯하여 많이 있으며, 그중에서 미륵상을 소재로 한 것은 중권 제20화와 하권 제17화가 있다. 한편, 중권 제23화의 이야기는 미륵의 동상銅像이 도난을 당하지만, 영험에 의해 원래의 자리로 돌아온다는 이야기이다.

이 이야기에서 신음소리가 들리자 우바새가 초저녁에는 여행을 하는 이가 병을 얻어 머물고 있는 것이라 생각하였다는 대목에서 '초저녁'의 원문은 '초야初夜'이다. 이 역서에서는 불교에서 하루를 신조・일중・일몰・초야・중야・후야의 여섯으로 나눈 것의 하나로 보아 '초저녁'으로 해석한 것이다. 그러나, 한편으로는 그 병에 걸린 듯한 신음소리는 밤마다 끊이지 않았다는 대목의 원문이 '매요每夜'이기 때문에 신음소리가 매일 밤마다 나는 것으로 해석하여 '초야'를 '첫 번째 밤'으로도 볼 수 있다.

제29화

마을 아이가 장난으로 나무 불상을 새겼으나 어리석은 남자가 이것을 부수어 현세에서 비참하게 죽는 응보를 받는 이야기

기노쿠니 지방紀伊国 아마노 군海部郡 니키仁嗜의 하마나카 마을浜中村[1]에 한 어리석은 남자가 살고 있었다. 성명은 모르며 원래부터 어리석어[2] 인과因果[3]의 도리를 알지 못하였다.

아마노 군에서는 아테노 군安諦郡[4]으로 통하여 왕래할 수 있는 산길이 있었다. 이름을 다마사카玉坂 고개[5]라고 하였다. 하마나카 마을에서 정남쪽으로 넘어가면 하타 마을秦里[6]에 도착한다. 그 마을의 아이가 산에 들어가 땔나무를 줍고 그 산길 옆에서 장난으로 나무를 새겨 불상을 만들었다. 그리고 돌을 쌓아 올려 탑을 만들고 장난으로 새긴 불상을 돌탑 위에 안치하고는 때때로 공양하는 흉

1_ 현재의 와카야마 현(和歌山県) 가이소 군(海草郡) 가이난 시(海南市)에 해당한다.

2_ 원문은 '愚痴'이다. 『일본영이기』에는 '愚痴'의 용례가 상권 서문과 하권 제6화에도 있어 총3회 나오는데, 머리가 나쁜 것이 아니라 인과응보를 믿지 않는다는 의미로 사용되었다.

3_ 불교의 근본교리 가운데 하나로서, 선악의 업에는 반드시 그에 따른 선악의 응보가 있다는 도리.

4_ 현재의 와카야마 현 아리타 군에 해당한다.

5_ 미상.

6_ 현재의 와카야마 현 아리타 군 미야하라 초(宮原町) 근방에 해당한다.

내를 내며 놀고 있었다.

고닌光仁 천황[7] 시대의 일이다. 그 어리석은 남자는 아이가 장난으로 새긴 불상을 비웃으며 도끼로 찍어 부수어 버렸다. 그리고 그 자리를 떴는데 얼마 가지 못해서 몸 전체가 그대로 땅바닥에 고꾸라져 코와 입에서는 피를 흘리고 두 눈은 빠졌으며 꿈처럼 허무하게 갑자기 죽고 말았다.

이것으로 불법을 수호하는 신이 없는 것이 아님을 잘 알 수 있다. 어찌 아이가 장난으로 만든 불상이라 해서 공경하지 않을 수 있겠는가. 『법화경法華經』에는 다음과 같이 설법하고 있다.

"만약 아이가 장난으로 나무나 붓, 또는 손가락의 손톱으로 불상을 그리는 경우라 할지라도 이것은 모두 불도를 얻을 수 있을 것이다. 또한 불상을 공경할 때 한 손을 올리고 조금이라도 고개를 숙이더라도 세상에 더할 나위 없는 불도를 성취할 수 있을 것이다."

이런 이유로 삼가 불법을 믿을지어다.

원문

村童戲刋木仏像愚夫斫破以現得悪死報縁 第廿九

紀伊国海部郡仁嗜之浜中村、有一愚痴夫。姓名未詳也。自性愚痴、不知因果。海部与安諦通而往還山、有山道。号曰玉坂也。従浜中指正南而踰、到乎秦里。当里小子、入山拾薪、其山道側戲遊。木刋以為仏像、累石為塔、以戲刋仏而居石寺、時々戲遊。白壁天皇之世、彼愚夫、咲戲刋仏、以斧殺破棄之。而去之不遠、挙身躄地。従口鼻流血、両目

7_ 제49대 천황(재위 770-781). 쇼토쿠(称徳) 천황에 이어 즉위하였으며, 나라(奈良) 시대 마지막 천황이다.

拔、如夢忽死。諒知、護法非無。何不恭敬。如法花経說。「若童子戯木及筆、或以指爪甲、而画作仏像、皆成仏道。復挙一手、小低頭、以此供養仏像、成無上道」。是以慎信矣。

|도움말| 어른들의 생활이나 행동을 흉내내는 것은 어느 나라 어느 시대 어린이이건 마찬가지일 것이다. 그런데 어린이가 놀면서 장난으로 불상을 만들고 탑을 세운 것을 어느 남자가 부수어버린 것이다. 그 후 이 남자는 얼마 못가 쓰러져 입과 코에서는 피를 흘리고 두 눈도 뽑혀 죽고 말았다는 이야기이다.

이 설화는 상권 제5화에서 도량을 불태우고 불상을 떠내려보내게 한 이야기와 대응되는 불교박해설화이며, 이와 비슷한 설화로서는 상권 제27화에서 이시카와石川의 승려가 탑의 나무를 부수어 현세에서 비참한 죽음을 당한 이야기가 있다.

한편, 이 설화의 마지막 부분에서 인용하고 있는 『법화경』은 「방편품方便品」에 실린 구절로서 이 설화 전체의 내용을 정리하는 역할을 하고 있다. 이하 「방편품」의 기사 중 이 이야기와 관련된 구절을 인용하면 다음과 같다.

어린아이가 장난으로 모래를 모아 불탑을 만들어도 이러한 사람그 모두 불도를 이루었느니라.

(乃至童子戱, 聚沙爲佛塔, 如是諸人等, 皆已成佛道)

어린아이들이 장난으로 초목이나 붓, 손톱으로 그려서 불상을 만들면 이러한 사람은 차츰 공덕을 쌓아 대비심을 갖추어 불도를 이루고 모든 보살이 교화하여 무수히 많은 중생을 건지니라.

(乃至童子戲, 若草木及筆, 或以指爪甲, 而劃作佛像, 如是諸人等, 漸漸積功德, 具足大悲心, 皆已成佛道, 但化諸菩薩, 度脫無量衆)

혹은 어떤 이가 있어 예배를 할 때 다만 합장하거나 한 손을 들거나 머리를 약간 숙이거나 이와 같이 공양을 하여도 차츰 제불을 만나뵈어 불도를 이루며 무수한 중생을 건지니라.

(或有人禮拜, 或復但合掌, 乃至擧一手, 或復小低頭, 以此供養佛, 漸見無量佛, 自成無上道, 廣度無數衆)

제30화

승려가 공덕을 쌓아 불상을 만들고 임종에 이르렀을 때 기이한 현상을 나타낸 이야기

노승 간키観規[1]는 출가하기 전에는 미마나노 가누키三間名干岐[2]라고 하였다. 기노쿠니 지방紀伊国 나쿠사 군名草郡[3] 사람으로 태어났을 때부터 조각을 잘 하여 이를 업으로 삼고 있었다. 또한 경전에도 깊이 통달한 지혜로운 승려[4]로서 많은 재능있는 승려들을 지도하면서 다른 한편으로는 세속의 생활을 하며 농사를 짓고 아내와 아이를 양육하며 살고 있었다.

조상이 세운 절이 나쿠사 군 노오 마을能応村[5]에 있었다. 이름을 미로쿠지弥勒寺 절이라 하고 통칭을 노오지能応寺 절이라 하였다. 간키는 쇼무聖武 천황[6] 시대에 서원誓願을 세우고 장륙丈六[7]의 석가불

1_ 미상.

2_ '미마나(三間名)'는 '미마나(任那, 임나)'와 동음이며, '가누키(干岐)'는 신라와 가야의 왕후의 통칭이므로, 고대 한반도의 왕족출신의 이름과 관련성이 있다고 생각된다.

3_ 현재의 와카야마 현(和歌山県) 가이소 군(海草郡)에 해당한다.

4_ 원문은 '得業'이다. 학문상의 계급에 따라 승려를 분류한 것으로 나라(奈良) 시대에는 삼회(三會)에 참가하여 입의(立義, 법회에서 승려를 시험하기 위한 문답논의의 의식)에 통과한 이를 말한다.

5_ 현재의 와카야마 현 가이소 군 노카미 초(野上町)에 해당한다.

6_ 제45대 천황(재위 724-749). 불교에 대한 신앙이 두터웠으며, 전국에 고쿠분

상과 그 양 옆에는 협사脇士 두 개[8]를 새겨 만들기 시작하여 고닌光仁 천황 시대인 호키宝亀 10년779에 완성하였다. 그래서 노오지 절의 금당金堂[9]에 안치하고 법회를 열어 공양하였다. 또 서원을 세우고 높이 10척尺[10] 정도 되는 십일면관음보살十一面観音菩薩[11]의 목상을 새겼는데 이것은 반 정도 만든 채로 완성하지 못하였다. 그러나 도와주는 사람도 적고 세월이 지나 나이가 들어 힘도 약해져서 스스로 새길 수 없게 되었다. 그리하여 노승 간키는 80여 세의 생애를 끝으로 나가오카 궁長岡宮[12]에서 천하를 통치하시던 간무桓武

지(国分寺) 절, 고쿠분니지(国分尼寺) 절을 짓고, 도다이지(東大寺) 절을 건립하여 대불(大仏)을 만든 것으로 유명하다.

7_ '장륙(丈六)'은 1장(丈) 6척(尺), 즉 약 4.85m에 해당하는 길이를 나타내는 말로서, 석가의 신장이 1장 6척이었다는 점에서 유래된 말이다. 따라서 장륙의 높이의 불상을 말하며, 장륙보다 큰 것을 대불(大仏)이라 한다.

8_ 문수보살(文殊菩薩)과 보현보살(普賢菩薩)을 말하기도 하고, 약왕보살(藥王菩薩)과 약상보살(藥上菩薩)을 말하기도 한다.

9_ 사원에서 본존(本尊)을 안치하는 당을 일컫는다.

10_ 1척(尺)은 약 30cm에 해당한다.

11_ 정식 명칭은 십일면관세음보살(十一面觀世音菩薩)로서 '세상의 중생(世)'의 '목소리(音)'를 '살펴보시고(觀)' 그들을 고뇌로부터 구제하여 준다는 '보살(菩薩)'이다. 머리 위에 11개의 조그만 얼굴이 있는데, 이것은 중생을 구제하는 역할이 다양함을 의미한다.

12_ 엔랴쿠(延暦) 3년(784)부터 엔랴쿠 13년(794)까지 현재의 교토 부(京都府) 무코 시(向日市), 나가오카쿄 시(長岡宮市), 교토 시(京都市) 니시쿄 쿠(西京区)에 있던 일본의 수도이다. 간무(桓武) 천황의 칙명에 의해 헤이조쿄(平城京, 현재의 나라)에서 북쪽으로 약 40km 떨어진 나가오카(長岡)로 수도를 이전하여 헤이조쿄의 지리적인 약점을 극복하려 한 도시이다. 즉, 나가오카의 근처에는 가쓰라가와(桂川) 강과 우지가와(宇治川) 강 등 3개의 커다란 강이 요도가와(淀川) 강으로 되는 합류점이 있었고, 전국으로부터 온 물자를 육지로 나르는 항구를 설치하여 여기에서 작은 배로 옮기기도 하였다. 이 배로 강을 거슬러 올라가면 곧바로 수도 중심부까지 도달할 수 있었던 것이었다. 이처럼 나가오카쿄는 배를 통하여 효과적으로 물자를 나를 수 있었으며, 육로를 사용하여야만 하였던 헤이조쿄의 문제점을 극복할 수 있었다.

천황[13] 시대인 엔랴쿠延曆 원년782 봄 2월 11일에 노오지 절에서 자리에 누워 생애를 마쳤다. 그런데 이틀이 지나 다시 살아나더니 제자인 묘기明規[14]를 불러 말하였다.

"나는 한 마디 해야 할 말을 잊었다. 도저히 참을 수 없어 이렇게 다시 돌아왔다."

그리고는 곧바로 상석을 마련하고 깔개를 펴고 식사를 준비하도록 하였다. 다음으로 신도 중 유력자인 무사시노스구리 다리마로武蔵村主多利丸[15]를 불러 자리에 앉히고 식사를 권하여 마주하고 함께 음식을 먹었다. 식사가 끝나자 곧바로 자리에서 일어나 묘기를 비롯한 여러 친족 사람들을 데리고 무릎을 꿇고 다리마로에게 절하며 말했다.

"저 간키는 천운이 없어 목숨이 다하여 십일면관음상을 다 만들지 못하고 갑자기 이 세상을 떠나게 되었습니다. 지금 다행히도 다시 살아나 좋은 기회를 만나 어떻게 해서든지 소원을 이루고 싶다는 저의 바램을 말씀드립니다. 엎드려 바라옵기는 당신의 아름다운 자비를 입어 성스러운 불상을 완성시키고자 합니다. 저의 마음속에서 우러난 소원을 조금이라도 이루어지도록 하여 주신다면 이로 인하여 후세의 큰 복은 저 간키가 받을 것입니다. 그리고 현생에서의 공덕은 당신들이 받을 것입니다. 진심을 전하고 싶은 마음을 누를 길 없어 다시금 이 세상으로 되돌아와 무례하게도 부탁을 하게 되었습니다. 이에 삼가 말씀드립니다."

13_ 제50대 천황(재위 781-805)으로 수도를 나라에서 교토(京都)로 옮긴 헤이안조(平安朝) 제1대 천황.

14_ 미상.

15_ 미상. '스구리'는 고대의 가바네(姓, 세습적인 직위나 직무) 중 하나로 귀화인에게 많았으며 부락의 우두머리인 소호족을 칭하였다. 이 설화의 후반부에서 다리마로는 불상을 만드는 장인으로 설정되어 있다.

이 말을 듣자 다리마로와 묘기 등은 슬퍼하여 울며 눈물을 흘리면서 대답하였다.

"아무쪼록 당신이 말씀하신 것은 우리들이 반드시 이루겠습니다."

간키는 이 대답을 듣고 일어나서 절하며 매우 기뻐하였다. 그 후 이틀이 지나 같은 달 15일이 되자 묘기를 불러 말하였다.

"오늘은 부처님께서 돌아가신 날에 해당하니 나도 또한 목숨을 마치겠다."

묘기는 이 말씀을 수긍하려 하였으나 스승인 간키의 자비로운 모습을 보고 공경하고 사모하는 마음을 누를 수 없어 거짓말을 하였다.

"아직 그 날이 되지 않았습니다."

스승 간키는 달력을 보여달라고 하더니 이를 보고 말하였다.

"오늘은 15일이다. 나의 제자여! 어찌하여 거짓말로 아직 그날이 되지 않았다고 대답하는 것인가?"

그리고는 목욕물을 준비하도록 하여 몸을 씻고 가사袈裟를 갈아입었다. 무릎을 꿇고 손을 합장하고 향로香爐를 받쳐 들어 향로에 향을 피운 후 서쪽을 향하였는데, 그날 신시申時[16]에 세상을 떠났다. 곧이어 불상을 만드는 장인인 다리마로는 간키의 유언을 받들어 십일면관음상을 완성하여 불상을 당에 안치하고 공양을 마쳤으며 지금은 노오지 절의 탑 아래에 안치되어 있다.[17]

이에 논찬하여 말하였다.

"아, 기쁜 일이로다. 미마나노 가누키 씨라는 고승高僧은 마음속

16_ 오후 3시부터 5시 사이.

17_ 원문은 '塔本'으로서 탑 아래는 원래 부처의 뼈를 묻는 장소로서 이 부분에 대한 의미는 불명확하다.

에는 고귀한 불심을 간직하였으나 겉으로는 보통 인간의 모습을 하고 있었다. 속세에 있으며 세상일에 관여하면서도 불도의 계율을 어기지 않았고, 왕생할 때에는 서쪽을 향하여 생전에 다하지 못하였던 것을 생각하며 기이한 일을 나타내었다."

이는 성인聖人이며 보통 사람이 아닌 것을 잘 알 수 있다.

원문

沙門積功作仏像臨命終時示異表縁 第卅

老僧観規者、俗姓三間名干岐也。紀伊国名草郡人也。自性大年雕巧為宗。有智得業、並統衆才。著俗営農、蓄養妻子。先祖造寺、有名草郡能応村。名曰弥勒寺、字曰能応寺也。観規聖武天皇之代、発願雕造尺迦丈六並脇士、以白壁天皇世宝亀十年己未、奉造既畢。居能応寺之金堂、以設会供養。又発願、雕造十一面観音菩薩木像高十尺許、半造未畢。小縁歴年之、老耄力弱。不得自彫。爰老僧年以八十有余歳之時、長岡宮御宇大八嶋国山部天皇代延暦元年癸亥春二月十一日、臥于能応寺而命終焉。逕之二日、更甦還之、召弟子明規言、「我忘一語、不得念忍故、還来也」。即令立床敷薦備食。於是請智識武蔵村主多利丸、居床饗食、対面共食、既畢之、即従坐起、引率明規並諸親属、長跪礼於多利丸言、「観規少分、尽命不畢観音像、而忽率罷。命幸逢嘉時、盍申所思。伏願蒙尊芳慈、欲畢聖像。寸心之願、僅当所望、故後生大福、被於観規、現報功徳、蒙於尊主。不勝至誠、更参還来、奉無礼状。悚慄謹白」。爰多利麿及以明規等、悲哭涕涙而答曰、「請語状、我必奉畢」。沙門聞之、起拝歓喜。又逕二日、至同月十五日、召明規言、「今日当仏涅槃日、余亦命終」。明規将告、見慈儀、不勝愛之至、詐言而白、「未及彼日」。師乞暦見之言、「今当十五日。何我子虚言未及也」。乞湯洗身、易著袈裟、踊跪合掌、擎持香炉、焼香向西、便日申時、命終之矣。既而仏師多利麿、受遺言、造彼十一面観音像、因開白供養已訖。今居能応寺之塔本也矣。

賛曰、「嗟呼慶哉、三間名干岐之氏大徳。内密聖心、外現凡形。著俗触色、不染戒珠、臨没向西、走神示異」。誠知、是聖。非凡矣。

|도움말| 이 설화는 소생설화蘇生說話로 분류될 수 있으나 이야기의 중심은 불상을 만들고 공양하는 데 놓여 있다.

석가가 열반涅槃한 날자는 『대반열반경大般涅槃經』에는 음력 2월 15일로 되어 있다. 따라서 석가가 열반한 날에 간키 자신도 왕생하려 한 일, 석가는 입멸할 때 서쪽을 향해 누워 있는 모습이었으나 간키는 서쪽을 향하여 무릎을 꿇고 손을 합장하고 향로를 받쳐 들은 모습이라는 점은 서방극락정토西方極樂淨土에서 다시 태어나고자 하는 간키의 염원을 나타낸 것이다.

한편, 서방극락정토로의 염원이 담겨 있는 이야기로는 상권 제22화와 제30화, 중권 제2화, 하권의 서문과 제39화 등에서 볼 수 있으며, 하권 제16화의 자쿠린寂林법사도 이 설화와 동일한 나쿠사 군 노오 마을 출신이다. 따라서 이 장소는 교카이와 깊은 관련성을 지녔으리라 생각된다.

제31화

여인이 돌을 낳고 이것을 신으로 모신 이야기

미노 지방美乃国 가타카타 군方県郡 미즈노 마을水野郷 구스미 마을楠見村[1]에 한 여자가 살고 있었다. 성은 아가타県 씨로서 나이 스물이 넘어서도 결혼하지 않았다. 그런데 남자와 관계도 가지지 않았는데도 임신하였다. 임신한 지 삼 년이 지나 간무桓武 천황[2] 시대인 엔랴쿠延暦 원년782 봄 2월 하순에 두 개의 돌을 낳았다. 5촌寸[3] 크기의 네모난 돌[4]로서 하나는 파란 색과 흰 반점이 섞여 있고, 나머지 하나는 전부 파란색이었다. 그런데 이 돌은 해가 지나면서 점점 커졌다.

바로 이웃에는 아쓰미 군淳見郡[5]이 있었다. 이 군내에 이나바伊奈婆라는 신을 모신 신사[6]가 있었는데, 어느 날 신관[7]이 신내림을 받

1_ 현재의 기후 현(岐阜県) 기후 시(岐阜市) 나가라(長良) 부근에 해당한다.

2_ 제50대 천황(재위 781-805)으로 수도를 나라(奈良)에서 교토(京都)로 옮긴 헤이안조(平安朝) 제1대 천황이다.

3_ 1촌(寸)은 약 3cm에 해당한다.

4_ 원문은 '方丈'이다. '方丈'은 입방체의 한 변을 의미하므로 여인은 높이와 폭이 약 15cm인 정육면체 돌 두 덩어리를 낳은 것이다.

5_ 현재의 기후 현 기후 시의 남쪽 지방에 해당한다.

6_ 현재의 기후 현 기후 시에 있는 이나바 신사(伊奈波神社)로서 주재신은 이소니시키 이리히코노미코토(五十瓊敷入彦命)이다.

아 이렇게 말했다.

"그 여인이 낳은 두 돌은 내 자식이다."

그래서 여인의 집 안에 울타리를 치고 신성히 모셨다.[8]

이와 같은 일은 예부터 지금에 이르기까지 아직 한 번도 보거나 들은 적이 없다. 이 또한 우리 성스러운 일본국의 기이한 이야기이다.

원문

女人産生石以之為神而斎縁 第卅一

美乃国方県郡水野郷楠見村、有一女人。姓県氏也。年迄于廿有余歳、不嫁未通、而身懐妊。逕之三年、山部天皇世延暦元年癸亥春二月下旬、産生二石。方丈五寸、一色青白斑、一色専青。毎年増長。有比郡名曰淳見。是郡部内有大神。名曰伊奈婆。託卜者言、「其産二石、是我子」。因其女家内、立忌籬而斎。往古今来、未都見聞。是亦我聖朝奇異事矣。

|도움말| 이 이야기는 분량도 짧고 내용상 불교와 직접적인 관련성은 없으나 고대의 신앙 및 풍습과 관련지어 상당히 중요한 의미를 지니는 이야기이다.

먼저 처녀가 돌을 낳았다는 이야기는 하권 제19화에서의 난생설화와 관련성이 있는 이야기이다. 고대인들은 돌에게 안산安産이나

7_ 신사에서 신에게 봉사하며 신의(神意)를 읽고 신의 뜻을 전해주는 것을 주로 하던 이로서 여성이 담당하기도 하였다.

8_ 신의 세계를 인간의 세계와 구별하기 위한 주술적인 의미를 지니는 행위이다.

육아와 관련된 주술적인 힘이 있다고 생각하였다. 이것은 탄생석誕生石, 아이를 지키는 돌子守石, 산석産石과 관련된 전설이 많이 존재하는 것으로 보아도 알 수 있다. 또한 돌이 점점 커지는 이야기도 일본의 각종 전설에서 자주 볼 수 있다. 대표적인 것이 바로 조약돌細石전설인데, 이것은 원래는 작았던 돌이 세월이 지남에 따라 커다란 바위로 변한다는 내용으로서 일본의 국가國歌인 '기미가요君が代'의 가사에서도 상당히 긴 세월을 나타내는 비유로서 이용되고 있다. 돌을 숭배의 대상으로 삼는 신사神社는 현재까지도 많이 볼 수 있는데, 이 설화는 기록된 것으로는 가장 오래된 이야기이다.

한편, 이 설화의 마지막 부분에서 "이와 같은 일은 예부터 지금에 이르기까지 아직 한 번도 보거나 들은 적이 없다. 이 또한 우리 성스러운 일본국의 기이한 이야기이다."라 한 것은 이 이야기의 서문에서 "어찌 외국에서 전래된 것만을 경외하고 자기 나라의 기이한 일들을 믿고 두려워하지 않을 수 있겠는가."라 하여, 일본은 중국이나 인도에 비하여 국토는 좁지만 기이한 이야기가 많이 있다는 것을 자부심을 가지고 언급하고 있는 교카이의 의도가 잘 반영되어 있는 부분이다.

제32화

그물을 사용하여 물고기를 잡는 남자가 바다에서 조난당하였으나 묘견보살에게 기원하여 목숨을 건진 이야기

구레하라노이미키 나니모마로呉原忌寸名姓丸[1]는 야마토 지방大和国 다케치 군高市郡 하타 마을波多里[2] 사람으로서 어릴 적부터 그물을 만들어 물고기를 잡으며 살고 있었다. 엔랴쿠延暦 2년783 가을 8월 19일 밤에 기노쿠니 지방紀伊国 아마노 군海部郡[3]에 있는 이와타키지마伊波多岐嶋 섬[4]과 아와지 지방淡路国[5] 사이의 바다로 가서 그물을 던져 물고기를 잡고 있었다. 어부들은 세 척의 배에 나누어 총 아홉 명이 타고 있었다. 그런데 갑자기 거센 바람이 불더니 세 척의 배는 부서지고 여덟 명은 물에 빠져 죽었다. 그 때 나니모마로는 바다에 떠다니면서 마음을 다하여 묘견보살妙見菩薩[6]에게 귀의하고 소

1_ 미상. '구레하라(呉原)'의 '구레'로부터 추정해 보면, 중국으로부터 온 귀화인의 일족인 것으로 생각되며, '이미키(忌寸)'는 주로 귀화인에게 많이 붙여진 성씨이다.

2_ 현재의 나라 현(奈良県) 다카이치 군(高市郡) 아스카 무라(明日香村) 하타(畑) 근방에 해당한다.

3_ 현재의 와카야마 현(和歌山県) 가이소 군(海草郡)에 해당한다.

4_ 미상. 현재의 와카야마 시(和歌山市) 가다(加太) 앞바다에 있는 도모가시마(友ヶ島) 섬을 지칭하는 것이라 생각된다.

5_ 현재의 효고 현(兵庫県)의 일부로 아와지시마(淡路島) 섬과 누마시마(沼島) 섬 등에 해당한다.

원을 빌며 말하였다.

“저의 목숨을 구하여 살려주신다면 제 몸을 재어 똑같은 크기의 묘견보살상을 만들어 바치겠습니다.”

나니모마로는 바다에서 떠다니면서 파도에 휩쓸리지 않도록 하다 보니 몸도 피곤하고 정신도 혼미해져 잠들 듯이 정신을 잃었다. 밝은 달빛에 정신을 차려 주위를 둘러보자 나니모마로는 같은 군 내의 가타우라蚊田浦[7] 해안의 풀밭에 누워 있었다. 나니모마로 혼자만 살아 남았던 것이었다. 그는 그 후 자신의 키를 재어 키와 똑같은 불상을 만들어 공경하였다.

아아, 기이한 일이로다. 바람을 만나 배는 부서지고 파도에 휩쓸려 다른 사람들은 죽었으나 단 한 사람만 살아 남았구나. 나니모마로는 자신의 키를 재어 불상을 만들었으니 이것은 묘견보살의 커다란 도움과 바닷물에 빠진 이의 신앙심의 힘의 덕분임을 분명히 알 수 있다.

원문

用網漁夫値海中難憑願妙見菩薩得全命縁 第卅二

呉原忌寸名妹丸者、大和国高市郡波多里人也。自幼作網、捕魚為業。延暦二年甲子秋八月十九日之夜、到紀伊国海部郡内於伊波多岐嶋与淡路国之間海、下網捕魚。漁人三舟乗有九人。忽大風吹、破彼三舟、八人溺死。時名妹丸、漂之

6_ 북극성(北極星)을 신격화한 보살로서, 나라를 지키고 재난으로부터 구해주며 사람들이 장수하도록 하여 준다. 일본에서는 눈병을 치유하거나, 산모가 순산하도록 하며, 극락왕생할 수 있도록 이끌어준다고 하여 이 불상을 본존(本尊)으로 모시는 곳이 많이 있다.

7_ 현재의 와카야마시 가다(加太)에 해당한다.

於海、至心帰於妙見菩薩、発願而言、「済助我命、量乎我身、作妙見像」。漂海拒波、疲力惑心、如寐無覚。皎天覚瞻、身在彼部内蚊田浦浜之草上焉。唯所済、量於己身、作像而敬。嗚呼異哉。遇風破舟、撃波亡人、単唯一在。恕身作像。定知、妙見大助、漂者信力也。

|도움말| 묘견보살의 영험담은 하권 제5화에도 있으며, 물에 빠져 떠내려간 이가 구제받은 이야기는 하권 제25화가 있다.

그물로 물고기를 잡는 것은 생물을 죽이지 말라는 계율인 살생계殺生戒를 어기는 것이다. 따라서 상권 제11화에서는 이에 대한 응보를 받는 것은 당연한 이치로 나타나 있으며, 하권 제25화에서는 물고기를 잡는 것에 대한 죄를 깨닫고 뉘우치는 이야기가 등장한다.

그러나 이 설화의 경우 나니모마로가 당하는 재난이 물고기를 잡는 살생과는 직접적인 관련성이 나타나 있지 않다는 점이 독특한 이야기이다.

제33화

비천한 승려가 걸식하고 있는 것을 때려 현세에서 갑자기 비참하게 죽는 응보를 당한 이야기

기노아타에 요시타리紀直吉足[1]는 기노쿠니 지방紀伊国 히다카 군日高郡 와케 마을別里[2] 하시椅라는 집안의 주인으로서 태어날 때부터 나쁜 성격으로 인과因果[3]의 도리를 믿지 않았다.

엔랴쿠延暦 4년785 여름 5월 기노쿠니 지방의 관리가 지방을 돌며 세금으로 거두어들였던 벼를 돌려주었는데[4] 히다카 군에도 가서 쌀을 백성들에게 널리 돌려주었다. 그때 한 사도승私度僧[5]이 있었다. 통칭은 이세伊勢의 승려[6]라 하였다. 그는 『약사경藥師經』[7]의 십

1_ 미상. 여기에서 '기(紀)'는 씨(氏), '아타에(直)'는 가바네(姓, 세습적인 직위나 직무), '요시타리(吉足)'는 이름이다.

2_ 현재의 와카야마 현(和歌山県) 히다카 군(日高郡)에 해당한다. 와케 마을(別里)은 미상.

3_ 불교의 근본교리 가운데 하나로서, 선악의 업에는 반드시 그에 따른 선악의 응보가 있다는 도리.

4_ 원문은 '正税'이다. 논밭의 면적에 따라 세금 대신 부과되었던 쌀을 백성들에게 다시 나누어 주는 것으로, 국가에 경사가 있을 경우 행해졌다.

5_ 관의 허가 없이 승려나 비구니가 된 사람.

6_ 미상.

7_ 약사여래(藥師如來)가 모든 중생의 질병을 치료한다는 내용을 담고 있는 경전이다.

이약차十二藥叉[8]의 이름을 외우면서 마을을 돌아다니며 걸식을 하고 있었다. 벼를 나누어 주는 사람에게 다가가 벼를 구걸하기도 하고 또 흉악한 요시타리의 문 앞에 가서도 구걸하였다. 그러나 요시타리는 그 구걸하는 승려를 보고도 먹을 것을 주지 않았다. 오히려 승려가 짊어지고 있는 벼를 땅에 흩뿌리고 가사袈裟를 빼앗고 때리며 협박하였다. 승려는 와케데라別寺 절[9]의 승방으로 도망갔으나 그래도 악한 요시타리는 계속 좇아가서 잡고 자신의 대문 앞까지 끌고 왔다. 그리고는 큰 돌을 들어 승려의 머리에 대고 꾸짖으며 말했다.

"자네가 믿고 있는 십이약차의 이름을 외워 나를 묶어 보거라."

그러나 승려는 오히려 거절하여도 악한 요시타리는 계속 꾸짖으며 강요하였다. 승려는 끈질기게 꾸짖는 것을 견딜 수 없어 한 번만 외우고 도망갔다. 그러자 얼마 지나지 않아 요시타리는 땅에 쓰러져 죽어 버렸다.

이것으로 보듯이 불법을 수호하는 신이 벌을 준다는 것을 절대로 의심해서는 안 된다. 사도승이라 할지라도 인내하는 마음가짐을 가지고 대해야 한다. 그 이유는 성인聖人이 본래의 몸을 감추고 평범한 사람들 속에 섞여 있기 때문이다. 크게 잘못한 것이 없는데도 불구하고 무리하게 잘못한 것을 찾아내며, 털 속까지 불어 흠

8_ 십이신장(十二神將)이라고도 하며, 약사여래 및 『약사경(藥師經)』을 믿는 이를 수호하는 무신(武神)으로, ① 구비라(宮毘羅), ② 바사라(伐折羅), ③ 메이키라(迷企羅), ④ 안치라(安底羅), ⑤ 안니라(頞儞羅), ⑥ 산치라(珊底羅), ⑦ 인다라(因陀羅), ⑧ 하이라(婆夷羅), ⑨ 마코라(摩虎羅), ⑩ 신다라(眞達羅), ⑪ 쇼토라(招杜羅), ⑫ 비카라(毘羯羅) 대장(大將)의 열두 명을 말한다. 십이약차는 약사여래의 명에 따라 낮과 밤의 12시, 12월, 또는 열두 방향을 지킨다고 하며, 십이지(十二支)가 배당된다.

9_ 미상. 마을의 이름을 따서 이름이 붙여진 절로서 위치 및 연기(緣起)는 미상이다.

을 찾아서는 안 된다. 잘못을 찾아내려 한다면 삼현십성三賢十聖[10] 이라 할지라도 비난받을 만한 잘못이 있다. 반대로 덕을 찾아보려 하면 불법을 비난하고 선을 방해하는 자도 칭찬받을 만한 덕이 있다. 그렇기 때문에 『십륜경十輪經』[11]에 다음과 같은 구절이 있다.

“진한 향기가 나는 금후목란金厚木蘭[12]은 시들어도 여전히 다른 꽃들의 향기보다 뛰어나다. 이와 마찬가지로 불교의 계율을 어긴 승려라 할지라도 오히려 불도 이외의 다른 도를 믿는 이보다 뛰어나다. 출가한 사람의 잘못을 따지는 것은 만일 그 사람이 계율을 어기건 어기지 않건 간에, 계戒를 받건[13] 받지 않건 간에, 그리고 잘못이 있건 없건 간에 출가한 사람의 잘못을 따지는 이는 만억萬億의 부처님의 몸에서 피를 나게 하는 것 이상의 죄가 된다.”

지금 『십륜경』의 주석서[14]에는 다음과 같은 구절이 있다.

“부처님의 몸에 상처를 내어 피가 나게 하여도 불도를 방해할 수는 없다. 그러나 승려의 잘못을 비난하는 것은 많은 사람들이 신앙을 잃어버리도록 하며, 그들에게 번뇌煩惱의 마음이 생기도록 하고, 불도를 방해하는 일이 된다. 이런 이유로 보살은 승려의 덕을 찾아내는 것을 바라며 승려의 잘못을 찾아내는 것은 바라지 않는다.”

10_ 대승불교(大乘佛教)에서 보살(菩薩)의 수행단계 중 성위(聖位)인 십성(十聖)과 그 이전단계인 삼현(三賢), 즉 십주(十住), 십행(十行), 십회향(十回向)을 말한다.

11_ 『대방광십륜경(大方廣十輪經)』을 지칭한다. 지장보살(地藏菩薩)의 신통력과 공덕을 설법하며, 그를 믿고 섬기면 모든 번뇌에서 벗어나 해탈을 이룬다는 내용으로 되어 있다.

12_ 목련과의 나무로 남아시아에서 자라며, 노란 꽃이 피고 향기가 강하다.

13_ 원문은 ‘有戒’로서, 부처님의 가르침을 받는 이가 지켜야 할 서약.

14_ 이 구절은 『십륜경』에는 없으며, 『범망경(梵網經)』 「고적기(古迹記)」에 실려 있다.

또한, 『상법결의경像法決疑經』[15]에는 다음과 같은 구절이 있다.

"앞으로 세속의 관리는 승려에게 세금을 징수하지 말지어다. 만약 세금을 징수하는 사람이 있다면 그 사람이 받는 죄는 헤아릴 수 없을 것이다. 모든 세속사람들은 절에 소속된 소와 말을 타서는 안 된다. 절의 노비나 가축[16]을 때려서도 안 된다. 절의 노비라 하더라도 그의 예배禮拜를 받아서는 안 된다. 만일 이것을 어기는 이가 있다면 모두 벌을 받을 것이다."

또 어떤 경전[17]에서는 다음과 같은 구절이 있다.

"물건을 아끼는 마음이 강한 사람은 진흙이라 하더라도 금과 옥보다 더 소중히 여긴다. 인색하고 탐욕스러운 사람은 똥을 섞은 흙을 달라는 말을 들어도 여전히 아깝다는 생각을 한다. 재물이 아까워 공양을 베풀지 않으며, 몰래 쌓아 두고 다른 사람이 혹시 알까봐 두려워한다. 그렇게 몸을 버리며 허무하게 일생을 마치면, 아귀餓鬼[18]로 떨어져 추위와 굶주림 속에서 고통을 당한다."

원래 금전이나 재물은 자신의 것이 아니라 오가五家[19]와 함께 가

15_ 석가가 입멸한 이후 승려와 속인들의 타락을 훈계하며 반성과 개혁을 강조한 것으로 위경(僞經)으로 취급받고 있다.

16_ 원문은 '六畜'으로 말・소・양・개・돼지・닭의 여섯 종류의 가축을 의미한다.

17_ 『장부론(丈夫論)』「시간품(施慳品)」에 있는 구절이다. 『장부론』은 자비심을 가지고 베푸는 보시(布施)의 공덕에 대하여 설법한 책으로 2권으로 구성되어 있다. '재물이 아까워…' 이하의 문장은 출전미상.

18_ 욕심이 많은 이가 죽은 후에 떨어지는 곳으로서, 불교에서 말하는 육도(六道, 지옥・아귀・축생・아수라・인간・천) 중의 하나이다. 이곳의 아귀들은 음식물을 구하지만 먹으려 하면 불이 되어 버리므로 먹을 수 없다고 한다.

19_ 가리야 에키사이(狩谷棭齋 1775-1835)의 『일본국현보선악영이기고증(日本国現報善悪霊異記攷証)』에 의하면, 물과 불의 재난(水火), 도적(盜賊), 원수집안과 빚쟁이(怨家債主), 관리가 억지로 징수하는 것(県官), 나쁜 아들이 부당한 낭비를 하는 것(悪子)을 들고 있으며, 『일본영이기』의 기술과는 다르다.

지고 있는 것이다. 그렇다면 무엇을 오가라고 하는가? 첫 번째는 나라의 관리가 찾아와 부당하게 징수하는 것을 말한다. 두 번째는 도적이 와서 훔쳐가는 것을 말한다. 세 번째는 갑자기 물로 인한 재난을 만나 떠내려가는 것을 말한다. 네 번째는 갑자기 화재가 나서 불에 타는 것을 피할 수 없는 것을 말한다. 다섯 번째는 나쁜 아들이 부당한 낭비를 하는 것을 말한다. 그렇기 때문에 보살은 기쁜 마음으로 공양을 하는 것이다.

원문

刑罰賎沙弥乞食以現得頓悲死報縁 第卅三

紀直吉足者、紀伊国日高郡別里椅家長公也。天骨悪性、不信因果。延暦四年乙丑夏五月、国司巡行部内、給於正税。至于其郡、下乎正税而班百姓。有一自度。字曰伊勢沙弥也。誦持薬師経十二薬叉神名、歴里乞食。就於給正税之人乞稲、臻於厥凶人之門而乞。見彼乞者、不施乞物。散其荷稲、亦剥袈裟而拍逼之。沙弥逃隠于其別寺僧坊。凶人遂捕、更将戸門、挙持大石、当沙弥頭而迫之曰、「読其十二薬叉神名、咒縛乎我」。沙弥猶辞之。凶人猶強之。不勝強逼、一遍読逃。然後不久、躃地而死。更不可疑、護法加罰。雖自度師、猶闞忍心。隠身聖人、交凡中故。炯然無過慇探、吹毛不可求疵。求失之者、三賢十聖、有失可誹。求徳之者、謗法断善、有徳可美。所以十輪経云、「薝匐花雖萎、猶勝諸花、破戒諸比丘、猶勝諸外道。説出家人過、若破戒若持戒、若有戒若無戒、若有過若無過、説者過出万億仏身血」。今此義解云、「出血不能障仏道。説僧過時、破壊多人信、生彼煩悩、障聖道。是故菩薩、楽求彼徳、不楽求彼失」。像法決疑経云、「未来世中、俗官莫令使比丘輸税。若税奪者、得罪無量。一切俗人、不得乗騎三宝牛馬。不得撾打三宝奴婢及以六畜。不得受其三宝奴婢礼拝。若有犯者、皆得殃咎云々」。又如経論説。「慳心多者、雖是泥土、重於金玉。悋貪之人、聞乞糞土、猶懐悋惜。惜財不布施。蔵積恐人知。捨身空卒、去餓鬼中、受飢寒心」。夫銭財者、五家共有。何五家者。一県官非理来向、二者盗賊猶来劫奪、三者忽為水漂流、四者忽然火起不免焚焼、五者悪子無理費用。其故菩薩歓喜布施也。

|도움말| 사도승은 관의 허가를 받아 정식으로 승려가 된 사람이 아니다. 그럼에도 불구하고 이 설화에서는 승려의 모습을 하고 있으면 존경하고 공경해야 한다고 하고 있으며, 이같은 언설은 『일본영이기』 내에서 자주 찾아볼 수 있다. 이것은 『일본영이기』의 작자인 교카이景戒 자신도 사도승이었기 때문에 이와 같은 주장을 하는 것이다.

승려를 괴롭힌 것으로 인해 비참한 업보를 받는 이야기는 상권 제19화를 비롯하여 많은 설화가 있다. 그중에서 이 설화의 특징이라면 십이약차의 영험담과 『십륜경』, 그리고 『상법결의경』과 같은 여러 경전을 들어 보시布施를 해야 할 필요성에 대하여 언급한 것이 설화의 약 절반에 해당할 정도로 많은 분량을 차지하고 있다는 것이다.

즉, 돈이나 재물은 오가와 같은 위험한 운명과 함께하고 있기 때문에 언제든지 자신의 손에서 벗어날 수 있으며, 돈과 재물을 아끼

다가 죽은 후에 아귀도로 떨어져 고생하지 않기 위해서는 살아 있을 때 보시와 공양을 아끼지 말라는 가르침을 전하고 있는 것이다. 그러나 이와 같은 언설은 결국 사도승인 교카이 자신에게도 보시와 공양을 아끼지 말라는 호소로도 풀이할 수 있다.

제34화

갑자기 몸에 나쁜 병이 걸리자 계를 받고 선한 일을 행하여 현세에서 병이 나은 이야기

고세노아사메巨勢呰女[1]라는 여인은 기노쿠니 지방紀伊国 나쿠사 군名草郡 하뉴 마을埴生里[2]에 살고 있었다. 덴표호지天平宝字 5년761에 몸에 나쁜 병이 걸려 목에 종기가 생겨 부었는데 마치 커다란 참외와도 같았다. 몸을 베는 듯이 아프고 시간이 지나도 낫지 않았다. 아사메는 속으로 생각하였다.

'이것은 전생의 업보 때문일 것이다. 단지 현세에 범한 죄의 응보 때문만은 아닐 것이다. 전생으로부터의 죄를 없애는 것을 통하여 병을 고치려 하는 것보다 현세에 선을 행하는 것이 나을 것이다.'

아사메는 이렇게 생각하고 머리를 깎고 계戒를 받았다. 그리고 가사袈裟를 걸친 후 그 마을에 있는 오타니도大谷堂[3]라는 당에 살면서 『반야바라밀다심경般若波羅蜜多心經』[4]을 외우며 불도를 수행하는

1_ 미상. '呰'는 '조롱하다'의 뜻을 지닌 단어이다. 당시에는 화를 면하게 하기 위해 아이의 어린 시절에 나쁜 뜻을 지니는 한자를 이름에 붙이기도 하였다.

2_ 현재의 와카야마 현(和歌山県) 가이소 군(海草郡)에 해당한다. '하뉴 마을'은 미상.

3_ 미상.

4_ 『반야심경(般若心經)』 또는 『심경(心經)』이라고도 하며, 『반야경(般若經)』 중

데 전념하였다.

그로부터 15년이 지나 주센忠仙[5]이라는 수행자가 와서 그 당에서 함께 살았다. 주센은 아사메의 병의 상태를 보고 함께 슬퍼하며 간병하고 주문을 외우며 소원을 빌면서 말하였다.

"이 병을 고치기 위하여 『약사경藥師經』[6]과 『금강반야경金剛般若經』[7]을 각각 삼천 번, 『관세음경觀世音經』[8]을 만 번, 『관음삼매경觀音三昧經』[9]을 백 번 읽겠습니다."

그 후 14년이 지나 『약사경』을 이천오백 번, 『금강반야경』을 천 번, 『관세음경』을 이백 번 읽었다. 단, 『천수다라니경千手陀羅尼經』[10]은 항상 외우고 있었다. 그런데 아직 맹세한 횟수에 달하지 않았는데도 불구하고 병을 얻은 해로부터 28년이 지난 엔랴쿠延曆 6년 787[11] 겨울 11월 27일 오전 8시쯤 되자 혹같은 종기가 저절로 입이 열리는 듯 하더니 피고름이 흘러나와 소원대로 다 나았다.

에서 핵심적인 내용만 추려 요약한 것으로서 일체의 존재는 공(空)이며 '색즉시공공즉시색(色卽是空空卽是色)'으로 대표되는 공의 이치를 설법한다.

5_ 미상.

6_ 약사여래(藥師如來)가 모든 중생의 질병을 치료한다는 내용을 담고 있는 경전.

7_ 인도에서 2세기에 성립된 공(空)사상의 기초가 되는 반야경전.

8_ 『법화경(法華經)』 중에서 제25품에 해당되는 「관세음보살보문품(觀世音菩薩普門品)」을 독립시켜 지칭한 것.

9_ 나라현(奈良県) 도다이지(東大寺) 쇼소인(正倉院)에 보관되어 온 쇼소인문서(正倉院文書)에 『관음삼매경(觀音三昧經)』, 『관세음삼매경(觀世音三昧經)』이 서사되었다는 기록이 있으나 실제로 이 경전이 무엇을 지칭하는지 알 수 없다.

10_ 앞에서는 "『관음삼매경』을 백 번 읽겠습니다"라는 구절이 있으나 이것이 사라지고 그 대신 『천수다라니경』으로 되어 있는데, 이것이 어떠한 의미를 지니는지 알 수 없다.

11_ 병에 걸린 것은 761년이므로, 그로부터 28년이 지난 것이 787년이라는 계산은 맞지 않는다.

이것은 대승경전大乘經典[12]의 주문의 기이한 영험과 병자와 수행자가 공덕을 쌓았기 때문이라는 것을 잘 알 수 있다.

“모든 사람들[13]에게 널리 베푸시는 부처님의 무한한 자비는 불법을 믿는 이에게 기적을 내려 주신다. 부처님[14]의 영묘한 지혜는 신앙심이 깊은 이에게 분명한 은혜를 내려 주신다.”

라는 말씀은 이것을 뜻하는 것이다.

원문

怨病忽嬰身因之受戒行善以現得愈病縁 第卅四

巨勢呰女者、紀伊国名草郡埴生里之女也。以天平宝字五年辛丑、怨病嬰身、頸生瘿肉疽、如大苽。痛苦如切、歴年不愈。自謂、「宿業所招。非但現報。滅罪差病、不如行善」。剃髪受戒、著袈裟、住其里於大谷堂。誦持心経、行道為宗。逕十五年、行者忠仙。来共住堂。忠仙見之此病相相憫、看病咒護、発願言、「為愈是病、奉読薬師経・金剛般若経各三千巻、観世音経一万巻、観音三昧経一百巻也」。歴十四年、奉読薬師経二千五百巻、金剛般若経千巻、観世音経二百巻。唯千手陀羅尼、無間誦之也。未満巻数、従受病歳以来、逕之廿八年、至於延暦六年丁卯冬十一月廿七日之辰時、瘿腮癰疽、自然口開、流出膿血、平復如願也。実知、大乘神咒

12_ 대승불교(大乘佛敎)에서 중요시하는 경전으로 『화엄경(華嚴經)』, 『법화경(法華經)』, 『반야경(般若經)』, 『무량수경(無量壽經)』 등을 지칭한다.

13_ 원문은 ‘無縁’이다. 특별한 연고 등에 의하지 않고 모든 이들에게 공평한 것을 말하며, 여기에서는 ‘대중(大衆)’의 의미로 사용되었다.

14_ 원문은 ‘無相’이다. 불법의 진리인 공(空)과 무(無)를 깨달은 석가는 사물의 한 측면마다 모두 관여하지 않기 때문에 붙여진 명칭이다.

奇異之力、病人行者積功之德。「無縁大悲、至感之者、播於異形。無相妙智、深信之者、呈於明色」者、其斯謂之矣。

|도움말| 불상을 믿거나 불경을 읊은 것으로 인해 병에서 낫는 이야기는 상권 제8화 이하 많이 볼 수 있으며, 『천수다라니』의 영험은 하권 제12화와 14화에도 볼 수 있다(자세한 설명은 제12화 참조).

한편, 〈주석〉에서도 언급한 바와 같이 병에 걸린 것은 761년이며, 나은 것은 787년이므로 악성 종기에 걸려 고통을 받은 것이 28년간이라는 것은 맞지 않는다. 그러나 『일본영이기』에 담긴 설화가 창도唱導의 대본臺本이었던 가능성이 높은 만큼 교카이는 그 장소에 모인 청중들의 움직임을 파악하여 그들의 분위기에게 맞춘 말을 삽입하여 자유롭게 부가하여 수식하면 되었기 때문에 이야기의 줄거리만 알면 되었을 것이다. 따라서 본 설화에서 숫자의 계산보다 중요한 것은 기나긴 세월동안 병에 걸렸으나 불경을 외운 것으로 인해 나았다는 것을 전하는 것이며, 이와 같은 내용은 『일본영이기』 중에서 부처님의 공덕을 가르치기에는 가장 적당한 이야기 중의 하나였던 것으로 생각된다.

제35화

벼슬을 이용해서 도리에 맞지 않는 정치를 하여 비참한 응보를 받은 이야기

고닌光仁 천황[1] 시대의 일이다. 쓰쿠시筑紫의 히젠 지방肥前国 마쓰라 군松浦郡[2]에 히노키미火君씨가 살고 있었다. 그가 어느날 갑자기 죽어 염마국琰魔國[3]으로 갔다. 그때 대왕이 조사해 보니 히노키미는 죽어야 할 날자가 맞지 않았기 때문에 다시 이승으로 돌려보냈다. 히노키미가 돌아오는 길에 보자 큰 바다 속에 가마[4]와 같은 지옥이 있었고 그 안을 보니 검은 나무말뚝 같은 것이 있었는데 그것이 뜨거운 물속에서 가라앉았다 떠올랐다 하였다. 그때 그것이 히노키미에게 말하였다.

"기다리시오. 하고 싶은 말이 있소."

그리고는 다시 끓는 물속으로 가라앉았다가 떠오르며 말하였다.

"기다리시오. 하고 싶은 말이 있소."

이러기를 세 번, 네 번 계속하면서 하소연하였다.

1_ 제49대 천황(재위 770-781)으로서 쇼토쿠(称徳) 천황의 다음을 이어 즉위하였으며, 나라 시대 마지막 천황이다.

2_ 현재의 규슈(九州) 지방 사가 현(佐賀県) 기타마쓰우라(北松浦) 반도에 있는 마쓰우라 시(松浦市)에 해당한다.

3_ 명계(冥界), 즉 염마대왕(閻魔大王)이 통치하는 지옥을 뜻한다.

4_ 바닷속에 뜨거운 물이 끓고 있는 가마가 있는 것으로 생각한 것이다.

"저는 도토미 지방遠江国 하이바라 군榛原郡[5]에 사는 모노노베노 후루마로物部古丸[6]라는 사람입니다. 저는 생전에 조세로 거두어들인 쌀을 운송하는 일을 하던 사람이었습니다. 오랫동안 일을 하면서 백성들의 것을 도리에 어긋나게 강제로 거두어들였지요. 그 죄에 대한 업보 때문에 지금 이와 같은 고통을 받고 있습니다. 바라옵기는 저를 위하여 『법화경法華經』을 서사해 주신다면, 저의 죄를 용서받을 수 있을 것입니다."

히노키미는 저승에서 살아 돌아와 자신이 보고 들은 일을 자세하게 적어 다자이후大宰府[7]의 관청으로 보내자 다자이후에서는 이 일을 조정에 보고하였다. 그러나 조정에서는 이를 믿지 않았기 때문에 조정의 최고기관인 다이벤칸大弁官에서는 저승에서의 일을 넘겨받은 채 20년이라는 시간이 흘렀다. 종사품[8]의 벼슬을 지내던 스가노노아손 마미치菅野朝臣真道[9]가 다이벤칸의 최고관직이 되었을 때 그 보고서를 보고 간무桓武 천황[10]에게 말씀드렸다. 천황은 이 이야기를 들으시고 세쿄施皎 스님[11]을 불러 말씀하셨다.

5_ 현재의 시즈오카 현(静岡県) 하이바라 군(榛原郡)에 해당한다.

6_ 미상.

7_ 규슈 지방에 두었던 관청으로서, 규슈 · 이키(壱岐) 섬 · 쓰시마(対馬) 섬을 관할하고 외교와 국방을 맡았다.

8_ 원문은 '従四位上'으로서 조정 내에서의 행정을 담당하는 장관(長官) 내지는 차관(次官)에 상당한다.

9_ 741-814. 헤이안(平安) 시대 초기의 구교(公卿, 태정관의 최고간부로 국정을 담당)로서 역사적으로 실재했던 인물이다. 백제 14대왕인 근구수왕(近仇首王, ?-384)의 후손으로 간무(桓武) 천황으로부터의 신임이 두터워 요직에 있었다.

10_ 제50대 천황(재위 781-806). 나가오카쿄(長岡京), 헤이안쿄(平安京)로의 천도, 에조(蝦夷) 정벌, 사이초(最澄)와 구카이(空海)의 등용에 의한 불교의 확립, 지방정치진흥 등 정치와 사상적인 면에서의 업적이 뛰어났다.

11_ 세쿄(施暁) 스님을 말하는 듯하다. 세쿄는 엔랴쿠(延曆) 16년(797)에 소승도(小僧都)의 지위에 올랐다.

"세상의 중생이 지옥에 떨어져 고통을 당하고 있었는데 20여 년이 지나도 용서를 받을 수 있겠는가?"

세쿄 스님이 대답하였다.

"이는 아직 지옥의 고통이 시작된 때입니다. 어찌하여 그런 것을 알 수 있는가 하면 인간세상의 백 년을 지옥에서는 하루밤낮으로 하고 있기 때문입니다.[12] 따라서 아직 용서를 받을 수 없습니다."

천황은 이 말을 듣고 손가락을 튕기며[13] 명령을 내리고 도토미 지방에 사자를 파견하여 후루마로가 생전에 한 행적을 조사하게 하였다. 때마침 후루마로를 잘 알고 있는 사람을 찾아 물어보자 적혀 있는 대로 틀림없이 꼭 들어맞았다. 천황은 이 이야기를 믿고 슬퍼하며 엔랴쿠延暦 15년796 3월 7일이 되어서야 비로소 경전을 서사하는 사람 네 명을 불러 후루마로를 위해 『법화경』 한 부를 서사하여 바치도록 하였다. 『법화경』에 쓰여 있는 69,384글자를 신자들에게 나누어 맡게 하고, 황태자皇太子와 대신大臣을 비롯하여 여러 관리들까지 신자가 되도록 하였다. 천황은 젠주善珠대덕大德[14]을 초청하여 강사로 하고, 세쿄 스님에게 부탁하여 불경을 읽는 독사讀師로 삼아 나라궁奈良宮에 있는 절[15]에서 대법회를 열고

12_ 이승과 저승에서는 시간의 흐름의 속도차가 있다는 것은 『우바새계경(優婆塞戒經)』 권7, 『정법염처경(正法念處經)』 권8 등 여러 경전에서 볼 수 있으나 이 설화는 어디에 의했는지는 미상이다.

13_ 엄지손가락의 바닥에 구부린 손가락의 손톱을 대고 튕기는 것으로 허락・경고・기피・기쁨・후회・아쉬움 등의 기분을 나타낼 때 하는 행위이다.

14_ 젠주(723-797)대덕은 나라(奈良) 시대에서 헤이안 시대 전기에 걸쳐 역사상 실재했던 인물로서, 학식과 덕망이 높은 명승(名僧)으로 유명하였으며, 나라 시대 불교 역사상 가장 유명한 저술가 중 한 명이다. 아마도 『일본영이기』를 지은 교카이(景戒)와 면식이 있었을 것이라 생각된다.

15_ 원문은 '野寺'이다. 국가에서 보호하거나 관리하는 관사(官寺)가 아닌 민간이

『법화경』을 강의하고 읽게 하며 후루마로의 명복을 빌고 그가 당하고 있는 영혼의 고통에서 벗어나도록 하였다.

아아, 비참한 일이로다. 후루마로는 여우가 호랑이의 가죽을 빌린 것과 같은 위세[16]를 이용하여 도리에 어긋난 정치를 하여 비참한 응보를 받았다. 이것은 인과因果[17]의 도리를 생각하지 않는 천박한 마음이 매우 심했기 때문이다. 인과의 도리는 반드시 존재하는 것이다.

원문

仮官勢非理為政得悪報縁 第卅五

白壁天皇之世、筑紫肥前国松浦郡人、火君之氏、忽然死而至琰魔国。時王挍之、不合死期故、更敢返。還時見之、大海之中、有如釜地獄。其中有如黒桴之物、而涌返沈、浮出。告火君言、「待耶、物白耶」、即亦涌返沈、一復浮而言、「待、物白」。如是三遍、於四之遍言、「我是遠江国榛原郡人、物部古丸也。我存世時、白米綱丁而経数年、佰姓之物、非理打徴。由其罪報、今受此苦。願為我、奉写法花経者、脱我之罪」。火君見聞、自黄泉甦還来而具解、送於大宰府。府得解状、転解朝庭。朝庭不信、故大弁官取彼黄泉之事状而継累、経廿年也。従四位上菅野朝臣真道、任其官上、見

관리하는 절을 말하며, 구체적으로 어느 절을 말하는지는 알 수 없다.

16_ 여우가 호랑이의 위세를 빌린다는 이야기는 『전국책(戰國策)』 「초국(楚國)」에 있으며, 불전에는 『비유경(譬喩經)』 제8에 비슷한 이야기가 있다. 그러나 두 이야기 모두 '호랑이의 가죽'에 대한 언급은 없다.

17_ 불교의 근본교리 가운데 하나로서, 선악의 업에는 반드시 그에 따른 선악의 응보가 있다는 도리.

彼状、以奏山部天皇。天皇聞之、請施皎僧頭、而詔之言、「世間衆生、至地獄受苦、経廿余年、免耶不也」。僧頭答曰、「受苦之始也。何以知爾、以人間百年、為地獄一日一夜故、未免也」。天皇聞之弾指、勅遣使於遠江国、令訪古丸之行事。方得問之、如解状。不異実。天皇信悲、以延暦十五年三月朔七日、始召経師四人、為古麿、奉写法花経一部。宛経六万九千三百八十四文字、勧率知識、挙皇太子大臣百官、皆悉加入其知識也。天皇勧請善珠大徳、為講師、請施皎僧頭、為読師、於平城宮野寺、備大法会、為講読件経、贈救彼霊之苦也。嗚呼鄙哉、古丸。用于狐借虎皮之勢、非理為政、受悪報者。不睠因果之賎心、太甚也。非無因果也。

|도움말| 이 이야기는 죽은 후 저승으로 갔으나 아직 죽을 시기가 되지 않았기 때문에 다시 현세로 돌아온 히노키미火君의 진술을 토대로 한 명보담冥報譚이다. 『일본영이기』의 지옥 설화는 상권 제30화를 비롯하여 많이 볼 수 있으며, 지옥에서 고통받는 이가 현실세계의 인간의 공양에 의해 고통에서 벗어나는 테마는 하권 제9화에도 있다. 또한, 『금강반야경집험기金剛般若經集驗記』와 『명보기冥報記』에도 동일한 테마의 이야기가 있다.

그러나 이 설화의 경우 후루마로 한 개인을 고통에서 벗어나도록 하기 위해 조정朝廷까지 동원되어 법회를 연다는 점이 특징으로서, 이러한 내용은 다른 이야기에서는 볼 수 없다. 뿐만 아니라 지옥에 커다란 바다가 존재한다는 설정은 교카이가 어떤 자료에서 착상을 얻었는지 아니면 자신의 창작인지 알 수 없으나 매우 독특한 부분이다.

한편, 바닷속에 있는 가마모양을 한 지옥에 대한 묘사는 비록 상상이긴 하지만 매우 사실적인 묘사로서, 당시의 청중 또는 독자들을 설득하는 데에는 효과적이었으리라 생각된다.

제36화

탑의 층수를 줄이고 당주를 넘어뜨려 나쁜 응보를 받은 이야기

정1품[1] 후지와라노아손 나가테藤原朝臣永手[2]는 나라奈良의 궁에서 천하를 통치하신 고닌光仁[3] 천황 시대의 태정대신太政大臣이다. 엔랴쿠延暦 원년782쯤[4]에 나가테의 아들인 종4품[5] 이에요리家依는 아버지에 관한 악몽을 꾸었다. 그리고 이 일을 아버지에게 말씀드렸다.

"낯선 병사 30여 명이 와서 아버지를 데려갔습니다. 이것은 나쁜 일이 일어날 전조이니 기도하여 나쁜 일이 일어날 것을 막아야 할 것입니다."

이렇게 말씀드리고 주의할 것을 당부하였으나 나가테는 이 말을 듣지 않았다. 그 후 나가테는 죽었다.

1_ 원문은 '正一位'로서 신하나 영주들에게 내려지는 계위(階位) 중 가장 높은 계위를 말한다. 천황 대신에 정치를 행하는 관백(関白)이나 태정대신(太政大臣), 정이대장군(征夷大将軍), 또는 국가에 대한 공적이 높은 이에게 부여되었다.

2_ 나라(奈良) 시대의 귀족이자 정치가(714-771). 766년에 정2품인 좌대신(左大臣)까지 올랐으며, 정1품인 태정대신(太政大臣)은 사후에 임명되었다.

3_ 제49대 천황(재위 770-781). 쇼토쿠(称徳) 천황의 다음을 이어 즉위하였으며, 나라 시대 마지막 천황이다.

4_ 후지와라노아손 나가테가 죽은 것은 771년이므로 782년이라는 시대설정은 모순이다. 호키(宝亀) 원년(770)을 잘못 적은 것이 아닐까 생각된다.

5_ 원문은 '従四位上'으로서 조정의 행정을 담당하는 장관 또는 차관에 해당한다.

한편, 아들 이에요리는 오랫동안 병을 앓고 있었다. 그래서 고승들과 우바새優婆塞[6]들을 불러 불경을 외워 불덕으로 병을 고치도록 하였으나 병이 전혀 호전되지 않았다. 그때 간병을 하던 사람들 중에 한 승려가 있었는데 그가 기원하며 말하였다.

"원래 불법을 믿고 수행하는 목적은 다른 사람을 구하고 목숨을 살리는 데 있습니다. 지금 저의 목숨을 이에요리님께 드려 대신 죽겠습니다. 불법의 영험이 정말로 계신다면 이에요리님의 목숨을 살려주시옵소서."

승려는 이렇게 기도하며 목숨을 버릴 각오로 전심으로 기도하였다. 그리고 손바닥 위에 활활 타는 불을 올려놓고 향을 피운 후 불상을 돌면서 다라니陀羅尼[7]를 외우다가[8] 갑자기 쓰러졌다. 그때 환자인 이에요리에게 영혼이 씌어 말하였다.

"나는 나가테永手라네. 생전에 홋케지法花寺 절[9]의 당주幢柱[10]를 넘어뜨리고 그 후에는 사이다이지西大寺 절[11]의 팔각탑을 사각으로 하

6_ 속세인이면서 불문에 들어 오계(五戒)를 받고 수행하는 자로, 반승반속(半僧半俗)적인 존재였다. 남자는 우바새, 여자는 우바이(優婆夷)라고 한다.

7_ 산스크트어로 쓰여진 불경을 번역하지 않고 음(音) 그대로 외우는 것을 말한다. 그 자체에 무궁한 뜻이 있어 이것을 외우는 사람은 기억력을 얻고, 모든 재난에서 벗어나는 등 많은 공덕을 받는다고 한다.

8_ 『샤쿠몬코덴(釈門孝伝)』(1666)에 이와 유사한 방법을 묘친(妙珍)이 행하였다는 이야기가 있으나 이와 같은 수행법의 근원에 관하여는 미상이다.

9_ 현재의 나라 현(奈良県) 나라 시(奈良市) 홋케지 초(法華寺町)에 있는 절이다. 나라 시대에는 쇼무(聖武) 천황의 명에 의해 고쿠분니지(国分尼寺) 절의 총본산으로 지정되었다.

10_ 깃발이 달린 창 모양의 불구(佛具)로서, 불도를 방해하는 마군(魔軍)들을 물리친다는 의미를 지닌다. 불당을 장식하기 위해 쓰이기도 한다.

11_ 현재의 나라시 사이다이지(西大寺) 절 시바마치(芝町)에 있는 절이다. 진언율종(眞言律宗)의 총본산으로, 남도칠대사(南都七大寺, 나라에 있는 일곱 군데의 큰 절) 중 하나이다.

고 칠층탑을 오층으로 줄이게 하였지. 이 죄로 인하여 염라대왕이 나를 부르시더니 불기둥을 안게 하시고 구부러진 못을 나의 손에 세우시더니 꾸짖으면서 못을 박아 넣으셨다네. 그런데 지금 염라대왕이 거처하시는 궁 안에 연기가 가득 차 있기에 염라대왕이 물으셨다네.

'무슨 연기인가?'

'나가테의 자식인 이에요리가 병에 걸려 고통을 당하고 있습니다. 이 연기는 다라니를 외우는 승려가 손 위에 향을 피우고 있는 것입니다.'

염라대왕은 이 말을 들으시더니 나를 용서하시고 이 세상으로 다시 되돌려 보내셨다네. 하지만 나의 몸은 이미 없어졌기 때문에[12] 영혼이 내릴 몸이 없다네. 그래서 허공에 떠돌고 있는 것이라네."

이 말을 마치자 식사조차 하지 못했던 이에요리도 식사를 원하여 먹고 병도 나아 자리에서 일어났다.

무릇 당주는 전륜왕轉輪王[13]의 보답을 부르기 위한 좋은 인연이 되는 물건이다. 탑은 삼세三世의 부처님[14]의 사리舍利[15]를 모셔두는

12_ 나가테는 이미 화장당하였기 때문에 되살아나더라도 영혼이 내릴 몸이 없는 것이다. 중권 제25화에도 같은 이야기가 있다.

13_ '전륜'은 수레바퀴를 굴린다는 뜻으로, 인도신화에서 윤보(輪寶)의 수레바퀴를 굴려 이 세상을 지배한다는 이상적인 제왕이다. '수레바퀴를 굴린다'는 말의 의미는 ①신의 힘을 상징하는 전차의 차바퀴를 상징한다는 설, ②세계를 비추는 태양을 상징한다는 설, ③바퀴모양의 무기인 차크람(cakram)을 상징한다는 설, ④만다라(曼荼羅)를 상징한다는 설 등 여러 가지가 있으나 그 기원은 미상이다.

14_ 과거・현재・미래의 세 가지 세상에 나타나는 부처.

15_ 석가모니나 성자의 유골을 지칭하며, 후세에는 화장한 뒤에 나오는 구슬 모양의 것만 지칭하는 것으로 의미가 바뀌었다.

성스러운 곳이다. 그렇기 때문에 당주를 넘어뜨리고 탑의 높이를 줄인 것으로 인하여 죄를 지은 것이다. 두려워하지 않으면 안 된다. 이것은 현세에서 지은 죄가 곧바로 업보로 나타나는 예이다.

원문

減塔階仆寺幢得悪報縁 第卅六

正一位藤原朝臣永手者、諾楽宮御宇白壁天皇御時太政大臣也。延暦元年頃、大臣之子従四位上家依、為父悪夢見、而白父言、「不知兵士卅余人来、召父尊。此悪表相故、応謝除」。雖然白驚、而父不応。然後父卒。時子家依、得久病故、請召禅師優婆塞、而令咒護、猶不愈差。時看病衆中、有一禅師。発誓願言、「凡憑仏法、修行大意、救他活命。今我寿施病者代身、仏法実有、病人命活」、棄命不賂。手於置熘、焼香行道、読陀羅尼、而忽走転。時病者詫言、「我永手也。我令仆乎法花寺幢、後西大寺八角塔成四角、七層減五層也。由此罪、召我於閻羅王闕、令抱火柱、以挫釘打立我手於、而問打拍。今閻羅王宮内煙満。王問、『何煙』。答曰、『永手之子家依、受病而痛、咒之禅師、手於焼香、彼煙也』。即閻羅王、免我擯返毘。然我体滅、無所寄宿故、道中漂」。於是不食病者、乞飯而食、差病起居。夫幢是招転輪王報之善因也。塔是収三世仏舎利之宝蔵也。故依幢仆得罪、由塔高滅被罪也。不応不恐。是近現報也。

|도움말| 이 설화는 죽은 후 지옥으로 떨어져 고통을 받고 있었으나 현세에 사는 인간의 공양에 의해 다시 이 세상으로 되돌아온 후지

와라노 나가테의 진술을 토대로 한 것으로 전체적인 골격은 앞의 제35화와 비슷하다.

당시 쇼토쿠 천황의 신임을 얻어 정계에 진출하여 권세를 잡던 도쿄道鏡 ?-772가 천황의 지위까지 노리게 되자 후지와라노 나가테에게 추방당한 일이 있었다. 이것은 불교도들의 입장에서는 승려인 도쿄를 추방하고 좌절시켰기 때문에 강한 불만이었을 것이라 생각되며, 이로 인해 교카이가 나가테에게는 호감을 갖지 않았다고 생각된다. 따라서 이 설화가 성립된 배경은 이와 같은 불교도의 측면에 선 비판적인 관점이 작용하였던 것이다.

제37화

인과의 도리를 깨닫지 못하고 악한 일을 하여 죄의 응보를 받은 이야기

종4품[1] 사에키노스쿠네 이타치佐伯宿禰伊太知[2]는 천황이 나라奈良의 궁궐에서 천하를 통치하시던 나라 시대의 인물[3]이다.

어느 날 나라의 어떤 사람이 지쿠젠筑前[4] 지방으로 내려왔다가 병에 걸려 갑자기 죽었다. 염라대왕이 살고 계신 궁궐에 도착하자 눈에는 보이지 않지만 귀 기울여 들어보니 대지에 울려 퍼질 정도로 매를 맞고 있는 사람의 소리가 들려왔다.

"아프다! 아프다!"

라며 매를 맞을 때마다 외치고 있었다. 그때 염라대왕이 서기관들에게 물어보았다.

"도대체 이 사람은 살아생전에 어떠한 좋은 공덕을 베풀었는가?"

1_ 원문은 '從四位上'으로 조정의 행정을 담당하는 장관 또는 차관에 해당한다.

2_ 생몰년 미상. 나라 시대의 귀족이다. 후지와라노 나카마로(藤原仲麻呂)의 난(764) 때 토벌군의 장수로서 나카마로의 아들인 가라카치(辛加知)를 죽이는 등 난의 진압에 활약하였다.

3_ 생몰년은 미상이지만, 수대의 천황에 걸쳐 활약한 인물이므로 이와 같은 표현이 된 것이라 생각된다.

4_ 현재의 후쿠오카 현(福岡県) 북서부에 해당한다.

그러자 서기관들이 대답하였다.

"『법화경法華經』을 한 부 서사하여 바친 것뿐입니다."

"그렇다면 이 사람의 죄의 수와 서사한 『법화경』의 권수[5]를 비교해 보거라."

그러나 『법화경』의 권수와 죄를 비교해 보아도 죄의 수가 몇 배가 아니라 헤아릴 수 없을 정도로 많았다. 또 『법화경』의 글자수 총 69,384자와 비교해 보아도 여전히 죄의 수가 몇 배나 많아 이 사람을 구할 수 있는 방법이 없었다. 이 이야기를 듣고 염라대왕은 놀란 나머지 손뼉을 치며 말하였다.[6]

"세상의 많은 중생들이 죄를 지어 고통을 받는 것을 보았으나 아직까지 이 사람만큼 많은 죄를 지은 이를 본 적이 없도다."

그때 지옥에 도착한 나라 지방의 사람이 옆에 있던 사람에게 살짝 물어보았다.

"이렇게 매를 맞고 있는 사람은 누구입니까?"

옆에 있던 이가 대답하였다.

"사에키노스쿠네 이타치라네."

나라 지방의 사람은 이 말을 잘 새겨들었다. 그런데 문득 저승에서 돌아왔는가 하고 보니 다시 살아나 있었다. 그 후 저승에서 있었던 일을 적어 다자이후大宰府[7]에 제출하였으나 다자이후에서는 그 이야기를 믿지 않았다.

5_ 『법화경』은 7권으로 구성되는 경우와 8권으로 구성되는 경우가 있었으므로, 7 또는 8에 해당한다.

6_ 감탄하거나, 생각하였던 것이 맞아떨어지거나 감정이 고조되었을 때 손뼉을 치며 소리를 내는 것으로, 여기에서는 죄가 매우 무거워 놀란 나머지 손뼉을 친 것이다.

7_ 규슈(九州) 지방에 두었던 관청으로서, 규슈・이키(壱岐) 섬・쓰시마(対馬) 섬을 관할하고, 외교와 국방을 맡았다.

나라 지방의 사람은 기회를 기다렸다가 지쿠젠에서 배를 타고 나라로 돌아왔다. 나라에 도착해서 이타치가 염라대왕의 궁궐에 끌려가서 고통을 당하고 있는 모습을 말하자 이타치의 아내와 아이들은 이 말을 듣고 매우 한탄하고 슬퍼하며 말하였다.

"죽은 지 49일 동안 이타치의 영혼의 명복을 위하여 추선공양追善供養을 하고 명복을 빌어주기를 끝마쳤습니다. 그런데 이타치가 지옥에 떨어져 큰 고통을 받고 있다는 것을 어찌 알았겠습니까."

그래서 다시 『법화경』 한 부를 서사하여 바치고 마음속으로 부처님을 공경하고 공양하여 이타치의 영혼을 고통으로부터 구원하였다. 이 일도 또한 기이한 일이다.

원문

不顧因果作悪受罪報縁 第卅七

従四位上佐伯宿禰伊太知者、平城宮御宇天皇世人也。于時京中人、下於筑前、得病忽死、而至閻羅王闕。不見於目聞之、響太地而所打有人音。呵言、「痛哉、痛哉」毎打遍。問諸史言、若此人在世時、作何功徳善」。諸史答言、「唯奉写法花経一部」。王言、「以彼罪宛経巻」。雖宛巻、而罪数倍勝無量無数。亦宛経六万九千三百八十四文字、猶罪数倍無救之。因時王、拍手言、「如許見之世間衆生作罪受苦、未見如此人太甚作罪」。窃問傍人、「此所打之人誰也」。答曰、「佐伯宿禰伊太知也」。彼死人能聞持、纔自黄泉還来見之、即甦而、後以黄泉之状、解大宰府。府不信其事。彼人依便、乗船上京、還来京中、而伊太知卿之役閻羅王闕、而陳於受苦之状。時妻子等、聞之懇哀之言、「卒経七々日、為彼恩霊、修善贈福既畢。何図、堕悪道受劇苦之耶」。更奉写法花経一部、恭敬供養、追救彼霊苦也。此亦奇異事也。

|도움말| 지옥에서 있었던 일을 다자이후에 보고하며, 이것이 나라에도 전해진다는 설정은 하권 제35화에도 있다. 또한 역사상 실재 인물을 소재로 하여, 그 인물이 생전의 악행으로 인해 죽은 후 지옥으로 떨어져 고통을 당하고 있는 것을 제3자가 확인하며 그 고통에서 구원받는다는 테마는 앞 이야기와 동일하다.

제36화의 경우 역사적인 사실로 비추어 보았을 때 후지와라노 나가테가 왜 지옥에서 고통을 당해야 하는지 알 수 있으나 이 이야기의 경우 사에키노스쿠네 이타치가 생전에 어떤 죄를 지었는지, 혹은 교카이의 출신이라 생각되는 오토모 씨大伴氏 등에게 어떤 불리한 언행을 하지는 않았는지, 승려나 절을 비난하지는 않았는지 추측만 가능할 뿐 왜 이토록 나쁜 평가를 받아야 하는지는 알 수 없다.

한편, 이타치의 가족이 이타치가 죽은 후 49일간 명복을 빌어주었다는 대목에서, 불교에서는 사람이 죽으면 7일마다 저승에서의 심판을 받으며, 49일째에 마지막 심판이 내려져 죽은 이의 영혼이 지옥地獄・아귀餓鬼・축생畜生・수라修羅・인간人間・천天 중에서 어느 곳에서 태어날 것인지가 정해진다고 보고 있다. 따라서 이 설화의 마지막 부분에서 이타치의 아내와 아이들이 슬퍼한 이유는 이타치의 명복을 위해 49일간 추선공양을 하였음에도 불구하고 그가 지옥으로 떨어지는 결과를 얻게 되었다는 것을 알았기 때문이다.

제38화

재난과 경사스러운 일의 전조가 먼저 나타난 후에 실제로 재난과 경사스러운 일이 일어난 이야기

무릇 선과 악의 전조가 나타나려 할 때는 그 선과 악의 전조가 어떤 형식으로든 미리 나타나 온 나라 방방곡곡에서 노래가 되어 불려진다. 그 때 온 나라 사람들은 그 노랫소리를 듣고 또 불러 널리 전해진다.

나라奈良의 궁에서 25년간 천하를 통치하신 쇼호오신쇼무다이조勝宝応真聖武太上 천황[1]은 다이나곤大納言[2]인 후지와라노아손 나카마로藤原朝臣仲麿[3]를 부르신 후 앞에 앉히고 말씀하셨다.

1_ 제45대 쇼무(聖武) 천황(재위 724-749). 나라 시대 최성기의 천황으로, 불교에 대한 신앙이 깊었고 전국에 고쿠분지(国分寺) 절, 고쿠분니지(国分尼寺) 절을 짓고, 도다이지(東大寺) 절을 건립하여 대불(大仏)을 만든 것으로 유명하다. 쇼무 천황은 덴표호지(天平宝字) 2년(758) 8월 9일에 '쇼호칸진쇼무황제(勝宝感神聖武皇帝)'의 존호(尊號)를 얻었다(『쇼쿠니혼기(続日本記』). 『쇼쿠니혼기』에 의하면 '오신(応真)'은 덴표호지 2년 8월 1일에 고묘황후(光明皇后)에게 '주다이덴표오신닌쇼황태후(中台天平応真仁正皇太后)'라는 존호가 주어졌다고 되어 있는데, 여기에서 '오신'이 뒤섞인 것이다.

2_ 태정관(太政官)의 차관. 대신(大臣) 다음가는 관직으로 대신과 함께 정치에 참여하였다.

3_ 나라(奈良) 시대의 귀족으로 에미노 오시카쓰(恵美押勝, 706-764)를 말한다. 다치바나노 나라마로(橘奈良麻呂)의 난(757, 후지와라노 나카마로를 제거하고 천황의 폐위를 도모한 사건)을 미연에 방지하여 준닌(淳仁) 천황을 옹립하

"나의 자식인 아베阿倍 내친왕内親王[4]과 덴무天武 천황의 손자인 후나도道祖 친왕親王[5] 두 사람에게 천하를 통치하게 하려고 한다.[6] 자네는 어떻게 생각하는가? 이 일을 허락하겠는가?"

나카마로는 대답하였다.

"아주 훌륭하신 생각입니다."

그리고는 천황으로부터 칙명을 받았다. 그때 천황은 나카마로에게 신 앞에 서약하는 술을 마시게 하고 맹세를 하게 한 후 명령을 내리셨다.

"만약 내가 남긴 명령을 어긴다면 하늘과 땅의 신들은 자네를 원망하며 커다란 화를 입힐 것이다. 자네는 지금 바로 맹세를 하거라."

이 말을 듣고 나카마로는 맹세하였다.

"만약 제가 나중에 천황의 말씀을 어긴다면 하늘의 신, 땅의 신께서 미워하고 화를 내시며, 커다란 재난을 입고 몸이 다치며 목숨을 잃을 것입니다."

천황은 이렇게 맹세하게 하고 술을 마시게 하며 신에 대한 서약

고 자신은 태정대신(太政大臣)이 되어 권세를 장악하였다. 후에 고켄(孝謙) 천황이 승려인 도쿄(道鏡)와 손을 잡고 준닌 천황과 대립하자 후지와라노 나카마로는 이 세력을 제거하고자 하였으나 실패하여 처형당했다.

4_ 쇼무 천황의 딸로서 후에 46대 고켄 천황(재위 718-770)이 된다. 내친왕은 천황의 누나나 여동생, 또는 딸을 의미한다.

5_ ?-757. 나라 시대의 황족으로 후나도왕(道祖王)이라 한다. 친왕(親王)은 천황의 남자형제와 아들을 비롯한 남자 황족을 의미한다. 756년에 쇼무 천황은 죽음을 앞두고 유언으로 후나도왕을 황태자로 삼았으나 다음 해인 757년 고켄 천황의 명령으로 황태자의 자리를 박탈당했다. 다치바나노 나라마로의 난이 발각되자 나라마로가 옹립하려 한 천황의 후보 중에 후나도의 이름이 있었기 때문에 체포되어 고문을 당한 끝에 옥사하였다.

6_ 아베 내친왕을 천황으로 하고, 후나도 친왕을 황태자로 삼는다는 것을 의미한다.

을 끝냈다. 그 후 천황이 돌아가시자 그 남기신 유언대로 후나도 친왕은 황태자가 되셨다.

한편, 아베 내친왕이 고묘光明 황후皇后[7]와 함께 나라의 궁에 계셨을 때 온 나라 사람들이 모두 노래를 불렀다. 그 내용은 이러했다.

> 젊어서 죽게 된 왕[8]이여! 가엾게도 죽게 된 왕이여!
>
> 그 뜻은 다음과 같다.[9] 도토로키[10]여! 너의 목숨은 언제 팔려버리는 것인가. 아, 불쌍하도다. 가자미여, 너의 목숨은 언제 팔려버리는 것인가.[11]

이러한 노래가 불린 후, 여제 고켄 천황[12]과 고묘 황후 시대인 덴표쇼호天平勝宝 9년757 8월 18일에 연호를 바꾸어 덴표호지天平宝字

7_ 701-760. 쇼무 천황의 황후이자 고켄 천황의 어머니이다. 신하의 딸로서 황후에 오른 최초의 인물로서 불교에 대한 신앙이 깊었다.

8_ 여기서는 후나도왕을 지칭한다.

9_ 원문은 '破注'이다. '파(破)'는 불교용어로 '해석, 주석'의 뜻으로 난해한 문장에 대하여 주석의 형태로 알기 쉽게 설명한 것으로 앞서 인용한 가요의 2수에 대하여 주석의 형태로 알기 쉽게 설명한 것이다. 한편, 『신일본고전문학대계(新日本古典文学大系)』의 주석에서는 '破玉'으로 하여 '구슬이 부서지다'로 풀이하였다.

10_ 미상. 문맥상 누군가에게 팔려 죽게 된 처지에 처한 생선종류라 생각된다. 한편, 『신일본고전문학대계』의 주석에서는 '非綾'라는 한자에 착안하여 '비단이 찢어지다'로 풀이하였다.

11_ 교카이는 이 대목에서 후나도왕의 벗어날 수 없는 불쌍한 운명에 대하여 가자미가 잡혀 바구니 속에 있는 모습이 편평하여 다른 물고기보다도 특히 힘이 없고 불쌍해 보인다는 것으로 비유하고 있다.

12_ 제46대 천황(재위 749-758). 쇼무 천황의 둘째 딸. 다치바나노 나라마로의 난 때 준닌 천황에게 황위를 물려주고 상황(上皇)이 되어 승려인 도쿄와 손을 잡고 준닌 천황과 대립하였다. 후지와라노 나카마로의 난 후 천황을 폐위시키고 다시 천황에 즉위하여 48대 쇼토쿠(称徳) 천황이 되었다.

원년으로 하였다. 그해에 황태자인 후나도 친왕을 궁전인 □□[13] 전에서 쫓아내고 옥에 가두어 죽였다. 이와 함께 기부미왕黄文王[14]과 시오야키왕塩焼王,[15] 그리고 그 일족 사람들도 함께 죽였다. 또 덴표호지 8년764 10월에 준닌 천황[16]은 고켄 천황에게 공격을 받아 천황의 자리에서 물러나 아와지淡路[17] 지방에서 숨어 살았다. 또한 고켄 천황은 후지와라노 나카마로를 비롯한 그 일족들도 함께 죽였다. 이에 앞서 온 나라 사람들이 함께 부른 노래는 이 친왕[18]이 멸망하려던 전조였던 것이다.

또 마찬가지로 고묘황후가 계셨을 때 천하의 사람들이 모두 부른 노래는 이러하였다.

스님들을 치마[19]를 입는다고 얕보고 있다네. 하지만 치마 속에는 허리

13_ 결자(欠字)로 알 수 없으나 후나도 황태자가 있던 곳이라면 우도읍(右京)에 있던 저택이라 생각된다.

14_ ?-757. 나라 시대의 황족으로 덴무(天武) 천황의 증손자. 다치바나노 나라마로의 난 때 기부미왕을 즉위시키려 하였으나, 이것이 후지와라노 나카마로 주도의 정부에게 발각되어 고문을 당한 끝에 죽었다.

15_ ?-764. 나라 시대의 황족으로 후나도왕의 형. 다치바나노 나라마로의 난 때는 새로운 천황의 후보의 한 명으로 거론되었다며 의심을 받았으나 결국 면죄되었다. 따라서 시오야키왕까지 죽였다는『일본영이기』의 기술은 역사적인 사실과는 맞지 않는다.

16_ 제47대 천황(재위 758-764). 쇼무 천황의 유언에 의해 태자로 책립된 후나도왕을 대신하여, 당시 미혼이었던 여제 고켄 천황에 의해 태자로 책립되어 즉위하였으며, 이는 후지와라노 나카마로의 추천에 의한 것이었다. 그러나 나카마로의 도쿄 배척이 실패로 끝나자 폐위(廃位)되고 아와지(淡路) 지방으로 유배를 가게 되었다.

17_ 현재의 효고 현(兵庫県) 아와지시마(淡路島) 섬.

18_ 후나도왕, 기부미왕, 시오야키왕, 준닌 천황을 지칭한다

19_ 원문은 '裙'이다. 옛날 여성이 아랫도리에 입던 치마와 비슷한 옷으로, 승려나 사경생(寫經生)도 이 옷을 입었다. 따라서 승려의 복장은 여성처럼 보이는 경

띠와 쇠망치[20]가 달려 있다네. 이것이 점점 커지면 두려울 것이로다.

또 다른 노래는 이러했다.

나의 불알이여 허벅지 사이에서 잠자코 있거라. 훌륭한 인물이 될 때까지[21]

이렇게 노래를 불렀다. 여제 쇼토쿠 천황 덴표진고天平神護 원년 765 초에 유게弓削[22]씨의 승려 도쿄道鏡[23]법사가 쇼토쿠 천황과 같은 베개를 베고 정을 나누며 천하의 정치를 장악하여 통치하였다. 이 노래는 도쿄법사가 쇼토쿠 천황과 같은 베게를 베고 정을 통하며 천하의 실권을 잡은 사건의 전조였던 것이었다.

또 마찬가지로 고묘황태후 때에는 이런 노래가 흘러다녔다.

우가 있었다.

20_ 거적을 짤 때 쓰는 도구로서, 추처럼 생겼으며 남성의 성기를 상징한다.

21_ 이 번역에서는 다다 가즈오미(多田一臣, 2004)의 의견에 따라 앞의 노래를 도쿄법사의 성기에 대한 노래로, 뒤의 노래를 음낭에 대한 노래로 해서하였다. 그 외에도 『신일본고전문학대계』의 주석에서는 앞의 노래를 남성이 여성을 유혹하는 노래로, 뒤의 노래를 여성이 남성을 유혹하는 노래로 해석하여 '여성의 성기 옆 허벅지 사이에서 잠자고 있거라. 훌륭한 인물이 될 때까지'로 풀이하였으며, 『신편일본고전문학전집』의 주석에서는 '어두운 나무 그늘에서 잠자고 있거라 공주님이여. 어른이 될 때까지'로 풀이하였으나 구체적으로 무엇을 상징하는지는 언급하지 않았다.

22_ 고대 일본에서 활을 제작하는 유게베(弓削部)를 통솔하던 씨족이다.

23_ ?-772. 나라 시대의 법상종(法相宗) 승려로서 유게 씨 출신이다. 쇼토쿠 천황에게 신임을 얻어 정계에 진출하여 태정대신선사(太政大臣禅師), 법왕(法王)이 되어 권력을 휘둘렀다. 결국 천황의 자리를 노리다 후지와라(藤原) 씨 및 와케노 기요마로(和気清麻呂)에게 저지당하였으며, 천황이 죽은 후 시모쓰케(下野, 현재의 도치기현)의 야쿠시지(薬師寺) 절 별당으로 좌천되어 죽었다.

여인을 만나러 약속했던 나무 밑으로 가니 여인은 없고 배불리 먹어 뚱뚱한 중이 찾아온다네.

이러한 노래가 불렀다. 이것은 정말로 같은 때에 도쿄법사를 법황法皇[24]으로 하고 가모鴨씨의 승려인 인고법사韻興法師[25]를 법신참의法臣参議[26]로 하여 천하의 정치를 장악한 전조라는 것을 알 수 있다.

또 나라의 궁에서 25년간 천하를 통치하신 쇼무 천황 시대에 천하의 사람들이 모두 부른 노래는 이러하였다.

아침해가 비치는 도요라데라豊浦寺 절[27]의 서쪽편에 있는 <얼시구 좋다>[28] 사쿠라이 우물[29]에 <얼시구 좋다 절시구 좋다> 사쿠라이 우물에 백옥이 가라앉아 있구나. 좋은 옥이 가라앉아 있구나. <얼시구 좋다 절시구 좋다> 그 옥과 같은 분이 세상으로 나오면 나라가 번창

24_ 원래는 천황이 자리를 물려주고 불도에 귀의한 것을 말한다. 그러나 여기에서는 문맥상 승려이면서 천황의 지위에 오른 것을 뜻한다.

25_ ?-?. 나라 시대 간고지(元興寺) 절의 승려로서 도쿄의 제자이다. 도쿄정권의 일원으로 권세를 장악하였다.

26_ 승려이면서 대신(大臣), 참의(参議)의 지위에 오른 것을 말하며, 승려가 정치를 좌지우지한 것을 뜻한다.

27_ 나라 현(奈良県) 다카이치 군(高市郡) 아스카 무라(明日香村) 도요우라(豊浦)에 있던 절이다. 긴메이(欽明) 천황 13년(552) 소가노 이나메(蘇我稲目)가 백제의 성왕(聖王)으로부터 받은 불상과 불경을 자택에 안치하여 고겐지(向原寺) 절이라 불린 것이 시초이다. 후에 스이코(推古) 천황 원년(593)에 도유라궁(豊浦宮)의 땅을 하사받아 불당이 건립되어 도요라데라 절로 불리게 되었다.

28_ 원문은 'おしてや'이다. 하야시코토바(囃子詞)라 하여 가요의 중간이나 끝에 장단을 맞추기 위해 넣는 말이다.

29_ '사쿠라이라는 좋은 우물이 도요라데라 절의 서쪽편에 있었다'는 의미이다. 야마토(大和) 평야는 지질(地質)이 좋지 않아 좋은 우물이 없었으므로 좋은 우물이 더욱 유명해진 것이다.

할 것이라네. 우리 집이 번창할 것이라네. ＜얼시구나 좋다＞

이렇게 노래를 불렀다. 후에 여제 쇼토쿠 천황 시대, 진고케이운神護景雲 4년770 8월 4일에 고닌 천황이 즉위하셨다. 그리고 같은 해 겨울 10월 1일에 쓰쿠시筑紫[30] 지방에서 거북이를 바쳤기에 연호를 고쳐 호키宝亀 원년으로 하고 천하를 통치하셨다. 이러한 이유로 정말로 방금의 노래는 고닌 천황이 천하를 통치하시려는 전조[31]임을 알 수 있을 것이다.

또 나라의 궁에서 천하를 통치하신 여제 쇼토쿠 천황 시대에 온 나라 사람들이 모두 부른 노래는 이러하였다.

천황이 있는 후지와라 궁藤原宮으로 똑바로 향해 있는 야마베山部 비탈길[32]을 아프게 밟지 말거라. 비록 흙이라 하더라도.[33]

이렇게 노래가 불린 후 고닌 천황 시대인 덴오天応 원년781 4월 15일에 야마베 친왕이 즉위하여 간무 천황이 되시고 천하를 통치하셨다. 이러한 이유로 정말로 방금의 노래는 간무 천황이 천하를 통치하시는 전조임을 알 수 있다.

간무 천황 시대인 엔랴쿠延暦 3년784 겨울 11월 8일 술시戌時[34]부

30_ 현재의 규슈(九州) 지방에 해당한다.

31_ 고닌 천황은 즉위하기 전에는 시라카베노 오키미(白壁王)로 불렸으며, 앞 노래의 '백옥'에서 '백(白)'이 공통된다. 따라서 '그 옥과 같은 분이 세상으로 나온다'는 구절은 시라카베노 오키미가 천황으로 즉위하는 것을 상징한다.

32_ 나라 현 다카이치 군에 있다. 간무(桓武) 천황이 야마베 친왕(山部親王)이라 불렸던 것에서 유래된 것이다.

33_ 이 노래는 야마베 친왕이 간무 천황으로 즉위할 전조가 된다고 기술되어 있으나 어느 부분이 이와 같이 해석해야 할 것인지는 미상이다.

터 다음 날 인시寅時[35]쯤까지 하늘의 별들이 모두 움직이며 어지럽게 날아다녔다.[36] 같은 달 11일에 천황은 사와라早良 황태자[37]와 함께 나라의 궁을 나가오카 궁長岡宮[38]으로 옮겼다. 하늘에서 별이 날며 움직인 것은 천황이 황궁을 옮기시는 전조였던 것이었다.

다음 해 엔랴쿠延曆 4년785 가을 9월 15일 밤에는 밤새도록 달의 표면이 검고 빛이 사라져 하늘이 어두웠다.[39] 같은 달 23일 해시亥時[40] 시키부노쿄式部卿[41] 정3품 후지와라노아손 다네쓰구藤原朝臣種繼[42]가 나가오카궁의 주택지에서 고노에近衛[43]의 도네리舍人[44]인 오

34_ 저녁 일곱 시부터 아홉 시에 해당한다.

35_ 새벽 세 시부터 다섯 시에 해당한다.

36_ 별똥별이 떨어진 것을 말한다.

37_ 고닌 천황의 아들이며 간무 천황의 동생.

38_ 엔랴쿠 3년(784)부터 13년(794)까지 현재의 교토 부(京都府) 무코 시(向日市), 나가오카쿄 시(長岡宮市), 교토 시(京都市) 니시쿄 구(西京区)에 있던 일본의 수도이다. 간무 천황의 칙명에 의해 헤이조쿄(平城京 현재의 나라)에서 북쪽으로 약 40km 떨어진 나가오카(長岡)로 수도를 이전하여 헤이조쿄의 지리적인 약점을 극복하려 한 도시이다. 즉, 나가오카의 근처에는 가쓰라가와(桂川) 강과 우지가와(宇治川) 강 등 3개의 커다란 강이 요도가와(淀川) 강으로 되는 합류점이 있었고, 전국으로부터 온 물자를 육지로 나르는 항구를 설치하여 여기에서 작은 배로 옮기기도 하였다. 이 배로 강을 거슬러 올라가면 곧바로 수도 중심부까지 도달할 수 있었던 것이었다. 이처럼 나가오카쿄는 배를 통하여 효과적으로 물자를 나를 수 있었으며, 육로를 사용하여야만 하였던 헤이조쿄의 문제점을 극복할 수 있었다.

39_ 개기월식으로 달이 밤새도록 보이지 않은 것을 말한다. 이날 밤에 일어난 개기월식은 와타나베 도시오(渡辺敏夫, 1979)에 의하면 오늘날의 천문학적인 계산과 일치한다고 한다.

40_ 저녁 아홉 시부터 열한 시에 해당한다.

41_ 시키부쇼(式部省)의 장관. 문관의 인사고과, 예식(礼式), 임관 등을 담당하였으며, 관리양성기관인 다이가쿠료(大学寮)를 통괄하였다.

42_ 737-785. 나라 시대 말기에서 헤이안 시대 초기까지의 정치가로서, 간무 천황에게 중용되어 정치적인 실무는 다네쓰구와 동복 동생인 사와라 황태자가 맡았다. 그러나 나가오카 조궁(造宮)이 진행됨에 따라 사와라 황태자와의 관

지카노스쿠네 고즈미雄鹿宿禰木積와 하하키노 모치마로波々岐将丸에게 사살되었다. 그때 달빛이 사라진 것은 다네쓰구가 죽을 것을 알리는 전조[45]였던 것이다.

같은 천황 시대인 엔랴쿠 6년787 가을 9월 4일 유시酉時[46]에 나 승려 교카이는 자신의 죄를 반성하여 보니 부끄러운 마음이 들어 슬퍼 한탄하며 말하였다.

"아아 부끄러운 일이로구나. 면목없는 일이로구나. 이 세상에 태어나 살아가고는 있지만 영원히 살 수는 없도다. 인과因果[47]의 원리에 걸려 애욕의 그물에 몸이 감기며, 번뇌의 마음에 이끌려 미혹된 세상에서 생사의 윤회를 반복하고, 생활을 위하여 사방팔방으로 뛰어다니면서 살아 있는 몸을 불사른다. 속세에서 생활하면서 처자식을 데리고 있다.[48] 그러나 양육하고자 하여도 물건이 없고, 밥과 반찬도 없으며 소금도 없다. 옷도 없고 땔나무도 없다. 매사

계는 점차 악화되었는데, 그 이유는 다네쓰구는 문관 인사의 실권을 쥔 시키부쿄이며 또한 조궁사(造宮使) 장관으로 수완이 좋았기 때문에 사와라 황태자보다 주위로부터의 신망을 얻었기 때문이다. 그러던 중 엔랴쿠 4년(785)에 도구보(春宮坊, 황태자와 관련된 사무를 보던 이)의 관리와 오토모(大伴) 씨의 음모에 의해 죽임을 당했다.

43_ 천황을 호위하는 무관.

44_ 천황이나 황족들을 가까이 모시며 시중들던 사람들을 말하며, 고노에의 병사들을 지칭하기도 하였다.

45_ 다네쓰구(種継)의 '쓰구(継)'는 '달(쓰키: つき), 잇다(쓰쿠: つぐ)'를 연상시키기 때문이다.

46_ 저녁 다섯 시부터 일곱 시에 해당한다.

47_ 불교의 근본교리 가운데 하나로서, 선악의 업에는 반드시 그에 따른 선악의 응보가 있다는 도리.

48_ 교카이는 승려이면서 아내와 자식을 데리고 속세의 사람들과 같은 생활을 하였던 것을 의미한다.

에 아무것도 없어 슬퍼하니 나의 마음은 평안하지 않다. 낮에도 배고프고 추우며 밤에도 배고프고 춥다. 나는 전생에 공양하는 공덕을 쌓지 않았다. 부끄럽구나 나의 마음이여. 비천하구나 나의 행동이여."

이렇게 참회하면서 자다가 자시子時[49]에 꿈을 꾸었다. 한 걸식승[50]이 나의 집에 와서 불경을 읊으면서 설법하면서 말하였다.

"상품上品의 선행의 공덕功德[51]을 쌓으면 1장丈 7척尺[52]의 큰 키가 될 수 있을 것이다. 하품下品의 선행의 공덕을 쌓으면 1장의 키가 된다."

교카이가 이 말을 듣고 고개를 돌려 걸식승을 유심히 보자 기노쿠니 지방紀伊国 나쿠사 군名草郡 구스미노구리 마을楠見粟村[53]에서 살고 있는 사미승沙彌僧[54] 교니치鏡日[55]였다. 그런데 점점 가까이 다가

49_ 밤 열한 시부터 새벽 한 시에 해당한다.

50_ 다른 사람의 문 앞에서 탁발을 치면서 수행하며 구걸하는 승려.

51_ 원문은 '上品善功德'이다. 선행을 상・중・하로 분류하였을 경우 '상품(上品)'은 상급에 해당하는 것이며, '공덕'은 부처님에게 기도나 기부를 하여 좋은 업보를 기대할 수 있는 행위를 말한다. 『관무량수경(觀無量壽經)』에 의하면, 상품은 대승(大乘)의 가르침을 따라 인과응보의 도리를 믿고 극락왕생을 바라는 사람들을 말하고, 중품(中品)은 소승(小乘)의 계율을 지키는 것을 통하여 극락왕생을 바라며 그중에서 가장 아래의 등급인 중품하생(中品下生)은 부모에게 효도를 다하는 등 세속적인 복덕(福德)을 쌓는 것을 통하여 극락왕생을 바라는 사람들을 말한다. 하품(下品)에 속하는 사람들은 상품이나 중품의 사람들이 행하는 복덕을 행하지 않는 것뿐 아니라 오히려 여러 가지 악행을 저지르는 일반인들을 말한다. 그러나 이러한 사람이라도 승려들의 가르침을 따라 나무아미타불(南無阿弥陀佛)의 염불을 외우면 극락왕생할 수 있다고 한다.

52_ 1장(丈)은 약 3m에 해당하며, 1척(尺)은 1장의 1/10이다. 따라서, 1장 7척은 5m가 조금 넘는다. 한편, 석가의 키는 1장 6척이었다.

53_ 현재의 와카야마 현(和歌山県) 가이소 군(海草郡)에 해당하며, 구스미노구리 마을은 미상.

54_ 불교에 입문한 지 얼마 되지 않아 아직 수행을 충분히 쌓지 않은 승려.

가 보자 그 승려 앞에 길이 2장, 넓이 1척 정도 되는 나무판자[56]가 있었는데, 높이 1장 7척과 1장의 위치에 표시가 있었다. 교카이가 이것을 보더니 물어보았다.

"이것은 상품의 공덕과 하품의 선한 공덕을 쌓은 사람의 키를 표시한 것입니까?"

그러자 대답은 이러하였다.

"말씀하신 바와 같습니다"

이에 교카이는 부끄러운 마음이 생긴 나머지 손가락을 튕기며[57] 말하였다.

"상품의 공덕과 하품의 공덕을 쌓으면 이처럼 키가 커질 수 있는데, 나는 전생에 하품의 공덕조차 쌓지 않았기 때문에 키가 단지 5척 남짓밖에 되지 않는다. 부끄러운 일이로다."

이렇게 후회하며 슬퍼하자 옆에 있던 사람들이 모두 이 말을 듣고 말하였다.

"아아. 정말로 그렇구나."

그때 내가 밥을 지으려 하고 있었기 때문에 흰 쌀 반 되 정도를 그 걸식승에게 드리며 공양을 베풀었다. 그러자 걸식승은 주문을 외워 기도하고 받은 후 곧바로 두루마리 책을 꺼내어 교카이에게 주면서 말하였다.

"이 책을 옮겨 적으십시오. 중생들을 구원하기에는 훌륭한 책입

55_ 미상.

56_ 이 판자에는 전생에서의 행실에 대한 선악이 기록되어 있다. 그러나 이 설화에서 묘사되어 있는 거대한 나무판자의 존재는 당시로서는 상당히 특이한 모양이었다.

57_ 엄지손가락의 바닥에 구부린 손가락의 손톱을 대고 튕기는 것으로, 허락・경고・기피・기쁨・후회・아쉬움 등의 기분을 나타낼 때 하는 행위이다. 여기서는 후회하거나 아쉬워하는 마음을 나타낼 때 하는 행동이다.

니다.”

교카이가 이것을 보니 듣던 대로 좋은 책인 『제교요집諸教要集』[58] 이었다.

그런데 교카이는 한탄하며 말하였다.

“종이가 없으니 어찌 하면 좋겠습니까?”

그러자 걸식승은 낡은 종이를 꺼내어 교카이에게 주면서 말하였다.

“이 종이에 옮겨 적으십시오. 저는 다른 곳으로 가서 걸식을 하고 다시 돌아오겠습니다.”

걸식승은 이렇게 말하고 나무판자와 책을 모두 놓고 떠났다. 이것을 보고 교카이는 말하였다.

“이 승려는 평상시에는 걸식하는 이가 아니다. 무슨 이유로 걸식을 하는 것일까?”

그때 어떤 이가 대답하였다.

“그 사람은 아이가 많습니다. 양육하려 해도 가진 것이 없어 걸식을 하면서 양육하고 있습니다.”

이러한 꿈의 해답이 무엇인지 자세히 모른다. 단지 부처님의 성스러운 가르침이 아닐까라고 생각한다. 방금 그 승려는 관세음보살觀世音菩薩[59]이 인간으로 모습을 바꾸어 나타난 것일 것이다. 어째

58_ 미상. 당나라 도세(道世 ?-683)가 편찬한 불교 백과사전인 『제경요집(諸經要集)』을 지칭하는 것으로 보이나 확실한 것은 미상이다. 『제경요집』은 같은 저자에 의한 『법원주림(法苑珠林)』(668)과 함께 중국불교사상 가장 중요한 ‘유서(類書)’로 평가받고 있다. ‘유서’란 사항·어구·내용 등으로 분류하거나 편집한 것으로 이것을 이용하면 원작을 보지 않아도 되는 책으로서 지식의 검색을 용이하게 하기 위하여 만들어진 책이다. 『제경요집』은 20권으로 구성되어 대승불교와 소승불교의 경(經)·율(律)·논(論) 200여 종을 참고하여 집필하였고, 내용별로 분류되어 있어 후대에 많은 이들이 참고하였다. 그러나 자세한 내용을 100권으로 구성된 『법원주림』에 미루는 경우가 많이 있다.

서 이렇게 생각할 수 있는 것인가 하면, 아직 구족계具足戒[60]를 받지 않은 이를 사미沙弥라고 한다. 관세음보살도 이와 마찬가지이다. 왜냐면 올바른 깨달음을 얻고는 있지만, 번뇌를 가지고 있는 중생들에게 은혜를 베풀기 위해 수행의 과정에 있기 때문이다. 또한 승려가 걸식을 한다는 것은 보문품普門品[61]에서 관음보살이 서른세 가지의 모습으로 나타나신다고 설법하고 있는 모습 중 하나이다. 상품의 1장 7척이라는 것은 정토에서의 모든 덕에 의한 결과이다. 1장은 '과수果數'라 부르며 가득 차 있어서 부족함이 없기 때문이다. 7척은 '인수因數'라 부르며 완전히 채워지지 않았기 때문이다. '하품의 1장'이란 인간계와 천상계에 사는 인간들이 가지고 있는 번뇌에 대한 고통이 나타난 것이다.[62] 잘못을 반성하여 부끄러워하는 마음이 생겨 손가락을 튕기며 참회한다는 것은 원래부터 가

59_ '세상의 중생(世)'의 '목소리(音)'를 '살펴보시고(觀)' 그들을 고뇌로부터 구제하여 준다는 '보살(菩薩)'이다. 관세음보살의 모습은 머리에는 관을 쓰고 있으며, 손에는 버드나무가지 또는 연꽃을 들고 있고 다른 손에는 정병을 들고 있는데, 사람들의 모습에 따라 큰 자비를 베풀기 때문에 천변만화(千變萬化)의 모습을 지닌다고 한다.

60_ 소승불교에서 불자로서 지켜야 할 계율을 말하며, 비구(比丘)는 250가지, 비구니(比丘尼)는 348가지가 있다. 이것은 일체의 행위에 청정(淸淨)을 약속하여 정식으로 불교교단에 들어가기 위한 조건이 되기도 하며, 스리랑카나 미얀마, 태국 등에서는 아직도 행해지고 있다.

61_ 『법화경』 제8권 제25품(品) 「관세음보살보문품(觀世音菩薩普門品)」을 말한다. 관세음보살이 서른세 가지의 모습으로 나타나 중생들을 구원하고 소원을 이루게 하며 널리 교화하여 설법한다는 내용이다.

62_ 교카이의 해석에 의하면, 꿈에서 사미승이 보여준 두 종류의 키는 관음보살이 교카이에게 나타낸 두 종류의 삶을 말한다. 하나는 정토(淨土)에서 태어나는 것이며, 다른 하나는 인간계(人間界)나 천상계(天上界)와 같은 미혹된 세계에서 태어나는 것을 말한다. 즉, 인수(因數, 7척)와 과수(果數, 1장)를 모두 포함하는 '상품'의 키는 정토에서 태어나기 위한 업인(業因)과 보과(報果)를 상징하며, 과수의 '하품'의 키는 미혹된 세계에서 태어나는 보과를 상징한다.

능성[63]이 있었기 때문에 지혜와 수행을 더하면 먼 전생의 죄를 없앨 수 있으며, 아득히 먼 내세에서의 선善을 불러올 수 있는 것이다. 자신의 행동을 부끄러워하는 사람은 머리카락과 수염을 깎고 승복을 입는다. 손가락을 튕기며 참회하는 사람은 죄를 없애고 복을 얻게 되는 것이다.

"나의 키가 단지 5척 남짓밖에 안 된다."

이 말에서 5척은 중생이 죽은 후에 가게 되는 다섯 세계[64]를 말한다. '남짓'이라는 것은 상계上界와 하계下界 중 어느 쪽으로 갈지 정해지지 않은 것[65]으로 마음을 어떻게 가지는가에 따라 결정된다. 왜냐하면 척도 아니고 장도 아니고 수가 아직 정해지지 않았기 때문이다. 또한 마음가짐에 따라 다섯 세계[66] 중 어느 한 곳으로 갈 수 있는 원인이 되기 때문이다.

흰 쌀을 바쳐 걸식승에게 드리는 것[67]은 대백우차大白牛車[68]를 얻기 위하여 소원을 빌고 불상을 만들며 대승경전大乘經典[69]을 새로 옮

63_ 원문은 '種子'이다. 인간의 마음속에 선천적으로 갖추어져 있어 모든 현상을 일으킬 수 있는 원인이 되는 것을 말한다.

64_ 원문은 '五趣'이다. 중생이 생전에 행한 선악의 행위에 대한 응보로 인해 죽은 후에 가게 되는 다섯 가지의 세계로서, 천상(天上) · 인간(人間) · 아귀(餓鬼) · 축생(畜生) · 지옥(地獄)을 말한다.

65_ 교카이의 해석에 의하면, 교카이 자신의 키가 '5척 남짓'이라는 것은 악취(惡趣)로의 길과 성불(成佛)로의 길의 기로에 자기자신이 서 있다는 것을 말한다.

66_ 원문은 '五道'로서 앞 주석의 '五趣'와 같은 말이다.

67_ 교카이의 해석에 의하면 악취와 성불의 기로에 서 있었으나 흰 쌀을 걸식승에게 바치는 것으로 인해 성불의 길로 전환한 것을 말한다.

68_ 미혹의 세계로부터 벗어나고 부처가 되도록 인도한다는 훌륭한 수레로서, 온갖 보물로 휘황찬란하게 장식하였으며, 크고 아름다운 흰 소가 이끈다고 한다. 대승(大乘)의 가르침을 상징한다.

69_ 대승불교(大乘佛教)에서 중요시하는 경전으로 『화엄경(華嚴經)』, 『법화경(法華經)』, 『반야경(般若經)』, 『무량수경(無量壽經)』 등을 지칭하며, 여기서는 『법화경』을 뜻한다.

겨 쓰고, 정성을 다하여 선한 인과를 얻기 위해 수행하는 것이다. 걸식승이 주문을 외워 기도하고 공양을 받은 것은 관음보살이 소원을 들어주시는 것을 의미한다. 『제교요집』이라는 책을 주시는 것은 새롭게 보살을 위하여 선행을 거듭하며, 불도 수행자에게는 소중한 지혜를 주시는 것을 의미한다. 낡은 종이를 주시는 것은 전생에 원래부터 선의 원인이 되는 보리菩提[70]가 있었으나 그것이 덮여있어 오랫동안 형태를 보이지 않았다가 이것이 선을 닦는 것을 통하여 나중에 나타난 것을 의미한다.

"저는 다른 곳으로 가서 걸식을 하고 다시 돌아오겠습니다."

라 말하였는데,

'다른 곳에 가서 걸식을 한다.'

는 것은 사람을 가리지 않는 관음보살의 큰 자비심이 세상[71]에 널리 퍼져 중생들을 구제하시는 것을 뜻한다.

"돌아오겠습니다."

라는 것은 교카이가 바라는 것이 이루어졌을 때 복덕福德과 지혜智慧를 얻게 하려고 하시는 것이다.

"평상시에는 걸식하는 사람이 아니다."

라는 것은 교카이가 소원을 빌지 않았다면 아무런 보답이 없다는 것을 뜻한다.

"무슨 이유로 걸식을 하는 것일까?"

라는 것은 지금 소원을 들어주셔서, 비로소 그 복이 교카이 자신에게 점차로 다가오는 것을 뜻한다.

"그 사람은 아이가 많습니다."

70_ 번뇌를 끊는 것을 통하여 얻을 수 있는 깨달음의 지혜, 또는 깨달음의 경지에 도달한 것을 말한다.

71_ 원문은 '法界'로서, 불법이 이루어지고 있는 세계.

는 것은 불도를 믿도록 교화시켜야 할 중생이 많다는 것을 뜻한다.

"양육하려 해도 가진 것이 없다."

는 것은 불도와 인연이 없는 중생을 성불시키는 방법이 없음을 뜻한다.

"걸식을 하면서 양육하고 있습니다."

는 것은 인연이 없는 사람들에게 인간계나 천상계에서 다시 태어나게 하여 불도와 인연을 맺도록 하는 것을 의미한다.

또한 나 승려 교카이가 꿈에서 본 다른 한 가지는 엔랴쿠 7년788 봄 3월 17일 밤에 꾼 꿈이다. 내가 죽었을 때 장작을 쌓아 죽은 몸을 태웠다. 그러자 나의 영혼이 시체를 태우고 있는 옆에서 지켜보았는데[72] 생각대로 타지 않았다. 그래서 나의 영혼이 직접 작은 나뭇가지를 가지고 타고 있는 나의 몸을 꼬챙이에 꿰듯이 찔러 뒤집어서 구웠다. 그리고 나보다 먼저 타고 있는 사람들에게 가르쳐 주었다.

"나처럼 잘 태우시오."

그 후 나의 발, 무릎, 관절의 뼈, 팔꿈치, 머리가 모두 타서 떨어져 나갔다. 그러자 나의 영혼이 소리를 치며 옆에 있던 사람의 귀에 입을 대고 크게 외쳐 유언을 말하였는데 그 목소리는 공허히 울려퍼져 들리지 않았기 때문에 옆 사람은 대답을 하지 않았다. 그래서 나 교카이는 생각하였다.

'죽은 사람의 영혼은 목소리가 없기 때문에 내가 외치는 목소리도 들리지 않는 것이로구나.'

그런데 이 꿈이 무슨 일의 전조일지 아직 나타나지 않았다. 단

72_ 죽음에 이르자 영혼이 육체로부터 빠져나온다는 관념에 의하여 영혼이 주체가 되어 서술되고 있다.

지 나 자신은 오래 살 수 있을 것인가, 아니면 높은 벼슬을 얻을 수 있을 것인가, 그리고 앞으로 이번 꿈에서 본 것에 대한 해답을 기다려 어떤 일이 일어날지 알고 싶다. 그러던 중에 나는 엔랴쿠 14년795 겨울 12월 30일에 전등주위伝灯住位[73]의 지위에 올랐다.

간무 천황이 나라의 궁에서 천하를 통치하시던 엔랴쿠 16년797 여름 4, 5월쯤의 일이다. 나의 방에서 밤마다 여우가 우는 소리가 들렸다. 그러더니 내가 직접 만든 당의 벽을 파고 안으로 들어와서 부처를 모신 불좌 위에 똥을 누어 더럽혔다. 그리고 어떤 때에는 낮동안 내내 사람들이 사는 집을 향해 울어댔다. 그러다가 시간이 흘러 220여일이 지난 12월 17일에 나의 아들이 죽었다.

또 엔랴쿠 18년799 11, 12월 쯤, 나의 집에서 여우가 울고 또 때때로 씽씽매미가 울었다. 그런데 다음 해인 엔랴쿠 19년800 정월 12일에 나의 말이 죽었다. 또 같은 달 25일에도 말이 죽었다.

이것으로 재난의 전조가 미리 나타나고 나중에 실제로 재난이 닥친다는 것을 잘 알아야 한다. 그런데 나는 아직 헌원황제軒轅黃帝[74]가 중국에 전한 음양陰陽의 이치[75]도 연구하지 않았다. 또한 천

73_ 승려에 대한 위계(位階) 중 하나이다. '전등대법사위(伝灯大法師位)', '전등법사위(伝灯法師位)', '전등만위(伝灯滿位)' 다음에 위치하여 제4위(第四位)에 해당한다. '전등(伝灯)'이란 등불을 계속 태워 전해주는 것을 통하여 꺼지지 않도록 하는 것에 비유한 것으로, 법문(法門)을 잇는 것을 의미한다.

74_ 중국의 건국 신화에 나타나는 제왕으로 삼황오제(三皇五帝) 중 한 명이다. 삼황오제에 대하여는 문헌에 따라 다르나 일반적으로 신농(神農)・복희(伏羲)・여와(女媧)를 삼황으로 하며, 황제(黃帝)・전욱(顓頊)・제곡(帝嚳)・요(堯)・순(舜)을 오제로 보는 것이 일반적이다. 그 중 헌원황제는 중국을 처음으로 통일하여 국가를 세운 군주로서, 문자・의복・수레・60갑자 등의 문명의 창시자로 숭배되고 있다.

75_ 음양오행설(陰陽五行說)에 바탕을 두어 길흉을 판단하는 방법이다. 그런데 헌원황제가 음양오행설을 중국에 전했다고 하는 것은 무엇을 근거로 한 것인지 알 수 없다. 교카이는 아마도 진한(秦漢) 시대에 저술되었으며 현존하는 가

태산天台山[76]의 지자대사智者大師[77]가 도달한 심오한 불교이해의 경지에도 도달하지 못하였다. 그렇기 때문에 재난을 피하는 방법을 모른 채 그 재난을 받았던 것이다. 재난을 없애는 방법을 알려고 하지도 않고 오로지 멸망하는 것을 걱정하기만 하였다.

이에 더욱 불도를 수행하지 않으면 안 된다. 또한 인과응보의 도리를 두려워하지 않으면 안 된다.

원문

災与善表相先現而後其災善答被縁 第卌八

夫善与悪之表相、将現之時、彼善厲之表相、先兼作物形、周行於天下国而歌咏示之。時天下国人、聞彼歌音、出咏伝通也云々。諾楽宮廿五年治天下勝宝応真聖武太上天皇、召於大納言之藤原朝臣仲麿、而御前居詔之、「朕子阿倍内親王与道祖親王二人以之、令治天下欲。云何。是語宜受不也」。仲丸答白、「甚勝能」、御語受白之。時天皇祈御酒令飲、令誓而詔、「若朕遺勅失之者、天地相憾、被大厲。汝今可誓」。時仲丸誓白之、「若我後世、違勅詔之者、天神地祇、憾嗔而被太災、破身滅命」。如是令誓、酒令飲、祷已訖。然而後、

장 오래된 의학서인 『황제내경(黃帝內經)』을 착각한 것으로 보인다. 이 『황제내경』은 헌원황제가 명의인 기백(岐伯)을 비롯한 학자들과 의술에 관하여 문답식으로 토론을 기록한 것으로, 천인합일설(天人合一說)과 음양오행설에 의한 병리학설을 내용으로 하고 있는데, 이것은 진한 시대에 황제의 이름에 가탁하여 지어진 것으로 추정된다.

76_ 중국 저장성(浙江省) 동쪽에 있는 산으로 높이 1,094m이다. 화정봉(華頂峰)을 중심으로 하며, 원래는 도교의 영산(靈山)이었으나 575년에 지자대사가 이곳을 수행지로 정한 이후 천태종의 근본 도량이 되었다.

77_ 중국 천태종의 시조(538-597). 18세때 출가하여 575년부터는 천태산에 머물면서 천태교학(天台敎學)을 확립하였다.

天皇崩之後、如彼遺勅語、以道祖親王為儲君。其天皇之大后、同諸楽宮坐時、挙天下国、而歌咏言、

年少失王、最失王也、破注、非綾止々呂支彼与、志我幾何壳命、衰也、魮鮊等波与、志我幾何壳命。

如是歌咏。然而彼帝姫阿倍天皇、並大后御世之天平勝宝九年八月十八日、改為天平宝字元年。即年儲君道祖親王、従大宮之[ ]殿出、投居獄殺死。並黄文王、塩焼王、又氏々人等、倶殺死。又宝字八年十月、大炊天皇、為皇后所賊、輟天皇位、退於淡路国逼迫矣。並仲丸等、又氏々之人、倶殺死也。彼先挙天下歌詠者、此親皇殄滅表相。又同大后坐時、挙天下国而歌詠言、

法師等乎裙着軽侮、曾之中腰帯薦槌懸。弥発時々、畏卿耶。

又咏言、

我之黒見曾比麻多爾宿給へ、人成マテ。

如是歌咏。帝姫阿倍天皇御世之天平神護元年歳次乙巳年始、弓削氏僧道鏡法師、与皇后同枕交通、天下政相摂、治天下。彼咏歌者、是道鏡法師之与皇后同枕交通、天下政摂表答也。又同大后時、咏言、

正相木本者、大徳食肥而立来也。

如是咏言。是当知、同時道鏡法師以為法皇、鴨氏僧韻興法師以為法臣参議、而天下政摂表答也。又諸楽宮廿五年治天下勝宝応真大上天皇代、挙天下而歌咏言、

朝日刺豊浦寺西有耶、押天耶、桜井尓、押天耶、押天耶、桜井尓、白玉礠著耶、吉玉礠著耶、押天耶、押天

耶、然而者、国曾栄、我家曾栄耶、押天耶。

如是咏之。後帝姫阿倍天皇代神護景雲四年歳次庚戌年八月四日、白壁天皇即位。同年冬十月一日、筑紫国進亀、改為宝亀元年治天下。是以当知、先歌咏者、是白壁天皇治天下表相答也。又諾楽宮食国帝姫阿倍天皇代、挙国歌咏云、

大宮ニ直向山部之坂、痛奈不践曾、土ニハ有止モ。

如是咏而後、白壁天皇代天応元年歳次辛酉四月十五日、山部天皇即位治天下。是以当知、先咏歌者、是山部天皇治天下先表相答也。

山部天皇代延暦三年歳次甲子冬十一月八日乙巳日夜、自戌時至于寅時、天皇悉動、繽紛而飛遷。同月十一日戊申、天皇并早良皇太子、自諾楽宮移坐于長岡宮也。天皇飛遷者、是天皇移宮表也。次年乙丑年秋九月十五日之夜、竟夜月面黒、光消失空闇也。同月廿三日亥時、式部卿正三位藤原朝臣種継、於長岡宮嶋町、而為近衛舎人雄鹿宿禰木積、波々岐将丸所射死也。彼月光失者、是種継卿死亡之表相也。同天皇御世延暦六年丁卯秋九月朔四日甲寅日酉時、僧景戒、発慚愧心、憂愁嗟言、「嗚呼恥哉忝哉。生世命活、存身無便。等流果所引故、而結愛網業、煩悩之所纏、而継生死、馳乎八方、以炬生身。居于俗家、而蓄妻子無養物、無菜食無塩。無衣無薪。毎万物之無、而思愁之、我心不安。昼復飢寒。夜復飢寒。我、先世不修布施行。鄙哉我心。微哉我行」。然而寝之子時夢見。乞食者来於景戒之家、誦経教化云、「修上品善功徳者、得一丈七尺之長身。修下品善功徳者、得一

丈之身」。爰景戒聞之、廻頭而瞻乞人者、有紀伊国名草郡部内楠見粟村之沙弥鏡日也。徐就見之、其沙弥前、有長二丈許、広一尺許板札。於彼札者、一丈七尺与一丈印也。景戒見之問、「斯是修上品与下品善功徳人之身印耶」。答、「唯然也」。爰景戒発慚愧心、弾指而言、「修上品下品善者、得身長如是有也。我先唯不修下品善功徳。故我受身唯有五尺余矣。鄙哉」、弾指悔愁。有側之人聞之皆言、「嗚呼当哉」。即景戒、将炊白米擎半升許、施彼乞者。彼乞者咒願受之、立出書巻、授景戒言、「此書写取。度人勝書」。景戒見之、如言能書、諸教要集也。爰景戒愁、「何無紙」。乞者沙弥、又出本垢、授景戒言、「於斯写之哉。我往他処、乞食還来」。然置札并書而去。爰景戒言、「斯沙弥、常非乞食之人。何故乞食耶」。有人答言、「子数多有。無養之物、乞食養也」。夢答未詳。唯疑聖示矣。沙弥者観音変化。何以故、未受具戒、名為沙弥。観音亦爾。雖成正覚、饒益有情故、居因位。乞食者、普門示卅三身也。上品一丈七尺者、浄土万徳之因果也。一丈者為果数。円満故。七尺者為因数。不満故。下品一丈者、人天有漏之苦果也。発慙愧心、弾指恥愁者、本有種子、加行智行者、遠滅前罪、長得後善也。慙愧者剃除鬢髪、披著袈裟。弾指者、滅罪得福也。我受身唯有五尺余者、五尺者五趣因果也。余者不定種性、廻心向大也。何以故、非尺非丈、数不定故。又為五道因也。擎白米献乞者、為得大白牛車、発願造仏、写改大乗、懃修善因也。乞者咒願而受者、観音応所願也。授書者、新重種子、加行人宗智也。授本垢者、過去時、本有善種子之菩提、所覆久不現形、由修善法、後応得故也。我往他処、乞食還来者、往他処乞食者、観音無縁大悲、馳法界救有情也。還来者、景戒所願畢者、令得福徳智恵也。常非乞食之人者、景戒不発願時、無所感也。何故乞食者、今応所願、漸始福来也。子有多数者、所化衆生也。無養之物者、無種性衆生、令成仏無因也。乞食養者、得人天種子也。

又僧景戒夢見事、延暦七年戊辰春三月十七日乙丑之夜夢見。景戒身死之時、積薪焼死身。爰景戒之魂神、立於焼身之辺而見之、如意不焼也。即自取楉、所焼己身策棠、串梚返焼。云教先焼之他人言、「如我能焼之」。己身之脚膝節骨、臂頭、皆所焼断落也。爰景戒之神識、出声而叫。有側人耳、当口而叫。教語遺言、彼語言音、空不所聞者、彼人不答。爰景戒惟忖、死人之神者無音故、我叫語之音不聞也。夢答未来。唯惟之者、若得長命矣、若得官位。自今已後、待夢見答而知之耳。然延暦十四年乙亥冬十二月卅日、景戒得伝灯住位也。同天皇平城宮治天下延暦十六年丁丑夏四五両月頃、景戒之室、毎夜々狐鳴。并景戒之私造堂壁、狐堀入内、仏坐上屎矢穢、或昼向於屋戸而鳴。然経之二百廿余箇日、以十二月十七日、景戒之男死也。又十八年己卯十一十二箇月頃、景戒之家狐鳴、又時々蠓鳴也。次来十九年庚辰正月十二日、景戒之馬死也。又同月廿五日馬死也。是以当知、災相先兼表、後其実災来也。然景戒未推軒轅黄帝之陰陽術。未得天台智者之甚深解。故不知免災之由、而受其災。不推除災之術、而蒙滅愁。不応不勤。不可不恐也。

|도움말| 총 세 권으로 구성되어 있는 『일본영이기』에 실린 설화를 읽어가다 보면 마지막에서 두 번째 이야기인 이 설화에 도달하게 된다. 그런데 문제는 이 설화를 통하여 지금까지 읽어 오면서 형성되어 왔던 『일본영이기』에 대한 이미지와는 다른 이미지를 가지게 된다는 점이다. 예를 들면, 교카이는 지금까지 인과응보의 섭리에 대하여 자신에 찬 어조로 강하게 주장하여 왔으나 이 설화에서는 약하고 고뇌에 찬 표정이 엿보인다. 또한 지금까지는 서민들의 설화를 중심으로 언급하였는데 비해 이 설화는 작자인 교카이가 직접 듣거나 보았을 리가 만무한 궁중의 정변극政變劇이 중심이 되었다는 점이다. 그중에서 무엇보다도 가장 큰 차이점이라면, 교카이는 지금까지 인과응보의 원리를 증명할 수 있는 사례를 설법하여 왔다. 즉, 좋은 일에 대해서는 좋은 결과가, 나쁜 일에 대해서는 나쁜 결과가 일어난다는 사례를 언급하였는데 비해, 이 설화의 경우 어떠한 일에는 반드시 그에 상응하는 전조가 있다는 것으로서 원인과 결과에 대한 순서가 반대라는 점이다.

한편, 이 설화는 크게 세 부분으로 나뉘어진다. 첫 번째 부분은 어떤 정치적 사건에는 반드시 그 전조로서 서민들에게 가요歌謠가 유행하여 널리 퍼진다는 점이다.

① 황족들의 비극(후나도 친왕의 죽음, 다치바나노 나라마로의 난, 준닌 천황의 폐위)

② 도쿄와 관련된 추문醜聞과 그의 집정執政

③ 시라카베왕의 즉위

④ 야마베왕(간무 천황)의 즉위

어떠한 사건의 전조로서의 가요는 중권 33화에도 볼 수 있으나, 이 설화는 국가적인 차원의 사건에 대한 전조라는 점이 다르다.

또한 『일본영이기』의 설화는 시대를 쇼무제聖武帝, 쇼토쿠제称徳帝

로 설정하고 있는 경우가 많이 보인다. 그런데 쇼무제의 경우 쇼무천황이라 하면서 쇼호오신이라는 존칭으로 부르고 있는 데 비해, 쇼토쿠제의 경우 원문에서는 데이키아베帝姫阿倍 천황이라 폄하하여 부르면서 도쿄법사와의 불명예스러운 이야기와 관련짓는 것으로 볼 때 교카이의 역사관이 나타나 있는 것으로 볼 수 있다.

두 번째 부분은 화제를 전환하여 유성이 떨어진 것에 대하여 이것을 나가오카 궁으로 천도하게 된 일의 전조로 생각하며, 월식은 후지와라노 다네쓰구의 암살사건의 전조로 서술하고 있다. 고대 이래로 인간은 하늘의 변화에 민감하게 반응하였으며 이것은 정사正史로 평가받고 있는 『쇼쿠니혼기続日本紀』에도 여실히 나타나 있다. 그 이유는 왕권은 하늘에서 부여받았다는 생각과 함께 중국대륙에서 전해진 음양사상의 영향으로 하늘의 현상이 인간세상의 길흉과 관련이 있다는 생각이 바탕이 되었기 때문이다.

세 번째 부분은 교카이 자신의 일에 대한 전조로서, 지금까지는 제3자의 방관자적인 입장으로 언급하여 왔으나 이 부분은 자기자신의 일에 대하여 서술하고 있다는 점이 다르다. 그 내용을 보면, 하나는 1장 7척의 팻말에 대한 꿈과 또 하나는 교카이 자신이 죽은 후 화장을 당하는 꿈으로, 교카이는 두 가지 꿈을 상세하게 분석하여 해명하려 하고 있다. 여기에서 교카이가 취한 방법은 자신의 꿈의 내용과 현실에서 일어난 사건에 대하여 양자간의 직접적인 관련성을 찾고자 하는 것으로, 예를 들면 교카이가 전등주위의 승위僧位까지 오른 것은 화장을 당하는 꿈을 꾼 것이 원인이며, 여우가 불당에 똥을 누어 더럽힌 것은 자식의 죽음에 대한 전조이며, 여우가 울고 씽씽매미가 운 것은 교카이의 말이 죽은 것에 대한 전조라는 식으로 해석하는 것이다.

물론 이것을 논리적으로는 수긍하기 어렵다. 그러나 교카이가 전하고자 하는 메시지는 이렇다. 모든 사건에는 전조가 있는데 인간은 불행하게도 자신에게 일어날 재난을 미리 알고 그것을 피할 수 있는 방법을 알지 못한다. 그러나 불교에서 말하는 인과응보의 도리만은 불변의 원리로서 존재하고 있으며, 인간은 그러한 원리에서 벗어나지 않기 때문에 불도수행에 정진해야 한다는 것이다.

제39화

지혜와 수행을 갖춘 승려가 인도환생하여 천황의 아들로 태어난 이야기

젠주善珠선사禪師[1]는 속성俗姓을 아토노무라지跡連라고 한다. 어머니 쪽 성을 받아 아토씨가 되었다. 젠주선사는 어릴 적부터 어머니를 따라 야마토 지방大和国 야마노베 군山辺郡 시키시마 마을磯城嶋村[2]에서 살았다. 그 후 출가하여 승려가 되어 열심히 불도 수행에 전념하며 지혜와 수행을 모두 겸비하였다. 그리고 황족을 비롯하여 신하들에게 공경받고 승려와 세속사람들에게도 존경을 받았다. 젠주선사는 오로지 불법을 퍼트리고 사람들을 불도로 이끄는 것을 업으로 삼았다. 그래서 천황[3]은 젠주선사의 덕행을 존경하여

1_ 723-797. 학식과 덕망이 높은 명승(名僧)으로 유명하였으며, 나라(奈良) 시대 불교 역사상 가장 유명한 저술가 중 한 명이다. 아마도 『일본영이기』를 지은 교카이(景戒)와 면식이 있었을 것이라 생각된다.

2_ 현재의 나라 현(奈良県) 시키 군(磯城郡) 사쿠라이 시(桜井市)에 해당한다. 시키시마(磯城島)는 긴메이(欽明) 천황의 황궁이 있던 곳으로 본문에서 야마노베 군이라 하는 것은 잘못이다.

3_ 제50대 간무(桓武) 천황(재위 781-806)을 말한다. 수도를 나라에서 교토(京都)로 옮긴 헤이안조(平安朝) 제1대 천황이다. 에조[蝦夷: 현재의 동북(東北) 지방과 홋카이도(北海道) 지방에 거주하던 사람들]를 정벌하고, 사이초(最澄)와 구카이(空海)를 등용하여 헤이안 시대의 불교를 확립시키고 지방정치를 진흥시키는 등 정치와 사상적인 면에서 큰 업적을 이루었다.

승정僧正의 자리를 하사하였다.[4]

그런데 그 젠주선사의 턱 오른쪽에 큰 점이 있었다. 나라의 궁에서 천하를 통치하신 간무桓武 천황 시대 엔랴쿠延暦 17년798쯤의 일이다. 젠주선사가 임종할 때가 되자 세상 사람들의 관습에 따라 점[5]을 쳐 보았다. 그러자 젠주선사의 영혼이 점쟁이에게 붙어 말하였다.

"나는 반드시 일본 천왕의 후궁인 다지히丹治比[6]의 배 안에 들어가 왕자로 다시 태어날 것이다. 나의 얼굴에는 점이 있는 채로 태어날 것이니 이것으로 나의 말이 거짓인지 진실인지 알 수 있을 것이다."

젠주선사가 죽은 후 엔랴쿠 18년799쯤 다지히 황후가 한 왕자를 낳았다. 그의 턱 오른쪽에 점이 있었는데 그 젠주선사의 얼굴에 있던 점과 똑 같았다. 점이 사라지지 않고 그대로 가지고 태어났기에 이름을 대덕 친왕大徳親王[7]이라 불렀다. 그리고 삼 년 정도 이 세상에서 살아 계시다가 돌아가셨다. 대덕 친왕이 돌아가시기 전에 점을 쳤을 때 친왕의 영혼이 점쟁이에게 붙어 부탁하였다.

"나는 젠주선사이다. 잠시동안 국왕의 자식으로 태어났을 뿐이다. 나를 위해 향을 피우고 공양을 하거라.[8]"

4_ 젠주선사가 승정(僧正)의 위치에 오른 것은 칠대사연표(七大寺年表)에 의하면 782년 1월이며, 『니혼고키(日本後紀)』에 의하면 797년이다. 어느 쪽 설에 따라도 간무 천황 시절이다.

5_ 미상. 원문은 '飯占'으로서 한자의 뜻으로 보아 밥을 사용한 점이라 추정된다. 한편, 이 설화에서는 '飯占'이 두 차례 나오는데 모두 임종 때에 행해졌다.

6_ 간무 천황의 후궁인 다지히노 마무네(多治比真宗 769-823)를 말한다.

7_ 하권 35화에도 '젠주대덕(善珠大徳)'이라는 호칭이 보이며, '대덕'이 다시 태어난 것이므로 '대덕 친왕'이라 불린 것이다. 간무 천황의 11번째 아들이다.

8_ 덕이 있는 법사가 다시 태어난 것이라면 원래는 오래 살아야 할 것이다. 그러나 이 이야기는 턱 오른쪽에 점을 가진 채로 태어난다는 젠주선사의 예언이 실

이것으로 젠주선사가 다시 사람의 몸을 얻어 천황의 아들로 태어난 일이 틀림이 없음을 알아야 한다. 내교內教[9]를 보면,

"사람은 각각의 분수에 따라 각각 다른 집안에서 태어난다."[10]

라고 하는 것은 이것을 말하는 것이다. 이 또한 기이한 일이다.

또 이요 지방伊予国 가미노 군神野郡에 산이 있는데 이름을 이와즈치야마石鎚山 산[11]이라고 한다. 이것은 곧 이 산에 계시는 이와즈치 신石鎚神[12]의 이름이다. 그 산은 높고 험하여 보통사람들은 올라갈 수 없으며 오로지 몸과 마음을 깨끗이 하고 수행한 이만 올라가서 살 수 있다.

옛날 나라의 궁에서 25년간 천하를 통치하신 쇼무聖武 천황[13] 시대, 그리고 마찬가지로 나라의 궁에서 9년간 천하를 통치하신 여제 고켄孝謙 천황[14] 시대의 일이다. 이 산에 몸과 마음을 깨끗이 하여 수행하는 승려가 있었는데 이름을 자쿠센寂仙보살이라 하였다. 당시의 승려나 속인들은 자쿠센보살이 몸과 마음을 깨끗이 하고

현되는지의 여부가 중요하므로 짧게 생을 마감하였던 것이라 풀이할 수 있다.

9_ 불경을 '내전(内典)'으로 하고 그 이외의 가르침을 '외전(外典)'이라 하므로, 불교와 관련된 가르침을 뜻한다.

10_ 『아비달마구사론(阿毘達磨俱舍論)』「분별현성품(分別賢聖品)」에 실린 구절이다.

11_ 현재의 에히메 현(愛媛県) 사이조 시(西条市)에 있으며 시코쿠(四国) 지방에서 가장 높은 산(1,982m)이다.

12_ 이와즈치야마 산의 정상에는 이시쓰치(石槌) 신사가 있는데 이시즈치히코노미코토(石槌毘古命)를 주재신으로 하고 있으며, 예부터 이와즈치야마 산 주변 지역에 사는 사람들을 지키는 수호신으로 모셔지고 있다.

13_ 제45대 천황(재위 724-749). 나라 시대의 전성기를 이끈 천황으로 불교에 대한 신앙이 두터워 도다이지(東大寺) 절을 비롯하여 나라대불(奈良大仏)을 주조한 것으로 유명하다.

14_ 제46대 천황(재위 749-758). 제45대 쇼무(聖武) 천황의 둘째 딸로서 역사상 여섯 번째의 여제이다. 후에 48대 천황으로 다시금 즉위하여 쇼토쿠(称徳) 천황이 되었다.

수행하는 것을 공경하였기 때문에 이를 칭찬하여 보살이라 부른 것이다.

그런데 여제 고켄 천황 9년758인 호지宝字 2년에 자쿠센보살이 죽을 때가 되자 유언을 문서로 남겨 제자들에게 주면서 말하였다.

"나는 죽은 지 28년 후에 천황의 아이로 태어나 이름을 가미노神野라 할 것이다. 이것으로 나 자쿠센이 다시 태어난 것으로 알거라."

그리고는 28년이 지나 헤이안 궁平安宮[15]에서 천하를 통치하신 간무 천황 시대인 엔랴쿠延暦 5년786에 간무 천황의 황자로 태어나 그 이름을 가미노 친왕神野親王이라 하였다. 지금 헤이안 궁에서 14년에 걸쳐 천하를 통치하고 계시는 사가嵯峨 천황[16]이 이 분이다. 이것으로 사가 천황은 성군聖君이라는 것을 알 수 있다. 그렇다면 어떻게 성군이라는 것을 알 수 있는가라고 물어본다면, 세상 사람들은 이렇게 대답할 것이다.

"일본의 법으로는 사람을 죽인 죄인은 반드시 법에 따라 죽인다. 그러나 이 천황은 인仁을 넓힌다弘는 뜻의 고닌弘仁이라는 연호[17]를 내걸고 세상에 전하시며 죽을 죄에 해당하는 사람을 유배 보내시고 그 목숨을 살려 사람들을 다스리셨다. 이것으로 성군임을 분명히 알 수 있다."

15_ 758년에서 28년이 지난 후면 786년에 해당한다. 그러나 784년부터 794년까지는 나가오카(長岡)에 수도가 있었으므로 설화의 내용과는 일치하지 않는다.

16_ 제52대 천황(재위 809-823). 나라 시대에는 천황은 바뀌지 않더라도 연호가 바뀌는 일이 자주 있었으나 사가 천황은 한 연호를 계속 사용하였으며, 수도를 옮기지 않고 헤이안쿄(平安京)에서 계속 거주하였다. 이러한 점에서 당시의 사가 천황은 안정된 인상을 주었기 때문에 '14년에 걸쳐(疏十四秊)'라 표현한 것이다.

17_ '고닌'의 연호를 사용한 것은 810년부터 823년까지 14년간이다.

또 어떤 이는 비난하며 말한다.

"성군이 아니다. 무슨 이유로 이렇게 말하는가 하면 이 천황때에 천하에 가뭄이나 역병이 유행하였다.[18] 또 천재지변과 기근이 계속 일어났음에도 불구하고 매[19]나 개를 길러서 새나 멧돼지, 사슴을 잡았다.[20] 이것은 자비의 마음이라 할 수 없다."

그러나 이 말은 옳지 않다. 천황이 통치하시는 이 나라의 모든 것은 모두 천황의 것이며, 내 것은 바늘로 찌를 정도의 약간의 것도 없다. 이것은 곧 천황이 생각하시는 마음대로 하셔도 된다는 뜻이다. 그래서 백성이라 하여도 어찌 비난할 수 있겠는가. 또한, 중국에서 성군이라고 칭송받던 요순堯舜 시대[21]에도 가뭄이나 역병이 있었기 때문에 사가 천황을 비난할 수는 없는 것이다.

나는 내가 들은 바에 따라 입으로 전해지는 이야기들을 골라 선한 이야기와 악한 이야기를 분류하여 기이한 이야기들을 적어두었다. 부디 이렇게 기록한 공덕을 방황하는 중생들에게 널리 베풀

18_ 『신편일본고전문학전집(新編日本古典文学全集)』의 주석에 의하면 실제로 고닌 3년・8년・10년・12년・13년에 가뭄과 역병이 유행하였다고 한다.

19_ 매를 훈련시켜 사냥하는 것을 말하며 북쪽으로는 몽고, 서쪽으로는 유럽과 남아프리카까지 전 세계적으로 행해진 사냥방법이다. 일본에서는 『니혼쇼키(日本書紀)』의 기록에 의하면 닌토쿠(仁德) 천황 시대인 355년에 첫 기록이 보인다.

20_ 스가와라노 미치자네(菅原道真)가 편찬한 역사서인 『루이주코쿠시(類聚国史)』(892)에 의하면 고닌 천황의 14년간 72회에 걸쳐 사냥을 하였다고 기록되어 있다.

21_ 요(堯)와 순(舜) 모두 중국의 신화속의 군주이다. 요는 중국의 삼황오제(三皇五帝) 신화 중에서 오제에 해당하며, 순과 함께 성군(聖君)을 대표하는 인물로서 덕으로 천하를 통치한 이상적인 군주이다. 주로 뛰어난 군주를 찬양하거나 이상적인 군주를 지칭하는 표현으로 사용되어, 후세의 제왕의 모범이 되었다.

어 서방의 극락정토에서 함께 태어나기를 바란다.

『대일본국현보선악영이기』 권하

나라 우도읍右京 야쿠시지薬師寺 절의 전등주위의 승려 교카이景戒가 쓰다.

삼 권째 쓰다.

원문

智行並具禅師重得人身生国皇之子縁 第卅九

尺善珠禅師者、俗姓跡連也。負母之姓而為跡氏也。幼時随母、居住大和国山辺郡磯城嶋村。得度精懃修学、智行双有。皇臣見敬、道俗所貴。弘法導人、以為行業。是以天皇貴其行徳、拝任僧正之。而彼禅師之顊右方、有大黶也。平城宮治天下山部天皇御世延暦十七年之比頃、禅師善珠、臨命終時、依世俗法、問飯占時、神霊託卜者言、「我必宿於日本国王之夫人丹治比嬢女之胎、将生王子。吾面黶著生以、知虚実耳」。命終之後、延暦十八年之比頃、丹治比夫人誕生一王子。其顊右方黶著、如先善珠禅師之面黶。不失而著生。故名号大徳親王。然経三年許、存世而薨。向問飯占時、大徳親王之霊、託卜者言、「我是善珠法師也。暫間生国王之子耳。為吾焼香供養」者矣。是故当知。善珠大徳、重得人身、生人王之子矣。内教言、「人家々」者、其斯謂矣。是亦奇異事矣。

又伊予国神野郡郷内有山。名号石鎚山。是即彼山有石槌神之名也。其山高崒而、凡夫不得登到。但浄行人耳、登到而居住。昔諾楽宮廿五年治天下勝宝応真聖武太上天皇之御世、又同宮九年治天下帝姫阿倍天皇御世、彼山有浄行禅師而修行。其名為寂仙菩薩。其時世人道俗、貴彼浄行故、美称菩薩。帝姫天皇御世於九年宝字二年歳次戊戌年、寂仙禅師、臨命終日、而留録文、授弟子告之而言、「自我命終以後、歴廿八年之間、生於国王之子、名為神野。是以当知。我寂仙云々」。然歴廿八年、而平安宮治天下山部天皇御世延暦五年歳次丙寅年、則生於山部天皇皇子、其名為神野親王。今平安宮疏十四季、治天下賀美能天皇是也。是以定知、此聖君也。又何以知聖君耶。世俗云、「国皇法、人殺罪人者、必随法殺。而是天皇者、出弘仁年号伝世、応殺之人成流罪、活彼命以人治也。是以旺知聖君也」。或人誹謗非聖君、「何以故、此天皇時、天下旱厲有。又天災地妖飢饉雖繁多有、又養鷹犬、取鳥猪鹿。是非慈悲心」。是儀非然。食国内物、皆国皇之物、指針許末、私物都無也。国皇随自在之儀也。雖百姓敢誹之耶。又聖君尭舜之世、猶在旱厲故、不可誹之也。

我従所聞選口伝、儻善惡、録霊奇。願以此福、施群迷、共生西方安楽国矣。

大日本国現報善悪霊異記　巻下

諾楽右京薬師寺伝灯住位僧景戒録。但三巻注之。

|도움말| 이 설화는 두 부분으로 구성된다. 전반부는 젠주선사가 간무 천황의 아들인 대덕 친왕으로 다시 태어나는 이야기로서 턱 오른쪽에 있는 점으로부터 이 사실이 확인된다. 후반부는 자쿠센법사도 간무 천황의 아들로 다시 태어나 즉위하여 사가 천황이 되어 성군으로 칭송받는다는 내용이다. 두 이야기 모두 승려가 높은 덕을 지니고 있었기 때문에 천황의 아들로 다시 태어난다는 선보善報를 설법하고 있다.

한편, 이 설화의 마지막 부분에 해당하는 "나는 내가 들은 바에 따라…"의 부분은 이 설화의 마지막 부분이라기보다는 『일본영이기』 전체를 정리히는 성격을 지니는 내용이다. 여기에서 교카이는 『일본영이기』의 설화 하나하나가 자신이 지어낸 이야기가 아니라 직접 전해들은 이야기라는 것을 밝힘으로써 보다 설득력을 지니도록 하고 있으며, 이 설화를 중생들에게 널리 알림으로써 서방의 극락정토에서 함께 태어나기를 바란다는 염원이 담겨 있다.

해제

日本国現報善悪霊異記

1. 지자 교카이景戒

『일본영이기』의 저자 교카이의 일생에 대해서는 거의 알려져 있지 않다. 교카이의 경력이나 전기傳記에 대한 자료 대부분이 『일본영이기』 하권 제38화에 의존하고 있기 때문이다. 이 외에 승려 만겐시반卍元師蛮이 지은 고승전高僧伝인 『혼초고소덴本朝高僧伝』1702에 교카이에 관한 내용이 실려 있기는 하지만, 이것 또한 『일본영이기』를 바탕으로 한 것으로 그 범위를 크게 벗어나지 않는다. 그런 의미에서 『일본영이기』에 실린 서술은 교카이의 인물상을 파악하기 위한 유일한 자료라고 할 수 있다.

먼저, 각 권의 서문 첫머리에 나오는 "나라奈良 우도읍右京 야쿠시지薬師寺 절의 승려 교카이景戒 쓰다"라는 기술과 하권 말미에 쓰인 "나라 우도읍 야쿠시지 절의 전등주위伝灯住位의 승려 교카이가 쓰다."라는 부분에서 교카이가 나라 야쿠시지 절의 승려였던 것과 전등주위라는 지위에 있었다는 것을 알 수 있다.

그렇다면 『일본영이기』 하권 제38화에 서술된 내용을 따라 교카이가 어떠한 삶을 살았는지에 대하여 살펴보겠다. 엔랴쿠延曆 6

년787 9월 4일에 교카이는 다음과 같이 자신의 죄를 참회하고 있다.

"아아 부끄러운 일이로구나. 면목 없는 일이로다. 이 세상에 태어나 살아가고는 있지만 영원히 살 수는 없도다. 인과의 원리에 걸려 애욕의 그물에 몸이 감기며, 번뇌의 마음에 이끌려 미혹된 세상에서 생사의 윤회를 반복하고, 생활을 위하여 사방팔방으로 뛰어다니면서 살아 있는 몸을 불사른다. 속세에서 생활하면서 처자식을 데리고 있다. 그러나 양육하고자 하여도 물건이 없고, 밥과 반찬도 없으며 소금도 없다. 옷도 없고 땔나무도 없다. 매사에 아무것도 없어 슬퍼하니 나의 마음은 평안하지 않다. 낮에도 배고프고 추우며 밤에도 배고프고 춥다. 나는 전생에 공양하는 공덕을 쌓지 않았다. 부끄럽구나 나의 마음이여. 비천하구나 나의 행동이여."

위의 내용에는 엔랴쿠 6년에 교카이가 처자식을 데리고 극심한 빈곤 속에서 생활하고 있었으며, 공덕을 쌓지 않은 것에 대하여 참회하는 마음이 잘 나타나 있다. 이때 그가 출가하였는지의 여부는 확실하지 않지만, 불교에 대해 강한 관심이 있던 것은 확실하다. 이날 밤 꿈에 기노쿠니 지방紀伊国 나쿠사 군名草郡 구스미노구리 마을楠見粟村에 살고 있는 사미승沙彌僧 교니치鏡日가 나타나 나무판자와 『제교요집諸教要集』을 주면서 선한 공덕을 쌓도록 권하였다. 이것과 관련하여 『일본영이기』에 나쿠사 군이 등장하는 설화가 상권 제5화, 중권 제32화, 하권 제16화 · 제28화 · 제30화 · 제34화 · 제38화로 총 7화나 있는 것으로 볼 때 나쿠사 군이 교카이의 출신지이거나 그가 주로 설법을 행하던 장소라고 여겨진다.

엔랴쿠 7년788 3월 17일에는 교카이 자신이 화장당하는 모습을 꿈에서 본 일이 서술되어 있고, 그 후 엔랴쿠 14년795 12월 30일에 교카이는 전등주위의 지위에 오르게 된다. 전등주위는 승려에 대한 위계位階 중 하나로서 '전등대법사위伝灯大法師位', '전등법사위伝灯法師位', '전등만위伝灯満位' 다음에 해당하는 제4위第四位의 계위이다. 당시의 시대는 교카이와 같은 대처승에게도 이와 같은 높은 지위가 부여되었음을 짐작할 수 있다. 여기서 교카이는 앞서 꾼 꿈을 장차 자신에게 일어날 일에 대한 전조로 해석하고 있다. 즉, 전등주위의 승위僧位까지 오른 것은 화장당하는 꿈을 꾼 것이 원인이며, 어떠한 일에는 반드시 그에 상응하는 전조가 있다는 것을 말하고 있는 것이다.

엔랴쿠 16년797 여름 4, 5월쯤에는 교카이의 방에서 밤마다 여우 우는 소리가 들리더니 마침내는 여우가 법당의 벽을 파고 들어와서는 부처를 모신 불좌 위를 더럽힌 일이 있었다. 이 여우와 관련된 이야기를 보면, 교카이가 직접 만든 법당의 벽을 파고 안으로 들어왔다는 대목에서 교카이에게 사사私寺를 소유할 정도의 여유가 생겼다는 것을 추측할 수 있다. 이는 국가가 주도하여 세운 관사官寺에 대응되는 것으로 귀족이나 호족, 일반민중이 세운 절을 말하는 것인데, 상권 제7화의 미타니데라三谷寺 절, 상권 제17화의 오치 씨越智氏의 씨사氏寺, 중권 제9화의 오토모 씨大伴氏의 씨사氏寺, 제28화의 기시데라貴志寺 절, 30화의 노오데라能応寺 절과 같은 성격의 것이다. 얼마 후, 같은 해 12월 17일에 교카이의 아들이 죽었는데, 여기서도 여우가 불당에 똥을 누어 더럽힌 것을 자식의 죽음에 대한 전조라고 이야기하고 있다.

또한, 엔랴쿠 18년799 11, 12월쯤에 여우와 매미가 우는 일이 있었는데, 이듬 해 1월 12일과 25일에 각각 교카이의 말이 죽는 사건이 일어났다. 교카이가 말을 소유했다는 것에서 넉넉한 살림살이였다는 것을 엿볼 수 있는데, 역시 여우가 울고 매미가 운 것은 교카이의 말이 죽을 것에 대한 전조라는 식으로 해석하고 있다. 즉, 모든 사건에는 전조가 있는데 인간은 불행하게도 자신에게 일어날 재난을 미리 깨달아 그것을 피할 수 있는 방법을 알지 못한다. 오직 불교에서 말하는 인과응보의 도리만이 불변의 원리로서 존재하고 있다는 것을 전하고 있는 것이다.

한편, 『일본영이기』에 나타난 연도 중에서 가장 시기적으로 늦은 것은 하권 제39화에 나오는 "지금 헤이안 궁平安宮에서 14년에 걸쳐 천하를 통치하고 계시는 사가嵯峨 천황이 이분이다"라는 구절이다. 이때가 사가 천황 재위 14년이므로 고닌弘仁 13년822이란 것을 알 수 있는데 이는 엔랴쿠 6년인 787년보다 35년 후에 해당된다. 787년에는 처자식을 데리고 있었다는 점을 고려하여 이 때 교카이의 나이를 25세쯤이라 가정해 보면 『일본영이기』는 그의 만년인 60세쯤에 집필된 것으로 추정할 수 있다.

2. 작품 성립의 시대적 배경

현재 읽히는 『일본영이기』는 헤이안平安 시대 초기에 성립된 작품이지만 그 안에 수록된 설화의 대부분은 나라 시대를 배경으로 한 설화들이기 때문에 경우에 따라서는 문학사에서도 나라 시대의 작품으로 분류하는 경우가 있다. 헤이안 시대의 불교는 9세기 초에 당나라 유학을 마치고 돌아온 사이초最澄와 구카이空海라고 하는 걸출한 두 승려에 의해 천태종天台宗과 진언종眞言宗이 전래되어 양대 산맥을 이루게 된다. 그러나 『일본영이기』의 세계는 이러한 귀족불교와는 거리가 먼 것이었다. 저자인 교카이 또한 야쿠시지 절의 정식 승려가 되기 전에 사도승이었던 시기가 있었고, 그러한 그의 경험이 작품에도 영향을 미쳤다고 보인다. 사도승은 국가의 공인을 받지 못하고 사적으로 출가한 승려를 말하는데, 율령제 국가체제에서 보자면 세금을 내지 않는 국가에 무익한 존재였고 심지어는 단속의 대상이기도 했던 존재였다. 이러한 상황하에서 신앙생활을 해온 사도승들은 신앙의 결과와 그 증거를 자기들이 견문한 영험담에서 구하고자 했다. 교리의 세계에 묻혀 있던 나라 불교와 현란한 덴표天平 문화의 세계에 몸을 담고 지내던 관대사官大寺의 승려들과는 근본적으로 다른 신앙과 수행의 방식이 존재했던 것이고, 『일본영이기』의 많은 설화들은 이러한 시대적 배경 아래에서 태어난 것이었다. 작품 안에서 여러 차례 숭배의 대상으로 등장한 교키行基가 이들 사도승과 민중들에게 이상적인 지도자로 존경받았던 것도 대표적인 예라고 할 수 있다. 일찍이 마스다 카쓰미益田勝実, 1980가 『일본영이기』를 사도승의 문학이라고 표현한 것도 바로 이러한 시대적 배경을 인식하였기 때문일 것이다.

또한 사료에 의하면 작자 교카이가 생존했던 시대는 빈번한 역병과 기근으로 인하여 민중들이 매우 황폐한 삶을 살았기 때문에 정신적 지주가 되는 절대자에 귀의하고 의지하려는 경향이 강하였다. 불교의 도입으로 새롭게 신앙의 대상이 된 불보살은 일본 고유의 신과는 이질적인 존재였기 때문에 처음에는 저항을 받기도 하였다. 하지만 불교가 전래된 후 200여 년이 흐르면서 불보살에 대한 저항감이 약해지고 불상이 숭배의 대상으로 자리하면서 그에 대한 많은 영험담이 만들어지게 되었다.

그러한 초기 과정에서는 고유의 신과 불보살이 습합習合하기도 하고 불보살이 인격화하여 영험을 나타내기도 하였다. 예를 들어 상권 제5화의 겐코지現光寺 절 연기담에 의하면 고유의 신앙과 관련된 영목靈木을 재료로 삼아 불상이 만들어지고 있어, 양자 사이의 타협과 융화가 이루어지고 있음을 느낄 수 있다. 이후로 나라 시대의 각 절에서는 불상과 관련된 영험을 이야기하는 연기담을 갖게 되고 『일본영이기』 안에도 다수 수록되게 되었다. 특히 불상의 인격화를 통한 영험담이 자주 눈에 띈다. 예를 들면 늪에 버려진 불상이 백로가 되어 소재를 알린 이야기(중권 제17화)나 훔친 불상을 허리띠로 만들려고 자르자 소리친 이야기(중권 제22화), 불상을 만들다 버려진 나무가 다리의 재료로 쓰여 아픔을 호소하자 다시 불상으로 완성하게 된 이야기(중권 제26화), 잘려 떨어진 관음상의 목이 원래대로 회복된 이야기(중권 제36화), 모래에 묻힌 불상이 소리를 낸 이야기(중권 제39화), 만들다 만 진흙 불상이 신음소리를 내어 불상으로 완성하게 된 이야기(하권 제17화), 개미에 물린 불상이 비명을 지른 이야기(하권 제28화) 등, 소위 불상자구담佛像自救談이라 할 수 있는 설화들이 있고, 길상천녀상이 수행자의 꿈에 여자로 나타나 관계를 맺은 이야기(중권 제13화)의 기상천외한 영험담도 있다. 이 외에도 불이 난 절의 관음상이 스스로 불당 밖으로 피신한 이야기(중권 제37화)는 한국의 『삼국유사』 가운데 「삼소관음중생사三所觀音衆生寺」 설화와 매우 흡사한 점에서 주목을 끈다.

이처럼 『일본영이기』는 난토호쿠레이南都北嶺로 표현되던 나라 시대와 헤이안 시대 초기의 귀족 중심, 대사원 중심의 불교와는 거리가 먼 작품으로서, 작자 교카이는 현학적인 교리의 세계나 장엄하고 현란한 불교문화의 세계에서 벗어나서 일반 민중의 삶과 의식세계를 예리한 필치로 그려내는 데 주력하였다고 할 수 있다.

3. 작품의 내용

『일본영이기』의 정식 명칭은 『일본국현보선악영이기』이다. 여기에서 '현보선악現報善悪'이란 선한 행위에 대한 보답뿐만 아니라 악한 행위에 대한 '악보悪報'까지도 나타난다는 말이며, 이것이 내세가 아닌 현세에 곧바로 나타난다는 의미이다. 다음으로 '영이霊異'란 부처의 기이한 영험담을 뜻하며, 이것이 현실세계에서 구체적으로 나타난다는 것이다. 교카이는 이처럼 선한 행위에는 선한 응보가 따르고, 악한 행위에는 악보가 뒤따르는데, 이러한 응보야말로 인간세계를 지배하고 있는 근본적인 논리이며, 교카이는 그것도 '일본'에서 일어난 사례만을 모은 것이라는 것을 강조하고자 하였던 것이다.

이와 같은 점에서 『일본영이기』의 설화들은 일단 '현실성'을 강조하고 있는 것들이 많이 보인다. 『일본영이기』의 설화가 단순히 기이한 이야기로 끝나 현실세계에서 일어날 가능성이 없는 것이라면 불교 창도의 목적을 효과적으로 달성할 수 없을 것이다. 교카이는 『일본영이기』의 설화가 '현실'세계에서 충분히 있을 수 있는 일이라는 것을 강조함으로써 민중들에게 보다 효과적으로 불교를 전파하고자 하였던 것이다.

예를 들면, 상권 제6화는 그 제목에서 알 수 있듯이 '관음보살에 의지하여 기도'하였기 때문에 '현세에서 보답을 얻었다'는 이야기이다. 이 부분의 원문은 '현보現報'로서 이처럼 설화의 제목에 '현보', '현악보現悪報', '현선악보現善悪報'의 제목이 들어간 것은 총21화에 이르며, 본문 중에 '현보'의 어휘가 있거나 내용의 성격상 현보담인 설화까지 합하면 절반을 상회하는 숫자의 설화가 이와 같은 부류에 속한다.

다음으로 교카이는 이러한 기이한 영험담이 다름 아닌 일본에서 일어난 것이라고 강조하고 있다. 상권 제3화의 마지막 부분에 나오는 "이것은 다름 아닌 바로 일본국에서 있었던 기이한 이야기이다"라는 서술은 본서가 중국의 『명보기冥報記』, 『금강반야경집험기金剛般若經集驗記』 등의 불교 영험담으로부터 자극을 받은 것이기는 하나, 교카이는 『일본영이기』를 통하여 일본에서 일어난 기이한 이야기를 서술하고자 하였다는 점이다. 따라서 이야기 마지막 부분에 '기사奇事'나 '기이사奇異事'가 붙은 설화가 총 20화 있으며, 제목에 '기사奇事'나 '이사異事'가 붙은 설화도 총 5화가 있다. 제목이나 말미에 '기奇', '이異', '기표奇表', '이표異表'의 어구가 있는 설화까지 넣으면 총 21화로서 전체의 106화 중의 약 40%에 해당하는 총 46화에 이르게 된다.

『일본영이기』의 상권부터 하권까지 읽어 내려가다 보면, 하권 제15화에서 걸식을 하고 있는 사도승에 대하여 시주施主를 강조하고 있는 대목에서 볼 수 있듯이 자기 자신을 위한 언설이 자주 눈에 띈다. 이러한 점도 앞에서 언급한 바와 같이 『일본영이기』를 사도승에 의한 사도승을 위한 문학이라 볼 수 있으며, 또한 창도唱導의 문학이라고도 할 수 있다.

또 하나, 『일본영이기』의 주제에 대하여 분류해 보면 중복되거나 비슷한 내용의 이야기가 반복되기도 하며, 때로는 내용파악이 어려운 이야기나 미완성의 이야기가 많다. 이러한 점은 『일본영이기』의 문학성을 평가절하하는 원인이 되기도 하지만, 『일본영이기』가 창도의 대본臺本이었던 가능성이 높은 작품이라는 점을 염두에 둔다면, 사도승은 그 장소에 모인 청중들의 반응을 파악하여 그들의 분위기에 맞는 말을 자유롭게 서술하면 되었던 것이고, 따라서 교카이는 『일본영이기』를 세련된 문장으로 세심하게 퇴고할 필요까지는 없었던 것으로 보인다.

다음으로, 『일본영이기』에는 고대가요가 수록된 설화가 있다. 이것을 두 가지로 분류해 보면, 하나는 해당 설화와는 아무런 관계가 없이 민요 등의 형태로 존재하고 있다가 설화가 형성될 때 삽입된 경우로서 상권 제2화와 제4화, 중권 제2화가 여기에 해당한다. 다른 하나는 표상表相설화라 불리는 것으로서 중권 제33화, 하권 제38화처럼 어떤 사건의 전조前兆로서의 가요이다. 후자의 대표적인 예에 대하여 언급해 보면, 하권 제38화에서 "젊어서 죽게 된 왕이여…"의 노래는 후나도 친왕이 죽게 되는 전조라 하고 있고, "스님들을 치마를 입는다고 얕보고 있다네…"와 "나의 불알이여 허벅지 사이에서 잠자코 있거라…"의 노래는 도쿄道鏡 법사가 쇼토쿠称德 천황과 밀교를 나누며 천하의 정치를 좌우한다는 사건의 전조로 보고 있다. 또한, "여인을 만나러 약속했던 나무…"의 노래는 도쿄 법사를 법황法皇으로 하고 인고韻興 법사를 법신참의法臣参議로 하여 천하의 정치를 장악한 전조였으며, "아침 해가 비치는 도요라데라豊浦寺 절…"의 노래는 고닌光仁 천황이 천하를 통치하는 전조였고, "천황이 있는 후지와라 궁藤原宮…"의 노래는 간무桓武 천황이 천하를 통치하시는 전조라고 해석하고 있다.

그런데 『일본영이기』에서의 표상설화는 가요를 통해서만 나타나는 것은 아니다. 하권 제38화의 후반부에는 교카이 자신에게 일어난 전조와 사건에 대하여 회고하고 있는 것을 통하여 볼 때, 이처럼 표상설화는 『일본영이기』 전체를 지배하고 있는 근본적인 논리라 해도 과언은 아닐 것이다.

마지막으로 각 설화의 배열에 대하여 살펴보면, 원칙적으로 시대순으로 배열되어 있다는 것을 알 수 있다. 상권의 내용은 유랴쿠雄略 천황부터 쇼무 천황까지의 설화를 싣고 있으며, 중권의 설화는 대부분 쇼무 천황을 찬미하는 데 대부분의 지면을 할애하고 있다. 하권은 쇼토쿠 천황 이하의 설화를 싣고 있으며, 이들은 물론 연대순으로 배열되어 있다.

또 하나 주목해야 할 것은 하권의 서문에서 언급되어 있는 말법사상이 『일본영이기』를 이해하는 데 있어 중요한 단서가 된다는 점이다. 하권의 서문에 의하면, 정법正法 500년, 상법像法 1000년이 지나 교카이가 『일본영이기』를 집필하고 있는 현재는 말법末法에 들어선 것이라 하고 있는데, 교카이가 『일본영이기』를 상・중・하의 세 권으로 나눈 것은 바로 정법・상법・말법의 세 시대와 대응시키려 하였다는 것이다. 다만 주의할 점은 상권은 정법의 시대, 중권은 상법의 시대, 하권은 말법의 시대에 해당된다는 것이 아니라, 쇼토쿠 태자 시절에 불교가 전해진 것을 정법의 시대, 쇼무 천황 시절에 불교가 전성기를 구가한 것을 상법의 시대, 그 이후부터 현재까지를 말법의 시대로 한 것으로 생각된다는 것이다.

4. 후대 설화문학에 끼친 영향

『일본영이기』가 일본 최초의 불교설화집이었던 만큼 후대의 설화문학에 끼친 영향이 적지 않다. 9세기 전반에 성립된 것으로 보이는 『니혼간레이로쿠日本感霊録』가 이 책을 답습한 것으로 보는 견해도 있으나 이는 불분명하고, 역시 가장 큰 영향을 준 작품은 『산보에코토바三宝絵詞』와 『곤자쿠모노가타리슈今昔物語集』일 것이다. 그 중에서도 『곤자쿠모노가타리슈』와의 관계는 매우 밀접해서 양 작품의 영향관계에 대해서는 많은 연구가 이루어져 왔다. 양 작품 모두 성립연대가 확실치 않으나 지금까지의 연구를 종합해보면 『곤자쿠모노가타리슈』는 1120년-50년경, 『일본영이기』는 820년경에 성립된 것으로 추정하고 있어, 『일본영이기』 성립 이후 약 300년 정도 지나서 『곤자쿠모노가타리슈』가 성립된 것으로 보인다.

양 작품에서 출전관계에 있는 설화는 대부분 문장관계가 밀접하기 때문에 쉽게 알 수 있지만, 몇몇 설화의 경우는 두 작품뿐만 아니라 다른 문헌과도 중복되기 때문에 출전관계를 밝히는 것이 쉽지 않다. 양 작품의 관련 설화를 모두 대조하여 열거해보면 다음과 같다.

今昔	霊異記	今昔	霊異記	今昔	霊異記	今昔	霊異記
十一1	上4	十二31	下1	十六23	下12	二十24	中38
十一2	中7	十四26	下18	十六27	下3	二十25	上15
十一3	上28	十四27	下20	十六38	中11	二十26	上29
十一4	上22	十四28	上19	十七34	下8	二十27	中1
十一23	上5	十四30	下23	十七35	中23	二十28	上16
十二2	中31	十四31	中19	十七36	中29	二十29	上21
十二11	中26	十四32	上14	十七37	中30	二十30	中10
十二12	中39	十四33	下21	十七45	中13	二十31	上23
十二13	中22	十四36	上8	十七46	中14	二十32	上24
十二14	下25	十四37	上10	十九30	上7	二十33	中3
十二15	中28	十四38	下4	十九31	上12	二十37	中33
十二16	上32	十六1	上6	二十15	中5	二十38	上27
十二17	上35	十六2	上17	二十16	上30	二十41	上25
十二18	上33	十六8	中34	二十17	中16	二十42	上13
十二19	下11	十六10	中42	二十18	中25	二三17	中4
十二25	中15	十六11	中36	二十19	中24	二三18	中27
十二26	中6	十六12	中37	二十20	上20	二四9	中41
十二27	下6	十六13	中17	二十21	中9	二六1	上9
十二29	下10	十六14	上31	二十22	中32		

위의 표를 보아 알 수 있듯이 모두 75화에서 관련성이 인정되는데, 이 가운데 11권 제1화-4화와 12권 제2화의 총 5화를 제외한 70화는 『곤자쿠모노가타리슈』가 『일본영이기』를 직접적인 출전으로 삼고 있다고 생각된다. 14권 제38화와 20권 제19화의 2화는

『산보에코토바』와도 중복되고 있어, 『곤자쿠모노가타리슈』의 출전이 『일본영이기』인지 『산보에코토바』인지 단정하기 어렵지만, 『곤자쿠모노가타리슈』가 『일본영이기』를 집중적으로 이용한 가운데 이 2화만 『산보에코토바』에서 취했을 가능성은 적다고 생각되므로, 2화 역시 『일본영이기』를 출전으로 보고자 한다.

또한, 『곤자쿠모노가타리슈』는 12권・14권・16권・17권・20권에서 『일본영이기』를 집중적으로 이용하고 있는데, 내용면에서 보면 12권에서는 제불諸佛영험담과 법화경영험담을, 14권에서는 제경諸經영험담을, 16권에서는 관음보살영험담을, 17권에서는 제보살諸菩薩영험담을, 20권에서는 저승담과 현보담을 수록하고 있다.

문체 면에서는 한문으로 쓰인 『일본영이기』의 설화에서 『곤자쿠모노가타리슈』는 한자와 가타카나를 섞어 쓴 화한혼효문和漢混淆文을 이용하여 풀어서 씀으로써 표현에 있어서 한결 풍요롭고 자유로워진 것을 느낄 수 있다. 하지만 한문을 정확히 해석하는 것은 상당히 어려운 일이었던지 가끔 해석의 오류를 범하는 경우도 볼 수 있는데, 결국 『곤자쿠모노가타리슈』의 편자에게 있어 『일본영이기』의 인용은 오늘날의 외국문학의 번역처럼 어렵고도 진지한 작업이었을 것이다. 하지만 번역가에 의해 원작이 새롭게 해석되고 재탄생되는 것이 가능하듯이, 『일본영이기』는 『곤자쿠모노가타리슈』에 의해 새롭게 태어난 것으로 보는 것이 타당할 것이다.

참고문헌

日本国現報善悪霊異記

青野美幸(2001),「『日本霊異記』の狐女房譚—上巻第二縁の仏教的意義」,『鳴尾説林』9号.

池上洵一(1978),『全対訳 日本古典新書 日本霊異記』, 創英社.

出雲路修(1996),『新日本古典文学大系30 日本霊異記』, 岩波書店.

入部正純(1987),『日本霊異記の思想』, 法蔵館.

兼岡理恵(2004),「邪婬の経師—『日本霊異記』 下十八縁」,『国文学解釈と鑑賞』第69巻 12号.

河野貴美子(2002),「『日本霊異記』の予兆歌謡をめぐって—史書五行志・『捜神記』・『法苑珠林』との関係」,『説話文学研究』37号.

神田秀雄(1968),「日本霊異記覚書」,『成蹊国文』1号.

国東文麿(1978),『今昔物語集成立考』, 早稲田大学出版部.

中田祝夫(1978),『日本霊異記(上)』(講談社学術文庫), 講談社.

________(1979),『日本霊異記(中)』(講談社学術文庫), 講談社.

________(1980),『日本霊異記(下)』(講談社学術文庫), 講談社.

________(1995),『新編日本古典文学全集10 日本霊異記』, 小学館.

永藤靖(1996),『日本霊異記の新研究』, 新典社.

多田一臣(2004),「弓削道鏡の艶笑」,『国文学解釈と鑑賞』第69巻、至文堂.
原田行造(1984),『日本霊異記の新研究』, 桜楓社.
益田勝実(1958),「古代説話文学(三)　証言の文学」,『岩波講座 日本文学史』, 岩波書店.
________(1980),『説話文学と絵巻』, 三一書房(1980).
丸山顕徳(1992),『日本霊異記説話の研究』, 桜風社.
守屋俊彦(1974),『日本霊異記の研究』, 三弥井書店.
守屋俊彦(1978),『続日本霊異記の研究』, 三弥井書店.
八木毅(1976),『日本霊異記の研究』, 風間書房.
______(1985),「日本霊異記の歌謡について」,『梅花女子大学開学二十周年記念論文集』(国語・国文学).
山口敦史(2000),「自叙と内省―日本霊異記における景戒」,『九州大谷研究紀要』 26号.
渡辺敏夫(1979),『日食月食宝典』, 雄山閣.
교카이 저, 정천구 역(2011),『일본영이기』, 씨아이알.
문명재(2003),『일본설화문학연구』, 보고사.
______(2005),『금석물어집의 전승방법』, 보고사.
______(2006),『금석물어집의 세계』, 제이앤씨.
이시준(2005),「『冥報記』의 冥界説話가 일본설화문학에 수용된 양상연구―『日本霊異記』를 중심으로」,『일본문화학보』 25호, 한국일본문화학회.

찾아보기

日本国現報善悪霊異記

저자 **교카이**(景戒)

생몰(生沒) 미상. 나라(奈良) 야쿠시지(薬師寺) 절의 승려로 사도승(私度僧: 관의 허가 없이 출가한 승려)이었다. 기이(紀伊)지방 나구사군(名草郡) 출신으로 오토모(大伴) 씨 또는 지사코베(小子部) 씨와 관련이 있을 것으로 추정되나 명확하지 않다. 그의 전기는 기록이 없어 이 설화집의 내용에 의해 일부 추정해 보면, 795년 12월 전등주위(伝灯住位: 당시 승려 계급의 제4위에 해당함)에 오른 일, 797년 12월 아들을 잃은 일, 800년 1월 기르던 말이 죽은 일 등을 알 수 있다.

역주자 **문명재**(文明載)

한국외국어대학교 및 대학원에서 일본문학 전공, 일본 고베대학에서 석박사과정 졸업. 문학박사. 한국외국어대학교 대학원 교학처장 및 일본연구소 소장 역임. 현재 한국외국어대학교 일본학부 교수. 저서로 『일본설화문학연구』(2003), 『今昔物語集의 전승방법』(2005), 『今昔物語集의 세계』(2006) 등이 있다.

역주자 **김경희**(金京姫)

한국외국어대학교 및 대학원에서 일본문학 전공, 일본 쓰쿠바대학에서 석박사과정 졸업. 문학박사. 한국외국어대학교 및 여러 대학에서 일본의 고전문학과 대중문화에 관한 과목 담당. 현재 단국대학교 일본연구소 학술연구교수. 저서로 『그로테스크로 읽는 일본문화』(공저, 2008), 『공간으로 읽는 일본고전문학』(공저, 2013), 『에로티시즘으로 읽는 일본문화』(공저, 2013) 등이 있다.

역주자 **김영호**(金永昊)

한국외국어대학교 및 대학원에서 일본문학 전공, 일본 가나자와대학에서 석박사과정 졸업. 문학박사. 현재 일본 도호쿠가쿠인대학 언어문화학과 전임강사. 저서로 『아사이 료이(浅井了意) 문학의 성립과 성격』(2012), 역서로 『쇼코쿠 햐쿠모노가타리(諸国百物語)』(2013)가 있다.

일본국현보선악영이기

Nihonryoiki